U0898452

大哥教你炒股票

王晓（带头大哥777） 著

山西出版传媒集团
山西人民出版社

图书在版编目(CIP)数据

大哥教你炒股票 / 王晓 著. --太原 : 山西人民出版社, 2015.10

ISBN 978-7-203-09275-9

Ⅰ. ①大… Ⅱ. ①王… Ⅲ. ①股票交易-基本知识 Ⅳ. ①F830.91

中国版本图书馆 CIP 数据核字(2015)第 245091 号

大哥教你炒股票

著　　者: 王　晓
责任编辑: 李建业

出 版 者: 山西出版传媒集团 · 山西人民出版社
地　　址: 太原市建设南路 21 号
邮　　编: 030012
发行营销: 0351-4922220　4955996　4956039　4922127(传真)
天猫官网: http://sxrmcbs.tmall.com　电话:0351-4922159
E-mail : sxskcb@163.com　发行部
sxskcb@126.com　总编室
网　　址: www.sxskcb.com

经 销 者: 山西出版传媒集团 · 山西人民出版社
承 印 者: 大厂回族自治县德诚印务有限公司

开　　本: 710mm×1000mm　1/16
印　　张: 23.5
字　　数: 480 千字
版　　次: 2016 年 1 月　第 1 版
印　　次: 2016 年 1 月　第 1 次印刷
书　　号: 978-7-203-09275-9
定　　价: 77.70 元

序：结果决定一切

不知不觉我已经在中国股市奋战了26年，从一个懵懂的弄潮儿到基本对市场无所不知的中年人，我的博客也写了10年了。这些年间我是中国股票市场最有争议的人物，但随着年纪的增长，已经很淡定了。

这些年间，我的技术一直被机构和各路操盘手偷窥着，他们都试图从我的文字中找到制胜的定式。这些年间，我的技术竟然保持不败，无人能超越，这也算中国股市的奇迹了。从2005年我在1000点喊牛市，到2007年上证走上6000点、深证走到19600点；再从2014年7月的2000点我再次高呼牛市，到最高的5178点，两轮牛市的底部和顶部都被我完全预测准了，而且黑纸白字均有文字的记载，这在中国股市是前无古人后无来者的，就如我创造的世界第一的网络日点击量一样，估计50年内无人可以撼动。这就是技术的魅力了。

股票市场一直是结果决定一切，而这个市场一直也是最为变幻的，我们都试图从中获利，也都试图从中找到百战百胜的方法。而我作为一个市场的老兵，也只能算初探门径。

这本书的出版，更多的是为初入股市的朋友们提供一个可以学习的方向。毕竟我的技术和经验的确战胜了市场，而且是26年如一日地取得胜利。希望更多的人加入到中国股市中，毕竟这里承载了太多的梦想。

目　　录

第一章　把炒股作为一项事业

第一节　炒股是重要的财富通道

有人说买股票相当于买公司，但是小股民买的股票，远远未能达到左右公司决策的地步。那么买股票的好处有哪些呢？

买股票与银行储蓄存款及购买债券相比较，它是一种高风险行为，但同时也能给投资者带来更大的收益。

由于现在人们投资股票的主要目的并非在于充当企业的股东，成为公司的一分子，所以购买股票的好处主要体现在以下几个方面：

一、获得公司分红

投资者购买一家上市公司的股票，即成为该公司的一员股东，可以享受公司分红的收益。所谓分红，是指公司运行良好，产生了经营利润，则可以按照公司章程将税后利润的一部分分配给每一位股东。一般来说，上市公司分红有两种形式：向股东派发现金股利和股票股利。上市公司可根据情况选择其中一种形式进行分红，也可以两种形式同时用。

现金股利是指以现金形式向股东发放股利，称为派股息或派息；股票股利是指上市公司向股东分发股票，红利以股票的形式出现，又称为送红股或送股。

二、获取买卖价差收益

在股市上交易好比经营一家商铺，购入批发价的商品，再将商品以更高的价格卖出，从中获得利润。投资者在股市上交易，一旦购入的股票价格上涨，就可以享受到价差收益。市场是流动的，只要投资者保持理性，在交易策略上遵循正确的方法，就能在股市上赚取利润。

三、享有股本扩张收益

所谓“股本扩张”包括送红股、公积金转增股本及现金配股三种方式。送红股和转增股本可以增加公司的股本，相应降低股东的投资成本，利于活跃交易。就股东而言，可以免费得到股票，用投资的观点来看，是投资收益。

配股是上市公司对老股东按一定比例和价格（低于市价）配售发行股票的行为。这样老股东可以用较低的成本获得更多的持股数。

四、投资金额具有弹性

相对于房地产投资与实业投资，股票投资所需要的资金量门槛较低，更具有弹性，投资人可根据自己的财力，选择足可负担的股票介入。

在手上资金充裕时，可以多进仓，购买价格更高的股票或者买入更多的数量。当资金不充裕时，可以只投入少量资金，同样也可以持仓观察股票变动，作为投资的试探性入市。

五、容易变现

变现是指将资产卖出兑现为现金。房产等资产变现耗时较长，因为等待买家以及与买家谈判都需要时间，同时变现成本较高，需要支付较高的中介费；而 A 股里的股票基本上流通性较强，随时可以卖出，容易变现，当投资者遇到急用钱的时候，可以将手里的股票卖出变现为现金，今天卖出，明天资金即可到账。

六、能够保值

股票作为一种重要的资产和财富储存形式，具有很好的抵抗通货膨胀的作用。当通货膨胀来临时，个人存在银行的现金与存单将大幅贬值，而上市公司产品收入会因为通货膨胀而大幅上涨，其股票价格也将因此大幅上涨，从而抵消通货膨胀的损失。另外，如果投资者能持有长期走势健康良好的股票，其收益率本身就在银行存款利率之上，更能带来财富增值。

第二节　对炒股有正确的认识

一、认识股票的风险属性

股票属于风险性资产，股票投资具有高收入与高风险并存的特点。股票投资的风险主要表现为，购买的股票价格下跌，造成股票资产的货币价值缩水。比如您以

10 元每股的价格购入 1 万股某股票，如果该股票的价格下跌为 9.8 元，那么您的 1 万股股票就只有 9.8 万元，等于是账面资产亏损 2000 元。当然，股票的价格是随时在波动，短期的下跌可能很快就涨回去，比如昨天从 10 元跌到 9.8 元，今天有可能又上涨到 10.2 元。但是一旦买入的股票出现了较长期的较大幅度的下跌，那就会给您的资产造成较大的损失。

除了股价下跌的风险以外，您买入的股票还可能由于各种原因停牌，在停牌期间股票不能交易，没法卖出变现，如果您恰好在此期间需要用钱，也会给您带来流动性的风险。因此在进入股市之前，一定要控制好投入的资金，用生活工作中多余的钱开户投资，千万别用自己生活中必需的开支去投资。

风险是股票投资中普遍存在的，对此要有正确的认识，既不能无视风险，也不要过于惧怕风险。比如短期的价格波动具有一定的随意性，您 10 元一股买入的股票，有可能在您买入后的一段时间下跌到 9.8 元或者 9.7 元，甚至 9 元，但是只要您的股票没有卖出，持股数量没有减少，一旦价格回升，账面亏损就会变为盈利。关键在于要将这种风险控制到可以承受与应对的范围内。更重要的是做好选股分析，选择买入质地优良、长期向好的股票。

二、炒股要量力而行

炒股要坚决杜绝贪念，不要制定过高的目标。量力而行才是王道。比如听说某人今年赚了几倍，有些股民刚入市也希望一年赚几倍，这样的想法是危险的。比如看到别人去向证券公司融资，收益更大，有些股民技术还没有及格，十买九亏也想跟着去融资，那只能亏得更惨。再比如有些股民怎么买股票还没有搞清楚，也跟着别人去搞融券做空。这些都是对自己没有正确的认识，会把自己置于巨大的风险中。

另外，人的精力是有限的，大多数投资者并不是职业投资者，平时还有其他工作，所以在股票投资和选股上一定不要什么行业都关心、什么热点都追逐。你不可能抓住市场上所有的好股票、大牛股，根据你个人的知识结构、工作特点、兴趣爱好去选择关注股票，才是一种有效明智的方法。

三、炒股要有专业的知识

炒股不能靠赌，不能靠听消息，要学习专业的投资方法，并逐渐形成自己的操作体系。要想成为一名医生，你需要系统学习医学知识；要想成为一名工程师，你也需要系统学习工程学知识。如果你没有系统学习很多年，你能进入手术室给病人做手术吗？能去设计建造高楼大厦或开发程序软件吗？显然不能。股票投资作为一项复杂的领域，涉及经济、金融、社会等诸多方面的知识，难度并不比其他行业低，但是往往许多投资者进入股市的时候忘记了这点，认为不需要学习就可以直接开始交易。

新股民要广泛学习，基本面分析、技术分析、政策分析等等都要下功夫。但是也要避免走向两个极端：一是过分追逐所谓的技术秘笈，走火入魔，技术很重要但是也不能过于神化，世界上没有百分百准确的技术。二是不要太过于陷入繁复的财务分析中去，多数财务指标晦涩而且很难与实战对接。你需要提炼出能够精准判断公司现状与发展前景的指标来指导实战。简单实用才是选股的最高境界。

四、正确认识长线与短线

股票投资领域长期以来存在两个基本的流派，一个是价值投资派，一个是技术投资派。传统的价值投资侧重从股票内在价值的角度分析股票价格是否上涨，操作偏向于长线，而技术派则侧重于从市场交易的买卖情况来分析股票价格是否上涨，操作偏向于短线。这两种流派都有各自的道理，方法各有优劣，投资者可以根据自己的偏好来选择。

但是要注意，不能认为长线持有就是价值投资，短线操作就是投机，这是不对的。真正的价值投资与持有时间无关，只要持有理由与预期还在，尽可持有。如果理由不在，预期实现就该及时脱手。

中国股市牛短熊长，长线投资有可能变成坐过山车。而短线对技术要求较高，风险较大，新股民技术能力不足，可以选择从中线交易开始，或者中短线交易。

五、正确认识个股与大盘的关系

大盘是有借鉴意义的指标，许多股票都随着大盘的波动而有相似的波动轨迹。但这并不是绝对的。牛市来临也只是优质公司长期看涨。而熊市中，业绩前景看好的公司在长线资金推动下也会反复上涨。个人投资者应远离割肉—追涨—再割肉的循环，将精力放在关于公司价值的挖掘，择股远远重于择时。

新股民要避免两个极端：一是不要因为大盘是熊市或者震荡，就认为没有股票可买了，其实在熊市和大盘低位时，更能便宜地买到好股票。二是不要认为大盘处于牛市，就可以随便买入股票。如果选股不当，你买入的股票可能根本不涨，让你错过大盘行情，还有可能反而下跌，更加悲剧。

六、正确认识高价股与低价股

A 股市场上有些老股民喜欢购买低价股，认为低价股便宜，后期上涨的空间大。其实股价高低并不是买入的理由，股价高的未必就贵，股价低也未必就安全。

第三节　成功投资者的共性

一、要有成为投资专家的欲望

无论做什么，没有欲望是不可能成功的。缺少欲望，你会在碰到些小困难时就打退堂鼓。股友们或许会说："我欲望很强烈，我很想在股市发财。"真是这么回事吗？炒股是金钱游戏，一个绅士们玩的游戏，股民们入市的主要目的是参加这一游戏。你所有富有的朋友都在炒股，你必须成为他们中的一员，这样在大家的闲谈中你也成为"成功人士"的一分子。每个人都有或多或少的赌性，股市提供了满足赌性的场所，它给你日常烦闷的生活提供了调剂。问问你自己，是否也是因这些原因进入股市的？再问一个问题：为了买家里2000元的那台电视机，你跑了几家商场比价？找了多少材料？问过多少人？做了多少研究？昨天你花20000元买的那只股票，你又做了多少研究，找了多少资料？你买股票下的功夫是买电视机的百分之几？必须指出：欲望必须由努力做基础，否则只是白日梦，白日梦不是欲望是梦。

二、必须具备持续钻研的精神

"锲而不舍"是句很容易说但很难做到的话。记得美国前总统柯立芝有句名言："这个世界充满聪明而失意的人，受过良好教育但整日感叹怀才不遇的人，他们有个共性，缺少锲而不舍的精神。"

什么是锲而不舍的精神？它是在忍无可忍的时候，再忍下去的毅力！如果谁认为他能在股市一炮打响，一飞冲天，他准是在做白日梦。就算他运气好，一进场就捞了一笔，这笔钱来得容易，但这只是股市暂时借给他的，他如果不即刻上岸，股市迟早会向他讨回去。想从股市不断赚到钱，你必须有知识、有经验，你必须成为专家。

成功来得太容易，它通常不会持久。这个世界有太多的地方能让头脑发热的人摔跤，而且你永远猜不到在什么地方摔跤。因为成功若来得太容易，人往往不知福、不惜福，忘了自己是谁！黎明之前总是最黑暗的，你能熬过这段时间，你才能看到光明。请记住：成功的秘诀不外乎是"在忍无可忍的时候，再忍一忍"。

三、要有"与股市斗，其乐无穷"的精神

所有成功的投资者对市场及其运作都有极大的兴趣，他们喜欢市场所提供的挑战，有强烈的欲望要战胜这一市场。吸引他们在这一市场搏斗的不是金钱，不是名

誉，不是快速致富。金钱只是他们玩股票游戏成功后的奖品。

对一般人而言，他们进市场的目的是为了赚钱。这一期望使他们在这行成功的概率变得很低。因为这一期望使他们难以维持冷静的观察力，他们没有耐性等待必然的结果。中国有句老话叫“猪油蒙了心”。利弗莫尔曾指出，一位成功的炒手必须如一位成功的商人，正确地预见未来的需求，适时进货，耐心地等待盈利的时刻。

四、要甘于做孤独者

几乎所有成功的投资者都是孤独者。他们必须是孤独者！因为他们常要做和大众不同的事。

无论是低买高卖还是高买更高卖，他们都必须维持独立的思维。但是为了与众不同所以做和大众相反的事是极其危险的，他们必须有合理的解释为何大众可能不对，同时预见采用相反思维所将引致的后果。这给他们与众不同时所需的信心。从孩提时代，我们就深知合群从众的重要性。胡思乱想、奇怪的主意，使你失去朋友，受到嘲弄。长期以来我们已习惯于“集体思维”。但炒股需要不同的思维方式。如果股市大多数人都看好某只股票，他们都已按自己的能力入场，还有谁来买股使股市继续升得更高？反之如果大多数股民不看好股市，他们都已经脱手出场，那么股市的继续下跌区间也已不大。你如果随大流，则你将常常在高点入市，低点出市，你将成为失败者。

当然，何为大多数股民看好市场或大多数股民不看好市场是很难计量的，你主要通过研究“股市”来得到答案。这里强调的是思维的方式。你从小学习的那些讨人喜欢的性格，如听话、合群、不标新立异等都成为炒股成功的障碍。

五、必须具有耐心和自制力

耐心和自制力同样是听起来很简单但做起来很困难的事情。炒股是极其枯燥无味的工作。读者会嘲笑我的说法，说：“我炒过股，我觉得极其刺激好玩。”这是因为你把炒股当成消遣，没有将它当成严肃的工作。每天收集资料，判断行情，将其和自己的经验参照定好炒股计划，偶尔做做或许是兴奋有趣的事，但经年累月地重复同样的工作就是“苦工”。你不把“苦工”当成习惯，你成功的机会就不大。

因为炒股是如此的单调乏味，新手们就喜欢不顾外在条件地在股市跳进跳出寻刺激。在算账的时候，你自然明白寻找这一刺激的代价是多么高昂。你必须培养自己的耐心和自制力。

看过狮子是怎样捕猎的吗？它耐心地等待猎物，只有在时机及取胜机会都适合的时候，它才从草丛中跳出来。成功的炒手具有同样的特点，他绝不为炒股而炒股，他等待合适的时机，然后采取行动。

等待时机也如种植花草。大家都知道春天是播种的时候，无论你多么喜欢花，在冬天把种子播入土的结果将是什么是很清楚的。你不能太早，也不能太迟，在正确的时间和环境做正确的事才有可能得到预想的效果。不幸的是，对业余炒手而言，往往不是没有耐心，也不是不知道危险，他们也知道春天是播种的时机，但问题是他们没有足够的知识和经验判定何时是春天！

这需要漫长且艰难的学习过程，除了熬之外，没有其他的办法。当你经历了足够的升和跌，你的资金随升跌起伏，你的希望和恐惧随升跌而摆动，逐渐地，你的灵感就培养起来了。

六、成功的投资者绝不幻想

一旦你把资金投入某只股票，而这只股票的走势出乎你的预想之外，你会怎么办？一般人常常想象出各种理由把这一不正常的运动“合理化”。这种为避免割肉痛苦的合理化假设是极其致命的，这也是许多有一定经验的炒手最终不得不举手投降的主要原因。一位成功的投资者决不让情感左右自己，有的话程度也很小。无论割肉认错是多么痛苦，他们决不迟疑。他们明白，让这样的情况延续只会带来更大的痛苦和损失。业余炒手很少问自己一个问题：“假如我今天手上有钱，还会买这只股票吗？”就是问了，也会找成堆的理由来安慰自己：“隔壁老王说这只股票的下跌只是暂时的”、“卖出股票要手续费”等等。一句话，业余炒手想方设法不去止损。

七、以保本为第一要务

炒股是用钱赚钱的行业。一旦你的本金没有了，你就失业了。无论你明天见到多么好的机会，手头没有本金，你只能干着急。几乎所有的行家，他们的炒股建议便是尽量保住你的本金。而做到保本的办法只有两个：一是快速止损；二是别一次下注太多。

炒过股票的朋友都有这样的经历：亏小钱时割点肉容易，亏大钱时割肉就十分困难。这是人性的自然反应。在一项投资上亏太多钱的话，对你的自信心会有极大的打击。你如果有一定的炒股经历，必然同时拥有赚钱和亏钱的经验。赚钱时你有什么感觉？通常你会在内心指责自己为什么开始的时候不多买一些，下次碰到“应该会赚大钱”的机会，你自然就会下大注。这是极其危险的。在炒股这一行，没有什么是百分之百的。如果第一手进货太多，一旦股票下跌，噩梦就开始了。每天下跌，你希望这是最后一天；有时小小的反弹，你就把它看成大起的前兆；很快这只股票可能跌得更低，你的心又往下沉，让你失去理性判断的能力。

正确的做法应该是分层下注。你如果预备买 1000 股某只股票，第一手别买

1000股，先买200股试试，看看股票的运动是否符合你的预想，然后再决定下一步怎么做。如果不对，尽快止损。如果一切正常，再进400股，结果又理想的话，买足1000股。

由于股票的运动没有规则，你不入场就不可能赚钱，而入场就有可能亏钱，所以承担多少风险便成为每位炒手头痛的事。索罗斯在他的自传中提到他对承担多大风险最感头痛。解决这个问题并无任何捷径，只有靠你自己在实践中摸索对风险的承受力，不要超出这个界限。

然而，什么是你对风险的承受力呢？最简单的方法就是问自己睡得好吗？如果你对某只股票担忧到睡不着，表示你承担了太大的风险。卖掉一部分股票，直到你觉得自己睡得好为止。

把“保本”这个概念牢牢地记在心里，你在炒股时每次犯错，你的体会就会深一层，时间一久，你就知道该怎样做了。

八、不断为自己创造财富

在股票市场偶尔赚点钱不难，只要你运气好就可以了。难的是“不断”二字。有多少次你听到朋友说：“我今年不错，股票大市跌了20%，我只亏了10%，我战胜了股市！”真的吗？任何专业的炒手，唯一该问的问题应该是我今年挣了多少？有谁听说过服装店老板说自己较隔壁店少亏钱而扬扬得意的吗？但我们常听到炒股的人居然会为亏钱而自豪！这其实便是炒股艰难的地方。

要想在股市不断赚钱，除了知识和经验之外，就是必须忍耐，等待赚钱的时机。问问一般的股民，他们入市资金有多少买了股票？有多少是现金？你会很惊奇地发现，一般股民几乎把入市资金全部买了股票。不管是牛市还是熊市时，他们都是这样。这些人有一个共同的想法：“我的钱是用来赚钱的。”读者们若有机会到赌场看看，就明白股民们为什么会这样做。赌客们站在赌台旁，一注都不肯放过，生怕下一手就是自己赢钱的机会。直到输完才会收手。你要明白一点：股市有时是完全无序的，你根本就不知道股票下一步会怎样运动。就像你的女朋友生气时一样，你不知她在想什么？不知她要干什么？这时最佳的方法就是别惹她。在股票市场，就是别碰这样的股票。等待、忍耐、观察，只有在股票的运动符合你的入场条件时才入场。只有这样，你才能够确定你入场的获胜概率大过50%。在这基础上，不断盈利才有可能。当然，千万别忘了保本。

第二章　投资基础

第一节　股票的分类

一、股票与股票市场

股票是股份公司发行的所有权凭证，是股份公司为筹集资金而发行给各个股东作为持股凭证并借以取得股息和红利的一种有价证券。每股股票都代表股东对企业拥有一个基本单位的所有权。每只股票背后都有一家上市公司。换言之，每家上市公司都会发行股票。

股票是股份公司资本的构成部分，可以转让、买卖或作价抵押，是资本市场的主要长期信用工具。同一类的每一份股票所代表的公司所有权是相等的。每个股东所拥有的公司所有权份额的大小，取决于其持有的股票数量占公司总股本的比重。

股票市场是股票买卖和流通的场所。我国的股票市场为上海证券交易所（简称：上交所）和深圳证券交易所（简称：深交所）。

在股票市场中，股票都有各自的代码。股票代码除了区分各种股票，也有其潜在的意义，上交所上市的股票代码以600打头；深市A股的股票代码是以000打头；中小板股票代码以002打头；创业板股票代码以300打头。

股票市场分为发行市场和流通市场：

（一）发行市场

即一级市场（Primary Market），它是指公司直接或通过中介机构向投资者出售新发行的股票的市场。所谓新发行的股票包括初次发行和再发行的股票，前者是公司第一次向投资者出售的原始股，后者是在原始股的基础上增加新的份额。

（二）流通市场

即二级市场（Secondary Market）也称股票交易市场，是投资者之间买卖已发行股票的场所。这一市场为股票创造流动性，即能够迅速脱手换取现值。

二、股票的分类

（一）普通股与优先股

普通股是指在公司的经营管理和盈利及财产的分配上享有普通权利的股份，代表满足所有债权偿付要求及优先股东的收益权与求偿权要求后对企业盈利和剩余财产的索取权。普通股构成公司资本的基础，是股票的一种基本形式。现上海和深圳证券交易所交易的股票都是普通股。

普通股股东按其所持有股份比例享有以下基本权利：

（1）公司决策参与权。

普通股股东有权参与股东大会，并有建议权、表决权和选举权，也可以委托他人代表其行使其股东权利。

（2）利润分配权。

普通股股东有权从公司利润分配中得到股息。普通股的股息是不固定的，由公司赢利状况及其分配政策决定。普通股股东必须在优先股股东取得固定股息之后才有权享受股息分配权。

（3）优先认股权。

如果公司需要扩张而增发普通股股票时，现有普通股股东有权按其持股比例，以低于市价的某一特定价格优先购买一定数量的新发行股票，从而保持其对企业所有权的原有比例。

（4）剩余资产分配权。

当公司破产或清算时，若公司的资产在偿还欠债后还有剩余，其剩余部分按先优先股股东、后普通股股东的顺序进行分配。

与普通股对应的是优先股，它在利润分红及剩余财产分配的权利方面优先于普通股。

（1）优先分配权。

在公司分配利润时，拥有优先股的股东比持有普通股的股东，分配在先，但是享受固定金额的股利，即优先股的股利是相对固定的。

（2）优先求偿权。

若公司清算、分配剩余财产时，优先股在普通股之前分配。当公司决定连续几年不分配股利时，优先股股东可以进入股东大会来表达他们的意见，保护他们自己的权利。

（二）A股、B股与H股

A股的正式名称是人民币普通股票。它是由中国境内的公司发行，供境内机构、组织或个人（不含台、港、澳投资者）以人民币认购和交易的普通股股票，上交所与深交所交易的股票都属于A股。

B股也称为人民币特种股票。是指那些在中国大陆注册、在中国大陆上市的特种股票。以人民币标明面值，只能以外币认购和交易。

H股是指在中国大陆注册，在中国香港上市的股票。

（三）ST股与*ST股

ST意即"特别处理"。该政策针对的对象是出现财务状况或其他状况异常的股票。1998年4月22日，沪深交易所宣布，将对财务状况或其他状况出现异常的上市公司股票交易进行特别处理（Special Treatment），由于"特别处理"，在简称前冠以"ST"，因此这类股票称为ST股。

所谓"财务状况异常"是指以下几种情况：

（1）最近两个会计年度的审计结果显示的净利润为负值。

（2）最近一个会计年度的审计结果显示其股东权益低于注册资本。也就是说，如果一家上市公司连续两年亏损或每股净资产低于股票面值，就要予以特别处理。

（3）注册会计师对最近一个会计年度的财产报告出具无法表示意见或否定意见的审计报告。

（4）最近一个会计年度经审计的股东权益扣除注册会计师、有关部门不予确认的部分，低于注册资本。

（5）最近一份经审计的财务报告对上年度利润进行调整，导致连续两个会计年度亏损。

（6）经交易所或中国证监会认定为财务状况异常的。

当上市公司的经营状况是连续三年亏损，则ST变为*ST。对其股票交易实行"退市风险警示"，以充分揭示其股票可能被终止上市的风险。*ST上市公司在其后一个年度内未能恢复盈利，证交所终止其上市。

当然，如果ST、*ST股票经过审核，符合条件的也可以申请取消特别处理，即在股票名称前去掉ST标志，这通常被称为"摘帽"。摘帽需要满足以下条件：

（1）年报必须盈利。

（2）最近一个会计年度的股东权益为正值，即每股净资产为正值，每股净资产必须超过1元。

（3）最新年报表明公司主营业务正常运营，扣除非经常性损益后的净利润为正值。

（4）最近一个会计年度的财务报告没有被会计师事务所出具无法表示意见或否定意见的审计报告。

（5）没有重大会计差错和虚假陈述，未在证监会责令整改期限内。

（6）没有重大事件导致公司生产经营受严重影响的情况、主要银行账号未被冻结、没有被解散或破产等交易所认定的情形。

*ST股票一旦在规定的时间内未能摘帽，那么可能遭到退市处理，被移到三板市场，其股票持有人则只能去三板市场交易，每周交易三次（周一、周三、周五），还有的是一周交易一次（每周五），根据业绩决定。投资者首先要去证券营业部开立一个三板市场的股东账户。需要本人带身份证、股东账户卡，还有股票交易卡。先办理三板股东开户，然后办理股票过户。如果还没有上三板则要耐心等待。有三种可能，一种是重组后再重新回到主板，另一种就是将来上三板，还有一种可能就是破产。

三、股票的价值与价格

从本质上讲，股票是一种所有权的凭证，是虚拟资本的一种形式，它本身并没有价值。股票之所以能够有价，可以用来买卖，是因为股票的持有人拥有一定的股东权利，可以获得相应的经济利益，并且持有的越多，股东权利越大，分红等经济利益也越丰厚。股票的价值实际上是这种股东权利与经济收益在某种程度上的量化。千万不要认为股票有一个固定的清晰的价值，股票的价值只能通过一些方法估算。

从理论上讲，股票价格应该与股票价值相符。经济学和金融理论认为，股民在投资活动中是理性的，他们在作出投资决策时会进行理智的分析，当股票价格低于上市公司的内在价值时，他们开始买入股票；而当股票价格高于上市公司的内在价值时，他们开始卖出股票。但事实并非像经济学家想象的那么美好。在投资领域，长期存在着价格严重偏离其内在价值的情况，股票价格是由市场供需决定的，在一定的时期与价值无关。如果价格等于价值，就无须市场的作用。然而大多数人往往容易产生误解，以为股票价格总是等于股票价值，或在价值的上下浮动。

影响股票市场价格的因素除了各种股票市场操作，比如看涨与看跌、买空与卖空、追涨与杀跌、获利平仓与解套或割肉等行为之外，股民的心理行为也能把股票的市场价格与其实际价值拉得很远。一般而言，如果股票市场的做多行为多于做空行为，则股票价格上涨；反之，如果做空行为占上风，则股票价格趋于下跌。

可见，一只股票最终会波动到什么价格，不仅仅是因为其本身的价值，更重要的是由股市的环境和氛围来决定的。有时候一只股票的价格看似已经经远超过其价值，但是如果大的环境还是持续升温，市场的狂热还是没有改变，那么就有可能把这只股票推动到更高更离谱的价格。相反，一只优质股票在某些时候，在市场的推动下，可能远远跌破它的价值。

四、融资融券

融资融券交易，又称信用交易，分为融资交易和融券交易。

融资交易中，投资者向证券公司交纳一定的保证金，融入一定数量的资金买入股票的交易行为。投资者向证券公司提交的保证金可以是现金或者可充抵保证金的证券。而后证券公司向投资者进行授信后，投资者可以在授信额度内买入由证券交易所和证券公司公布的融资标的名单内的证券。如果证券价格上涨，则以较高价格卖出证券，此时只需归还欠款，投资者就可盈利；如果证券价格下跌，融入资金购买证券，这就需要投资者补入资金来归还，则投资者亏损。

融券交易中，投资者向证券公司交纳一定的保证金，整体作为其对证券公司所负债务的担保物。融券交易为投资者提供了新的盈利方式和规避风险的途径。如果投资者预期证券价格即将下跌，可以借入证券卖出，而后通过以更低价格买入还券获利；或是通过融券卖出来对冲已持有证券的价格波动，以套期保值。

与普通证券交易相比，投资者可以通过向证券公司融资融券，扩大交易筹码，具有一定的财务杠杆效应，通过这种财务杠杆效应来获取收益。总体来说，融资融券交易关键在于一个“融”字，有“融”投资者就必须提供一定的担保和支付一定的费用，并在约定期内归还借贷的资金或证券。

融资融券具有资金杠杆效应，会放大风险，新股民在技术和经验不成熟时建议不要参与，仅做了解即可。

五、沪港通

沪港通是指上海证券交易所和香港联合交易所允许两地投资者通过当地证券公司（或经纪商）买卖规定范围内的对方交易所上市的股票，是沪港股票市场交易互联互通机制。沪港通下的股票交易于 2014 年 11 月 17 日开始。

沪港通包括沪股通和港股通两部分：

沪股通，是指投资者委托香港经纪商，经由香港联合交易所设立的证券交易服务公司，向上海证券交易所进行申报（买卖盘传递），买卖规定范围内的上海证券交易所上市的股票。

港股通，是指投资者委托内地证券公司，经由上海证券交易所设立的证券交易服务公司，向香港联合交易所进行申报（买卖盘传递），买卖规定范围内的香港联合交易所上市的股票。此前联合公告对沪港两市每日沪港通交易分别设定了 130 亿元及 105 亿元的上限。该“上限”并非指每日流入总额上限，而是每日买卖之差不能超过的上限，这意味着每个交易日能够进入沪港市场的资金额度远远高于市场预期。

日交易额度应指的是类似“轧差”后的额度，即每日买卖之差不能超过联合公告指出的上限，以保证人民币的流入、流出量基本平衡。

六、股指期货

股票指数期货是指以股票价格指数作为标的物的金融期货合约。双方约定在未来的某个特定日期，可以按照事先确定的股价指数的大小，进行标的指数的买卖，到期后通过现金结算差价来进行交割。在具体交易时，股票指数期货合约的价值是用指数的点数乘以事先规定的单位金额来加以计算的。例如沪深 300 股指期货的合约乘数为每点 300 元。

沪深 300 股指期货合约的合约月份包括当月、下月和随后的两个季月，合约最后交易日为合约到期月份的第三个周五，遇国家法定假日顺延。

买卖期货合约的时候，双方都需要向结算所缴纳一小笔资金作为履约担保，这笔钱叫做保证金。首次买入合约叫建立多头头寸，首次卖出合约叫建立空头头寸。然后，手头的合约要进行每日结算，即逐日盯市。

股指期货合约到期的时候和其他期货一样，都需要进行交割。不过一般的商品期货采用的是实物交割，而股指期货采用的是现金交割。所谓现金交割，就是不需要交割一篮子股票指数成分股，而是用到期日或第二天的现货指数作为最后结算价，通过与该最后结算价进行盈亏结算来了结头寸。

七、个股期权

个股期权合约是指由交易所统一制定的、规定合约买方有权在将来某一时间以特定价格买入或者卖出约定标的证券的标准化合约。买方以支付一定数量的期权费（也称权利金）为代价而拥有了这种权利，但不承担必须买进或卖出的义务。卖方则在收取了一定数量的期权费后，在一定期限内必须无条件服从买方的选择并履行成交时的允诺。

个股期权主要可分为看涨和看跌两大类。只要买入期权，无论看涨还是看跌都只有权利而无义务，即到期可按约定价格买入或按约定价格卖出，但这是买方可以自由选择的，卖出期权方无论看涨或看跌都必须无条件履行条款。因此，期权买方风险有限（亏损最大值为权利金），但理论获利无限；与此同时，期权卖方（无论看涨还是看跌期权）只有义务而无权利，理论上风险无限，收益有限（收益最大值为权利金）。总体而言，个股期权不适合所有个人投资者，更适合机构对冲风险或进行套利。

2015年2月9日，上海证券交易所迎来了又一个历史性的时刻。随着首个股票期权产品上证50ETF期权合约的上市，境内资本市场进入了全新的期权时代。

一份期权合约是代表未来权利的合约。它的买方通过支付一笔权利金，获得未来以某个价位买入或卖出某个标的物权利；而它的卖方则收取买方的权利金，承担必须卖出或买入的义务。而上证50ETF期权就是以上证50ETF为标的物的期权产品。

个人投资者参与期权交易，应当通过期权经营机构组织的期权投资者适当性综合评估。

50ETF期权上市首日交易运行平稳。首日总成交量为18843张，其中认购期权11320张，认沽期权7523张；权利金成交额为0.287亿元，成交名义价值达到4.318亿元；全天未平仓合约数为11720张。市场成交情况符合预期。

股指期货与个股期权交易的风险性较大，技术要求较高，新股民技术和经验没有成熟时，建议不要参与，仅做了解即可。

第二节　股市信息

股市的涨跌走势是多空双方力量交锋的结果，当市场对股市走势统一时，那双方的力量便出现倾斜。而什么影响市场对后市的看法呢？可以是公司财务基本面，或是国家政策导向，抑或是突发的利好利空事件。但归于一点，这些都可称之为市场信息或股市相关信息。

投资者会通过这些信息从而判断大盘和个股会受到怎样的影响。若是利好，那投资者会认为后市上涨，进行低买高卖赚得利差。抑或利空，我们就提前出局减少损失。可见市场信息对股市有着直接影响。因此，从及时有效的渠道去获得正确的信息，进而采取对投资者有利的措施是十分重要的。

投资者通常能从下面几个主要渠道获得有效信息：

一、媒体资讯

从中国证券监督管理委员会指定的信息披露报刊上获取信息。因为是中国证监会指定的报刊，其信息披露要受到证监会的严格审查，且这些报刊基本上都是专业报刊，所以其刊登的股市信息一般都比较真实、可信度较高，误导股民的成分较少。这些刊物主要有《金融时报》、《中国证券报》、《上海证券报》、《证券时报》、《证券市场周刊》等。

通过阅读相关内容，股民可及时掌握世界经济和国内经济形势的变化，了解突发事件的起因、发展及其影响，也可以使股民及时掌握国家重大经济政策及其措施的出台原因、时间和可能产生的后果，有时也可了解到个别上市公司的经营状况及其相关问题。如果股民工作很忙，时间不允许每天阅读大量的资料，那么，股民可利用休息时间听一听广播，看一看电视中的相关经济节目，将值得进一步研究的信息记下，再去查阅有关报纸、杂志。

二、公司公告

上市公司根据有关法规于规定时间编制并公布的反映公司业绩的报告称为定期报告。定期报告包括年度报告和中期报告。年度报告是公司会计年度经营状况的全面总结。中期总结是公司半年度经营状况的总结。上市公司根据有关法规对某些可能给上市公司股票的市场价格产生较大影响的事件予以披露的报告称为临时报告。

以上海电气（601727）为例，2009 年 4 月 28 日公告：“拟非公开发行 A 股股票的数量不超过 7 亿股，募集资金净额不超过人民币 50 亿元，计划用于项目投资、偿还银行贷款及补充营运资金。募集资金总额中不超过人民币 32 亿元拟用于项目投资，不超过人民币 10 亿元拟用于偿还银行贷款，其余部分拟用于补充营运资金。补充营运资金部分不超过 8 亿元。”

由于非公开发行股票对于市场短期冲击不大，而根据券商报告及对上海电气主营业务分析，其募集的 32 亿资金很可能投向新能源领域的核电和风电，而新能源是国家大力扶持的产业，应该为利好。但是相当一部分投资者认为又是上市公司的圈钱之举，认为是利空；另一部分投资者虽认为是利好，但由于上海电气停牌前 2 天已有 18.82%的涨幅，主力可能借利好出货。上海电气 4 月 28 日开盘即跌停，随后虽然打开，但冲高 3 个多点后即回落，最后封在跌停板上。很多投资者在这一天选择了离场。但是上海电气随后走出了一波上攻行情，从 4 月 29 日至 5 月 7 日，累计上涨了 34.52%，让很多离场的投资者懊悔不已。

三、交易所信息

每个交易日收盘后，沪深交易所都会在晚间公布当日异动的个股交易信息回报。如果仔细研读，是可以发觉其中的投资机会的。

上海证券交易所的成交回报在网站上的“行情与交易→交易信息披露→交易公开信息”栏目里，共有 17 项，通常关注的有：

（1）有价格涨跌幅限制的日收盘价格涨幅偏离值达到 7%的前三只证券；

（2）有价格涨跌幅限制的日价格振幅达到 15%的前三只证券；

（3）有价格涨跌幅限制的日换手率达到 20%的前三只证券；

（4）非 ST 和*ST 证券连续三个交易日内收盘价格涨幅偏离值累计达到 20%的

证券；

（5）ST 和*ST 证券连续三个交易日内收盘价格涨幅偏离值累计达到 15%的证券；

（6）当日有涨跌幅限制的 A 股，连续 2 个交易日触及涨幅限制，在这 2 个交易日中同一营业部净买入股数占当日总成交股数的比重达 30%以上，且上市公司未有重大事项公告的；

（7）ST 股票、*ST 股票和 S 股连续三个交易日触及涨幅限制的。

深圳证券交易所的成交回报在网站上的“信息披露→交易公开信息”里，而且对 A 股、中小企业板和创业板实行了分类统计，通常关注的项目与上海证券交易所的类似。

通过交易公开信息，投资者能观察证券营业部的交易量。进而对短期的个股涨跌进行分析，做出利于自己的决策。

比如，以 2009 年浪潮软件为例。交易所自 4 月 3 日至 4 月 20 日公布的交易公开信息，在浪潮软件 9 个涨停交易日中，包括广发证券辽阳民主路营业部、中信证券上海番禺路时代大厦营业部，以及海通证券深圳红岭中路营业部等连续多次出现在前五位的买卖席位上，并在同一时间段内进行买入和卖出交易。

数据显示，4 月 3 日，浪潮软件涨停当日，中信证券上海番禺路时代大厦证券营业部以 1492 万元的买入量居买入席位第一位，4 月 13 日至 15 日，该营业部继续买入，累计买入金额 918 万元，4 月 15 日至 17 日，该营业部依然买入 1003 万元，但同时卖出 968 万元。4 月 13 日至 15 日，广发证券辽阳民主路证券营业部以累计买入金额 3172 万元居买入席位第一，4 月 15 日至 17 日，该营业部累计买入 3651 万元的同时卖出 3960 万元，分别位列买卖席位第一。而在 20 日的放量回落中，该营业部赫然出现在卖出方的第一位。

当然，由于成交回报是反映当日的交易情况，有滞后性，投资者需要观察涨停的股票是否具有持续拉升的可能，同时更要熟悉主力的操作风格，像民主路营业部风格激进，频频染指市场认为已经到顶的股票，通过一波强力拉升吸引市场眼球，然后在众人追入时出货；而像江海证券上海万航渡路营业部则属于喜欢介入快要创新高的股票，随后大幅拉升，对倒出货等等。因此，投资者需要谨慎判断这类公开信息背后的原因和目的，合理运用于实际交易中。

此外，报刊等媒体上常常会有券商等机构的研究报告，内容涉及政策分析、行业与公司评判、投资策略等，很多投资者颇为看重。不过，投资者不应盲从，一来与报告的时效性有关，二来预测不可能没有偏差，即使是国际知名的大行也常有看走眼的时候。投资者要做的，应该是借鉴其思考方法或看问题的角度，最终印证自己的观点或得出自己的结论。投资者可以借鉴别人的思路，但不能照搬别人的结论。

第三节　分红配股

股市中的投资者除了通过低买高卖赚取股价差额外，也可通过持有上市公司的股票获得每年的股息和红利。

股息一般专指优先股的收益，是指股份公司从提取了公积金、公益金的税后利润中按照股息率派发给优先股股东的收益。

红利一般专指普通股股东的收益，是上市公司分派股息之后按持股比例向股东分配的剩余利润。股息的利率是固定的，而红利数额通常是不确定的，它随着公司每年可分配盈余的多少而上下浮动。

获取股息和红利，是股民投资于上市公司的基本目的，也是股民的基本经济权利。股息与红利合起来称为股利。

股利一般有两种支付方式：派发现金和配送红股，前者是指股份公司向股东支付现金，又称配息；后者是指股份公司向股东以赠送新的股份的方式代替支付现金股利，又称配股。

一般理解，现金股利给予股东即时的资本回报，而红股给予股东长远获取更大回报的机会（只适用于股份价值上升时），但亦增加了流通总股本，从而摊薄其他收取现金股利的股东的权益。

上市公司派发现金和配送红股时，股价会进行除权和除息处理。除权除息的目的是方便投资者对股价进行对比分析。试想一下，如果不进行除权处理，上市公司的股价就会表现出较大幅度的波动，从而使得价格分析和技术指标失灵。

例如，某股股本为 100 万股，股价是 7 元每股，那市值为 700 万。上市公司宣布 10 股配 10 股，第二天就是 200 万股，若股价不变，那市值就为 1400 万，而市场投资者会认为这是股价虚增，不会同意以原价交易该股。但进行除权，股价变为3. 5元每股而市值不变。同时，投资者在分析股价走势变化的时候，就可以进行复权操作，而使得除权前后的股票走势具有可比性。

一、除息

（一）发行与计算

股票发行企业在发放股息或红利时，需要事先进行核对股东名册、召开股东会议等多种准备工作，于是规定以某日在册股东名单为准，并公告在此日以后一段时期为停止股东过户期。停止过户期内，股息红利仍发给登记在册的旧股东，新买进股票的持有者因没有过户就不能享有领取股息红利的权利，这就称为除息。

股票买卖价格就应扣除这段时期内应发放股息红利数，这就是除息交易。这时，显示的前收盘价不是前一天的实际收盘价，而是根据股权登记日收盘价与分红现金的数量结合起来算出来的价格。

除息价的计算公式为：

除息价=股息登记日的收盘价-每股所分红利现金额。

例如：某股票股息登记日的收盘价是4.17元，每股送红利现金0.03元，则其次日股价为4.17-0.03=4.14（元）。

凡股票名称前加注“XD”的股票为当日除息的个股。

（二）除息的影响

除息日的把握，对于投资者也至关重要，由于投资者在除息日当天或以后购买的股票，已无权参加本期的股息红利分配，因此，除息日当天的价格会与除息日前的股价有所变化。一般来讲，除息日当天的股市报价就是除息参考价，也即是除息日前一天的收盘价减去每股股息后的价格。例如，某种股票计划每股派发1元的股息，如除息日前的价格为每股18元，则除息日这天的参考报价应是17元（18元减去1元）。掌握除息日前后股价的这种变化规律，有利于投资者在购买时填报适当的委托价，以有效降低其购股成本，减少不必要的损失。

对于有中长线投资打算的投资者来说，还可趁除息前夕的股价偏低时，买入股票过户，以享受股息收入。出现有时在除息前夕价格偏弱的原因，主要在于此时短线投资者较多。因为短线投资者一般倾向于不过户、不收息，故在除息前夕多半设法将股票脱手，甚至价位低一些也在所不惜。因此，有中长线投资计划的人，如果趁短线投资者回吐的时候入市，即可买到一些相对低廉的股票，又可获取股息收入。

至于在除息前夕的哪一具体时点买入，则又是一个十分复杂的技巧问题。一般来讲，在截止过户时，当大市尚未明朗时，短线投资者较多，因而在截止过户前，那些不想过户的短线投资者就得将所有的股份卖出，越接近过户期，卖出的短线投资者就越多，故原则上在截止过户前的1至2天左右，有可能买到相对来说价位适宜的股票，但切不可将这种情况绝对化。因为如果大家都看好某种股票，或者某种股票的股息十分诱人，也可能会出现相反的现象，即越接近过户期，购买该股票的投资者就越多，因而，股价的涨升幅度也就越大，投资者必须对具体情况进行具体分析，以恰当掌握在分红派息期买卖的火候。

二、除权

（一）运作与计算

除权是由于公司股本增加，每股股票所代表的企业实际价值（每股净资产）有所减少，需要在发生该事实之后从股票市场价格中剔除这部分因素，而形成的剔除行为。

当一家上市公司宣布送股或配股时，在红股尚未分配即尚未配股之前，该股票被称为含权股票。要办理除权手续的股份公司先要报主管机关核定，在准予除权后，该公司即可确定股权登记基准日和除权基准日。凡在股权登记日拥有该股票的股东，就享有领取或认购股权的权利，即可参加配股。

例如：配股比率为25/1000，表示原持有1000股的股东，在除权后，股东持有股数会增加为1025股。此时，公司总股数则膨胀了2.5%。

由于转增或者配送股以后市场可流通总股数增加，那么原来的市场价格必须进行除权。否则对后来买股票的人就不公平。一样的总市值，股数增加，价格却没降。股权登记日之后的第一天为除权日，当日开盘价为除权价。

除权价计算公式为：

送红股后的除权价=股权登记日的收盘价÷（1+每股送红股数）

例如：某股票股权登记日的收盘价是24.75元，每10股送3股，即每股送红股数为0.3，则次日股价为24.75÷（1+0.3）=19.04（元）

配股后的除权价=（股权登记日的收盘价+配股价×每股配股数）÷（1+每股配股数）

例如：某股票股权登记日的收盘价为18.00元，10股配3股，即每股配股数为0.3，配股价为每股6.00元，则次日股价为

（18.00+6.00×0.3）÷（1+0.3）=15.23（元）

凡股票名称前加注“XR”的股票为当日除权的个股。

凡股票名称前加注“RD”的股票为当日既除权又除息的个股。

用以上公式可计算除权后的市价，而市价的高低则因权值的大小而不同。另外，我国相关制度还规定，证券发行人认为有必要调整计算公式的，可以向证券交易所提出调整申请并说明理由。证券交易所认为必要时，可调整除权（息）参考价计算公式，并予以公布。

（二）影响

除权一方面可以更为准确地反映上市公司股价对应的价值，另一方面也可以方

便股东调整持股成本和分析盈亏变化。一般情况下，上市公司实施高比例的送股和转增，会使除权后的股价大打折扣，但实际上由于股数增多，投资者并未受到损失。除权对于股东而言影响是中性的。

然而，上市公司通过高比例分配等方式将总股本扩大，将股价通过除权拉低，可以提高流动性。股票流通性好的上市公司，如果业绩优良，往往容易得到机构投资者的青睐，这在实施定向增发和实施的融资融券业务中都是重要的因素。

除权后，如果不进行复权处理，上市公司的股价就会形成一个较大的缺口，使K线和技术指标都出现不正常的变化，不利于投资者进行技术分析。不过，在一般的股票分析软件中，都有对K线进行复权的选择操作，并分为前复权和后复权，有的软件为下复权和上复权。所谓前复权是指将上市公司历史股价按除权后的价格进行调整，就是将除权前的市场数据也进行除权处理，使股价走势具有连贯性，便于投资者分析目前的股价和历史相比的累计涨跌幅。所谓后复权是指将现阶段的股价按除权前的价格进行调整，就是将除权后的市场数据换算回除权前的价格，而使股价走势连贯，便于投资者按照除权前的成本分析目前的获利幅度。

上市公司的股票价格进行除权后，投资者往往对填权抱有乐观预期。实际上填权不是必然的。除权后上市公司的股价是否回补除权缺口，关键在于其每股价值是否得到提升，以及整体市场因素。

所以，投资者对于上市公司的除权，要理性分析其原因，以及对股价的影响，对于填权行情不可过于迷信，更应看重上市公司的投资价值。

三、对比

将送红股与派现金相比，两者都是上市公司对股东的回报，只不过是方式不同而已。只要上市公司在某年度内经营盈利，它就是对股民的回报。但送红股与派发现金红利有所不同，如果将这两者与银行存款相比较，现金红利有点类似于存本取息，即储户将资金存入银行后，每年取息一次。而送红股却类似于计复利的存款，银行每过一定的时间间隔将储户应得利息转为本金，使利息再生利息，期满后一次付清。但送股这种回报方式又有其不确定性，因为将盈利转为股本而投入再生产是一种再投资行为，它同样面临着风险。

我国股民普遍都偏好送红股。它一方面增强了上市公司的经营实力，进一步扩大了企业的生产经营规模，另一方面它不像现金分红那样需要拿出较大额度的现金来应付派息工作，因为企业一般留存的现金都是不太多的。所以这几种形式对上市公司来说都是较为有利的。

当上市公司不给股东分红或将利润滚存至下一年时，这部分利润就以资本公积金的形式记录在资产负债表中。而给股东送红股时，这一部分利润就要作为追加的股本记录在股本金中，成为股东权益的一部分。但在送红股时，因为上市公司的股本发生了变化，一方面上市公司需到当地的工商管理机构进行重新注册登记，另外还需对外发布股本变动的公告。

但不管在上述几种方式中采取哪一种来处理上一年度的利润，上市公司的净资产总额并不发生任何变化，未来年度的经营实力也不会有任何形式上的变化。

若企业在未来的年份中经营比较稳定、业务开拓较为顺利且其净资产收益率能高于平均水平，则股东能得到预期的回报，若上市公司的净资产收益率低于平均水平或送股后上市公司经营管理不善，股东不但在未来年份里得不到预期回报，且还将上一年度应得的红利化为了固定资产沉淀。这样送红股就不如现金红利，因为股民取得现金后可选择投资其他利润率较高的股票或投资工具。

第四节 了解指数

股票价格指数即股票指数。是由证券交易所或金融服务机构编制的表明股票行情变动的一种供参考的指示数字。

由于股票价格起伏无常，投资者必然面临市场价格风险。对于具体某一种股票的价格变化，投资者容易了解，而对于多种股票的价格变化，要逐一了解，既不容易，也不胜其烦。为了适应这种情况和需要，一些金融服务机构就利用自己的业务知识和熟悉市场的优势，编制出股票价格指数，公开发布，作为市场价格变动的指标。投资者据此就可以检验自己投资的效果，并用以预测股票市场的动向。

这种股票指数，也就是表明股票行市变动情况的价格平均数。编制股票指数，通常以某年某月为基础，以这个基期的股票价格作为100，用以后各时期的股票价格和基期价格比较，计算出升降的百分比，就是该时期的股票指数。

一、常用指数计算公式

（一）综合指数

股票价格综合指数是把所有的股票即刻价格加权平均，计算公式为：

本日股价指数=本日股票市价总值/基期股票市价总值×100；

本日股票市价总值=所有股票的本日市值（本日收盘价×发行股数）之和，基期股票市价总值=所有股票的基期市值（基期收盘价×发行股数）之和；

遇新股上市、退市或上市公司增资扩股时，须做相应的修正。修正公式为：

新基期市价总值=修正前基期市价总值×（修正前市价总值+市价总值变动

额）/修正前市价总值

修正后本日股价指数=本日股票市价总值/新基期股票市价总值×100。

（二）成份指数

成份指数是通过科学客观的方法挑选出最具代表性的样本股票，建立一个反映整个证券市场的概貌和运行状况、能够作为投资评价尺度及金融衍生产品基础的基准指数。公式如下：

报告期指数=（报告期样本股的调整市值/基期）×100；

调整市值=Σ（股价×调整股本数×权重上限因子），权重上限因子介于0和1之间，以使样本股权重不超过15%（对上证180风格指数系列，样本股权重上限为10%）。

调整股本数采用分级靠档的方法对成份股股本进行调整。

二、常见的指数

（一）上证综合指数

上证综合指数的样本为所有在上海证券交易所挂牌上市的股票，其中新上市的股票在挂牌的第二天纳入股票指数的计算范围。

上证指数的权数为上市公司的总股本。由于我国上市公司的股票有流通股和非流通股之分，其流通量与总股本并不一致，所以总股本较大的股票对股票指数的影响就较大，上证指数常常就成为机构大户造市的工具，使股票指数的走势与大部分股票的涨跌相背离。

上海证券交易所股票指数的发布几乎是和股市行情的变化相同步的，它是我国股民和证券从业人员研判股票价格变化趋势必不可少的参考依据。

（二）上证50

上证50指数是根据科学客观的方法，挑选上海证券市场规模大、流动性好的最具代表性的50只股票组成样本股，以便综合反映上海证券市场最具市场影响力的一批龙头企业的整体状况。上证50指数自2004年1月2日起正式发布。其目标是建立一个成交活跃、规模较大、主要作为衍生金融工具基础的投资指数。

上证50指数依据样本稳定性和动态跟踪相结合的原则，每半年调整一次成份股，调整时间与上证180指数一致。特殊情况时也可能对样本进行临时调整。

每次调整的比例一般情况不超过10%。样本调整设置缓冲区，排名在40名之前的新样本优先进入，排名在60名之前的老样本优先保留。

（三）上证 180

又称上证成份指数，其样本股是在所有 A 股股票中抽取最具市场代表性的 180 种样本股票，自 2002 年 7 月 1 日起正式发布。作为上证指数系列核心的上证 180 指数的编制方案，目的在于建立一个反映上海证券市场的概貌和运行状况、具有可操作性和投资性、能够作为投资评价尺度及金融衍生产品基础的基准指数。

上证成份指数的编制方案，是结合中国证券市场的发展现状，借鉴国际经验，在原上证 30 指数编制方案的基础上作进一步完善后形成的，目的在于通过科学客观的方法挑选出最具代表性的样本股票，建立一个反映上海证券市场的概貌和运行状况、能够作为投资评价尺度及金融衍生产品基础的基准指数。

（四）深证综合指数

深证指数是指由深圳证券交易所编制的股价指数，该股票指数的计算方法基本与上证指数相同，其样本为所有在深圳证券交易所挂牌上市的股票，权数为股票的总股本。由于以所有挂牌的上市公司为样本，其代表性非常广泛，且它与深圳股市的行情同步发布，它是股民和证券从业人员研判深圳股市股票价格变化趋势必不可少的参考依据。

深圳证券交易所并存着两个股票指数，一个是老指数——深圳综合指数，一个是现在的深圳成份股指数，但从运行势态来看，两个指数间的区别并不是特别明显。

（五）沪深 300 指数

沪深 300 指数是沪深证券交易所于 2005 年 4 月 8 日联合发布的反映 A 股市场整体走势的指数。沪深 300 指数编制目标是反映中国证券市场股票价格变动的概貌和运行状况，并能够作为投资业绩的评价标准，为指数化投资和指数衍生产品创新提供基础条件。

沪深 300 指数样本覆盖了沪深市场 70%左右的市值，具有良好的市场代表性和可投资性。它的推出，丰富了市场现有的指数体系，增加了一项用于观察市场走势的指标，也进一步为指数投资产品的创新和发展提供了基础条件，十分有利于投资者全面把握我国股票市场总体运行状况。

除此之外，还有一些国际上比较常见的指数，如：

（一）标准·普尔股票价格指数

它是美国最大的证券研究机构即标准·普尔公司编制的股票价格指数。该公司于 1923 年开始编制发表股票价格指数。最初采选了 230 种股票，编制两种股票价格指数。到1957年，这一股票价格指数的范围扩大到500种股票，分成95种组合。其中最重要的四种组合是工业股票组、铁路股票组、公用事业股票组和500种股票混合组。以500种采样股票通过加权平均综合计算得出的指数，在开市时间每半小时公布一次。发表在该公司主办的《展望》刊物上。许多报纸每天登载它的最高、最低及收盘价指数。美国著名的《商业周刊》杂志每期公布标准·普尔混合指数。

（二）道琼斯指数

道琼斯指数是世界上历史最为悠久的股票指数，它的全称为股票价格平均指数。通常人们所说的道琼斯指数有可能是指道琼斯指数四组中的第一组道琼斯工业平均指数（Dow Jones Industrial Average）。

道琼斯指数最早是在1884年由道琼斯公司的创始人查理斯·道开始编制的。其最初的道琼斯股票价格平均指数是根据11种具有代表性的铁路公司的股票，采用算术平均法进行计算编制而成，发表在查理斯·道自己编辑出版的《每日通讯》上。其计算公式为：

股票价格平均数=入选股票的价格之和/入选股票的数量。

目前，道琼斯股票价格平均指数共分四组：

第一组是工业股票价格平均指数。它由30种有代表性的大工商业公司的股票组成，且随经济发展而变大，大致可以反映美国整个工商业股票的价格水平，这也就是人们通常所引用的道琼斯工业平均指数。

第二组是运输业股票价格平均指数。它包括20种有代表性的运输业公司的股票，即8家铁路运输公司、8家航空公司和4家公路货运公司。

第三组是公用事业股票价格平均指数，是由代表着美国公用事业的15家煤气公司和电力公司的股票所组成。

第四组是平均价格综合指数。它是综合前三组股票价格平均指数65种股票而得出的综合指数，这组综合指数为优等股票提供了直接的股票市场状况。

（三）纳斯达克综合指数

纳斯达克综合指数是反映纳斯达克证券市场行情变化的股票价格平均指数，基本指数为100。纳斯达克的上市公司涵盖所有新技术行业，包括软件和计算机、电信、生物技术、零售和批发贸易等。主要由美国的数百家发展最快的先进技术、电信和生物公司组成，包括微软、英特尔、美国在线、雅虎这些家喻户晓的高科技公司，因而成为美国“新经济”的代名词。世人瞩目的微软公司便是通过纳斯达克上市并获得成功的。

纳斯达克综合指数是代表各工业门类的市场价值变化的晴雨表。因此，纳斯达克综合指数相比标准·普尔500指数、道琼斯工业指数（它仅包括30个大公司）更具有综合性。目前，纳斯达克综合指数包括5000多家公司，超过其他任何单一证券市场。因为它有如此广泛的基础，已成为最有影响力的证券市场指数之一。

（四）恒生指数

恒生指数是由香港恒生银行于1969年11月24日开始编制的用以反映香港股市行情的一种股票指数，是香港股市价格的重要指针，指数由若干只成份股（即蓝筹股）市值计算出来的，代表了香港交易所所有上市公司的12个月平均市值涵盖率的70%，恒生指数由恒生银行属下恒生指数有限公司负责计算及按季检讨，公布成份股调整。

恒生指数最初以1964年7月31日为基期，基期指数为100，以成份股的发行股数为权数，采用加权平均法计算。后由于技术原因改为以1984年1月13日为基期，基期指数定为975.47。恒生指数现已成为反映香港政治、经济和社会状况的主要风向标。

恒生指数是香港股市价格的重要指标，指数共由若干只成份股（即蓝筹股）市值计算出来的，代表了香港交易所所有上市公司70%的市值，恒生指数由恒生银行属下恒指服务有限公司负责计算。

（五）日经指数

日经平均股价的前身为东证修正平均股价，是由日本经济新闻社编制并公布的反映日本股票市场价格变动的股票价格平均数。该指数从1950年9月7日开始计算编制，样本股票为在东京证券交易所内上市的225家公司的股票，并以当日为基期，当日的平均股价176.2日元为基数，当时称为“东证修正平均股价”。1975年5月1日，日本经济新闻社向道琼斯公司买进商标，采用美国道琼斯公司的修正法计算，这种股票指数也就改称“日经道琼斯平均股价”。1985年5月1日在合同期满10年时，经两家商议，将名称改为“日经平均股价”。

（六）伦敦金融时报指数

伦敦金融时报指数是伦敦《金融时报》工商业普通股票平均价格指数的简称，由英国《金融时报》于1935年7月1日起编制，用以反映伦敦证券交易所行情变动的一种股票价格指数。并以该日期作为指数的基期，令基期股价指数为100，采用几何平均法进行计算。该指数最早选取在伦敦证券交易所挂牌上市的30家代表英国工业的大公司的股票为样本，是欧洲最早和最有影响的股票价格指数。目前的金融时报指数由30种、100种和500种等各组股票价格平均数构成，范围涵盖各主要行业。

由于1888年创刊的英国《金融时报》每天都详细登载伦敦金融市场，特别是证券交易所的行情变化、市场动向及国内外的政治、经济动态，发行量很大。因此，该指数不仅是英国股票市场，而且也是世界金融市场上颇有影响的股价指数。

伦敦金融时报指数分三种：

一是由30种股票组成的价格指数；

二是由100种股票组成的价格指数；

三是由500种股票组成的价格指数。

通常所讲的英国金融时报指数指的是第一种，即由30种有代表性的工商业股票组成并采用加权算术平均法计算出来的价格指数。该指数以1935年7月1日为基期日，以该日股价指数为100点，以后备期股价与其比较，所得数值即为各期指数，该指数也是国际上公认的重要股价指数之一。

第五节　股市常用术语

牛市、熊市、猴市

多头市场又称买方市场，是指股价的基本趋势持续上升时形成的投机者不断买进证券，需求大于供给的市场现象。

多头是指投资者对股市看好，预计股价将会看涨，于是趁低价时买进股票，待股票上涨至某一价位时再卖出，以获取差额收益。一般来说，人们通常把股价长期保持上涨势头的股票市场称为多头市场。多头市场股价变化的主要特征是一连串的大涨小跌。

空头市场（Bear Market）亦称熊市，价格走低的市场。当部分投资人开始恐慌，纷纷卖出手中持股，保持空仓观望。此时，空方在市场中是占主导地位的，做多（看好后市）氛围严重不足，一般就称为空头市场。证券市场上是指总体的运行趋势是向下的，其间虽有反弹，但一波却比一波低。

猴市，形容股市的大幅振荡的情况，股市上涨叫牛市，下跌叫熊市，把这二者之间的运作状态称之为猴市，也就是说从大盘来看没有一个明确的上涨或下跌方向，市场分化比较严重，展开的波段也较多，反复的大幅震荡，所以就用它来比喻股市的大幅振荡。

基本面、政策面、技术面

基本面是指对宏观经济、行业和公司基本情况的分析，包括公司经营理念策略、公司报表等的分析。它包括宏观经济运行态势和上市公司基本情况。宏观经济运行态势反映出上市公司整体经营业绩，也为上市公司进一步的发展确定了背景，因此宏观经济与上市公司及相应的股票价格有密切的关系。上市公司的基本面包括财务状况、盈利状况、市场占有率、经营管理体制、人才构成等各个方面。

所谓政策面，是指对股市可能产生影响的有关政策方面的因素。主要可以分为三方面：

（1）宏观导向，如政府的经济方针、长远发展战略以及体制改革和国企改革的有关思路与措施。

（2）经济政策，包括政府在财政政策、税收政策、产业政策、货币政策、外贸政策方面的变化。

（3）根据证券市场的发展要求而出台的一些新的政策法规，如涨跌停板、投资基金管理办法等。

技术面指反映股价变化的技术指标、走势形态以及 K 线组合等。

技术分析有三个前提假设：（1）市场行为包容一切信息；（2）价格变化有一定的趋势或规律；（3）历史会重演。

主板、中小板、创业板

主板市场对发行人的营业期限、股本大小、盈利水平、最低市值等方面的要求标准较高，上市企业多为大型成熟企业，具有较大的资本规模以及稳定的盈利能力。

中国大陆主板市场的公司在上交所和深交所两个市场上市。主板市场是资本市场中最重要的组成部分，很大程度上能够反映经济发展状况，有“国民经济晴雨表”之称。

中小板块即中小企业板，是指流通盘大约 1 亿以下的创业板块，是相对于主板市场而言的，有些企业的条件达不到主板市场的要求，所以只能在中小板市场上市。中小板市场是创业板的一种过渡，在中国中小板的市场代码是以 002 开头的。

创业板，又称二板市场（Second-board Market）即第二股票交易市场，是与主板市场（Main-Board Market）不同的一类证券市场，专为暂时无法在主板上市的创业型企业、中小企业和高科技产业企业等需要进行融资和发展的企业提供融资途径和成长空间的证券交易市场，是对主板市场的重要补充，在资本市场有着重要的位置。

投资者应当到证券公司营业部现场签署《创业板市场投资风险揭示书》，在经证券公司确认并按规定期限开通创业板市场交易后，投资者才可以参与创业板新股申购。

在办理上述风险揭示书签署手续当日是不能参与创业板股票的申购或买卖的，且不同交易经验的投资者所需时间不同，具有两年以上（含两年）股票交易经验的自然人投资者在签署风险揭示书（T 日）后第二个交易日（T+2 日）即可申购或买卖创业板股票，而尚未具备两年交易经验的自然人投资者，则需在签署后第五个交易日（T+5）才可申购或买卖创业板股票。若投资者于周末前往申请开通创业板，无论是周六或周日，均等同为周五申请开通，即具有两年以上交易经验的自然人投资者可于下周二开始申购，而未具有两年交易经验的投资者于下周五才可开始参与申购。

蓝筹股、绩优股、成长股、垃圾股

蓝筹股是指稳定的现金股利政策对公司现金流管理有较高的要求，通常将那些经营业绩较好，具有稳定且较高的现金股利支付的公司股票称为“蓝筹股”。蓝筹股多指长期稳定增长的、大型的、传统工业股及金融股。“蓝筹”一词源于西方赌场，在西方赌场中，有三种颜色的筹码，其中蓝色筹码最为值钱。

绩优股就是业绩优良公司的股票。但对于绩优股的定义国内外却有所不同。在我国，投资者衡量绩优股的主要指标是每股税后利润和净资产收益率。一般而言，每股税后利润在全体上市公司中处于中上地位，公司上市后净资产收益率连续三年显著超过10%的股票当属绩优股之列。

成长股是指这样一些公司所发行的股票，它们的销售额和利润额持续增长，而且其速度快于整个国家和本行业的增长。这些公司通常有宏图伟略，注重科研，留有大量利润作为再投资以促进其扩张。由于公司再生产能力强劲，随着公司的成长和发展，所发行的股票的价格也会上升，股东便能从中受益。

垃圾股指的是业绩较差的公司的股票，与绩优股相对应。这类上市公司或者由于行业前景不好，或者由于经营不善等，有的甚至进入亏损行列。其股票在市场上的表现萎靡不振，股价走低，交投不活跃，年终分红也差。

新股、次新股

新股就是指刚发行上市正常运作的股票。

次新股的内涵是伴随着时间的推移而相应变化的。一般来说一个上市公司在上市后的一年之内如果还没有分红送股，或者股价未被市场主力明显炒作的话，基本上就可以归纳为次新股板块。

黑马股、白马股

黑马股是指价格可能脱离过去的价位而在短期内大幅上涨的股票。

白马股一般是指其有关的信息已经公开的股票，由于业绩较为明朗，同时又兼有业绩优良、高成长、低风险的特点，因而具备较高的投资价值，往往为投资者所看好。

题材概念、板块

题材股是有炒作题材的股票。这些题材可供炒作者借题发挥，可以引起市场大众跟风。一切可以引起市场兴趣的话题，都是炒作题材，所涉及的股票，也就成了题材股。

概念股指具有某种特别内涵的股票，而这一内涵通常会被当作一种选股和炒作题材，成为股市的热点。

股票板块指的是这样一些股票组成的群体，这些股票因为有某一共同特征而被人为地归类在一起。主要是按行业、概念、地区分类。其中行业是根据上市公司所从事的领域划分的比如煤炭、纺织、医药等；地区主要是根据省份划分的；概念是根据权重、热点、特色题材划分的。

总股本、流通股本

总股本，包括新股发行前的股份和新发行的股份的数量的总和。

流通股是指上市公司股份中，可以在交易所流通的股份数量。

大非、小非、解禁

“非”是指非流通股，即限售股，或叫限售 A 股。相对较多的一部分就是大非，即股改后，对股改前占比例较大的非流通股。限售流通股占总股本 5%以上者在股改后两年以上方可流通，因为大非一般都是公司的大股东，战略投资者，一般不会抛售。

在股市中，小非就是指持非流通股比例低于 5%。

解禁股是指限售股过了限售承诺期，可以在二级市场自由买卖的股票。

定向增发、公开增发

定向增发是指上市公司向符合条件的少数特定投资者非公开发行股份的行为，规定要求发行对象不得超过 10 人，发行价不得低于公告前 20 个交易市价的 90%，发行股份 12 个月内（认购后变成控股股东或拥有实际控制权的 36 个月内）不得转让。

公开增发也叫增发新股，所谓增发新股，是指上市公司找个理由新发行一定数量的股份，对持有该公司股票的人一般都以十比三或二进行优先配售，其余网上发售。增发新股的股价一般不低于停牌前 20 个交易日或前 1 个交易日公司股票均价，对股价肯定有变动。

填权、填息、贴权

在除权除息后的一段时间里，如果多数人对该股看好，该只股票交易市价高于除权（除息）基准价，这种行情称为填权。例如一只股票是 10 元，后来要 10 送 10 股，送股后的除权价成了 5 元，再从 5 元上涨就是填权，再上涨到 10 元就是填满了权。

如果除息完成后，股价上涨接近或超过除息前的股价，二者的差额被弥补，就叫填息。

贴权是指在除权除息后的一段时间里，交易市价低于除权（除息）基准价，即股价比除权除息日的收盘价有所下降，则为贴权。

每股收益、每股净资产、净资产收益率

每股收益即每股盈利（EPS），又称每股税后利润、每股盈余，指税后利润与股本总数的比率。是普通股股东每持有一股所能享有的企业净利润或需承担的企业净亏损。每股收益通常被用来反映企业的经营成果，衡量普通股的获利水平及投资风险，是投资者以评价企业盈利能力、预测企业成长潜力，进而做出相关经济决策的重要的财务指标之一。

基本每股收益=归属于普通股股东的当期净利润÷当期发行在外普通股的加权平均数。

每股净资产是指股东权益与股本总额的比率。其计算公式为：

每股净资产=股东权益÷总股本。

净资产收益率，又称股东权益报酬率、净值报酬率、权益报酬率、权益利润率、净资产利润率，是净利润与平均股东权益的百分比，是公司税后利润除以净资产得到的百分比率，该指标反映股东权益的收益水平，用以衡量公司运用自有资本的效率。指标值越高，说明投资带来的收益越高。该指标体现了自有资本获得净收益的能力。

加权平均净资产收益率（ROE）的计算公式如下：ROE=P/（E0+NP÷2+EiMi÷M0-EjMj÷M0）

其中：P为报告期利润；NP为报告期净利润；E0为期初净资产；Ei为报告期发行新股或债转股等新增净资产；Ej为报告期回购或现金分红等减少净资产；M0为报告期月份数；Mi为新增净资产下一月份起至报告期期末的月份数；Mj为减少净资产下一月份起至报告期期末的月份数。

市盈率（PE）、市净率（PB）

市盈率是某种股票每股市价与每股盈利的比率。市场广泛谈及市盈率通常指的是静态市盈率，通常用来作为比较不同价格的股票是否被高估或者低估的指标。用市盈率衡量一家公司股票的质地时，并非总是准确的。一般认为，如果一家公司股票的市盈率过高，那么该股票的价格具有泡沫，价值被高估。

市净率指的是每股股价与每股净资产的比率。市净率可用于投资分析，一般来说市净率较低的股票，投资价值较高，相反，则投资价值较低。但在判断投资价值时还要考虑当时的市场环境以及公司经营情况、盈利能力等因素。

看多、看空、多头（死多）、空头（死空）

看多是指投资者看好未来大盘或某股票、商品期货、货币等行情，又称看涨。

看空是指投资者看坏大盘或个股行情的未来。

多头是指投资者对股市看好，预计股价将会看涨，于是趁低价时买进股票，待股票上涨至某一价位时再卖出，以获取差额收益。

空头是指虽然当前股价相对较高，但是投资者对股市前景不看好，预计股价将会下跌，于是趁相对高价时卖出股票，待股票下降至某一价位时再买入，以获取差额收益。

利好、利空

利好，又叫利多。利多就是指消息有助于提升股价，利多消息的来源，大部分是来自于公司内部，如营业收入创新高、接获某大订单等。

利空是指能够促使股价下跌的信息，如股票上市公司经营业绩恶化、银行紧缩、银行利率调高、经济衰退、通货膨胀、天灾人祸等，以及其他政治、经济、军事、外交等方面促使股价下跌的不利消息。

反弹、反转

反弹是在股市上股价呈不断下跌趋势，终因股价下跌速度过快而反转回升到某一价位的调整现象。一般来说，股票的反弹幅度要比下跌幅度小。

反转指股价由多头行情转为空头行情，或由空头行情转为多头行情。大势来讲，就是由牛市转变为熊市，或是由熊市转变为牛市。

突破、回抽

突破指股价经过一段盘档时间后，产生的一种价格波动。一般指股价向上突破阻力位。

回抽是股价向某一方向发展并突破颈线后，在数天内股价会重新回到颈线位测试是否突破成功，此时的颈线或由压力变为支撑，或由支撑变为压力。

趋势、趋势线、支撑线、压力线

趋势既是观察金融交易市场（股票、期货、外汇等）而得到的规律性结论，又是市场主要工具——技术分析的三大基础：市场按趋势运行。趋势概念的起源为股票市场。一般认为：股价倾向于以趋势运动；交易量跟随趋势；一轮趋势一旦确立以后，倾向于继续起作用。金融交易大师一般主张交易者追随趋势。更极致的亚当理论认为：市场有很高的概率，往某个特定方向移动一段时间。

在一个价格运动当中，如果其包含的波峰和波谷都相应的高于前一个波峰和波谷，那么就称为上涨趋势；相反的，如果其包含的波峰和波谷都低于前一个波峰和波谷，那么就称为下跌趋势；如果后面的波峰与波谷都基本与前面的波峰和波谷持平的话，那么成为振荡趋势，或者横盘趋势，或者无趋势。趋势线的最基本形式是，在一个上升的趋势中，连接明显的支撑区域（最低点）的直线就是趋势线。在一个下降趋势中，连接明显的阻力区域（最高点）的直线，也是趋势线。

支撑线又称为抵抗线。当股价跌到某个价位附近时，股价停止下跌，甚至有可能回升，这是因为多方在此买入造成的。支撑线起阻止股价继续下跌的作用。

当股价上涨到某价位附近时，股价会停止上涨，甚至回落，这是因为空方在此抛出造成的。压力线起阻止股价继续上升的作用。这个起着阻止或暂时阻止股价继续上升的价位就是压力线所在的位置。

盘口、买盘、卖盘、内盘、外盘、量比、委比、换手率

盘口是在股市交易过程中，看盘观察交易动向的俗称。

股票交易中，具体到个股买进\卖出5个挡位的交易信息。比如，你仔细观察某一只股票在开盘之后的分时走势；买盘、卖盘的每一笔成交；观察大笔成交的动向；观察无论是涨还是跌的主力意图，等等。

买盘表示以比市价高的价格进行委托买入，并已经“主动成交”，代表外盘。

卖盘表示以比市价低的价格进行委托卖出，并已经“主动成交”，代表内盘。

内盘是以买入价格成交的数量，即卖方主动以低于或等于当前买一、买二、买三等价格下单卖出股票时成交的数量，用绿色显示。内盘的多少显示了空方急于卖出的能量大小。

外盘是以卖出价格成交的数量，即买方主动以高于或等于当前卖一、卖二、卖三等价格下单买入股票时成交的数量，用红色显示。外盘的多少显示了多方急于买入的能量大小。

量比是衡量相对成交量的指标。它是指股市开市后平均每分钟的成交量与过去5个交易日平均每分钟成交量之比。其计算公式为：量比=现成交总手数/现累计开市时间（分）/过去5日平均每分钟成交量。

委比是金融或证券实盘操作中衡量某一时段买卖盘相对强度的指标，委比的取值自-100%到+100%，+100%表示全部的委托均是买盘，涨停的股票的委比一般是100%，而跌停是-100%。委比为0，意思是买入（托单）和卖出（压单）的数量相等，即委买：委卖=5：5。

“换手率”也称“周转率”，指在一定时间内市场中股票转手买卖的频率，是反映股票流通性强弱的指标之一。

换手率=某一段时期内的成交量/发行总股数×100%。

高开、低开

某股票的当日开盘价高于前一交易日收盘价的情况称为高开。

低开则是当日开盘价低于前一交易日收盘价的情况。

跳空缺口、缺口回补

跳空缺口是指股票开盘价高于昨天的最高价或低于昨天的最低价，使K线图出现空档的现象。假定昨天收盘点位1000点，今天开盘1020点，全天始终在1020点上方运行，就是一个完整的20点跳空缺口。

当价格回落至昨日最高价以内，在价格线上把那个“断裂缺口”又衔接上了，称为“回补缺口”。

多头陷阱（诱多）、空头陷阱（诱空）

多头陷阱指主力、庄家有意制造股价上涨的假象，诱使投资者买入，结果股价不涨反跌，让跟进做多的投资者套牢的一种市场行为。

空头陷阱指市场主流资金大力做空，通过盘面中显现出明显疲弱的形态，诱使投资者得出股市将继续大幅下跌的结论，并恐慌性抛售的市场情况。

超买、超卖

超买是指资产的价格升至基本面因素无法支持的水平，通常发生在价格短时间内急涨之后。超买意味着价格很容易出现向下修正。

超卖是就基本面因素而言，资产价格已跌至不合理的水平，通常发生在价格短期内急跌之后。超卖意味着价格很容易出现向上调整。

最小交易单位

最小交易单位是指买入和卖出证券的最小申报单位。目前，国内市场买入股票或基金，申报数量应当为100股或其整数倍。

左侧交易、右侧交易

左侧交易法就是在股价下跌途中即底部的左侧买入，而在底部右侧卖出。

右侧交易法是指在股票下跌阶段性底部出现以后买入，右侧交易不需预测底部何时出现，而是等到底部出现后再操作。

建仓、清仓、补仓、斩仓、满仓、半仓、空仓、重仓、轻仓

建仓也叫开仓，是指交易者新买入或新卖出一定数量的股票。

清仓是投资者将股票全部卖出来规避风险。

补仓指投资者在持有一定数量的某种证券的基础上，又买入同一种证券。

斩仓（割肉、止损）是在买入股票后，股票下跌，投资者为避免损失扩大而低价卖出股票；或为需资金周转而低价卖出股票。

满仓就是把账户里所有的资金都全部拿来建仓，不留一分回旋余地。

半仓指用一半的资金买入股票或其他交易品种，账户上还留有一半的现金的操作方法。

空仓指投资者将所持有的股票全部卖出，账户中持有现金而无股票持仓的状态。

重仓指资金和股票相比，股票份额占多。

轻仓指资金和股票相比，资金份额占多。

崩盘、护盘、洗盘、震仓

现有的股民全部被套，没有新股民入场，当被套的股民开始只知道割肉卖股票，而不肯买股票时，就会造成恶性循环，持续下跌，最终造成股市关门，即崩盘。资金和股票相比，资金份额占多。

护盘是对盘口的保护，护盘行为一般是主力的作为，由于主力的筹码较多，股价下跌后就会有较大的损失，为了减少下跌的幅度，便于行情好转时快速拉升股价，主力会在股票价格下跌时，拿出部分资金来维持股价，主要手段是在卖盘强大时适当买入股票。

洗盘动作可以出现在主力任何一个区域内，基本目的无非是为了清理市场多余的浮动筹码，抬高市场整体持仓成本。主力为达到炒作目的，必须于途中让低价买进、意志不坚的散户抛出股票，以减轻上档压力，同时让持股者的平均价位升高，以利于施行坐庄的手段，达到牟取暴利的目的。

震仓是指为了清洗浮筹以减轻日后拉升时的抛压和降低拉升成本，庄家进行的洗盘动作。

踏空、套牢、解套、浮盈、浮亏

踏空指股票上涨，投资者没有建仓买进，举例说，有只股票，你估计它明天会跌到每股 4 元，于是你打算在 4 元的时候买入，第二天开市之后，你就下单 4 元买入。但是它开市就 4. 20 元，然后一路上涨再也不回头。

套牢是指投资者所买入证券的价格不涨反跌，等待价格回升再卖出，致使资金在较长时间内占用。

解套是股票回升到买进价的附近，将股票卖出，收回资金。

浮盈就是指账面上看到的盈利，即成本低于目前的市价，但由于尚未抛售所持股票，并不能从市面上取得盈利，故称为浮盈。

浮亏指账面上看到的亏损，即目前的市价低于成本价，但由于尚未实际卖出股票，故称为浮亏。

第三章　新股民入市全程指导

第一节　入市交易

一、入市第一步：开立股票账户

（一）开立股票账户的基本要求

股票账户是指投资者在证券公司开设的进行股票交易的账户。开立股票账户是投资者进入股市进行操作的先决条件。

境内自然人申请开立股票账户时，必须由本人前往证券公司填写自然人股票账户注册申请表，并提交有效身份证明文件及复印件。托他人代办的，则需要提供经过公证的委托代办书，以及代办人的有效身份证明文件及复印件。通常情况下有效身份证明文件为居民身份证。而且需要满足以下条件：

（1）办理股票开户要求年龄为18至70周岁，非法定禁入证券市场人员。

（2）开户人需要有二代身份证。

（3）一个身份证名下可以设立多个账户，没有最低资金要求。

（二）如何选择券商

证券市场随着经济的大发展，逐渐成为一个主要的投资场所。越来越多的人进入这个市场，但是多数投资者只是随意地选择券商进行证券买卖，并不知道选择一个好的证券公司开户，不仅可以提供良好的个性化服务，也可以节省交易成本，增加投资收益。

如何选择一个好的券商呢。如下：

1．券商的规模

规模可以从该证券公司营业网点的多少、员工的人数看出，如果是上市公司，则可以从股本的规模等指标大致看出。规模越大的券商，一般越专业。同时留意网点位置与自己的距离，越近越方便。

2. 对客户服务的重视程度

一些券商对客户的后续服务几乎为零，客户开户后，从不会主动去和客户联系，帮助其解决一些投资中常见的问题。这样的券商，投资者可以忽略。

一般可以从券商投资顾问团队或者经纪人团队规模的建设来大致判断一家券商的后续服务能力，毕竟人多力量大。

3. 交易成本

即开户后交易手续费的多少，俗称“佣金”的多少。目前券商普遍已经放宽手续费至万分之八的水平，高于这个水平线的，可以忽略。

长年累月的交易，低的成本可以帮助您省下一大笔钱。

4. 是否是全业务链券商

即券商是否可以从事证券市场上所有的交易品种，如 A 股、创业板、股指期货、融资融券、个股期权等等交易。

一些小的券商可能会无法进行一些交易。

（三）谈佣金

您做每笔交易时，券商的佣金起点是 5 元，按照交易金额的一定比例收缴。根据证券公司政策、您个人交易的资金量大小、交易的频率等因素，佣金比例并不一样，一般是小于等于万分之八，如果资金规模等达到一定条件，可以要求券商给予更优惠的比例。如果常短线操作，手续费是影响收益的重要因素。

例如投资者的资金量是 10 万元，每月交易 4 次，佣金为 1‰、2‰、3‰等三种费率情况下的交易成本节约如下表：

证券交易客户	资金量	每年交易次数	年交易量	佣金	每年交易成本	每年节约成本	节约成本产生的收益率
A	10 万	48	960 万	1‰	9600	19200	19.20%
B	10 万	48	960 万	2‰	19200	9600	9.60%
C	10 万	48	960 万	3‰	28800	0	0%

可见，费用越少，投资者收益越高。

（四）办理开户

在选定券商并谈妥佣金后，即可在券商营业部办理开户。

自然人开立 A 股的流程如下：

（1）持本人身份证和银行卡去证券业务网点办理开户手续。

（2）临柜填写《证券账户注册申请表》，领取证券账户卡，账户生效。

（3）填写《证券交易委托代理协议书第三方存管协议书》，开立资金账户，设置交易密码及资金密码，营业部指定第三方存管银行。

密码位数越高越安全。建议投资者不要轻易使用生日，身份证号码等易破译的密码。

（4）如要开通网上交易，还需填写《网上委托协议书》，并签署《风险揭示书》。

（5）开户本人持身份证、资金卡、股东卡、银行卡、协议书等到对应的银行网点办理第三方存管银行确认手续。

（6）通过交易系统（电话委托、网上委托、手机委托）将资金从自己的银行卡转入自己股票账户，进行股票交易。此后，请精心保管好“三证”（身份证、股东卡、资金卡）和资金存取单据以防不慎被人利用。因为平时交易密码使用频率较高，建议隔一段时间要更改一次密码。

另外，2014 年开始，各大证券公司纷纷推出网上自助开户功能，办理时需要能上网的电脑、身份证（本人）、银行卡（本人）、手机、摄像头、麦克风。在周一到周五的交易时间，通过各证券公司官网开户。官网有详细步骤，可自行查看。

企业法人开立 A 股的流程如下：

①开立股票账户（股东卡）：经办人持营业执照副本、法人授权书、法人代表证明书、开户银行账号、法人及本人身份证、开户费（沪 400 元、深 500 元）以及开户申请注册表交到柜台。

②开立资金账户（资金卡）：经办人持营业执照副本、法人授权书、法人及本人身份证、银行账号以及在资金柜填写开户协议书。

（五）转户与销户

销户是把证券公司帮你开立的股东账户销了，这样你的股东证就没有用了。转户只是把你在前一个证券公司开立的资金账户销了，但是股东户在所有证券公司通用的，所以销了资金账户，你就可以到新的证券公司开立资金账户。

（六）挂失

股票账户如果遗失可以到相应的部门去挂失，如果是深市股票账户挂失可凭身份证到中证登记深圳分公司或其指定的证券营业处办理挂失补办证券账号新号码的手续。如果是沪市股票账户挂失则相对麻烦一点，他们会审查你的身份证，冻结你账户里面的证券。

（七）申请其他业务

除股票市场外，投资者也可以参与其他的金融市场交易，例如：

1. 创业板

创业板以成长型创业企业为服务对象，重点支持具有自主创新能力的企业上市，具有上市门槛相对较低，信息披露监管严格等特点，它的市场风险要高于主板。开通创业板交易流程如下：

（1）个人投资者开通创业板市场交易需准备资料：

有效身份证；深 A 证券账户卡；有公证的授权委托书（代理人需提供）；

（2）个人投资者申请创业板开通办理流程：

①携带上述材料到券商网点填写个人资料；

②填写《证券投资风险承受能力测评问卷》，不合适则被拒绝办理；

③通过后，按要求填写《创业板市场投资风险提示书》确认；

④若具备 2 年交易经验，两个交易日后开通创业板市场交易；若不具备 2 年交易经验，投资者须填写相关材料经营业部经理审核签名，五个交易日后开通创业板市场交易。

2. 融资融券

它指证券公司向客户出借资金供其买入上市证券或者出借上市证券供其卖出，并收取担保物的交易行为。

根据中国证监会《证券公司融资融券试点管理办法》的规定，投资者参与融资融券交易前，证券公司应当了解该投资者的身份、财产与收入状况、证券投资经验和风险偏好等内容。对于不满足规定要求的，证券公司不得向其融资、融券。

自然人申请融资融券的业务流程如下：

（1）投资者提出申请，证券公司核定资格。若不满足，则被拒绝。

（2）若条件满足，投资者则进行征信评级核定。若不达标，则被拒绝。

（3）若达标，投资者进行信用额度和合同签署。

（4）前者确立后，信用账户开立。

（5）额度激活，投资者将担保物划入。

（6）允许交易。

3. 股指期货

在我国，对于股指期货开户的投资者准入相比于股票开户要严格得多。投资者可到证券公司营业部办理开户手续，证券公司为投资者办理手续必须临柜开户，禁止非现场开户。

开户条件如下：

（1）个人投资者满足资金门槛50万元的要求；

（2）需通过股指期货知识测试；

（3）必须有累计10个交易日20笔以上的股指期货传真交易成交纪录或最近三年有10笔以上的商品期货交易成功记录，满足条件的投资者还需在证券公司签署一系列资料文件，具体可咨询券商营业部。

4. 个股期权

产品为上证50ETF期权，正式上市交易日为2015年2月9日。因此，只要具备开户资格的投资者皆可申请。

个人投资者申请条件如下：

（1）携身份证（本人）、银行卡到券商网点申请办理开户；

（2）券商公司对申请人进行资格评估，具体条件可咨询营业网点；

（3）开设交易账户；根据申请人模拟交易经历设定与之匹配的权限；

（4）提交公司总部审核，评级通过则申请完成；

（5）投资者入金交易。

二、入市第二步：搞懂交易规则

（一）成交原则

目前，我国沪深交易所都是采用电子交易平台。投资者委托券商，券商集合所有委托，通过交易所内部系统自动匹对，匹对成功就交易确认。交易所的自动匹对是按照“价格优先，时间优先”原则：

（1）价格优先原则，在买入时谁出的价高，谁先成交，在卖出时谁出的价低，谁先成交。

（2）时间优先原则，在买入或者卖出时，如果出价一样则谁推出的价格早，谁先成交。

（二）开盘价与收盘价

（1）开盘价是当天的第一个成交价，它由“集合竞价”产生，“集合竞价”原则是：某股票在9:15~9:25之间由买卖双方向沪深股市发出的委托单中，能够单笔撮合最大量的那个“一致股价”，即在9:15~9:25之间的所有报价中，哪个报价能生成最大的成交量，就以哪个报价作为开盘价。在9:15~9:25之间产生的“集合竞价”不执行在9:30以后“连续竞价”中“时间优先”原则。

（2）收盘价指某种证券在证券交易所一天交易活动结束前最后一笔成交价格。A股股票收盘价的算法根据上市市场的不同分两种，上海证券交易所上市的股票其收盘价为当日收盘前一分钟所有交易的成交量加权平均价（含最后一笔交易），深交所股票收盘价由收盘前3分钟集合竞价产生。

如当日没有成交，则以前一交易日收盘价作为当日收盘价，因为收盘价是当日行情的标准，又是下一个交易日开盘价的依据，可据以预测未来证券市场行情，所以投资者对行情分析时，一般采用收盘价作为计算依据。

三、入市第三步：学会委托买卖

（一）委托的方式

从委托人委托形式来分，有以下几种，现在股民使用较多的是电脑委托和手机委托：

（1）当面委托：即委托人以面对面的方式委托证券商，确定具体的委托内容与要求，由证券商安排证券的买卖，这是早期的委托方式，现在基本已经没有了。

（2）电话委托：通过电话委托证券商，办理股票的买卖。

（3）电脑委托：即通过互联网的方式，在网上自由办理股票买卖，这是现在最流行的委托方式。

（4）手机委托：即安装证券公司的手机客户端，随时关注，实时下单。

从委托人委托的价格来分，委托可分为市价委托和限价委托：

（1）市价委托：委托人在委托证券商代理买卖股票的价格条件中，确定其买卖可随行就市。也就是说，券商在受理随市委托的交易中，可以根据市场价格的变动决定股票的买入或卖出，即最高时卖出，最低时买入。

（2）限价委托：委托人在委托证券商代理股票买卖过程中，确定买入股票的最高价和卖出股票的最低价，并由证券商在买入股票的限定价格以下买进，在卖出股票的限定价格以上卖出。一般股票交易使用限价委托，即在委托买进时，确定买入的最高价和买入数量，卖出时确定卖出的最低价和卖出数量。比如，以3.56元每股价格委托买进100股，则买入价小于等于3.56元。限价委托的好处是，买卖价格确定，波动较小，缺点是股票价格变动较快时可能不能成交。比如委托价3.56元买入，而股价涨到了3.57元以上，你的委托则不能成交。

从委托人委托的时间来分，委托可分为当日委托和隔夜委托：

（1）当日委托：即委托人的委托指令只限当日。

当日有效委托客户向证券商发出的委托指令之一。它以交易时间为标准，指当日收盘时自动失效的委托。凡客户未指令有效期间的委托，一律作为当日有效委托。一般A股交易的委托都是当日委托。

（2）隔夜委托：一般证券公司都允许提前在前一天晚上委托明天交易的挂单，一般来说证券公司在当天交易清算结束后就接受下一个交易的委托挂单的，当天交易清算完毕的时间是在晚上的9点半以后，注意每逢周六周日或节假日前的最后一个交易日证券公司到相关的晚上并不一定会接受相关的股票挂单，也就是说周五晚上下周一开盘的挂单不一定会接受的，这些挂单有时候要到周一早上才能委托挂单。

（二）委托报价技巧

投资者在委托买卖股票时，报价十分重要。了解交易所竞价规则，掌握报价技巧对投资收益有很大帮助。无论在深交所还是上交所交易，成交价格遵循同一条原则，即“价格优先，时间优先”，在这两个“优先”中，“价格优先于时间”。下面我们来解释一下这两个原则。例如：市场上有三个人同时挂出某只股票买盘，分别为：A挂出10.20元共3000股，B挂出10.10元共2000股，C挂出10元共1000股；而这时市场上已有三份卖出委托在等待成交，分别为：D挂出的9.98元共3000股，E挂出的10.10元共2000股，F挂出的10.20元共2000股。

买盘：	卖盘：
A：10.20元共3000股	D：9.98共元3000股
B：10.10元共2000股	E：10.10元共2000股
C：10元共1000股	F：10.20元共2000股

由于报价上买盘A出价最高，其委托得以先撮合成交，又由于卖盘以D出价最低，也可以先撮合。体现竞价原则中的“价格优先”。同时，因为D是先进入电脑的委托单，那么A和D的成交价以D为准，按9.98元成交3000股，体现了竞价原则中的“时间优先”。接下来B和E的条件符合，又以10.10元成交2000股，而C和F则都因为期望值过高，无法成交，只能等待新的买盘和卖盘进入。同样的道理，单向的买盘或卖盘价格上相同时，以委托单先输入电脑者先成交。

上述情况告诉我们，当你判断个股即将下跌时，应低填几个价位卖出自己的股票离场，而不应该为贪恋分毫之得失而招致更大的损失；当你判断个股即将上涨时应高填几个价位买入股票以得到继续上涨的利润，如果过分计较几分几毫的成本，则有可能因踏空而悔恨。

作为散户应养成重判断趋势走向、轻分毫价位的交易习惯。

（三）撤单

当投资者在进行买入卖出时，券商接受委托并执行后，这部分的资金或股票是被锁定的。如果投资者当天要重新委托或不想交易时，就必须先通过撤单撤销该委托，才能动用被锁定的资金或股票。如果投资者在完成撤单之前，原来的委托已经成交，就不能撤单。

例如：投资者先用10000元在某股10元的价位买入此股，但由于市场行情较好，股价已攀升到10.2元，而且没有回落的迹象。若投资者账户上没有余额，或余额不足，但其又想追高买进，那只能先撤销在10元的买单，撤单确认后再以10.2元的价位买进。

撤单的情况归结起来主要有下面三种情况：

第一种情况：追高，你必须以更高的价格买入，而你手头没有资金，需要把之前的委托撤掉，用更高的价格追入；

第二种情况：割肉，股价掉得很厉害，你必须以更低的委托价格卖出才能成交，这时候需要撤掉之前的卖单；

第三种情况：取消交易或希望交易其他品种。

（四）无效委托

根据交易所竞价撮合规定，以下情况属无效委托：

（1）沪、深交易所对股票基金交易设涨跌限制。委托价格超过昨日收盘价±10%均为无效委托；

（2）沪、深交易所新股上市第一日，输入价格与定价不符或超出限价范围，视为无效；

（3）非交易时间委托无效：包括上市公司因召开股东大会或信息披露而被要求停牌，停牌期间输入电脑的委托为无效委托；

（4）申购新股时，输入数量非100的整数倍或高于认购发行量的上限，则委托无效；

（5）配股时不在配股缴款日范围，及输错配股价或多于所配股数均属于无效委托；

（6）零股（非100股整数倍）买入委托无效；委托卖出股票的数量大于该账户所拥有的股票的实际数量，为无效委托。

四、清算、交割与过户

（一）清算

股票清算是指将买卖股票的数量与金额分别给以抵销，然后通过证券交易所交割净差额股票或价款的一种程序。

（二）交割

交割就是卖方向买方交付股票而买方向卖方支付价款。

交割制度："T"表示交易当天，"T+1"表示T日的下个交易日。"T+1"交易制度指投资者当天买入的证券不能在当天卖出，需待第二天进行自动交割过户后方可卖出。

资金使用上，当天卖出股票的资金回到投资者账户上可以用来买入股票，但不能当天提取，必须到交收后（T+1）才能提款。

（三）过户

过户是投资人从证券市场上买到股票后，到该股票发行公司办理变更股东名簿记载的活动，是股票所有权的转移。股票有记名股票与不记名股票两种。不记名股票可以自由转让，记名股票的转让必须办理过户手续。在证券市场上流通的股票基本上都是记名股票，都应该办理过户手续才能生效。

上证交易所和深证交易所的过户手续采用电脑自动过户，买卖双方一旦成交，过户手续就已经办完。

（四）交易费用

此类费用就是指投资者在委托买卖证券时应支付的各种税收和费用的总和。通常包括印花税、佣金、过户费、其他费用等几个方面的内容。

（1）印花税：成交金额的1‰。2008年9月19日至今由向双边征收改为向出让方单边征收，由卖方负责。

（2）佣金：5元起，具体比率与券商协商，一般小于0.8‰。

（3）证管费：约为成交金额的0.002%收取。

（4）证券交易经手费：A股，成交金额的0.00696%收取；B股，成交额双边收取0.026%；基金、权证，成交额的0.0045%。

A股第3、第4项收费合计称为交易规费，合计收取成交金额的0.00896%。

（5）过户费：上海A股按成交面额0.03%收取。沪深B股为0.05%。

五、新股申购

新股发行是指首次公开发行股票（简称IPO），是指企业通过证券交易所首次公开向投资者发行股票，以期募集用于企业发展资金的过程。

新股申购是为获取股票一级市场、二级市场间风险极低的差价收益，不参与二级市场炒作，不仅本金非常安全，收益也相对稳定，是稳健投资者理想的投资选择。是股市中收益稳定的投资方式。

新股除收益稳定外，还具有以下特征：

1. 资金流动性高

每一只新股申购的周期不超过四个交易日，能够满足投资者资金利用最大化的需求。

2. 风险较低

我国历史上新股申购是呈现“打新必赚”的赚钱效应，上市当天跌破发行价的寥寥无几。因此该类业务仍然属于低风险投资的范畴。

3. 费用较低

新股申购没有佣金、过户费、印花税等费用。只存在中签之后股份卖出的正常交易费用。

4. 股份分配向中小投资者适当倾斜

新股的申购规则如下表所示：

<table>
<tr><th>新股申购规则</th><th>上交所</th><th>深交所</th></tr>
<tr><td>最低持有市值</td><td colspan="2">一万元</td></tr>
<tr><td>市值计算</td><td colspan="2">T-2日前20个交易日（含T-2日）的日均持有市值</td></tr>
<tr><td>可申购额度计算</td><td>每10000元日均市值可申购一个申购单位</td><td>每5000元日均市值可申购一个申购单位</td></tr>
<tr><td>申购单位</td><td>1000股或其整数倍</td><td>500股或其整数倍</td></tr>
<tr><td>申购额度上限</td><td>网上初始发行股数的千分之一且不得超过9999.9万股</td><td>网上初始发行股数的千分之一且不得超过99999.95万股</td></tr>
<tr><td rowspan="2">申购时间（T日）</td><td>9:30~11:30</td><td>9:15~11:30</td></tr>
<tr><td colspan="2">13:00~15:00</td></tr>
<tr><td>摇号及中签率公布</td><td colspan="2">T+2</td></tr>
<tr><td>网上申购资金解冻及中签结果公布</td><td colspan="2">T+3</td></tr>
<tr><td rowspan="3">其他注意事项</td><td colspan="2">每只新股，只能使用一个证券账户进行申购，每一个证券账户仅第一笔申购为有效申购。新股申购已经申报，不得撤销。投资者在进行申购委托前需足额缴款</td></tr>
<tr><td>只能在普通账户中进行申购</td><td>可以在任一计入了市值的账户中申购，包括信用账户</td></tr>
<tr><td>超出有效申报部分照常冻结，在清算后将资金退回</td><td>如申报超出有效申报数额，不允许申报</td></tr>
</table>

假设张三的账户上有 100.5 万元现金欲申购中工国际，假设中工国际确定的网上发行数量为 4800 万股，发行价为 10 元/股。申购程序如下：

1. 申购

张三可以在 2015 年 6 月 5 日（T 日）上午 9：30~11：30，或者下午 1：00~3：00，通过委托系统用 100.5 万元现金最多申购 100500 股中工国际。张三参与申购的资金 100.5 万元随即被全部冻结。

2. 配号

2015 年 6 月 7 日（T+2 日），将根据有效申购总量，进行配号，张三可以获得 201 个配号。

3. 公布中签率和中签号

6 月 8 日（T+3 日），将公布中签率，并根据总配号，由主承销商主持摇号抽签，确认摇号中签结果，并于摇号抽签后的 6 月 8 日（T+3 日）在指定媒体上公布中签结果。每一个中签号可以认购 500 股新股。

假如张三有 1 个配号中签，则可申购 500 股中工国际的股票。

4. 中签认购和资金解冻

2015 年 6 月 9 日（T+4 日），股民账户中中签部分资金将被自动扣除，而未中签部分的申购款将自动解冻。张三如果有 1 个号码中签，则可以认购 500 股中工国际股票，那么，将有 100 万元的资金自动回到账户中。若未能中签，100.5 万元资金将全部回笼。

为防范首次公开发行股票上市首日交易风险，维护市场正常交易秩序，对新股上市首日交易机制进行完善。如下：

首日上市交易规则	上交所	深交所
开盘集合竞价	不高于发行价格120%	不高于发行价格120%
	不低于发行价格80%	不低于发行价格80%
连续竞价	不高于发行价格144%	无
	不低于发行价格64%	
特殊报价规则	14：55-15：00收盘集合竞价	14：57-15：00收盘集合竞价
	不高于当日开盘价的120%且不得低于当日开盘价的80%	
临时停盘	盘中成交价较当日开盘价首次上涨或下跌10%以上（含）	盘中成交价较当日开盘价首次上涨或下跌10%以上
	停牌30分钟且仅停一次	停牌一个小时
	盘中成交价较当日开盘价上涨或下跌20%以上（含）	盘中成交价较当日开盘价上涨或下跌20%以上
	停牌持续到14：55	停牌到14：57

第二节　炒股软件

股票交易软件是股票投资者下达买卖交易指令的软件，通俗地讲，股票交易软件就是下单软件。股票投资者一般是根据股票行情软件、股票分析软件提供的行情数据分析信息进行决策后，通过股票交易软件下达买卖交易指令完成交易。

一、软件选择

常用的炒股软件有通达信（图 3-1）、大智慧（图 3-2）、同花顺（图 3-3）、钱龙（图 3-4）等，都有免费的版本供散户选择使用。新股民不必追求高价的收费软件，普通的免费软件的功能就已经足够用。一般情况下，券商的官网上都为开户的股民提供了软件下载的服务，登录下载安装即可，也可以选择到炒股软件厂商的官网去下载安装。如果不会下载安装的新股民，可以在开户时，让券商工作人员代为处理。

图 3-1

X 关闭
大智慧
深圳增强行情（Level-2）
· 盘口主力多空博弈 · 底部拉升启动点
· 机构资金流向分析 · 新股建仓能量潮
· 机构增仓排行
免费试用
客服热线：021-38429997
经典版 专业版
登录大智慧

图 3-2

登录
同花顺
连接到：
通讯设置
同花顺帐号：
登录
密码：
脱机浏览
保存密码
取回密码
取消
试用
免费注册
欢迎使用同花顺
立即注册同花顺帐号，享受股票、外汇、期货行情及众多特色服务
http://www.10JQKA.com.cn

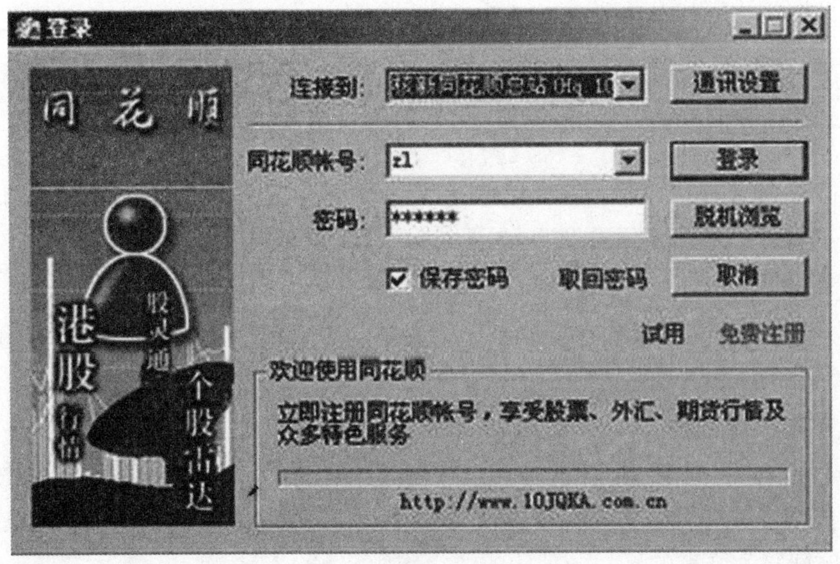

图 3-3

图 3-4

二、软件介绍

下面以常用的同花顺软件为例，对软件的界面做一个简单介绍，下一节将详细介绍软件的具体操作方法。

（一）进入/退出/隐藏系统

1. 进入系统

双击桌面上的软件图标，即可直接进入；或者从程序组中进入，即沿着“开始”→“程序”→“核新软件”→“同花顺”，也可进入炒股软件系统。

2. 退出系统

按 Alt+F4；或者用鼠标单击菜单“系统”→“退出”命令；或者用鼠标点击窗口右上角的关闭按钮“×”。

3. 隐藏系统

为了方便用户的使用，提供了一键隐藏功能，即通过一个快捷键（俗称“老板键”）将程序界面完全隐藏（在任务栏、托盘区都不留痕迹），再按此快捷键时，又将程序恢复为原来的界面。默认的快捷键为：Alt+Z。

（二）连接主站

进入系统后，首先显示一个“登录”对话框，点击登录即可（见图 3-5）。

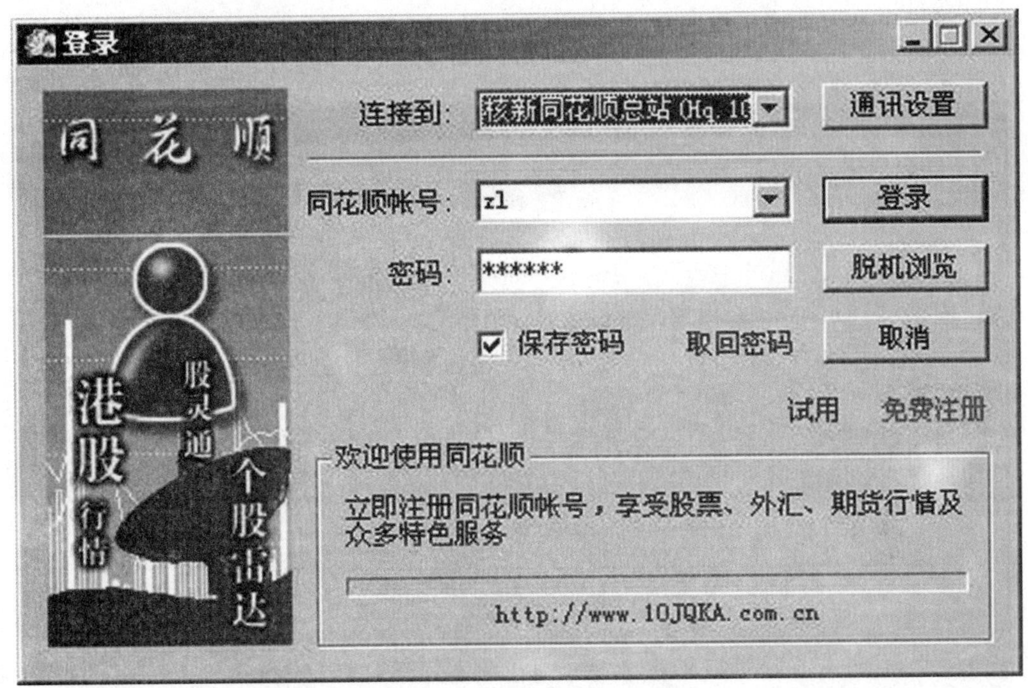

图 3-5

选择“登录”连接到行情主站在线浏览行情、资讯，此时要求您的计算机已联网。选择“脱机浏览”，可对已下载的数据进行脱机浏览分析、选股。

(三) 界面介绍

“同花顺”程序界面如下图，由标题栏、菜单栏、工具条、主窗口、指数条和信息栏组成（见图 3-6）。

标题栏：可以反映出程序当前连接的行情主站名称（如果脱机，则显示“本地”）、程序名称和当前页面名称等信息。标题栏上还设置了委托、行情两个快捷功能按钮。

菜单栏：在标题栏的下方，系统的基本操作方法都收罗其中，方便您直观、快捷地调用。其中包含：系统菜单、报价菜单、分析菜单、扩展行情、委托菜单、智能菜单、工具菜单、资讯菜单、帮助菜单。

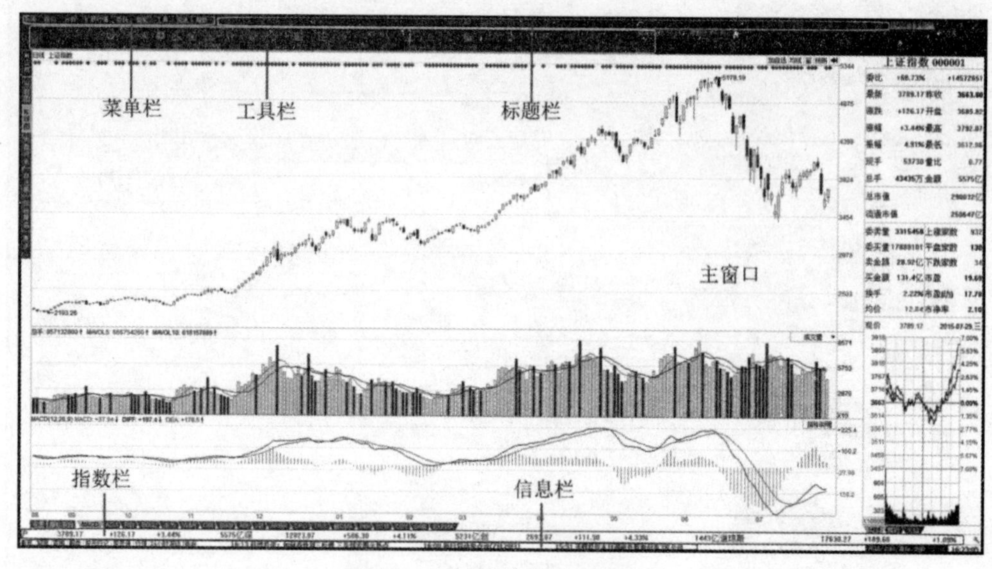

图 3-6　同花顺主界面

工具栏：上面汇集了一些最常用的功能，以方便您的使用。例如：买入和卖出键、F10 按键、选股按键、研报按键、自定义按键等。

主窗口：个股或股指的 K 线走势图或者分时走势图，以及即时交易信息，可按需求调整界面。

指数栏：用来显示上证指数、深证指数等重要指数的即时数值，涨跌幅度和成交金额。可以通过自定义工具选择投资者需要关注的指数。

信息栏：用来显示滚动新闻条、股灵通及系统时间等信息。投资者还可在此点击“股市日记”，书写自己的心得，并上传论坛分享。

三、基本操作

（一）主菜单操作

主菜单栏打开“同花顺”，可以看见系统、报价、分析、财务、港汇、理财、资讯、智能、社区、工具、在线服务等菜单。在这里您能找到几乎所有的功能。其中有些命令旁边有图标，这样便可以很快地将命令与图标联系起来（见图 3-7）。

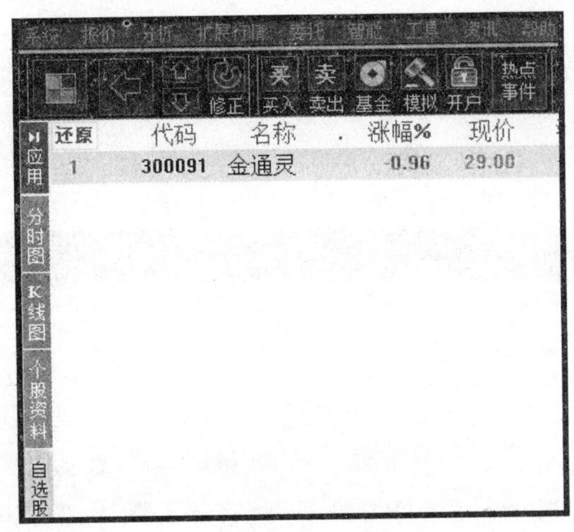

图 3-7

（二）右键菜单操作

为了方便使用“同花顺”，还提供丰富的右键菜单，在这里您可以迅速地找到在目前状态下可以使用的常见功能。注意：在不同页面所显示出来的右键菜单是不一样的，而即使在同一页面，鼠标在不同地方按右键，所弹出的菜单也有不同。

（三）工具栏基本操作

工具栏可以让您通过简单地点击工具栏里的图标来调用各种功能。鼠标移动到主菜单下方时，会显示工具栏（见图 3-8）。

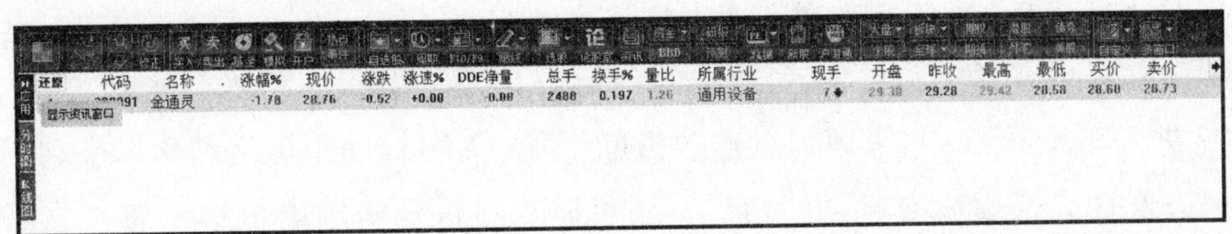

图 3-8

（四）制定工具栏

鼠标左键或者右键点击工具栏空白处会出现四个选项，依次是自动隐藏、小图标、隐藏工具栏、定制工具栏，这四个选项您也可以直接在工具菜单里的工具栏设置找到。如不需要显示，则点击“隐藏”即可（见图 3-9）。

“自动隐藏”时，只有当鼠标移动到主菜单下方时才会弹出工具栏。

在“定制工具栏”里，您可以点击该功能前面的“√”即可添加，您想删除某个已使用的工具栏按钮，同样点击把钩取消掉；点击确定退出，即可查看设置后的效果。

图 3-9

（五）键盘精灵

当您按下键盘上任意一个数字、字母或符号的时候，都会弹出“键盘精灵”。您可以在这里面输入中英文和数字搜索您想要的东西。您可以通过输入代码、名称或名称的汉语拼音首字母来搜索对应的商品（股票、基金、债券、指数等），按 enter 键进入相关页面。也可以通过输入指标（如：KDJ）的中英文名称，来利用键盘精灵方便地更换指标窗口里的指标。还可以通过拼音来调出板块，如“北京”、“房地产”等板块。另外还有给您提供方便的画面快捷键，具体的画面快捷键请看附录。

小窍门：软件支持汉字输入和模糊查找。这样您不仅可以用键盘精灵实现股票的输入，还可以用来做股票的快速搜索。例如，您输入“钢”字，就会看到所有名称中包含“钢”字的股票。然后用上下键就可以选择查看了。在搜索商品时，键盘精灵会把所有符合的词都找出来。不管字母是在商品名称的什么地方。例如：您输入“MS”时，不仅会找到“民生银行 MSYH”、“模塑科技 MSKJ”，还能找到“神马实业 SMSY”和“西安民生 XAMS”。这样就算您不记得股票的全名，也能方便地找到所需要的股票（见图 3-10）。

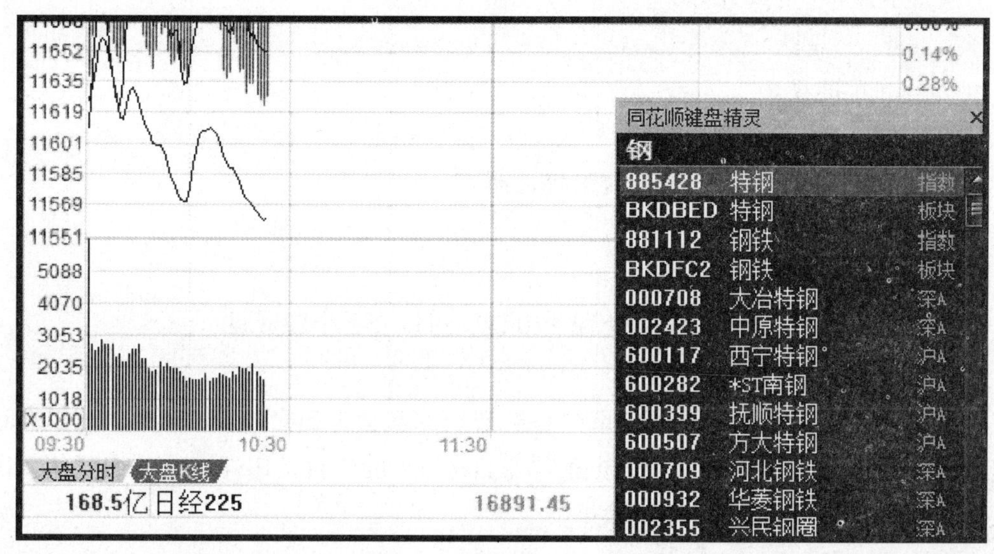

图 3-10

（六）基本键盘操作

1. 功能键　作用

↑、↓

放大和缩小图形（K 线图）

上下移动选中行（表格）

←、→

左右移动光标　（图形窗口）

左右移动表格列（表格）

PageUp、PageDown

上一个股票、下一个股票（K 线图）

上一页、下一页（表格）

Esc 有光标时去掉光标

无光标时回到上个浏览页面

Home、End
光标移至显示窗口最前端、最后端（有光标）
换技术指标　（无光标）

+、-（小键盘）
切换指标（大盘分时页面）
切换小窗口的标签（个股分时走势页面）

2. F10 的作用

在分时走势或技术分析页面下敲 F10 键，可以查看个股资料。

3. 资讯中心

点击“资讯”菜单下的“资讯中心”选项，就会弹出“资讯中心”，可以在这里浏览查阅各类资讯。点击“资讯树”或工具条上的栏目按钮即可看到今日的新闻条目，点击新闻标题即可查看全文。

4. 信息地雷

信息地雷的内容是由资讯商提供的。不同的资讯商会提供不同的内容，“同花顺”可以让您同时看到多个不同资讯商提供的信息地雷。

注意：不同颜色的“ * ”代表不同的资讯来源的信息地雷。

四、交易数据系统

在交易过程中，对于庞大的数字、图形数据，投资者往往都需要一种软件数据作为盘前的观察、归纳，通过借助数据的帮助来选择合适的股票以及进仓位置。

上交所共提供三种数据，一种免费，两种收费。

第一种是免费的数据，就是一般人在免费软件上看到的数据，仅提供 5 个买卖档，以及以 6 秒为单位的分时成交数据。

第二种就是 Level-2 数据，翻译为行情 2 代数据，所以相对于这个数据，免费的就称为行情 1 数据。这是在国外一般已普及的一种数据形式。Level-2 产品目前是由上海证券交易所最新推出的实时行情信息收费服务，主要提供在上海证券交易所上市交易的证券产品的实时交易数据。

上交所提供的 Level-2 数据不直接对用户，而是通过中间机构向用户提供。现在经营这种数据的公司较多。各个软件开发商经过自己包装以后又推出了如：钱龙 Level-2，大智慧 Level-2，同花顺 Level-2，指南针 Level-2 等等。

Level-2 行情是在已有的上证所传统行情基础上设计的具有增值内容的新行情。其包含以下特点：

（1）十档买卖行情

买入委托和卖出委托前 10 档的委托价和委托量，投资者可以看得更远，哪个价位有阻力、哪个价位有支撑、哪个价位有大笔挂单，一目了然。

（2）总买总卖

当前全部买入（卖出）委托的总量和加权均价，据此投资者可以判断盘中的支撑位（委买均价）、阻力位（委卖均价）、支撑力度（委买总量）、阻力大小（委卖总量），还可以根据这些数据的动态变化分析多空双方力量的变化，寻找行情的转折点。

（3）逐笔成交明细

在 Level-2 之前，沪深交易所提供的都是行情快照，大家看到的分笔成交其实是两次快照期间累计的成交量和最后一笔的价格，而逐笔成交则是真实的每笔成交价和成交量的明细数据。逐笔成交极大地提高了行情的透明度。

（4）买卖队列

买一或卖一的前 50 笔委托单明细，根据委托单的大小或委托单是否有规律，可以判断委托是机构、大户或散户所为。

第三种就是赢富 TOPVIEW 数据。这是上交所提供的一种盘后数据，可以看到每支股的账户情况，其包括机构、法人、私募、散户。查看时间是每交易日的后一交易日。

经过以上介绍，大家已经明白了，实际上，是数据的不同，才形成了软件的好与坏。大家一定要用上交所提供的这些收费的数据，千万不要相信市场上一些软件所说的天花乱坠的功能，那些软件只是编制了一些公式，让你觉得很好看，实际上它运用的还是免费的数据，是不会有实质性的用处的。

五、技术分析页面操作简介

技术分析页面就是我们通常说的 K 线图或者分时走势图。在软件界面按“F5”或“05+enter”就可以在 K 线图和分时走势图之间切换。

（一）页面按键操作

1. 鼠标右键菜单操作

（1）叠加品种

将其他的股票、基金或者指数叠加到该窗口以对比查看。

（2）叠加指标

将其他的曲线（含各种技术指标、交易系统、五彩 K 线）叠加到该窗口以对比查看。

(3) 坐标切换

选择当前窗口纵坐标的类型，分为“普通坐标”、“百分比坐标”及“对数坐标”三类。

(4) 选择指标

用于指标间的切换，这里列出了一些最常用的指标供选择。

(5) 平移曲线

选择这个功能后，鼠标呈现小手的模样，您可以通过点住鼠标左键拖动来平移曲线，查看历史走势。再次点击“平移曲线”则取消这个功能。

(6) 所属板块

利用这个功能可以显示个股所属的板块概念，以及该板块的股票个数，双击板块名称可以切换至选中的板块，显示该板块的所有个股。

(7) 股市日记

当您在看股票的时候可能会有些想法或者交易记录希望记录下来，这样以后可以随时查看。“同花顺”就为您提供了这样一个平台。您可以自己记下投资心得，还可以选择是否发到自己的博客里。

(8) 切换分析周期

依次从日K线图切换到周K线图、月K线图、季K线图、5分钟K线图、15分钟K线图、30分钟K线图、60分钟K线图。

(9) 复权

向前复权：是以最近一次除权后的K线价格为基准，将除权前的K线，依次向下平移，使图形吻合。

向后复权：是以第一次除权前的K线价格为基准，将后来每次除权后的K线依次上移，与除权前的图形相吻合。系统默认为向前复权，如果您在“复权方式设置”里的“向后复权”前打钩选中则变为向后复权。

高级复权：即是对任意一段时间内的除权作任意方式的复权。

2. 菜单栏常用按键操作

(1) 历史成交

在技术分析页面按“F1”或“01+Enter”，都可以切换到日线报表。

(2) 历史分时走势：

只要在K线图上的某根K线上双击鼠标或者将光标移到某根K线上按“enter”键，右下角的分时走势窗口就会显示相应的那一天的分时走势。

(3) 超级盘口

在这里您可以查看任何一只股票的详细成交状况，我们会将每一笔成交发生时的买卖挂盘变化重现在您的面前。

该功能比“分时走势”图更加明细，把当天每一笔成交的记录都清晰地展现出来，内盘外盘一目了然，让您仔细查看该股票的走势状况，不漏掉任何一个细节。

（4）多周期图

这里有各个周期的 K 线图，包括 5 分钟、15 分钟、60 分钟、日线、周线、月线，您可以借助这几个窗口同时查看多个不同周期的技术指标的走势状况，以进行分析。

（5）自选股设置

用于设置自选股。可以在左边的列表框里选中某只股票按“加”按钮，也可以直接输入代码按“Enter”。利用“↑”“↓”键可以调整自选股在自选股报价页面中的顺序。

（6）跑马灯

选择“工具”菜单中的“跑马灯”，则跳出一个滚动的跑马灯，可实时报告基本汇率的即时行情：品种名称、现价、涨跌、涨跌幅。

（7）火焰山

在整个移动成本分布图中，可以显现从股票上市以来的所有筹码的搬移过程，而为了进一步反映筹码的时间性，就产生了新的移动成本分布——火焰山。在筹码的价格特性以外，引入了筹码的时间特性，以颜色的不同区别不同时间概念的筹码。

（8）委托下单

点击这里或者直接按“F12”键即进入委托的界面。

（9）公式管理

“同花顺”系统预置了近两百个经典指标，并且为了满足那些对指标有着比较深入认识的股民和希望能编写结合了自己经验的选股条件和指标的股民，还提供随意编写、修改各种公式、指标、选股条件及预警条件的功能。

（10）画线工具

在“工具”主菜单里点击“画线工具”菜单，或者在“工具栏”上点击画线图标，则会出现各种画线工具。

（11）两股对比

在这个页面您可以同时看到两只股票的实时行情走势及报盘，方便地对他们进行比较分析。

（12）大盘对照

在这个页面您可以同时看到某只股票和大盘指数的技术走势，方便地对他们进行对照分析。

（13）多窗看盘

您可以在这个页面上方的表格选择查看的板块，然后通过排名选择。最后选中股票，在下面就会显示出该股票的报价、成交及走势情况。例如，您可以在这里轻松查到汽车板块当天成交量最大的股票的走势状况。

（14）主力大单

在这里记录了每笔成交金额在 100 万以上的成交。帮您准确地捕捉市场主力的活动状况。

您还可以在表格的标题里根据您的具体需要修改大单选择的条件。

（15）成交明细表

在个股分时走势页面里按“F1”或“01+Enter”，都可以切换到成交明细表。在这里您可以看到当天按时间次序排列的每一笔成交的时间、价格，当时买入价、卖出价、成交手数。

六、画面快捷键指引

[常用快捷键]

F3(03)	上证大盘	F6(06)	看自选股
F4(04)	深证大盘	F12	委托下单
F10(10)	重要资讯	Insert	加入自选股
F5(05)	切换分时、K线	Delete	删除自选股
enter	切换类型（列表、分时、K线）	Ctrl+F	公式管理器
Esc	返回上一画面	Ctrl+H	查看港股关联代码
F1	成交明细	Ctrl+L	两股对比
F2	价量分布	Ctrl+R	查看所属板块
F7	个股全景	Ctrl+T	分笔走势
F8	分析周期	Ctrl+Z	缩放右侧单元表
F9		.+1	卖一价买入
F11	基本资料	.+2	卖二价买入
Ctrl+4	四股分时/K线同列	.+3	卖三价买入
Ctrl+9	九股分时/K线同列	.+4	卖四价买入
Ctrl+6	十六股分时/K线同列	.+5	卖五价买入
Ctrl+F6	大字报价	.-1	买一价卖出
Ctrl+F8	多周期图	.-2	买二价卖出
Ctrl+F11	财务图示	.-3	买三价卖出
Ctrl+F12	期货下单（或港股下单）	.-4	买四价卖出
Ctrl+D	大盘对照	.-5	买五价卖出

图 3-11

【行情报价】			
0+Enter	沪深指数报价	80+Enter	沪深A股综合排名
00+Enter	沪深领先指数	81+Enter	上海A股综合排名
03+Enter(F3)	上证领先	82+Enter	上海B股综合排名
04+Enter(F4)	深证领先	83+Enter	深圳A股综合排名
		84+Enter	深圳B股综合排名
1+Enter	上海A股行情报价	802+Enter	中小板综合排名
2+Enter	上海B股行情报价	803+Enter	创业板综合排名
3+Enter	深圳A股行情报价		
4+Enter	深圳B股行情报价	06+Enter(F6)	自选报价
5+Enter	上海债券行情报价	006+Enter	自选同列
6+Enter	深圳债券行情报价	51~58+Enter	自定义板块51~58报价
7+Enter	上海基金行情报价	Ctrl+F6	大字报价
8+Enter	深圳基金行情报价	XKT+Enter	星空图
9+Enter	香港证券行情报价		
002+Enter	中小板行情报价	90+Enter	多窗看盘
300+Enter	创业板行情报价	91+Enter	主力大单
		92+Enter	阶段统计
60+Enter	沪深A股涨幅排名	93+Enter	强弱分析
61+Enter	上海A股涨幅排名	94+Enter	板块分析
62+Enter	上海B股涨幅排名	95+Enter	指标排行
63+Enter	深圳A股涨幅排名		
64+Enter	深圳B股涨幅排名	41+Enter	股本结构
602+Enter	中小板涨幅排名	42+Enter	财务数据
603+Enter	创业板涨幅排名	43+Enter	财务指标
		44+Enter	基金周报
71+Enter	上证新闻	45+Enter	股东变化
72+Enter	深证新闻		
73+Enter	券商信息	666+Enter	中证系列指数报价
		700+Enter	期货行情报价
KFSJJ	开放式基金	800+Enter	外汇行情报价
LOF	LOF基金	888+Enter	股指期货报价
ETF	ETF50分析	999+Enter	上证系列指数报价

图 3-12

[K线页面]

快捷键	功能	快捷键	功能
Enter	[K线页面]切换键	33+Enter	15分钟K线
Ctrl+Enter	历史分时(在K线窗口)	34+Enter	30分钟K线
左键双击	历史分时(在K线窗口)	35+Enter	60分钟K线
05+Enter(F5)	分时走势	36+Enter	日K线
01+Enter(F1)	历史成交	37+Enter	周K线
07+Enter(F7)	个股全景	38+Enter	月K线
08+Enter(F8)	切换分析周期	39+Enter	季K线
10+Enter(F10)	公司资讯	310+Enter	年K线
11+Enter(F11)	基本资料	SPACE	鼠标当前位置信息地雷内容
Ctrl+Q	向前复权	↓	缩小K线
Ctrl+B	向后复权	↑	放大K线
Alt+1	一图组合	Ctrl+→	光标快速右移10个周期
Alt+2	二图组合	Ctrl+←	光标快速左移10个周期
Alt+3	三图组合	Ctrl+Alt+→	光标快速右移30个周期
Alt+4	四图组合	Ctrl+PageUp	向上翻页时向主站重新请求数据
Alt+5	五图组合	Ctrl+PageDown	向下翻页时向主站重新请求数据
Alt+6	六图组合	Home、End	定位光标到分时窗口最左、最右
Alt+9	九图组合	+、-	切换右侧功能标签
31+Enter	1分钟K线	*、/	切换右侧功能标签上一层标签
32+Enter	5分钟K线	右键选择区域	区间统计（与K线放大）

图 3-13

[分时页面]			
Enter(双击)	技术分析	SPACE	鼠标当前位置信息地雷内容
05+Enter(F5)	技术分析	↓	增加连续多日分时
01+Enter(F1)	成交明细	↑	减少连续多日分时
02+Enter(F2)	价量分布	Home、End	定位光标到分时窗口最左、最右
07+Enter(F7)	个股全景	+、-	切换右侧功能标签
10+Enter(F10)	公司资讯	*、/	切换右侧功能标签上一层标签
11+Enter(F11)	基本资料	右键选择区域	区间统计（与K线放大）

[列表页面]			
Enter(双击)	[列表页面]切换键	01+Enter(F1)	成交明细
Ctrl+4	四股分时同列	02+Enter(F2)	价量分布
Ctrl+9	九股分时同列	07+Enter(F7)	个股全景
Ctrl+6	十六股分时同列	10+Enter(F10)	公司资讯
→	向右移动列	11+Enter(F11)	基本资料
←	向左移动列		

其他快捷键			
Esc	返回上一画面	Ctrl+N	新建
Backspace	返回上一画面	Ctrl+S	保存页面
Insert	加入自选股	Ctrl+W	全屏显示
Delete	从自选股中删除	空格键	调出信息地雷内容
Ctrl+A	自动翻页	Scroll Lock	锁定主图光标时间轴
Ctrl+G	股灵通	Alt+Z	快速隐藏(默认)
Ctrl+X(HX)	画线	Shift+F1	这是什么？(跟随帮助)
Ctrl+K	查看快捷键列表	Alt+F4	退出程序
Ctrl+M	输出到图片		

图 3-14

第三节　如何看盘

一、大盘界面

（一）大盘分时指数

“大盘”通常指的是上证指数，调看大盘分时图可以按 F3 快捷键，或者在工具栏的“报价”中选择“上证指数”（见图 3-15）。分时图显示的是大盘当日即时的价格走势。大盘分时图界面可以基本分为 5 个区域。

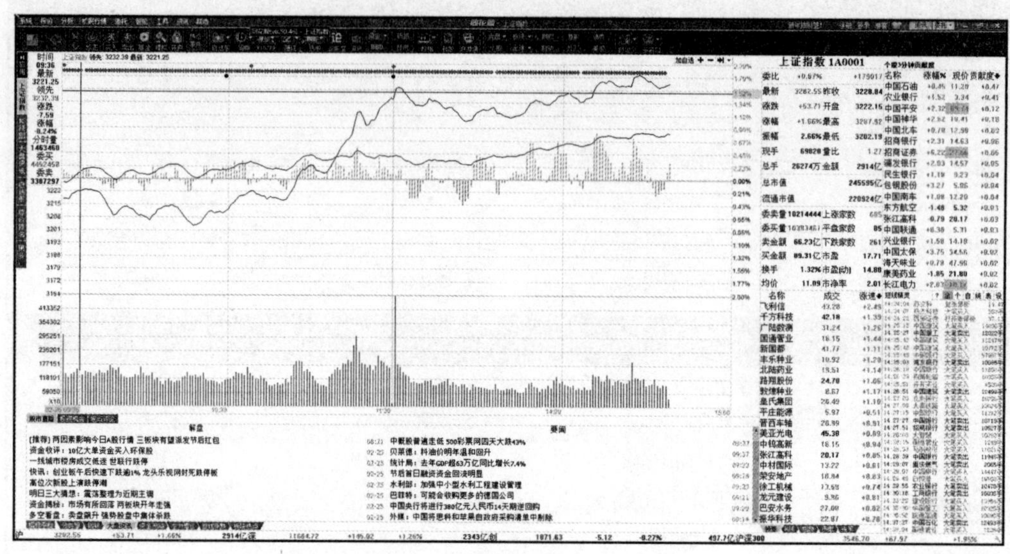

图 3-15

1. **分时线走势图**

此区域显示当日大盘的实时走势（图 3-16）。

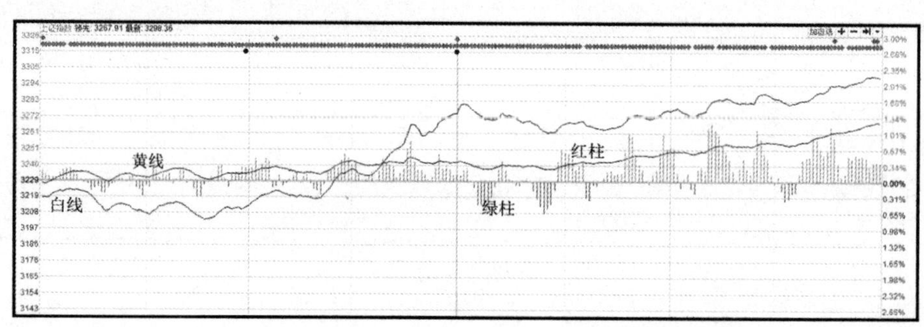

图 3-16

白线即证交所每日公布的大盘实际指数，即上证指数。黄线代表所有股票对指数影响，看作相同而计算出的大盘指数，即不含加权的指标。

左边的刻度衡量大盘指数数值，右边衡量涨跌幅度。

位于开盘价那条较粗的刻度线上的红柱代表多方力量，绿柱是空方力量，柱线越长越多说明此方力量越强。

2. **分时成交量图**

此区域显示当日的每分钟的成交量（图 3-17）。

左边的刻度衡量成交量的数值。底部显示当日时间区间。

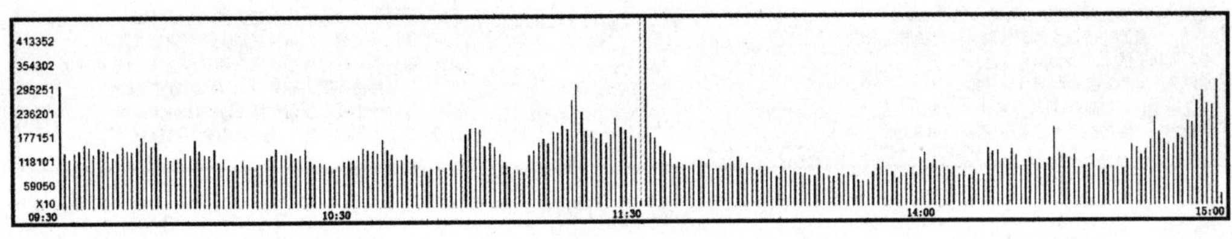

图 3-17

3. **大盘综合信息统计**

此区域为使用者提供各类主要指标的实时变动信息。例如委比、市值等（图 3-18）。

上证指数 1A0001			
委比	-8.59%		-1511428
最新	3298.36	昨收	3228.84
涨跌	+69.52	开盘	3222.15
涨幅	+2.15%	最高	3300.62
振幅	3.05%	最低	3202.19
现手	251790	量比	1.32
总手	30126万	金额	3343亿
总市值			246854亿
流通市值			222057亿
委卖量	9552020	上涨家数	770
委买量	8040592	平盘家数	89
卖金额	68.26亿	下跌家数	172
买金额	70.75亿	市盈	17.80
换手	1.51%	市盈(动)	14.96
均价	11.10	市净率	2.02

图 3-18

4. **大盘信息服务区域**

此区域由 8 个不同的内容构成（图 3-19）。

股市直播 投资机会 观点评论

解盘

[推荐] 两因素影响今日A股行情 三板块有望派发节后红包
资金收评：55亿大单资金抢筹两板块
尾盘大盘加速上涨 沪指大涨逾2%冲上3300点
收评：权重回归带领大盘阳包阴 A股大涨原因揭秘
午后期指全线大涨 IF1503大涨近3%
明日三大猜想：强势格局仍将延续
多空看盘：买盘飙升 权重股集体发力做多大盘
资金揭秘：两市继续高歌猛进 两板块力挺指数上涨

要闻

08:21 期市收评：化工品强势 甲醇逼近涨停
15:03 台股下跌0.8% 收报9622点
14:59 交通部：2015年将推进交通一卡通项目
14:58 国防科工局：积极推进航天体制机制改革
14:47 曾俊华：政府积极研究启动深港通 期望今年成事
14:41 标普维持中国主权评级 下调GDP增速至6.9%
14:20 亚太股市周四普遍收高 日股涨1.08%
14:19 瑞士太阳能飞机下周开启为期5月环球航行

指标平台 分时量 指标 大盘资讯 资金流向 主力增仓 短线涨跌 板块热点

图 3-19

①大盘资讯：包含股市信息直播、投资热点信息、个人评论。

②指标平台：提供特定的技术指标插件，投资者可根据需要安装。

③分时量：显示分时成交量信息。

④指标：大盘常见指标图像化区域。例如：多空、量比等。

⑤资金流向：实时显示当前资金净流入排名。

⑥主力增仓：主力增仓个股的排名。

⑦短线涨跌：沪深 5~15 分钟内涨跌盘面。

⑧板块热点：当日板块实时涨幅排名。

5. 其他区域

此类区域显示各种实时排名的股票，例如实时的领涨股票、个股贡献排名前 20 位的股票、实时交易中大单变动等，有利于投资者更有效地了解大盘变动（图 3-20）。

还有底部区域，推送实时新闻和显示沪深股指。

名称	成交	涨速
恒源煤电	8.18	+1.49
飞利信	45.80	+1.33
银禧科技	20.49	+1.19
祥龙电业	8.94	+1.13
新开普	41.63	+1.04
同济科技	9.63	+0.94
华鹏飞	46.30	+0.92
山水文化	13.54	+0.89
安硕信息	127.90	+0.87
瑞茂通	18.21	+0.83
广陆数测	31.25	+0.81
新湖中宝	7.65	+0.79
京天利	92.21	+0.78
凯瑞德	16.99	+0.77
搜于特	22.27	+0.77
六国化工	7.87	+0.77
标准股份	8.07	+0.75
智慧能源	13.52	+0.75
哈投股份	13.54	+0.74
首开股份	10.36	+0.68
宝利来	25.57	+0.67

领涨 K线 指数 贡献 现手

短线精灵		?	全 个 自 统 表 设
15:00:24	宏磊股份	大笔卖出	997手
15:00:24	信质电机	大笔卖出	1123手
15:00:24	珠江钢琴	大笔卖出	1528手
15:00:24	福建金森	大笔卖出	1270手
15:00:25	登云股份	大笔买入	924手
15:00:25	国信证券	大笔买入	19202手
15:00:25	万达院线	大笔买入	1398手
15:00:25	利民股份	大笔卖出	504手
15:00:25	爱迪尔	大笔卖出	556手
15:00:25	金亚科技	大笔买入	3233手
15:00:25	新宁物流	大笔卖出	2186手
15:00:25	新宙邦	大笔卖出	1023手
15:00:25	荃银高科	大笔买入	2012手
15:00:25	东富龙	大笔买入	1901手
15:00:25	尤洛卡	大笔卖出	1201手
15:00:25	新国都	大笔卖出	1653手
15:00:25	金运激光	大笔买入	886手
15:00:25	华昌达	大笔买入	2170手
15:00:25	华灿光电	大笔买入	2161手
15:00:25	国瓷材料	大笔卖出	1019手
15:00:25	飞利信	大笔卖出	1774手
15:00:25	吴通通讯	大笔卖出	797手
15:00:25	蓝盾股份	大笔卖出	1540手
15:00:25	云意电气	大笔卖出	1046手
15:00:25	任子行	大笔卖出	414手
15:00:25	东方网力	大笔买入	1618手
15:00:25	欣泰电气	大笔买入	587手
15:00:25	蒜时胜	大笔买入	495手
15:00:25	快乐购	大笔买入	2447手
15:00:25	国祯环保	大笔卖出	545手
15:00:00	东方网力	猛烈打压	-2.51 %
14:55:16	洪城股份	大笔卖出	1561手

个股3分钟贡献度

名称	涨幅%	现价	贡献度
中国银行	+2.22	4.14	+0.37
中国石油	+0.98	11.34	+0.23
中信银行	+2.57	6.79	+0.06
保利地产	+5.03	10.23	+0.05
上海电气	+3.34	9.89	+0.03
方正证券	+3.95	13.42	+0.03
信威集团	+0.63	41.25	+0.03
上港集团	+2.93	6.68	+0.03
中国中铁	+4.47	8.64	+0.03
兖州煤业	+3.25	13.04	+0.03
营口港	+3.52	5.00	+0.02
国电电力	+2.12	3.86	+0.02
中国重工	+3.58	8.96	+0.02
招商证券	+9.56	28.53	+0.02
重庆水务	+5.75	9.19	+0.02
中国铝业	+4.65	5.40	+0.02
中国铁建	+7.56	13.66	+0.02
海南航空	+0.63	3.21	+0.02
恒源煤电	+3.54	8.18	+0.02

图 3-20

(二) 大盘 K 线

K 线图切换键在界面的左边一列。此界面显示大盘 K 线走势，以及技术指标和成交量走势。基本可分为 4 个区域（图 3-21）。

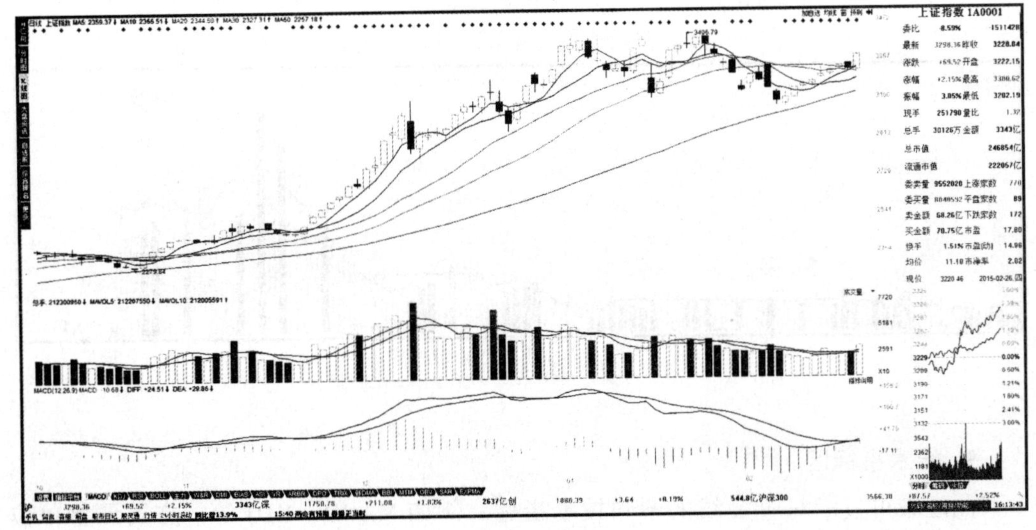

图 3-21

1. K 线走势图

此区域显示大盘某时间内的 K 线和均线作为参考信息。柱线图即蜡烛图，就是 K 线。而 5 条高低不同横向长线就是均线，通常默认的是 5 日、10 日、20 日、30 日、60 日的均线。投资者可在区域内点击右键，在菜单中找到“修改指标参数”这行，根据需要修改均线参数。例如可修改成 3 日、5 日、12 日、15 日、18 日等（图 3-22）。

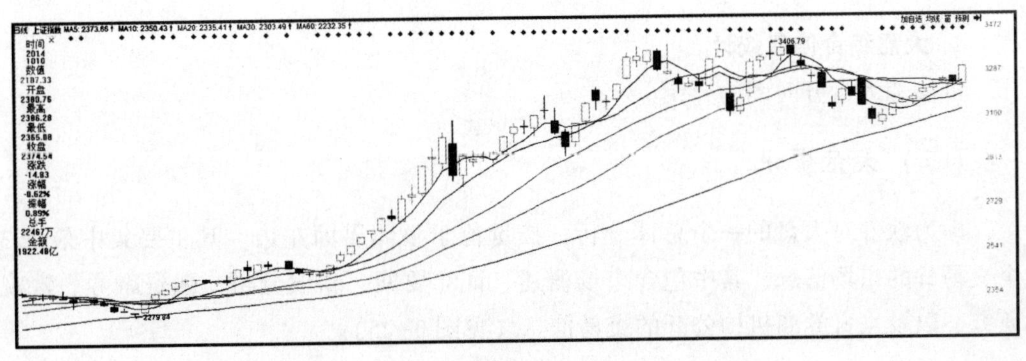

图 3-22

2. 成交量区

以大盘日成交量为柱状线排列的区域。每条成交量柱线对应上方同时间的K线，颜色相同。同时，存在的两个横向长线是量均线，可调整单位天数，和调整K线均线方式一样。而点击右上方“成交量”可切换到外盘内盘和换手率，都以柱状线排列（图3-23）。

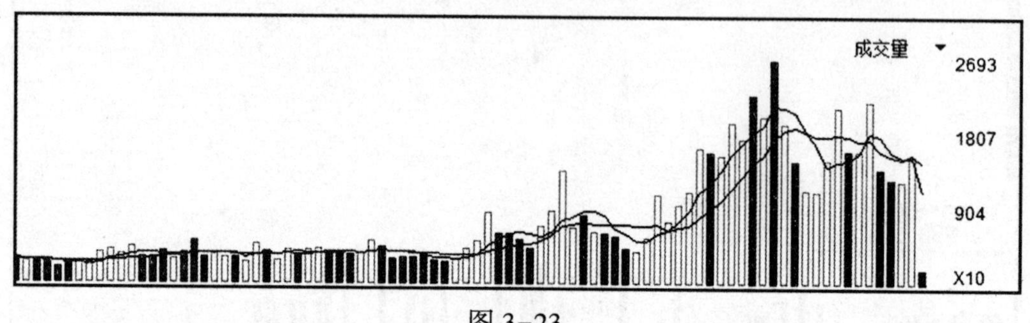

图3-23

3. 技术指标区

此区域可显示对应K线的不同技术指标。例如MACD，KDJ等。亦可调整单位天数（图3-24）。

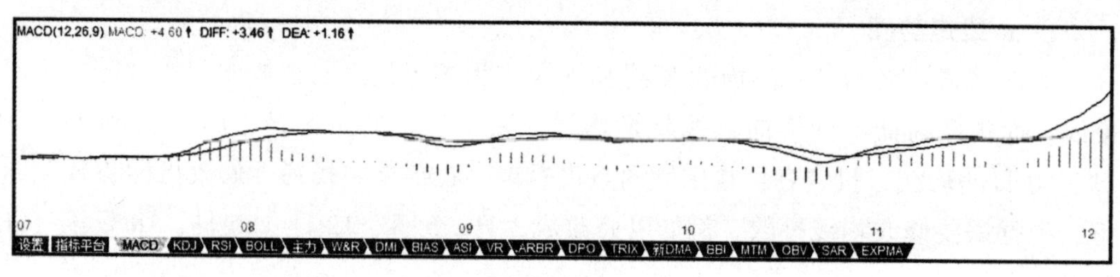

图3-24

4. 大盘综合信息统计

可参考大盘分时图的介绍。

（三）大盘资讯

即为软件对大盘的一个总体分析，按键位于整体界面左边。其主要集中最近3个交易日的市场信息，其中包含市场概述、证券要闻、新股分析、融资融券、宏观研究，以及当日券商机构公开的交易信息（见图3-25）。

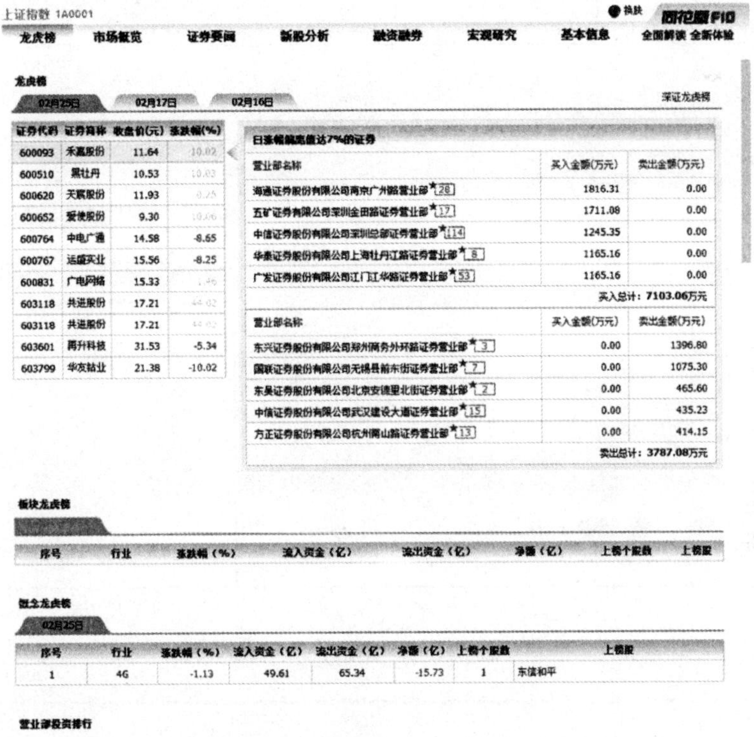

图 3-25

大盘走势受市场多空双方力量的影响，反映市场大环境的变动。其可为个股走势提供基本的趋势参考，尤其是权重股。当然，世事无绝对。个股也有逆势变化的可能，这也给投资者提供盈利的机会。因此，准确解读大盘走势对于投资者而言是最基本亦是最重要的功课。

二、个股界面

个股界面可以为我们提供多方面个股变化的指标，需要投资者了解掌握。

（一）选个股

当我们想要查看某只个股的走势图时，我们先打开同花顺页面，然后输入该股票的代码或者名称。比如我们要查看“金通灵”，则输入该股代码：300091，然后敲击回车键，即可进入金通灵个股分时界面（图 3-26）。

如果不知道该股的代码，也可以输入股票名称或者股票名称的拼音首字母。比如个股“金通灵”，其名称拼音的首字母为 jtl，则在键盘上敲入“jtl”，选中“金通灵”，敲击回车即可进入个股页面（图 3-27）。

同花顺键盘精灵
300091
300091 金通灵 深A
大盘分时
大盘K线
630.2亿 道琼斯
18214.42

图 3-26

现手 97870 量比 1.20
总手 29916万 金额 3350.20亿
总市值 248195亿
流通市值 222842亿
委卖量 9210567 上涨家数 573
委买量 9879593 平盘家数 112
卖金额 61.34亿 下跌家数 347
买金额 94.63亿 市盈 17.89
换手 1.50% 市盈(动) -
均价 11.20 市净率 -
上证180 7947.05 +5.65
上证50 2474.59 -3.47
上证380 5345.86 +38.69
上证指数 3310.30 +11.94
国债指数 147.60 -0.05
基金指数 5596.21 -1.51
企债指数 183.62 +0.10
金螳螂 JTL
金通灵 JTL
京天利 JTL
四季添利 SJTL
万家添利 WJTL
海富添A
海富债券
JTL

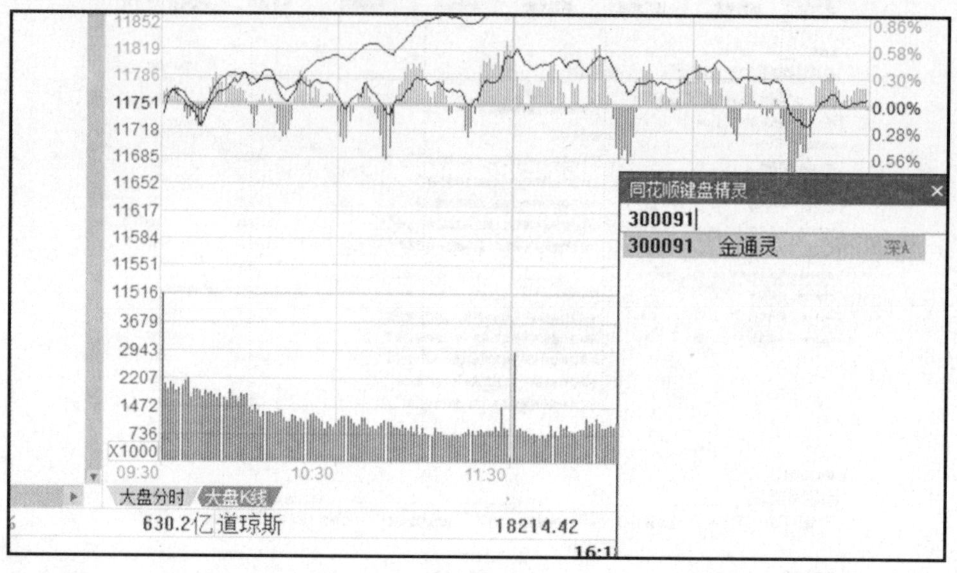

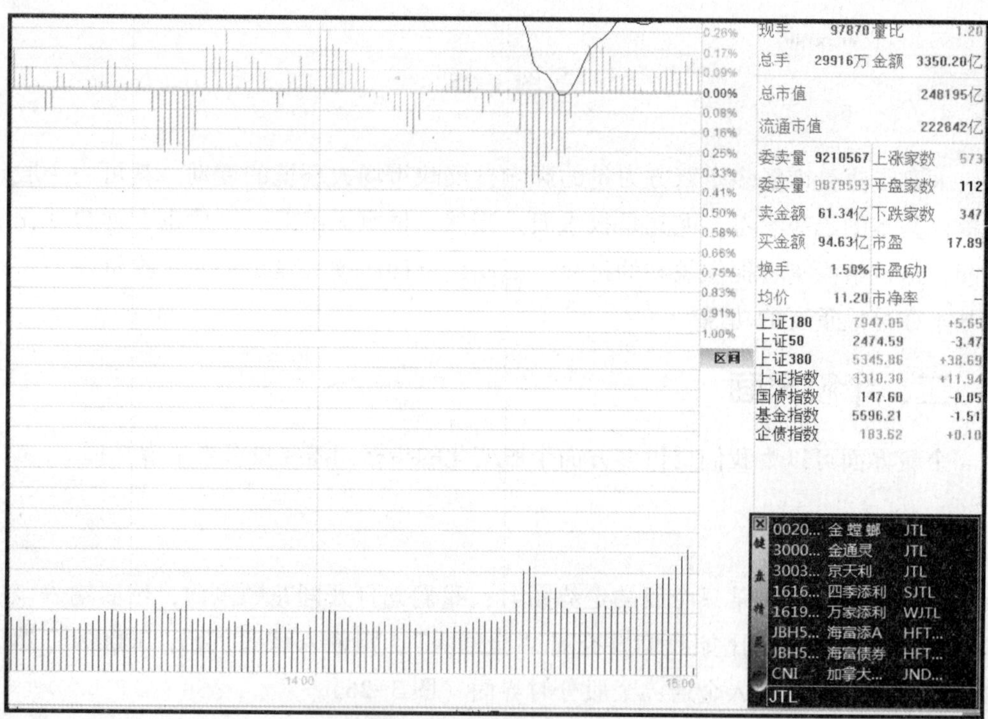

图 3-27

（二）个股分时界面

选中个股后，即可进入个股的分时图（图 3-28）。分时图上有两条线，一是白色的分时走势，显示个股的即时价格；二是黄色的分时均线，显示个股的即时均价。分时图界面左侧工具栏上，提供了“K 线图”、“个股资料”、“自选股”、“综合排名”等工具条，点击即可分别查看。

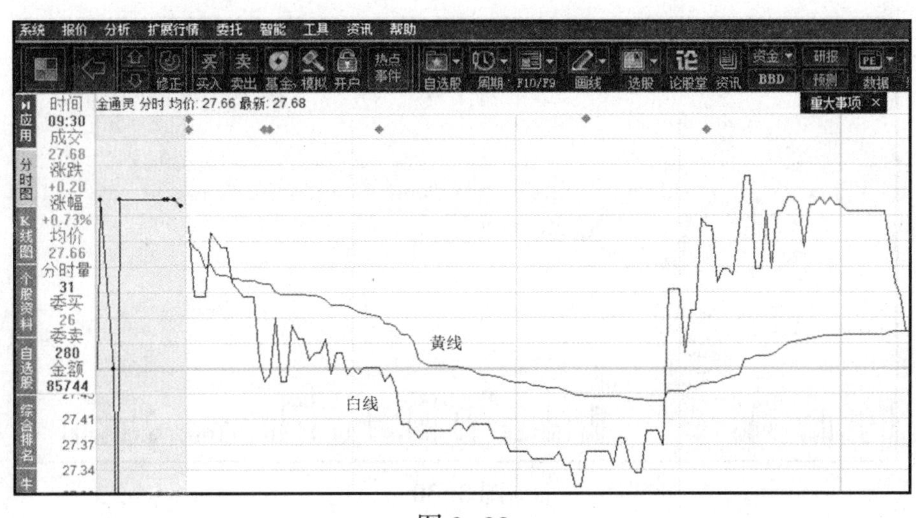

图 3-28

（三）个股 K 线页面

点击个股界面左侧工具栏“K 线图”或敲击 F5，即可进入个股 K 线页面（图 3-29）。

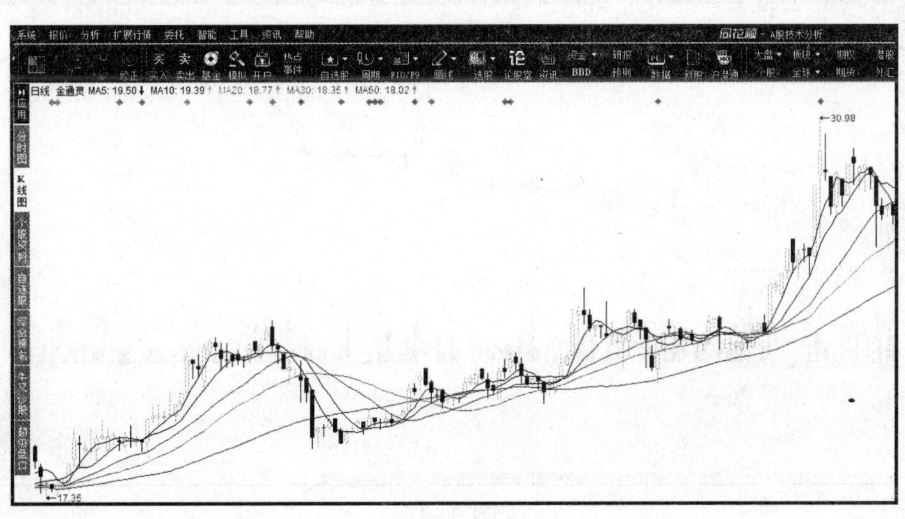

图 3-29

（四）K线页面的具体应用

1. K线图分栏设置

K线图分栏设置可以将您想要的指标添加或是去掉，方便观察各指标与K线图的变化。在下面的指标栏里点击右键，选择多指标组合，就可以设置您想要的栏数（图3-30）。

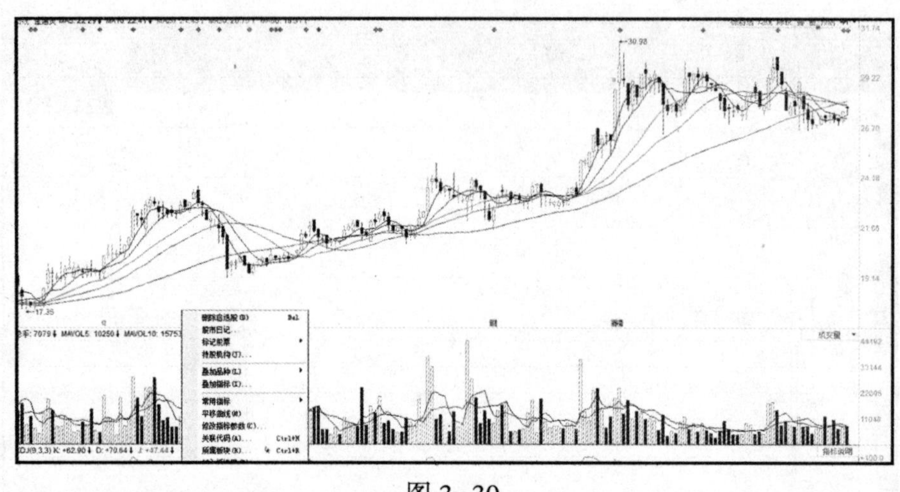

图3-30

2. K线图技术指标选择

在页面的最下方，有常用指标选择，比如：KDJ、RSI、BOLL等指标，点击相应指标可以切换（图3-31）。

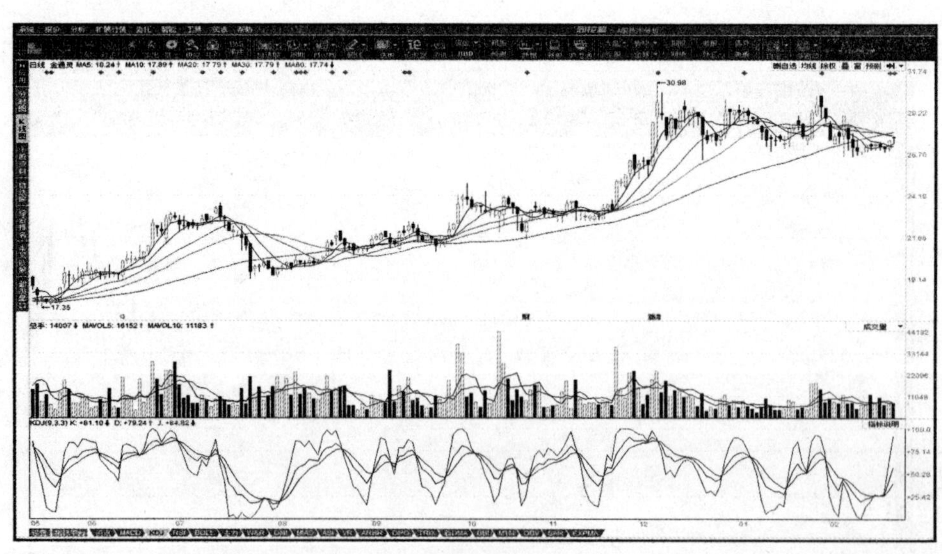

图3-31

常用指标是对股票走势的分析，利用指标估计股票的走势。

3. K线图多股同列设置

多股同列设置可以同时观察多只股票的走势情况，比较股票互相之间的走势。在左上角点击报价中的K线同列（图3-32）。

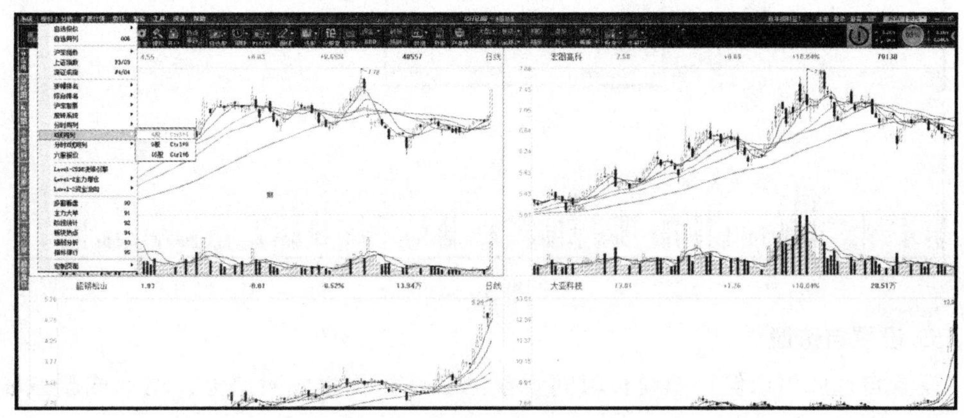

图3-32

4. 个股K线图叠加大盘或者数值

个股K线图叠加大盘或者数值，可以直观比较大盘走势与个股K线走势，由此直观判断个股走势是强于大盘还是弱于大盘。点击右键中的叠加品种进行选择（图3-33、图3-34）。

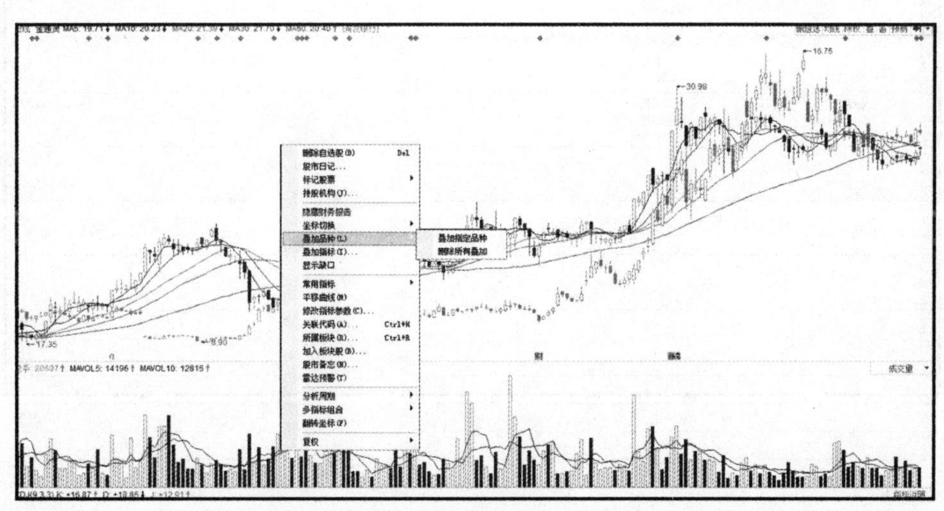

图3-33

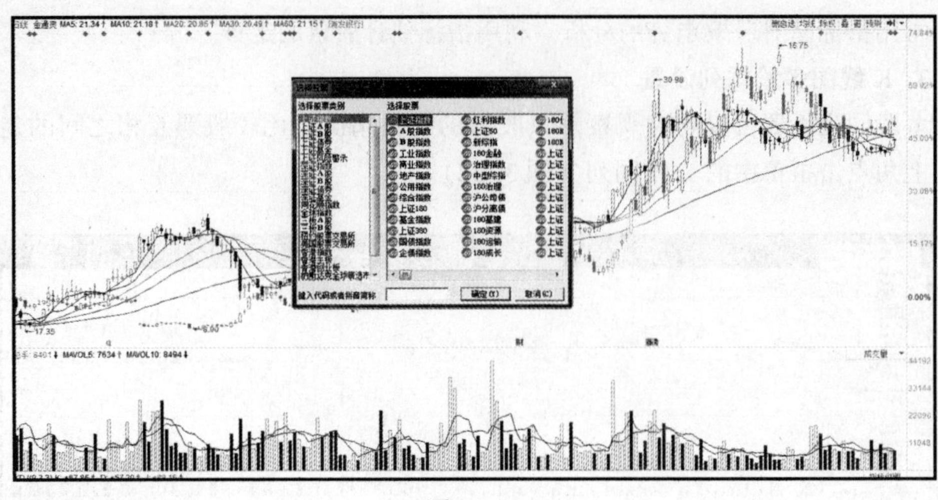

图 3-34

5. **设置自选股**

设置自选股可以储存想要长时间观察的股票，积累成股票池，增加或删减股票都可以在自选股设置中操作。

点击界面左上角工具中的自选股设置（图 3-35）。

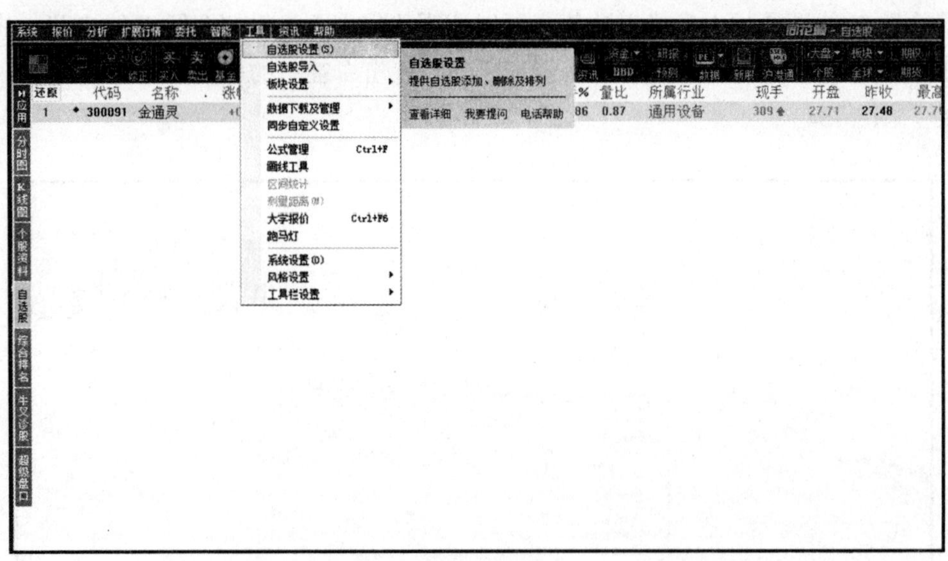

图 3-35

对于想要增加的股票点击导入板块，想要删减的股票点击导出板块（图 3-36）。

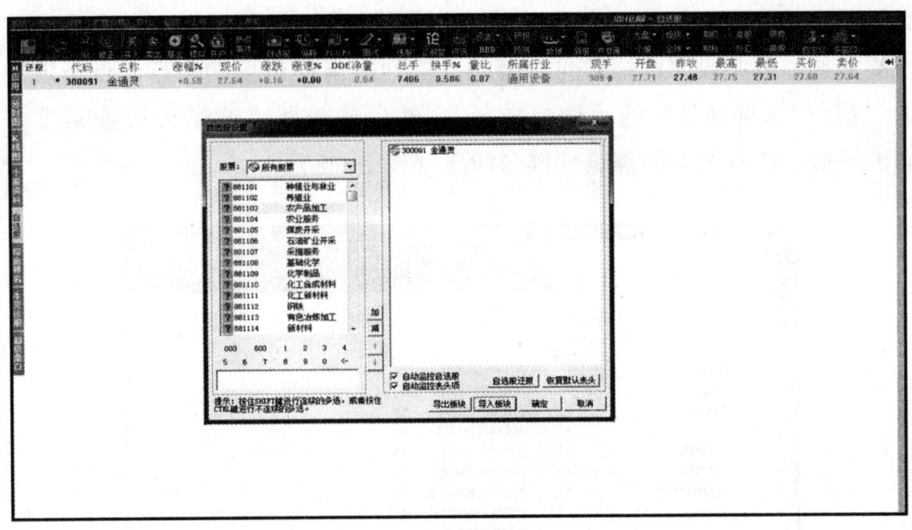

图 3-36

也可以在查看的个股页面上，使用右键添加自选。点击右键，选择“添加到自选”即可。个股添加为自选股后，经过一段时间的操作或者观察，如果认为该股已不符合我们的选股条件，也可以选择将该股踢出自选股。在该股页面上，点击右键，选择“剔除自选股”即可（图 3-37）。

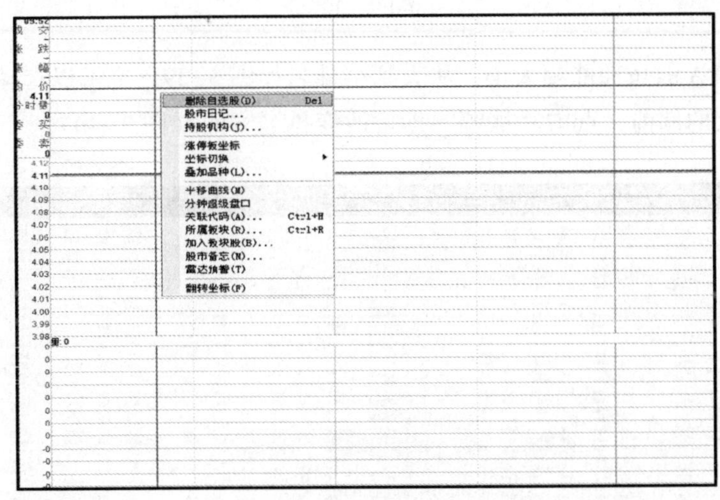

图 3-37

（五）搜索排名

1. 涨幅排名

交易软件均提供有各种智能排名功能，利用排名的功能可以帮助投资者发现热门潜力股票，其中最常用的是“涨幅排名”，通过涨幅排名可以实时查看当前哪些股票涨幅靠前、哪些股票跌幅靠前，由此分析判断当前市场的热点。点击软件界面上方的“报价”，选择其中的“涨幅排名”，然后再选择“沪深 A 股涨幅排名”即可看到沪深股市所有股票的涨跌幅排名情况（图 3-38）。

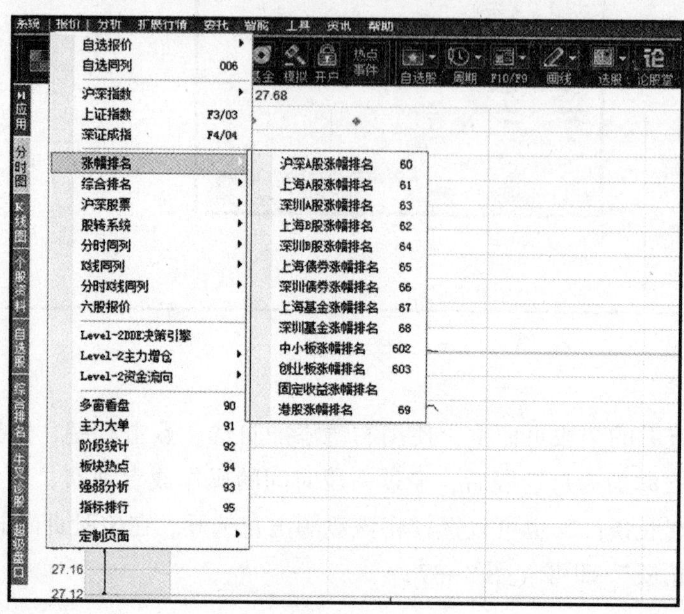

图 3-38

所有沪深 A 股按照涨幅大小，从大到小排名如图 3-39。也可以选择从小到大排名，即跌幅大的靠前，点击“涨幅”即可改变排名方向（图 3-40）。

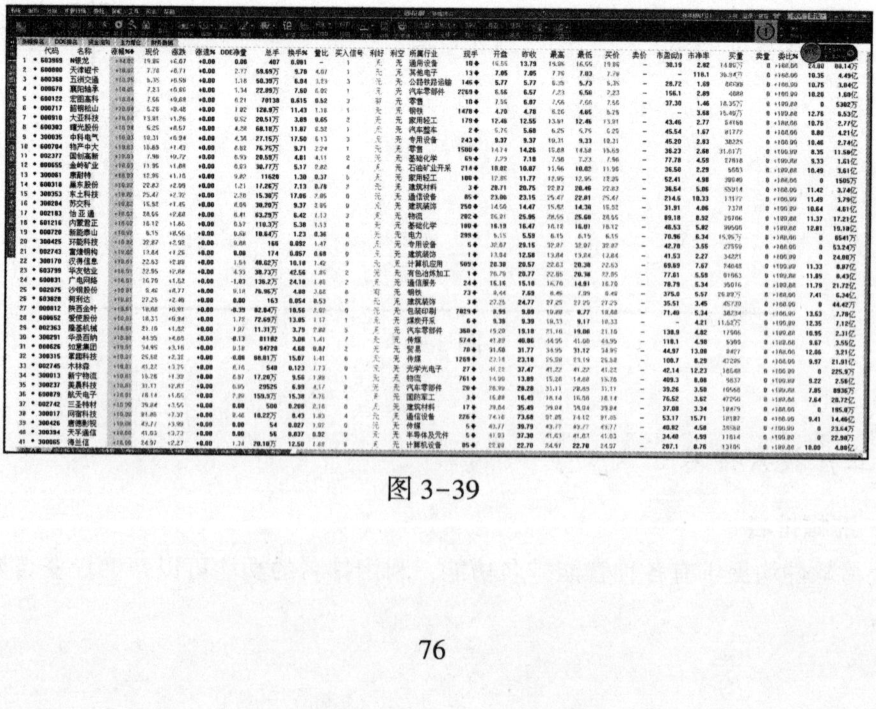

图 3-39

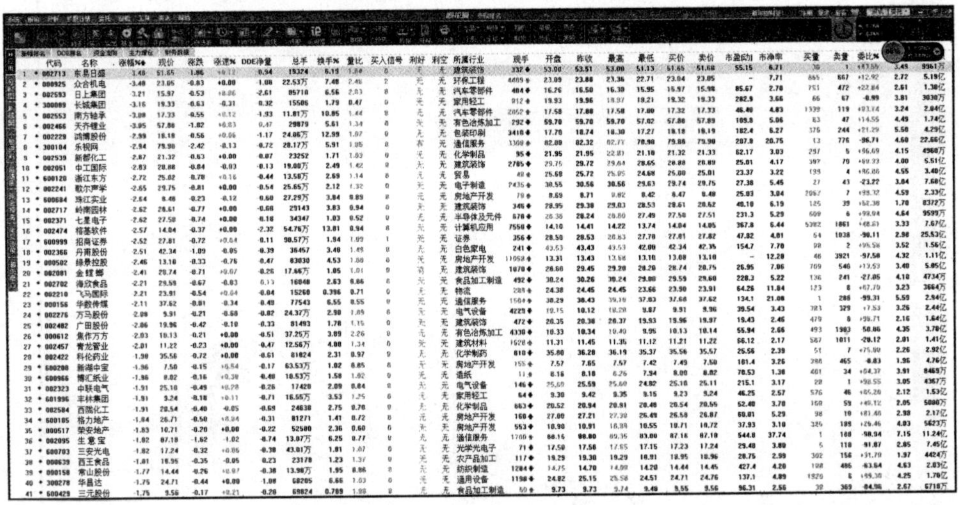

涨幅排名　DDE排名　资金流向　主力增仓　财务数据

	代码	名称	涨幅%◆	现价	涨跌	涨速%	DDE净量	总手	换手%	量比	买入信号	利好	利空	所属行业
1	◆ 002713	东易日盛	-3.48	51.65	-1.86	+0.12	0.94	19324	6.19	1.84	0	无	无	建筑装饰
2	◆ 000925	众合机电	-3.48	23.05	-0.83	+0.00	-1.08	22.53万	7.48	2.48	2	无	无	环保工程
3	◆ 002593	日上集团	-3.21	15.97	-0.53	+0.06	-2.61	85710	6.56	2.83	0	无	无	汽车零部件
4	◆ 300089	长城集团	-3.16	19.33	-0.63	-0.31	0.32	15506	1.79	0.47	0	无	无	家用轻工
5	◆ 002553	南方轴承	-3.08	17.33	-0.55	+0.12	-1.93	11.81万	10.85	1.44	0	无	无	汽车零部件
6	◆ 002466	天齐锂业	-3.05	57.88	-1.82	+0.03	0.47	29879	5.61	1.34	0	无	无	有色冶炼加工
7	◆ 002229	鸿博股份	-2.99	18.18	-0.56	+0.06	-1.17	24.06万	12.99	1.07	0	无	无	包装印刷
8	◆ 300104	乐视网	-2.94	79.90	-2.42	-0.13	-0.72	28.17万	5.91	1.95	0	有	无	通信服务
9	◆ 002539	新都化工	-2.87	21.32	-0.63	+0.00	-0.07	23252	1.71	1.83	0	无	无	化学制品
10	◆ 002051	中工国际	-2.83	28.88	-0.84	-0.03	-0.13	19.00万	2.49	1.42	0	无	无	建筑装饰
11	◆ 600120	浙江东方	-2.72	25.02	-0.70	+0.16	-0.44	13.58万	2.69	1.14	0	无	无	贸易
12	◆ 002241	歌尔声学	-2.65	29.75	-0.81	+0.00	-0.54	25.65万	2.12	1.32	0	无	无	电子制造
13	◆ 600684	珠江实业	-2.64	8.48	-0.23	-0.12	0.60	27.29万	3.84	0.89	0	无	无	房地产开发
14	◆ 002717	岭南园林	-2.62	28.61	-0.77	+0.00	-0.68	29143	3.83	0.94	0	无	无	建筑装饰
15	◆ 002371	七星电子	-2.62	27.50	-0.74	+0.00	0.18	34347	1.03	0.52	0	无	无	半导体及元件
16	◆ 002474	榕基软件	-2.57	14.04	-0.37	+0.00	-2.32	54.76万	13.01	0.94	0	无	无	计算机应用
17	◆ 600999	招商证券	-2.52	27.81	-0.72	+0.04	0.11	90.57万	1.94	1.09	1	无	无	证券
18	◆ 002366	丹甫股份	-2.51	42.34	-1.09	-0.05	-0.39	36457	3.48	1.49	0	无	无	白色家电
19	◆ 000502	绿景控股	-2.46	13.10	-0.33	-0.76	0.47	83030	4.53	1.88	0	无	无	房地产开发
20	◆ 002081	金螳螂	-2.41	28.74	-0.71	+0.07	-0.26	17.66万	1.05	1.01	0	有	无	建筑装饰
21	◆ 002702	海欣食品	-2.21	29.59	-0.67	-0.03	0.13	16048	2.63	0.86	0	无	无	食品加工制造
22	◆ 002210	飞马国际	-2.21	23.91	-0.54	+0.04	-0.04	15260	0.396	0.71	0	无	无	物流
23	◆ 000156	华数传媒	-2.11	37.62	-0.81	-0.34	-0.49	77543	6.55	0.55	0	无	无	通信服务
24	◆ 002276	万马股份	-2.08	9.91	-0.21	-0.68	-0.82	24.37万	2.90	1.89	0	无	无	电气设备
25	◆ 002482	广田股份	-2.06	19.96	-0.42	-0.10	-0.33	81493	1.78	1.15	0	无	无	建筑装饰
26	◆ 000612	焦作万方	-2.03	10.13	-0.21	+0.00	-0.51	37.25万	3.89	2.26	0	无	无	有色冶炼加工
27	◆ 002457	青龙管业	-2.01	11.22	-0.23	+0.00	-0.47	12.56万	4.08	1.34	0	无	无	建筑材料
28	◆ 002422	科伦药业	-1.98	35.56	-0.72	+0.00	-0.61	81824	2.31	0.97	0	无	无	化学制药
29	◆ 600208	新湖中宝	-1.96	7.50	-0.15	+0.54	-0.17	63.53万	1.02	0.85	0	无	无	房地产开发
30	◆ 600966	博汇纸业	-1.96	8.02	-0.16	+0.38	-0.40	10.53万	1.58	1.02	0	无	无	造纸
31	◆ 002323	中联电气	-1.91	25.10	-0.49	+0.28	-0.26	17420	2.09	0.84	0	无	无	电气设备
32	◆ 601996	丰林集团	-1.91	9.24	-0.18	+0.11	-0.71	16.55万	3.53	1.25	0	无	无	家用轻工
33	◆ 002584	西陇化工	-1.91	20.54	-0.40	-0.05	-0.69	24638	2.75	0.78	0	无	无	化学制品
34	◆ 600185	格力地产	-1.84	26.71	-0.50	+0.04	-0.31	81271	1.41	0.72	0	无	无	房地产开发
35	◆ 000517	荣安地产	-1.83	10.71	-0.20	+0.00	-0.22	52580	2.36	0.60	0	无	无	房地产开发
36	◆ 002095	生意宝	-1.82	87.18	-1.62	-1.02	-0.74	13.07万	6.25	0.77	0	无	无	通信服务
37	◆ 600703	三安光电	-1.82	17.24	-0.32	+0.06	-0.38	43.01万	1.81	1.07	0	无	无	光学光电子
38	◆ 000639	西王食品	-1.81	18.95	-0.35	-0.05	0.23	23178	1.23	1.37	0	无	无	农产品加工
39	◆ 000158	常山股份	-1.77	14.44	-0.26	+0.07	-0.38	13.98万	1.95	0.86	0	无	无	纺织制造
40	◆ 300278	华昌达	-1.75	24.71	-0.44	+0.00	-1.08	68205	6.66	1.03	0	无	无	通用设备
41	◆ 600429	三元股份	-1.75	9.56	-0.17	+0.21	-0.20	69824	0.789	1.99	0	无	无	食品加工制造

	代码	现手	开盘	昨收	最高	最低	买价	卖价	市盈(动)	市净率	买量	卖量	委比%		
1	002713	332◆	53.00	53.51	53.00	51.13	51.65	51.68	55.15	6.71	30	1	+83.55	3.49	9961万
2	000925	4409◆	23.09	23.88	23.36	22.71	23.04	23.05	–	7.71	865	667	+12.92	2.72	5.19亿
3	002593	404◆	16.26	16.50	16.30	15.95	15.97	15.98	85.67	2.70	751	472	+22.84	2.61	1.30亿
4	300089	912◆	19.93	19.96	18.97	18.21	19.32	19.33	282.9	3.66	66	67	-0.99	3.81	3030万
5	002553	2052◆	17.58	17.88	17.58	17.00	17.32	17.33	46.40	4.83	1339	119	+83.74	3.24	2.04亿
6	002466	292◆	59.70	59.70	59.70	57.02	57.88	57.89	109.8	5.06	83	47	+14.55	4.49	1.74亿
7	002229	3410◆	17.70	18.74	18.30	17.27	18.18	18.19	182.4	6.27	376	244	+21.29	5.50	4.29亿
8	300104	1300◆	82.00	82.32	82.77	78.90	79.88	79.90	207.8	20.75	13	776	-96.71	4.60	22.66亿
9	002539	95◆	21.95	21.95	22.01	21.10	21.32	21.33	62.17	3.03	237	5	+96.69	4.15	4960万
10	002051	2705◆	29.75	29.72	29.64	28.65	28.88	28.89	25.01	4.17	397	70	+69.93	4.00	5.51亿
11	600120	48◆	25.68	25.72	25.85	24.68	25.00	25.01	23.37	3.22	199	4	+96.08	4.55	3.40亿
12	002241	2435◆	30.55	30.56	30.56	29.63	29.74	29.75	27.38	5.45	27	43	-23.22	3.04	7.60亿
13	600684	79◆	8.69	8.71	8.82	8.42	8.47	8.48	25.03	3.04	2062	7	+99.32	4.59	2.33亿
14	002717	346◆	28.95	29.30	29.03	28.53	28.61	28.62	40.10	6.19	125	39	+52.38	1.70	8372万
15	002371	670◆	28.38	28.24	28.80	27.49	27.50	27.51	231.3	5.29	609	6	+98.04	4.64	9599万
16	002474	7550◆	14.10	14.41	14.22	13.74	14.04	14.05	367.8	6.44	5382	1861	+48.61	3.33	7.67亿
17	600999	356◆	28.50	28.53	28.83	27.70	27.81	27.82	47.82	4.01	54	1038	-90.11	2.98	25.53亿
18	002366	241◆	43.53	43.43	43.53	42.00	42.34	42.35	154.7	7.70	98	2	+95.58	3.52	1.56亿
19	000502	11058◆	13.31	13.43	13.68	13.10	13.08	13.10	–	12.28	46	3921	-97.50	4.32	1.11亿
20	002081	1070◆	28.60	29.45	29.20	28.20	28.74	28.75	26.95	7.06	709	546	+13.53	3.40	5.05亿
21	002702	492◆	30.24	30.26	30.24	29.00	29.59	29.60	228.3	5.22	136	241	-27.06	4.10	4734万
22	002210	288◆	24.38	24.45	24.45	23.66	23.90	23.91	64.26	11.84	123	8	+87.70	3.23	3664万
23	000156	1504◆	38.29	38.43	39.19	37.03	37.60	37.62	134.1	21.08	1	286	-99.31	5.59	2.94亿
24	002276	4229◆	10.15	10.12	10.28	9.87	9.91	9.96	39.54	3.43	783	329	+7.53	3.26	2.44亿
25	002482	472◆	20.35	20.38	20.37	19.93	19.96	19.97	19.43	2.46	479	8	+98.71	2.16	1.64亿
26	000612	4330◆	10.33	10.34	10.40	9.95	10.13	10.14	55.94	2.66	493	1983	-60.86	4.35	3.70亿
27	002457	1628◆	11.31	11.45	11.35	11.12	11.21	11.22	66.12	2.17	587	1011	-28.12	2.01	1.41亿
28	002422	810◆	35.80	36.20	36.19	35.37	35.56	35.57	25.56	2.39	51	7	+75.00	2.26	2.92亿
29	600208	155◆	7.57	7.65	7.57	7.42	7.49	7.50	101.4	3.26	398	465	-8.83	1.96	4.76亿
30	600966	11◆	8.16	8.18	8.26	7.94	8.00	8.02	70.53	1.38	481	34	+84.37	3.91	8469万
31	002323	146◆	25.60	25.59	25.60	24.82	25.10	25.11	215.1	3.17	28	1	+98.55	3.05	4367万
32	601996	64◆	9.30	9.42	9.35	9.15	9.23	9.24	46.25	2.57	576	46	+85.20	2.12	1.53亿
33	002584	663◆	20.52	20.94	20.91	20.48	20.54	20.55	52.40	3.70	160	59	+49.12	2.05	5000万
34	600185	160◆	27.00	27.21	27.30	26.49	26.58	26.87	60.01	5.29	98	10	+81.40	2.98	2.17亿
35	000517	553◆	10.90	10.91	10.88	10.55	10.71	10.72	37.93	3.10	325	189	+26.46	4.03	5623万
36	002095	1700◆	88.15	88.80	89.36	83.00	87.16	87.18	544.8	37.74	1	180	-98.94	7.15	11.24亿
37	600703	71◆	17.50	17.56	17.65	17.15	17.23	17.24	29.48	3.80	5	118	-91.87	2.05	7.45亿
38	000639	117◆	19.29	19.30	19.29	18.91	18.95	18.96	28.75	2.99	302	156	+31.79	1.97	4424万
39	000158	1284◆	14.75	14.70	14.09	14.20	14.44	14.45	427.4	4.20	198	486	-63.64	4.63	2.03亿
40	300278	1198◆	24.82	25.15	25.58	24.51	24.71	24.76	137.1	4.89	1926	6	+99.30	4.25	1.70亿
41	600429	50◆	9.73	9.73	9.74	9.49	9.55	9.56	96.31	2.56	39	369	-84.96	2.67	6718万

图 3-40

在涨幅排名榜上，还可以查看个股的价格、成交量、换手率、流通盘等数据的排名。方法是点击上方的指标名称即可（图 3-41）。

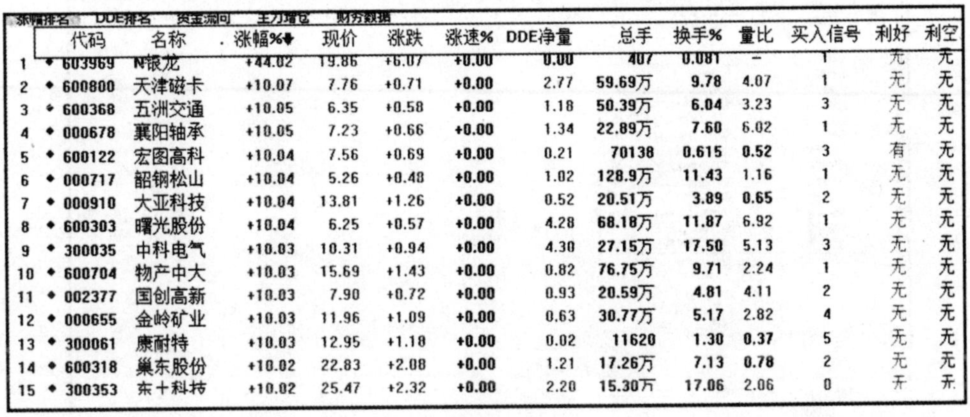

涨幅排名　DDE排名　资金流向　主力增仓　财务数据

	代码	名称	涨幅%◆	现价	涨跌	涨速%	DDE净量	总手	换手%	量比	买入信号	利好	利空
1	◆ 603969	N银龙	+44.02	19.86	+6.07	+0.00	0.00	407	0.081	–	1	无	无
2	◆ 600800	天津磁卡	+10.07	7.76	+0.71	+0.00	2.77	59.69万	9.78	4.07	1	无	无
3	◆ 600368	五洲交通	+10.05	6.35	+0.58	+0.00	1.18	50.39万	6.04	3.23	3	无	无
4	◆ 000678	襄阳轴承	+10.05	7.23	+0.66	+0.00	1.34	22.89万	7.60	6.02	1	无	无
5	◆ 600122	宏图高科	+10.04	7.56	+0.69	+0.00	0.21	70138	0.615	0.52	3	有	无
6	◆ 000717	韶钢松山	+10.04	5.26	+0.48	+0.00	1.02	128.9万	11.43	1.16	1	无	无
7	◆ 000910	大亚科技	+10.04	13.81	+1.26	+0.00	0.52	20.51万	3.89	0.65	2	无	无
8	◆ 600303	曙光股份	+10.04	6.25	+0.57	+0.00	4.28	68.18万	11.87	6.92	1	无	无
9	◆ 300035	中科电气	+10.03	10.31	+0.94	+0.00	4.30	27.15万	17.50	5.13	3	无	无
10	◆ 600704	物产中大	+10.03	15.69	+1.43	+0.00	0.82	76.75万	9.71	2.24	1	无	无
11	◆ 002377	国创高新	+10.03	7.90	+0.72	+0.00	0.93	20.59万	4.81	4.11	2	无	无
12	◆ 000655	金岭矿业	+10.03	11.96	+1.09	+0.00	0.63	30.77万	5.17	2.82	4	无	无
13	◆ 300061	康耐特	+10.03	12.95	+1.18	+0.00	0.02	11620	1.30	0.37	5	无	无
14	◆ 600318	巢东股份	+10.02	22.83	+2.08	+0.00	1.21	17.26万	7.13	0.78	2	无	无
15	◆ 300353	东土科技	+10.02	25.47	+2.32	+0.00	2.20	15.30万	17.06	2.06	0	无	无

图 3-41

2. 综合排名

“综合排名”功能提供了一个快速简便地查看各项重要排名的途径。点击页面左侧的“综合排名”工具条或者点击“报价”→“综合排名”即可查看“综合排名”（图 3-42、图 3-43）。

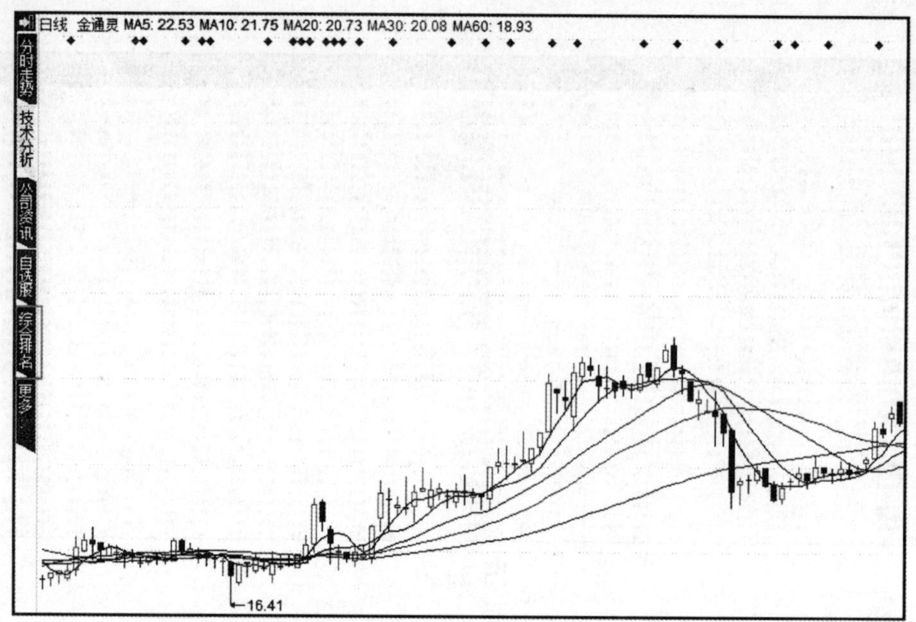

图 3-42

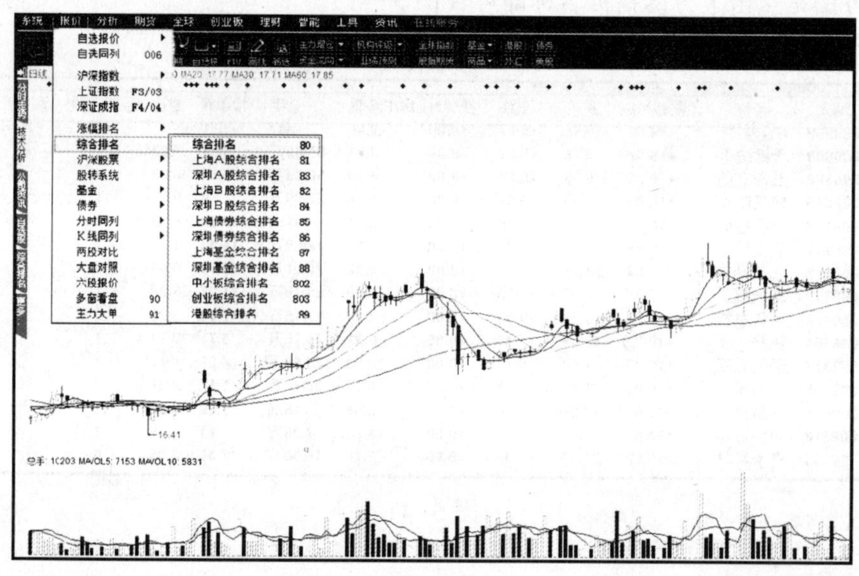

图 3-43

3. 主力增仓

主力增仓是通过盘口成交数据解析主力资金进出，针对个股股性的差异化，对盘中个股和板块主力动向做及时深入的分析、研判，帮助投资者在盘中及时把握主力资金动向，做出更准确的投资决策。

点击界面左上角报价中的主力增仓（图 3-44）。

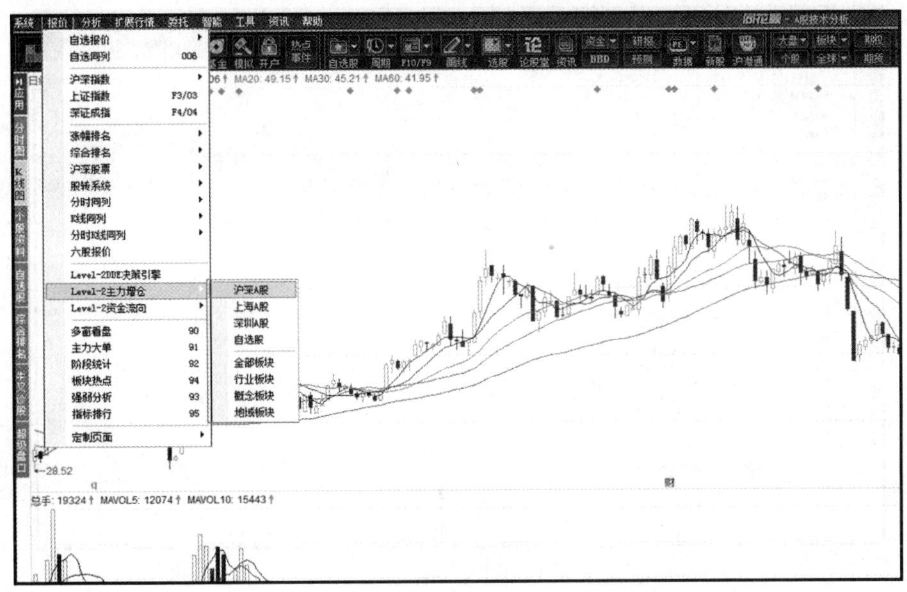

图 3-44

比如进入沪深 A 股后，就会出现各个股票的主力增仓排名（图 3-45）。

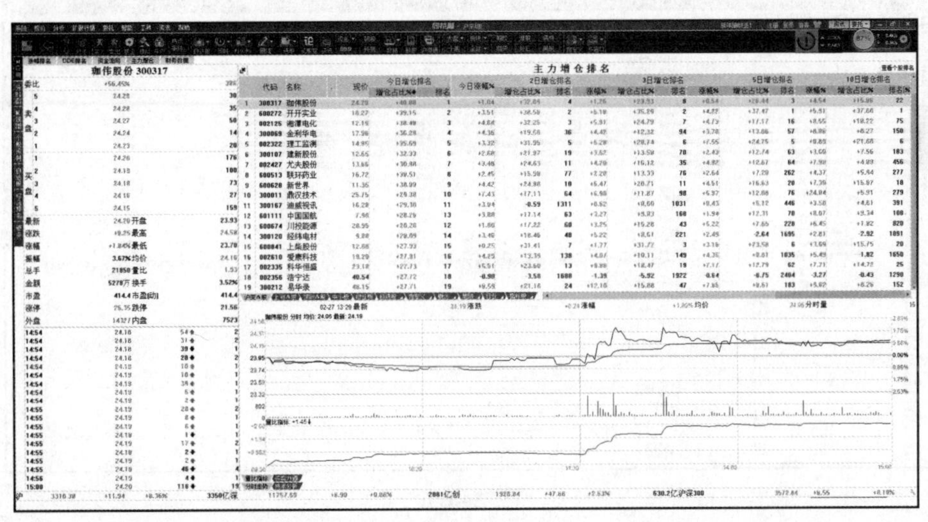

图 3-45

4. **资金流向**

资金流向就是股市中的资金主动选择的方向。从量的角度去分析资金的流向，即观察成交量和成交金额，成交量和成交金额在实际操作中是有方向性的，即买入或卖出。

点击界面左上角报价中的资金流向（图 3-46）。

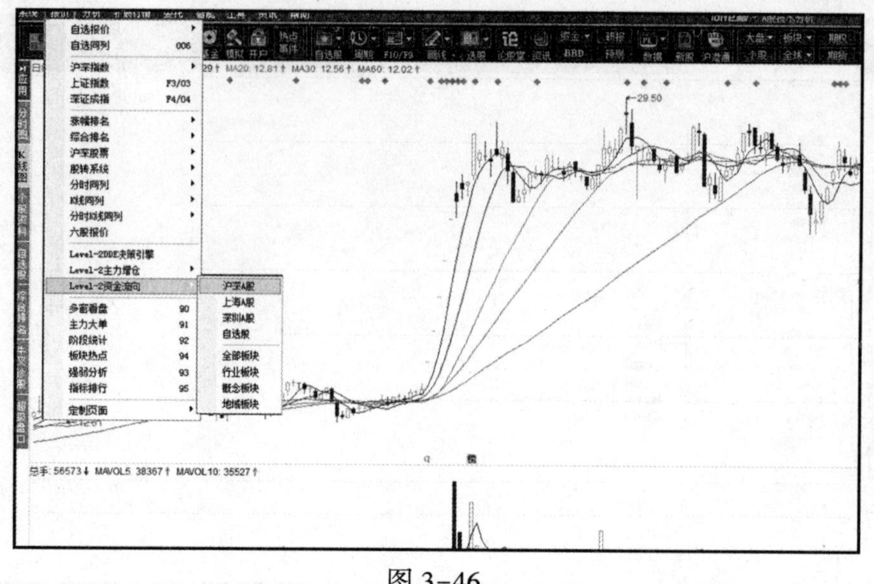

图 3-46

比如进入沪深 A 股后，就会出现各个股票资金流向的统计（图 3-47）。

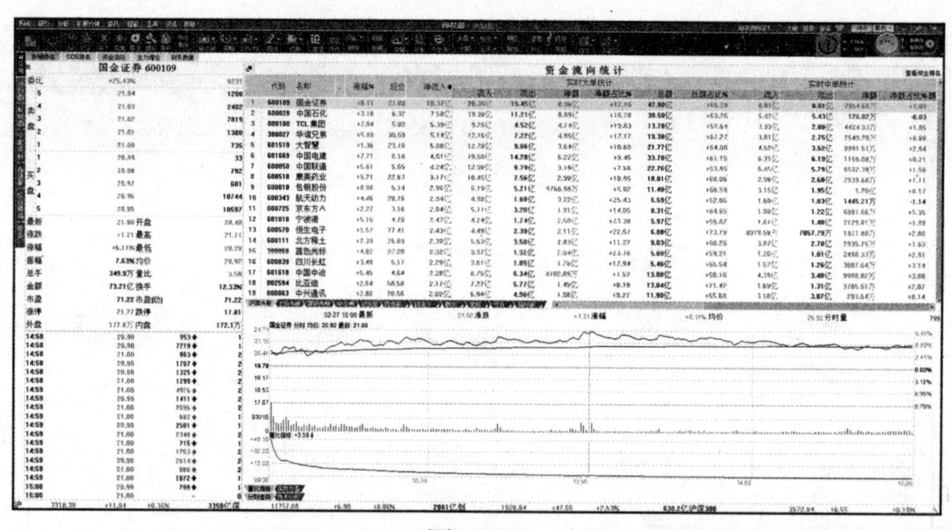

图 3-47

（六）利用 F10 查看个股资料

在主页面上点击键盘 F10，可以跳出上市公司的重要信息。在 F10 界面上，用户可以看到共计 12 个部分的详细资料，深入了解公司的经营状况。在此介绍部分内容。

1. 最新动态

投资者能在此快速地查看到一些非常重要的信息（见图 3-48）。

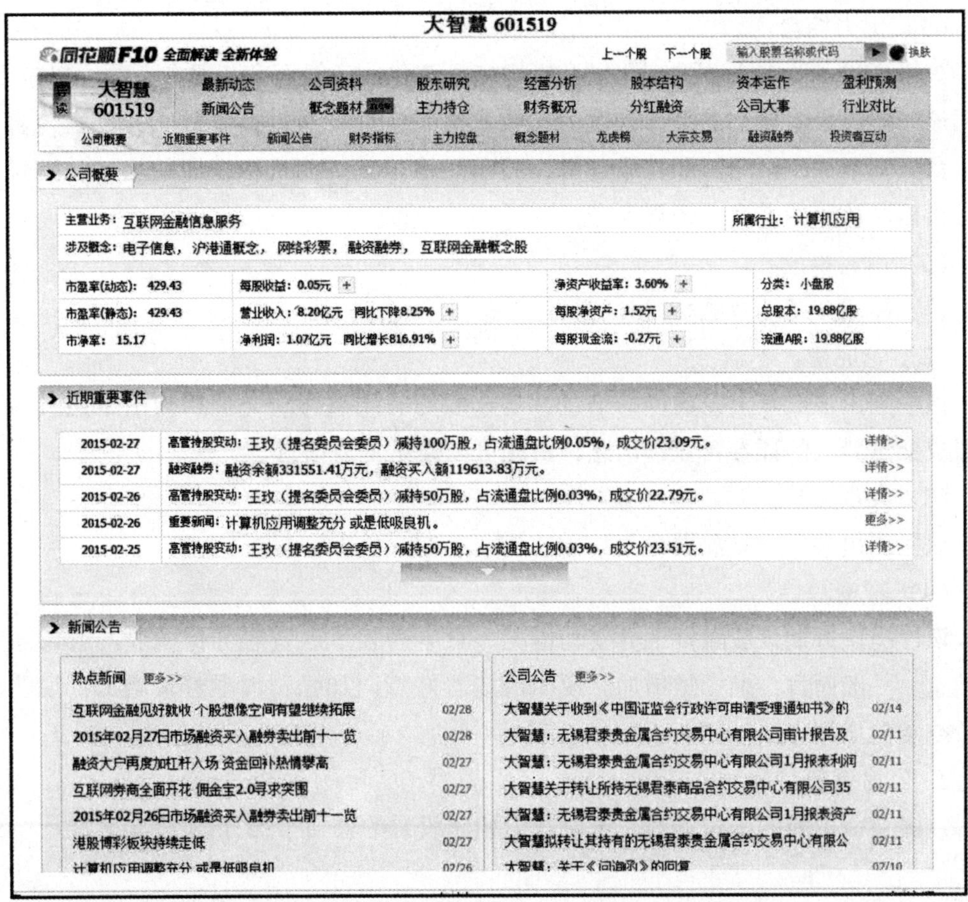

图 3-48

（1）公司概要：

在该栏中，可以简明地查看该股所属行业、主营业务、当前涉及的题材概念以及一些基本的财务数据。其中值得特别关注的是该股涉及的题材概念，这往往是后期该股炒作的方向所在。

（2）近期重要事件：

这些重要事件往往与公司经营或者投资者利益有重大关联，比如公司高管变动、大宗交易、融资融券信息等。

（3）新闻公告：

该栏的信息提供了该股最近一段时间的公司公告以及相关的新闻报道，对了解公司当前动态有重要帮助。

（4）财务指标：

该栏对最近几个财务周期的主要财务指标数据做了通栏排列，方便投资者查看比较。

（5）主力控盘：

该栏列出了股东人数的变化以及机构持股变化。一般而言，股东人数大幅减少，说明该股持股集中度在加强，有主力在收集筹码，后市看好概率较大；反之，若股东人数大幅增加，说明该股持股分散，后市并不乐观。而机构持股的增减，则说明了大机构对该股的态度，值得参考。

（6）题材概念：

该栏简明介绍涉及题材概念的具体信息。

（7）龙虎榜：

该栏列出该股登上龙虎榜的信息，是选股的有用参考。龙虎榜列出了当日买卖该股成交量最大的证券营业部信息，由此可以窥见主力信息。

（8）大宗交易：

该栏列出大宗交易数据。

（9）融资融券：

该栏提供近期该股融资融券变动情况。只有列入了融资融券标的股的股票才有该信息。一般而言，融资量增加，说明市场看好意向加强，而融券量增加，说明市场看空意向增加。

2. **公司资料**

点击页面中间的公司资料，可以查出相应股票的公司情况（图 3-49）。

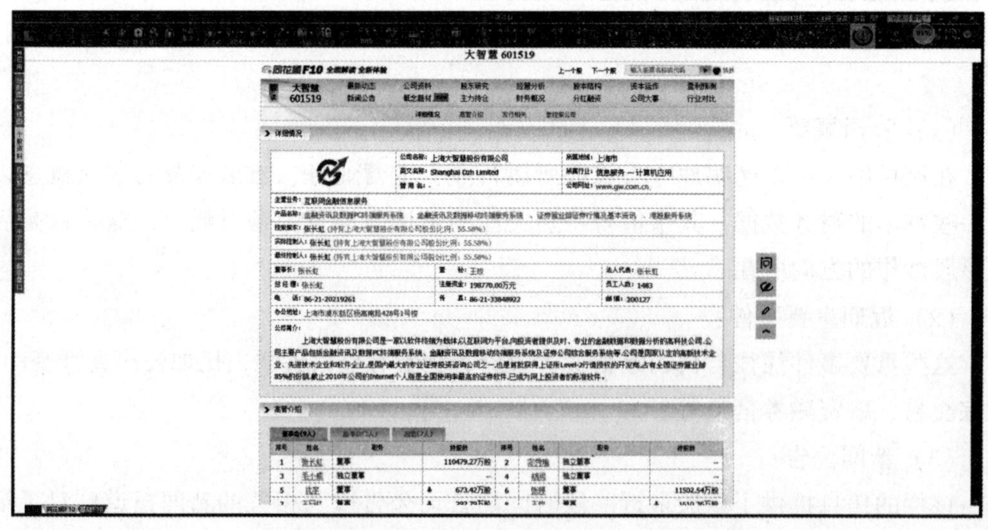

图 3-49

（1）详细情况：

该栏可以查看上市公司的主营业务、控股股东、办公地址等基本信息。

(2) 高管介绍：

该栏主要介绍董事会成员和公司高层管理人员的信息。

(3) 发行相关：

此处介绍上市公司股票发行的相关信息。

(4) 参股公司：

此处可查询上市公司的参股或控股公司、来往义务以及其参控比例等。

3. 经营分析

点击页面中间的经营分析，可以查看相应股票公司的经营分析资料（图3-50）。

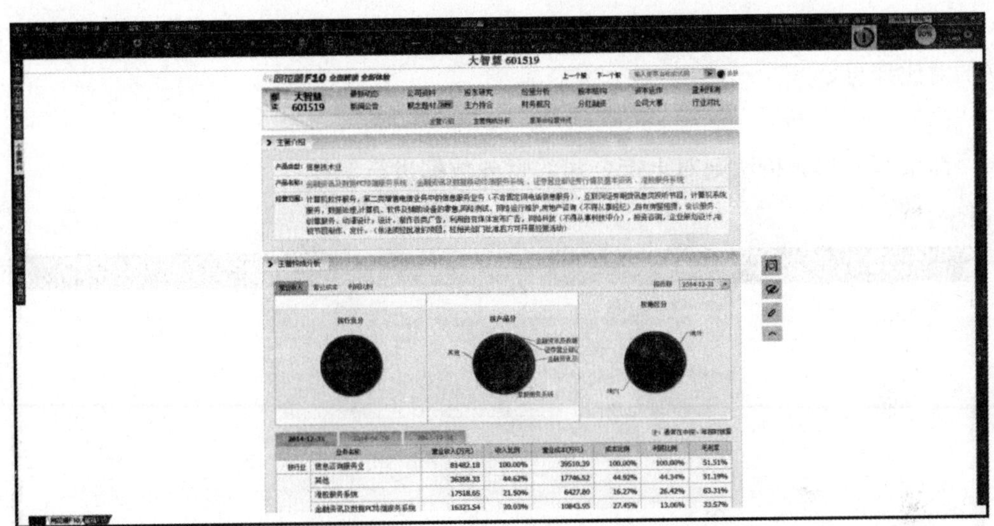

图3-50

(1) 主营介绍：

介绍上市公司的主营业务的详细信息。

(2) 运营业务数据：

此处可查询报告日期的主业务量。

(3) 主营构成分析：

该栏以饼图和图表的形式，按报告日期的方式解析上市公司的营业收入，成本和利润比例。

4. 财务概况

点击页面中间的财务概况，可以查看相应股票公司财务概况的资料（图3-51）。

(1) 财务速递：

此栏显示上市公司年报中重点数据，以及财务总评分。

（2）财务指标：

此栏按报表日期，用图表和柱状图的形式呈现上市公司的主要财务指标，以及三张基本公司财务表。

（3）指标变动说明：

此栏针对报表中的变动科目进行原因说明。

（4）资产负债构成：

此栏以饼图的形式展示该公司的各类资产负债占比。

（5）财务报表查看：

此栏可查看近三年的财务报表。

（6）最新诊断：

此栏是对上市公司的财务指标在盈利能力、成长能力、运营能力等方面进行详细的对比评分。

（7）杜邦分析：

即采用杜邦分析法则对上市公司的财务数据进行解析。

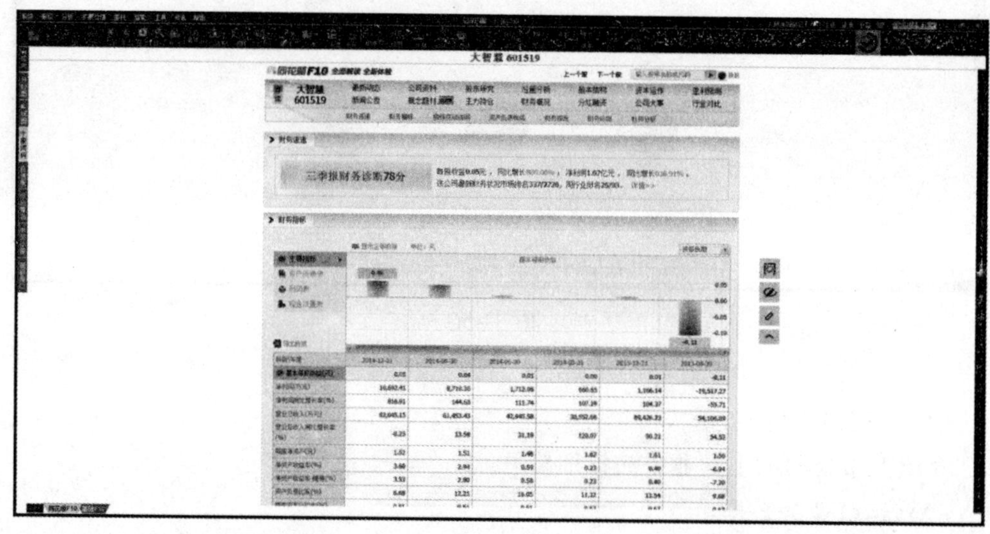

图 3-51

5. 股东研究

点击页面中间的股东研究，可以查看相应股票股东的资料（图 3-52）。

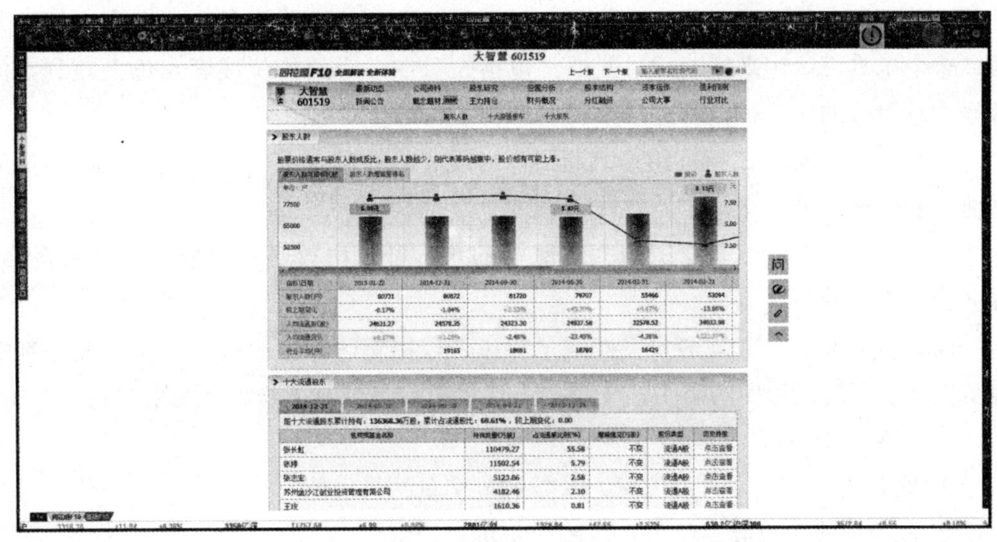

图 3-52

（1）股东人数：此栏按照报表日期用表格和柱状图表示上市公司的股东人数变化。

（2）十大流通股东：此栏展示上市公司报表的流通股东前十位信息。

（3）十大股东：此栏展示上市公司的主要股东变动公告。

三、常用技术指标

（1）趋向指标：

常用的有 MA、MACD、EXPMA 等，其最大的作用是表明目前的趋势情况，也能发出一些有效的顺势入场信号。

（2）反趋向指标：

常用的有 RSI、KDJ、BIAS 等，它们最大的作用是发出入场信号，同时也能通过对比的结果暗示价格是否已经处于一种衰竭状态。

（3）摆动指标：

① 当摆动指数的值达到上边界或下边界的极限值时，最有意义。如果它接近上边界。市场就处于所谓的"超买状态"；如果它接近下边界，市场就处于所谓的"超卖状态"。这两种读数都是警讯，表示市场趋势走得太远，开始有些脆弱起来。

② 当摆动指数处于极限位置，并且摆动指数与价格变化之间出现了相互背离现象时，通常构成重要的预警信号。

③ 如果摆动指数顺着市场趋势的方向穿越零线，可能是重要的买卖信号。

（4）成交量指标：反映成交量的一项指标。

（5）量价指标：量价分布是在股市上经常提到，并且是在炒股软件上进行股票的技术分析的一种常用工具。它指的是每一只股票在一个确定的价位有多少持仓筹码。这个工具可以用来判断一只股票，包括大盘在一定的价位或者点位上获利盘的数量占总股数的比值，以及这只票和大盘的平均持仓成本。

（6）能量指标：该指标用于判断买卖时机。能够测量人气的热度和价格动量的潜能；显示压力带和支撑带，以补充情绪指标的不足。

（7）强弱指标：当日个股与大盘涨幅的差，可以比较当日个股是否比大盘强，强多少。

（8）鬼系指标：发现股价突然缩量穿过低位密集区向上突破的重仓庄股；判断股价上升、下跌过程中的阻力、支撑位；预测股价上升及下跌趋势结束与否。

（9）龙系指标：

① 钱龙长线：以收盘价位置为系数的成交量的累价值。

② 钱龙短线：以收盘价为系数的成交量累价值。

③ 钱龙指标：收盘价相对位置的累价值。

④ 威力雷达：比较个股和大盘的相对强弱。

个股 K 线图→右键→常用指标→更多指标（图 3-53、图 3-54）。

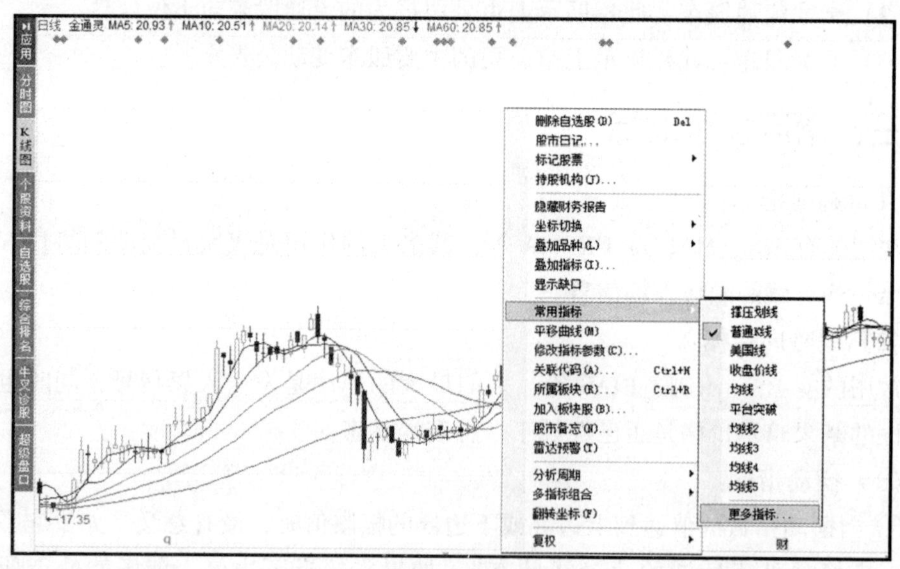

图 3-53

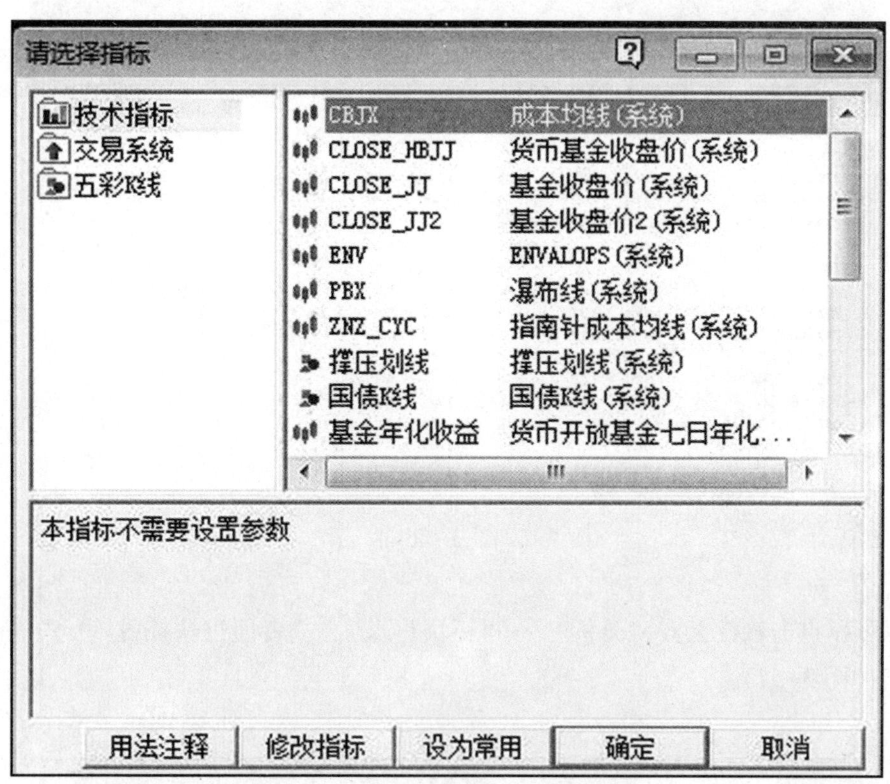

图 3-54

四、板块界面

板块界面对于板块选股起到了快速筛选的作用，可以了解到各板块的相关股有哪些，在快速筛选时能起到作用。

（一）板块指数

在软件上方工具栏右侧，点击“板块”按钮，可以查看板块热点等信息（图 3-55）。

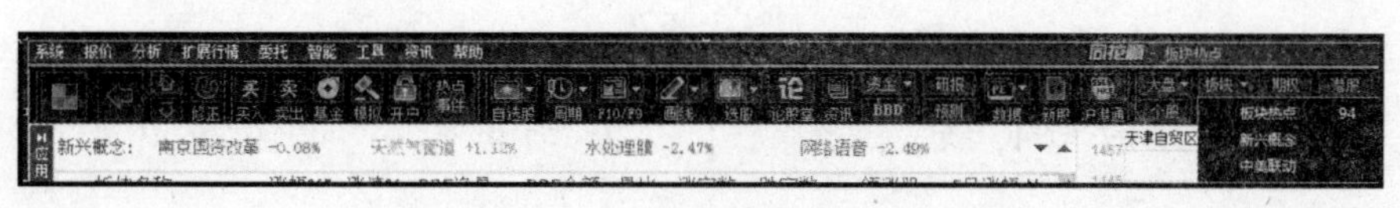

图 3-55

板块的分类有同花顺指数、行业指数、概念指数、地域指数（图 3-56）。

新兴概念：中俄自贸区 +1.38% 体外诊断 -1.41% 锌电池 +0.18% 江苏国资改革 +1.81%

板块名称	涨幅%	涨速%	DDE净量	DDE金额	量比	涨家数	跌家数	领涨股	5日涨幅
273 生物制品	-1.30%	+0.02	-1.31	-2.83亿	0.77	3	23	ST生化	+1.52%
274 葡萄酒	-1.30%	+0.03	-9.38	-1.15亿	1.72	2	2	莫高股份	-6.49%
275 通用航空	-1.33%	+0.12	-2.68	-1.83亿	0.83	0	13	华夏幸福	+1.61%
276 美丽中国	-1.38%	+0.03	-5.38	-7.51亿	0.97	6	24	平潭发展	+0.31%
277 智能穿戴	-1.40%	+0.05	-1.79	-6.90亿	0.83	4	36	九安医疗	+1.21%
278 脱硫脱硝	-1.40%	+0.04	-1.96	-2.46亿	0.76	4	16	开尔新材	-0.39%
279 智能家居	-1.42%	+0.12	-2.26	-2.78亿	0.94	3	21	达实智能	+2.39%
280 银行	-1.43%	+0.20	-0.99	-72.15亿	0.68	1	15	民生银行	+3.57%
281 无人机	-1.45%	-0.03	-2.77	-4.26亿	0.83	3	17	力合股份	-0.52%
282 移动支付	-1.45%	-0.00	-3.29	-4.13亿	0.84	2	20	中科金财	+0.48%
283 PM2.5	-1.46%	-0.04	-5.03	-4.45亿	0.73	5	23	南风股份	+0.79%
284 国防军工	-1.51%	+0.00	–	-16.45亿	0.66	4	24	中航动控	–
285 环保工程	-1.52%	+0.01	-0.54	+8875万	0.86	3	17	高能环境	+1.33%
286 人脑工程	-1.52%	-0.02	-3.66	-1.47亿	0.76	0	5	西藏药业	-0.38%
287 公路铁路运输	-1.79%	+0.05	-2.76	-10.69亿	0.97	1	19	赣粤高速	-0.20%
288 军工改制	-1.82%	+0.06	-2.55	-10.31亿	0.67	1	18	国睿科技	+0.04%
289 污水处理	-1.95%	-0.01	-5.80	-10.83亿	0.93	3	22	晨鸣纸业	-1.20%

同花顺指数 行业指数 概念指数 地域指数

图 3-56

也可以点击软件上方“分析”→“板块热点”，或者通过快捷键“94”查看板块热点（图 3-57）。

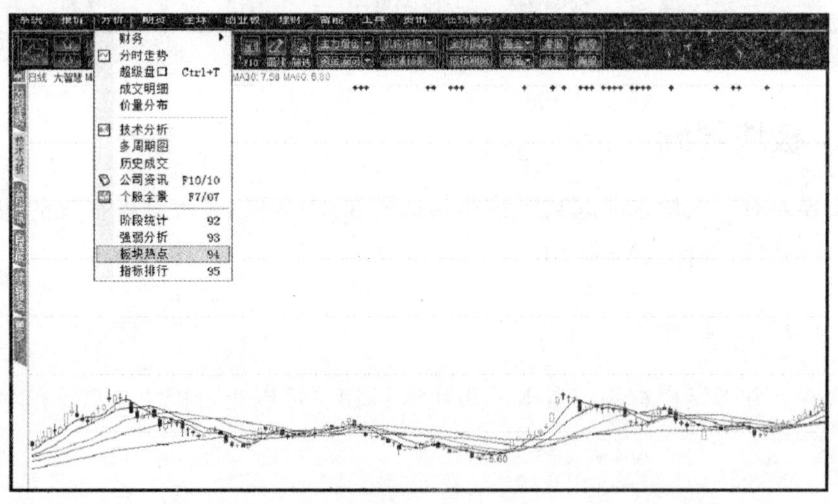

图 3-57

（二）板块分时与 K 线

投资者可以像查看个股分时图和 K 线图一样，查看某一板块整体的分时图和 K 线图，以此像研究个股一样分析板块走势。

选择板块后，在左侧分别选分时图和 K 线图（图 3-58、图 3-59）。

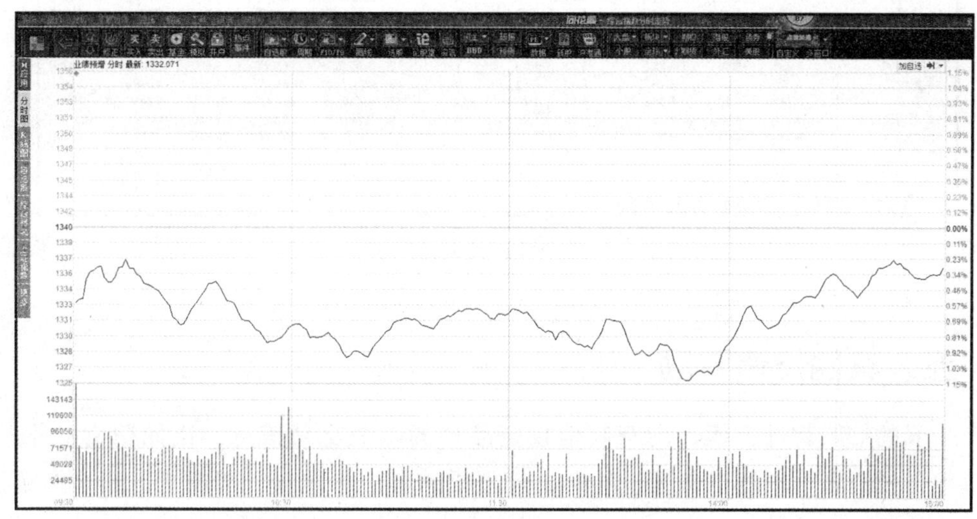

图 3-58

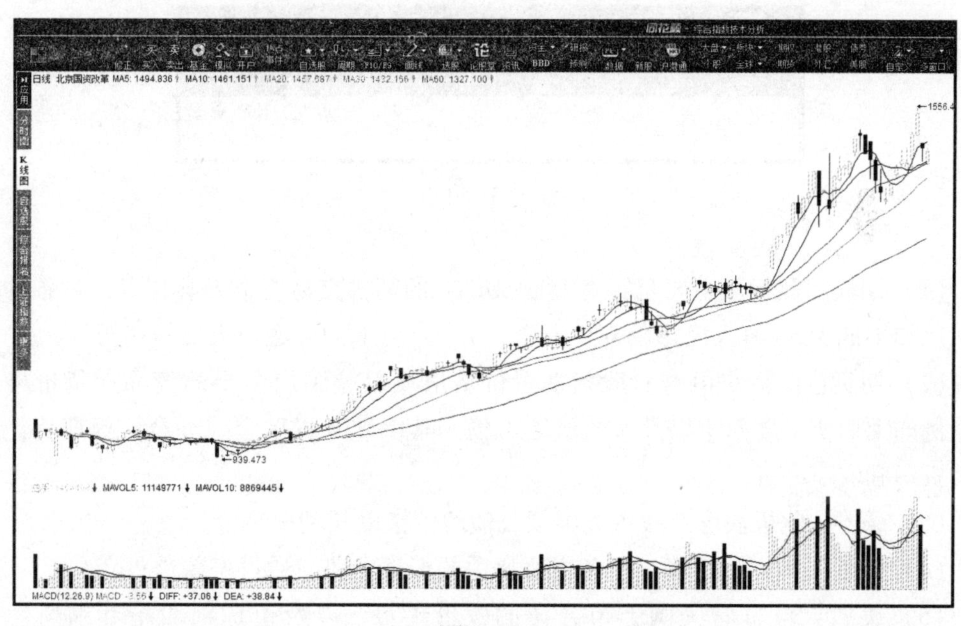

图 3-59

（三）板块新闻

软件主页下方有板块热点，对于板块分析能提供帮助（图 3-60）。

详	板块名称	涨幅%↓	涨速%	大单净额	净额占比%	量比	上涨家数	下跌家数	领涨股	成交量	金额-亿	总市值	流通市值
49	京津冀一体化	-0.17%	-0.07	-4294.12万	-0.60	1.18	19	19	荣盛发展	825.1万	71.09亿	4633亿	3707亿
50	白酒	-0.19%	-0.08	-3.12亿	-6.13	0.93	5	12	伊力特	217.7万	50.78亿	5241亿	4902亿
51	有色冶炼加工	-0.21%	+0.05	+5.47亿	+3.04	1.07	31	35	利源精制	1549万	179.6亿	10311亿	7633亿
52	沪港通概念	-0.22%	-0.01	-144.85亿	-4.23	1.33	227	307	保利地产	3.04亿	3425亿	254724亿	190119亿
53	葡萄酒	-0.23%	+0.00	-2053.73万	-6.73	1.24	1	2	中葡股份	31.54万	3.05亿	261.1亿	241.1亿
54	黑龙江	-0.25%	+0.07	-4.28亿	-9.83	0.93	9	19	中航资本	524.4万	43.51亿	2654亿	1780亿
55	云南	-0.27%	-0.03	-6.38亿	-8.96	1.47	13	13	云南城投	607.4万	71.21亿	2945亿	2517亿
56	酒店及餐饮	-0.27%	+0.56	-6652.33万	-8.68	1.02	1	6	西安饮食	99.76万	7.66亿	283.0亿	231.3亿
57	物流	-0.29%	-0.03	+4260.03万	+1.81	1.27	6	10	怡亚通	191.9万	23.60亿	1512亿	1135亿
58	陕西	-0.31%	+0.27	-1.33亿	-1.84	1.28	16	22	隆基股份	534.9万	72.28亿	4780亿	3104亿
59	国际板	-0.31%	+0.08	-1.73亿	-6.65	1.19	10	11	佛山照明	282.7万	26.03亿	2226亿	1642亿
60	金改	-0.33%	+0.03	-4.55亿	-2.46	1.47	25	51	浙江东日	1698万	184.9亿	8244亿	7192亿

指标平台 分时量 指标 大盘资讯 资金流向 主力增仓 短线涨跌 板块热点

图 3-60

五、其他投资界面

一般的炒股软件上面，均有其他投资品种的相关交易信息，比如期货、外汇、基金等，投资者可以适当参考。其中比较重要的有沪深 300 股指期货、黄金白银期货、外国股指走势等。

图 3-61

（1）期权：此板块主要是针对上证 50ETF 的期权交易。个人参与者开户条件较多，比如不低于 50 万人民币的开户资金、6 个月以上的金融熄火交易资历等。

（2）期货：此板块可查看股指期货价格信息以及国内主要的商品期货价格信息，例如上商所、郑商所以及大商所等市场，其中涉及贵重金属如金、银期货，或矿类资源和农产品等。

（3）债券：此板块可查找各类国债公债的价格以及利率走势。

（4）外汇：即国际市场上，各主要货币的汇率走势。通过率差进行套利。

（5）美股：可查看美国上市公司的股价走势，以及道琼斯股指和纳斯达克股指。

（6）港股：大陆的股民可以通过沪港通对部分香港上市公司进行投资。

（7）全球：此板块可查看除中国以外的世界其他各地重要股票市场信息。

第四章 从基本面分析股票

基本面分析又称基本分析，是以证券的内在价值为依据，着重于对影响证券价格及其走势的各项因素的分析，以此决定投资购买何种证券及何时购买。基本分析的假设前提是：证券的价格是由其内在价值决定的，价格受政治的、经济的、心理的等诸多因素的影响而频繁变动，很难与价值完全一致，但总是围绕价值上下波动。理性的投资者应根据证券价格与价值的关系进行投资决策。基本分析主要适用于周期相对比较长的证券价格预测、相对成熟的证券市场以及预测精确度要求不高的领域。

一般的基本面分析会从宏观经济面开始，然后再到公司所在行业分析，最后才是公司的分析。对于股票投资而言，宏观经济面的分析有个大概的了解就可以了，因为宏观经济是一个非常复杂的体系，经济学家也众说纷纭，意见不一，准确预测是很难的。而且炒股虽然与宏观经济有关，但毕竟你购买的是某个具体公司的股票，所以应该把主要精力放在对行业和公司的具体分析上。

第一节 宏观形势因素

一、宏观经济

从根本上看，股票市场的走势和变化由国家经济发展水平和经济景气状况所决定，股票市场价格波动在很大程度上反映宏观经济状况的变化。从国外证券市场历史走势可以发现，股票市场的变动趋势大体与经济周期相吻合。在经济繁荣时期，企业经营好、盈利多，其股票价格也上涨。经济不景气时，企业收入减少，利润下降，导致其股票价格不断下跌。但股票市场的走势与经济周期在时间上并不是完全一致的，通常股票市场的变化会在一定程度上超前，因此股市价格被称作是宏观经济的晴雨表。

（一）经济周期

经济周期的循环与股价之间存在着紧密的联系。一般情况下，股价总是随着经济周期的变化而波动。在经济复苏阶段，投资逐步回升，资本周转开始加速，利润逐渐增加，股价呈上升趋势。在繁荣阶段，生产继续增加，设备的扩充、更新加速，就业机会不断增多，工资持续上升并引起消费上涨；同时企业盈利不断上升，投资活动趋于活跃，股价大幅度上升。在危机阶段，由于需求减少，造成社会的生产过剩，企业规模缩小，产量下降，失业人数激增，企业盈利急剧下降，股价随之下跌；同时，由于危机到来，企业可能倒闭，投资者抛售股票，股价亦急跌。在萧条阶段，生产严重过剩并处于停滞状态，商品价格偏低且销售困难，而危机阶段中残存的资本流入股票市场，股价不再继续下跌并渐趋于稳定状态。

不难看出，股价不仅是伴随经济周期的循环波动而起伏，而且，其变动往往较早于经济循环变化。两者间相互依存的关系为：复苏阶段——股价回升；繁荣阶段——股价上升；危机阶段——股价下跌；萧条阶段——股价趋稳。

根据经济周期与行业之间关系，大概可分为三类：

1. 增长型行业

增长型行业的状态与经济活动总水平的周期及其振幅无关。行业收入增长率相对于经济周期的变动而言，并未同步，因为它们主要依靠技术进步、新产品及更优质的服务，从而呈现出增长形态。投资者对高增长的行业十分感兴趣，主要是因这些行业在经济周期性波动中，提供了一种财富“套期保值”的手段。然而，这种行业形态波动使得投资者难以把握精确的购买时机，因为他们的股票价格不会随着经济周期的变化而变化。

2. 周期型行业

周期型行业的运动状态直接与经济周期相关。当经济处于上升时期，这些行业会紧随其扩张；经济衰退时，这些行业就相应衰落。产生这种现象的原因是，当经济上升时，这些行业相关产品的需求增加。例如消费品业、耐用品制造业及其他需求的收入弹性较高的行业，就属于典型的周期性行业。

3. 防御型行业

还有部分行业被称为防御型行业。这些行业运动形态在于其产业的产品需求相对稳定，并不受经济周期影响。正是如此，对其投资便属于收入投资，而非资本利得投资。有时候，当经济衰退时，防御型行业或许会有实际增长。例如，食品业和公用事业属于防御型行业，因为需求的收入弹性较小，所以这些公司的收入相对稳定。

（二）通货膨胀

通货膨胀是影响股票市场价格的一个重要宏观经济因素。这一因素对股票市场趋势的影响比较复杂，它既有刺激股票市场的作用，同时也压抑股票市场。通货膨胀主要是由于过多的货币供应量造成的。货币供应量与股票价格一般呈正比关系，即货币供给量增大使股票价格上升；反之，货币供给量缩小则使股票价格下降。在特殊情况下有相反的趋势。

货币供给量对股票价格的正比关系，有四种表现：

（1）货币供给量增加，一是可以支持生产扶持物价，阻止利润下降；一是对股票的需求增加，又成为股价止跌回升的重要因素。

（2）货币供给量增加引起社会商品的价格上涨，公司的销售相应增加，使得以货币数量表现的股利（即股票的名义收益）有一定上升，使股票需求增加，从而使股票价格相应上涨。

（3）货币供给量的递增引起通货膨胀，通货膨胀常带来虚假的市场繁荣，企业利润上升的假象，保值意识使人们投资于贵重金属、不动产和短期证券，股票需求量也会增加，从而使股票价格上涨。

（4）商品的价格体现货币购买力，所以物价水平被视为通货膨胀或紧缩的重要指标。一般而言，价格上升时，公司的产品售出后，盈利相应增加，股价亦会上升。但这要视情况而定。如物价上升时，拥有较大库存的企业的生产成本是按原物价计算的，因而，导致盈利上升；对于依赖新购原材料的企业而言，则可能产生不利影响。此外，由于物价上涨，股票也有一定的保值作用，也由于物价上涨，货币供应量增加，银根松弛，也会使社会游资进入股票市场，增大需求，导致股价上升。

由上述可见，货币供给量的增减，是影响股价的重要原因之一，货币供给量增加，多余的社会购买力就会投资于股票上，从而抬高股价。反之，货币供给量减少，社会购买力降低，投资就会减少，失业率就会增加，因而股价也必定会受影响。这是问题的主要方面。但是，通货膨胀到一定程度，甚至超过了两位数，将会推动利率上涨，从而使股价下跌，这又是其对股价作用的另一方面。

（三）国际收支余额

国际收支顺差刺激本国经济增长，会促使股价上升；而出现巨额逆差时，会导致本国货币贬值，股票价格一般会下跌。现代经济日益一体化、国际化。因此，国际收支平衡也影响股价。一般情况下，国际收支处于逆差状况，对外赤字增加，进口大于出口，此时，政府为扭转这类状况，会控制进口，鼓励出口，并提高利率，实行紧缩政策，或降低汇率使本国货币贬值，从而造成股价看跌；反之，股价将看涨。

二、货币政策

货币政策是指中央银行为影响经济活动所采取的措施，尤指控制货币供给以及调控利率的各项措施。

从狭义上讲，指中央银行为实现其特定的经济目标而采用的各种控制和调节货币供应量或信用量的方针和措施的总称，包括信贷政策、利率政策和外汇政策。

从广义上看，指政府、中央银行和其他有关部门所有有关货币方面的规定和采取的影响金融变量的一切措施。

两者的不同主要在于后者的政策制定者包括政府及其他有关部门，他们往往影响金融体制中的外生变量，改变运行规则，如硬性限制信贷规模、信贷方向、开放和开发金融市场。前者则是中央银行在稳定的体制中利用贴现率、准备金率、公开市场业务达到改变利率和货币供给量的目标。

而在股市中，投资者更倾向于关注狭义的货币政策，即利率、汇率等的变动。

（一）利率

金融因素对股票市场及其价格产生影响的因素中最突出。在金融因素中，利率变动对股市行情的影响又最为直接。一般来说，利率下降时，股票价格就上涨；利率上升时，股票的价格就会下跌。因此，利率的高低以及利率同股票市场的关系，也成为股票投资者据以买进和卖出股票的重要依据。

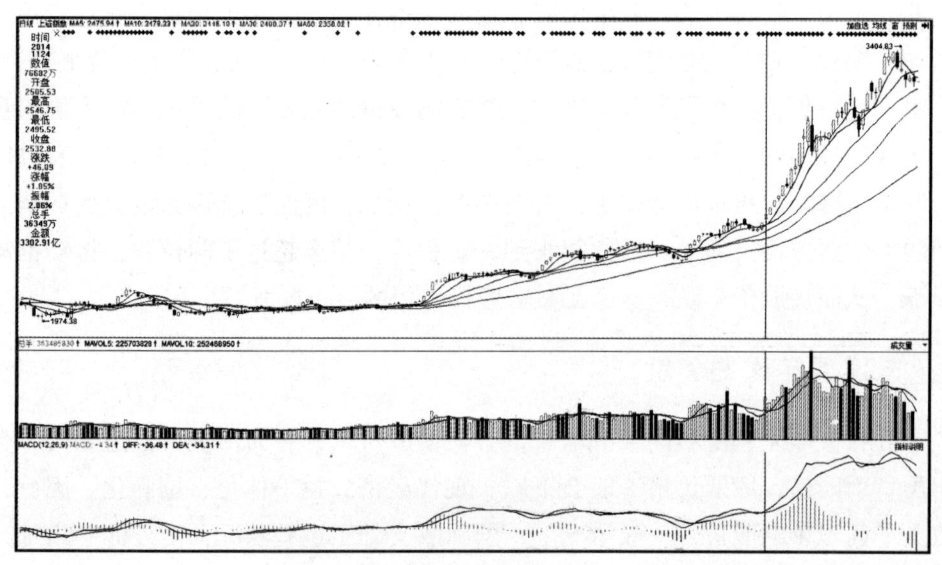

图 4-1

2014 年 11 月 22 日，中国央行距离上次调息已两年半，此次为刺激经济再次下调存款准备率。之后两个月的上证综指的走势上涨（图 4-1）。

利率对于股票的影响可以分成三种途径：

第一，利率变动造成的资产组合替代效应，利率变动通过影响存款收益率，投资者就会在股票和储蓄以及债券之间做出选择，实现资本的保值增值。

通过资产重新组合进而影响资金流向和流量，最终必然会影响到股票市场的资金供求和股票价格。利率上升，部分资金可能从股市转向储蓄和债券，从而减少市场上的资金供应量，减少股票需求，股票价格下降；反之，利率下降，股票市场资金供应增加，股票价格将上升。

第二，利率对上市公司经营的影响，进而影响公司未来的估值水平。

贷款利率提高会加重企业利息负担，减少企业的盈利，进而减少企业股票分红派息，受利率的提高和股票分红派息降低的双重影响，股票价格必然下降。相反，贷款利率下调将减轻企业利息负担，降低生产经营成本，提高企业盈利能力，使企业增加股票的分红派息。受利率的降低和股票分红派息增加的双重影响，股票价格大幅上升。

第三，利率变动对股票内在价值的影响。

股票资产的内在价值是由资产在未来时期中所产生的现金流决定的。股票的内在价值与一定风险下的贴现率呈反比关系，如果将银行间拆借、银行间债券与证券交易所的债券回购利率作为参考的贴现率，则贴现率的上扬必然导致股票内在价值的降低，使股票价格相应下降。股指的变化与市场的贴现率呈现反向变化，贴现率上升，股票的内在价值下降，股指将下降；反之，贴现率下降，股价指数上升。

以上的传导途径应是较长的时期才能体现，利率调整与股价变动之间通常有时滞效应，比如利率下调首先引起储蓄分流，增加股市的资金供给，只有更多的资金追逐同样多的股票，才能引起股价上涨，利率下调到股价上涨之间有一个过程。

在各国股市的历史中，利率降股市不涨反跌，利率涨股市也上涨的例子也存在。由此看来，不是利率与股市涨跌的关系就无法判别了吗？不。理论上，任何事物都不能仅仅停留在对其表面现象的认识上，必须透过现象分析事物的本质，这样才能看清事物的真相。研究利率与股市的关系，也不能只从表面上看利率的数字升降，关键是要找到引起利率升降的原因，再综合分析其对股市的影响，方能得出正确的答案，用于指导实际操作。

在经济持续上升的背景下，各行各业兴旺发达，产需两旺。兴办实业，各企业扩大生产规模，开发新产品，消费者扩大消费等方面都需大量的资金。在资金需求旺盛的情况下，资金的使用成本（利率）有时就会上升。从投资成本的角度讲，利率的提高会使投资股市的成本提高，理应从股市抽出资金存入银行或购买债券。但在经济持续上升的情况下，各企业盈利也快速增长，对股东的分红也会越来越多，对股市的利好作用有时会超过利率上升所带来的不利影响。在综合分析两者的利弊后，投资者不但不从股市抽资，反而加大对股市的投资，由此推动股市持续上涨。这是利率升股市不跌反涨的主要原因。

在经济紧缩的情况下，社会需求持续萎缩，企业产品积压，被迫削减生产计划，裁减员工，使人们收入减少，收入的减少促使社会需求进一步萎缩，由此形成恶性循环。企业拖欠到期的银行贷款本息不归还，造成银行呆坏账增加，企业不再增加投资，银行不敢大量放贷。在这种情况下，利率通常会逐步降低，但利率的降低不能改变经济衰退的大趋势。从理论上讲，利率降低后，投资者应从银行转投股市，但企业效益严重下滑，亏损公司增加，不能对股东提供较好的回报，甚至出现破产企业使投资者血本无归。在这种情况下，虽利率持续下降，但股市风险激增，投资者不仅不增加投资，反而大量抽资。这就是利率降股市也跟着跌的一个重要原因。

经济在经过若干年的持续发展后，有时伴随着经济危机而来的是严重的通货膨胀，企业效益同样会持续下滑。通常，利率会持续上升，而此时股市就会不断下跌。当通货膨胀发展到极限时，通常利率水平也达到最高点，随后经济形势逐渐好转，利率也逐步回落，而此时股市也渐渐回升。

通过以上的分析，我们知道，银行利率的升降与股市涨跌的关系是比较复杂的。在利率升降的背后有更复杂的经济政治方面的因素在起作用，我们必须通过利率升降的表面现象看到问题的本质。

（二）汇率

人民币汇率变化主要从两个方面影响股市：

1. 人民币汇率调整对上市公司业绩的影响

人民币汇率变动必将改变我国目前进出口状况，进而影响对进出口依存度高的上市公司的基本面及业绩。比如人民币升值造成企业出口产品在海外市场的价格上涨，对竞争优势造成一定影响，从而影响出口企业的销售与盈利。同时，人民币升值意味进口产品成本降低，原料依靠进口的上市公司也会因成本降低受益，如：石化板块、航空板块的上市公司，因为飞机、汽油等进口原料成本的降低，盈利上升，总体表现为利多。高科技产业也将受益人民币升值，这些行业的关键设备或配件常常依靠进口，随着人民币的升值，这些公司产品的生产成本会明显下降，公司盈利将上升。

2011 年 1 月 13 日，人民币对美元汇率突破 6. 60 时，从纺织板块的后几日的走势图，可以看出汇率对部分板块的影响力（图 4-2）。

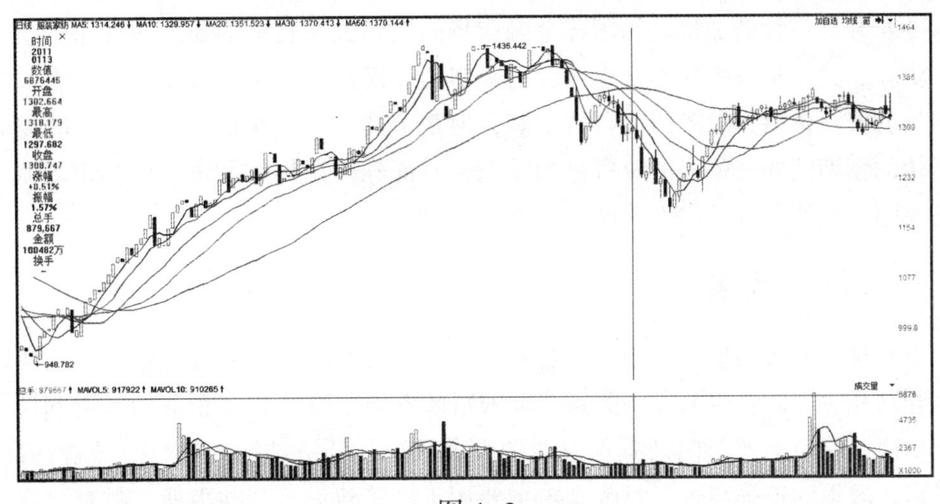

图 4-2

2. 对股市资金供求造成影响，增加市场波动

全球视野下，人民币升值可提高国内证券市场的估值水平，因此将吸引国际投机资本，以正规和非正规渠道进入中国证券市场进行套汇，人民币升值将提升以人民币计价的 A 股的国际估值，随着全球对中国经济的关注程度的提高，特别是在人民币升值的大背景下，已经有众多的国际资本对中国市场机会感兴趣。而 QFII 则打通了外资进入中国证券市场的一个重要通道，2014 年 12 月我国将 QFII 额度增至 663. 23亿美元，未来将会有更多的国际资本进入国内证券市场，并提升整个证券市场的国际化估值。

基于升值通缩效应以及国内宏观经济处于回落阶段，促使国内维持低利率水平的预期得到加强，各行业预期回报率下降将凸显 A 股市场的资金洼地效应。由于国内宏观经济已处于回落阶段且政府也担心通缩压力加大，因此，未来一段时间内，国内的利率仍将维持较低水平并且各行业回报率水平仍在下降，部分实业投资的暴利消失、部分大宗商品与黄金价格持续疲弱、房地产在调整期、货币市场收益率也持续下降。我们发现，在市场游动资金在房地产、大宗商品、债券及货币市场的游走过程中，从吸引力角度来看，随着其他投机机会的逐步消退，股票市场无疑越来越具备投机吸引力。

但是实质利好中也潜藏一定风险且会产生新的分化。汇率升值，会带来资本市场效应，使外来资金投到股市上，有利于市场资金的扩容，活跃 A 股市场，增强市场信心，从中长期的技术面上看，无疑是一个极大的实质性利好。同时，通过带动直接投资进入各行业，形成资本投入、购并和重组的热潮，成为促进 A 股上涨的另一条途径。尤其是升值的预期对上扬的股市起到进一步推波助澜的作用。同时，人民币升值可能成为影响股市的不稳定因素。我国证券市场正处于一个逐步开放过程中，随着开放步伐的加快，与国际金融市场的互动关系将更明显。人民币升值会对国际资本，尤其是投机资本产生巨大的吸引力，而国际资本的流入短期内会增加国内市场的资金供给，刺激市场行情上涨，但基于其“快进快出”的特点，只要人民币升值的预期减弱，就会造成资金的抽离，对证券市场构成冲击，增加市场剧烈波动的风险，也使监管部门面临巨大压力。

三、财政政策

财政是国家为实现其职能的需要对一部分社会产品进行的分配活动，它体现着国家与其相关方面发生的经济关系。国家财政资金主要来自于企业的经营利润。其大小取决于物质生产部门及其他事业的发展状况、经济结构的优化、效益的高低，以及财政政策的正确与否。财政支出主要用于经济建设、公共事业、教育、国防以及社会福利，国家合理的预算收支及措施，重点使用的方向，都能影响股价。

财政规模和财政方针对股市有着直接影响。假如财政规模扩大，国家采取积极的财政方针，股价就会上涨；相反，国家财政规模缩小，或者将要紧缩财政，则投资者会预测未来景气较差而减少投资，股价就会下跌。虽然股价反映的程度会依当时的股价水准而不尽相同，但投资者会根据财政规模的增减，作为辨认股价转变的根据之一。

财政投资的重点，对企业业绩的好坏也有较大影响。如果政府采取产业倾斜政策，重点向交通、能源、基础产业投资，则这类产业的股票价格就会受到影响。财政支出的增减，直接影响的是与财政有关的企业，比如电气通讯、房地产有关的产业。因此，投资者须了解财政实施的重点。股价发生变化的时点，通常在政府的预算原则和重点施政未发布前，或者在预算公布之后的初始阶段。

财政政策是除货币外政府调控宏观经济的另一种基本手段。它对股市的影响相对较大。下面从税收、国债两个方面进行论述。

（一）国债

国债是区别于银行信用的一种财政信用调节工具。其对股票市场也具有不可忽视的影响。首先，国债本身是构成证券市场上金融资产总量的重要部分。由于国债信用程度高、风险低，如果国债发行量较大，会使证券市场风险和收益的一般水平降低。其次，国债利率的升降，严重影响其他证券的发行和价格。当国债利率提高时，投资者就会把资金投入到安全收益高的国债上。因此，国债和股票是竞争性金融资产，当证券市场资金一定或增长有限时，过多的国债势必会影响股票的发行和交易，导致价格的下跌。

（二）税收

税收是政府为维持其存在、实行职能而凭借其政治权力，按照法律预先规定的标准，强制地、无偿地、固定地取得财政收入的一种手段，也是政府参与国民收入分配的一种方式。政府财政通过税收总量和结构的变化，可以调节证券投资和实业投资规模，抑制社会投资总需求膨胀或有效补偿投资需求的不足。

运用税收杠杆可对证券投资者进行调节。对其投资所得规定不同的税种和税率将直接影响税后实际收入，从而起支持或抑制的作用。一般来说，企业的证券投资所得税率应高于个人收益的税率，这样促使企业进行实际投资即生产性投资。税收对股票种类选择也有影响。不同的股票客户不同，纳税级别高的投资者愿持有更多收益率低的股票，而纳税级别低和免税的投资者则愿持更多收益率高的股票。

一般来讲，税征收得越多，企业用于发展生产和发放股利的盈余资金越少，投资者用于购买股票的资金也越少，因而高税率会对股票投资产生消极影响，投资积极性也会下降。

政府实施扩张性财政政策对股票市场的影响有以下几点：

1. 减少税收

降低税率、减少税收，可增加企业收入，提升上市公司利润，从而提升股票价格。在 2009 年 1 月增值税转型改革后，化工材料板块的走势图（图 4-3）。

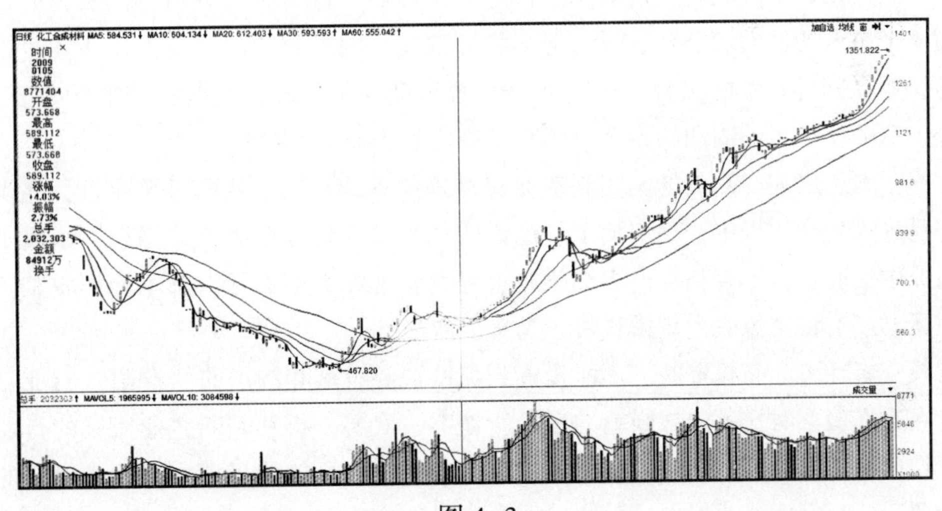

图 4-3

2. 增加财政赤字，扩大财政支出

（1）增加政府采购，会增加有关上市公司的利润，提升股票价格。

（2）居民收入增加，对市场的信心增强，提升股票价格。

（3）政府直接投资增加，例如投资能源、基础设施、住宅等，可以带动相关行业（水泥、钢材、机械、铁路）的发展，提升相关上市公司的业绩，提升股票价格。

3. 增加财政补贴

财政补贴是政府财政支出的一个重要形式，财政补贴会增加相关上市公司的利润，提升股票的价格。紧缩性财政政策对股票市场的影响与上述情况相反。财政政策对股票市场的影响非常复杂，投资人要结合其他方面的情况进行全面分析，从而作出投资决策。

第二节　行业因素

行业分析通常指的是对行业景气度的分析，一般而言，行业的景气度与行业内上市公司业绩成正相关，但也有特例的情况，好的公司有时候可以弥补不好的行业，总体上可以认为“三百六十行，行行出状元”是对的。从投资的角度看，我们没必要戴上有色眼镜看待不同的行业。

一、行业分析的价值

行业是由许多同类企业构成的群体。如果我们只进行企业分析，虽然我们可以知道某个企业的经营和财务状况，但不能知道其他同类企业的状况，无法通过比较知道企业在同行业中的位置。而这在充满着高度竞争的现代经济中是非常重要的。另外，行业所处生命周期的位置制约着或决定着企业的生存和发展。

汽车诞生以前，欧美的马车制造业曾经是何等的辉煌，然而时至今日，连汽车业都已进入生命周期中的稳定期了。这说明如果某个行业已处于衰退期，则属于这个行业中的企业，不管其资产多么雄厚、经营管理能力多么强，都不能摆脱其阴暗的前景。还有谁愿意去大规模投资于马车生产呢？

投资者在考虑新投资时，不能投资到那些快要没落和淘汰的“夕阳”行业。投资者在选择股票时，不能被眼前的景象所迷惑，而要分析和判断企业所属的行业是处于初创期、成长期，还是稳定期或是衰退期，绝对不能购买那些属于衰退期的行业股票。

行业特征是直接决定公司投资价值的重要因素之一。行业分析是上市公司分析的前提，是连接宏观经济分析和上市公司分析的桥梁。

行业分析旨在界定行业本身所处的发展阶段及其在国民经济中的地位，同时对不同的行业进行横向比较，为最终确定投资对象提供准确的行业背景。

行业分析的目的是挖掘最具投资潜力的行业，进而选出最具投资价值的上市公司。

由此可见，只有进行行业分析，我们才能更加明确地知道某个行业的发展状况，以及它所处的行业生命周期的位置，并据此作出正确的投资决策。

二、产业政策

产业政策（Industrial Policy）是政府为了实现一定的经济和社会目标而对产业发展进行干预的各种政策的总和。

其一将之理解为是各种指向产业的特定政策，即政府有关产业的一切政策的总和。

其二将其理解为是弥补市场缺陷的政策，即当市场调节发生障碍时，由政府采取的一系列补救的政策。产业政策是政府为改变产业间的资源分配和各种产业中企业的某种经营活动而采取的政策。

其三是将之理解为产业赶超政策，即工业后发国家为赶超工业先进国家而采取的政策总和。如中国有些学者定义为“产业政策就是当一国产业处于比其他国家产业落后状态，或者可能落后于其他国家时，为加强本国产业所采取的各种政策”。

例如向日葵（300111）在2013的全年走势，2012至2013年国家连续发布关于光伏产业政策共计23条，促使部分光伏产业公司扭亏为盈（图4-4）。

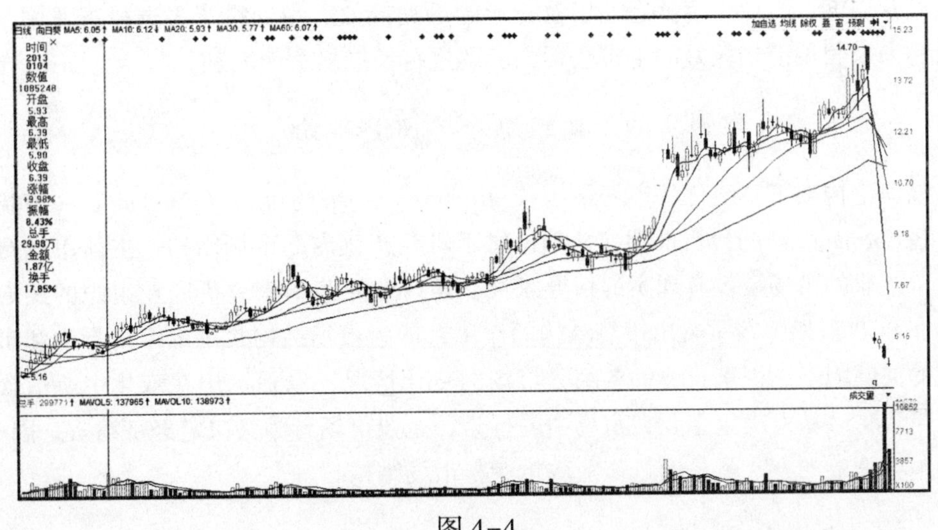

图4-4

三、行业分类

（一）发展前景

（1）朝阳产业——未来发展前景看好的产业。
（2）夕阳产业——未来发展前景不乐观的产业。

（二）技术的先进程度

（1）新兴产业——采用新兴技术进行生产，产品技术含量高的产业。
（2）传统产业——采用传统技术进行生产，产品技术含量低的产业。

（三）要素集约度

（1）资本密集型——需要大量的资本投入的产业，比如钢铁房地产。
（2）技术密集型——技术含量较高，比如飞机制造。
（3）劳动密集型——主要依赖劳动力，比如纺织。
（4）知识密集型——依靠创意设计等智慧投入，比如创意产业。
（5）资源密集型——依赖资源消耗，比如煤炭木材。

四、行业结构分析

此类分析是寻找行业中影响企业盈利的主要因素，从而分析企业的经营战略是否适合符合市场变动规律，为未来企业盈利打下基础。通过分析，投资者能了解行业的经营周期，行业生存状态，以及行业的平均绩效。帮助投资者选择行业中盈利绩效和未来发展前景较好的上市公司的股票进行长期投资而获利。

（一）哈佛大学创立的产业组织分析 SCP 理论

该理论构架了系统化的市场结构（Structure）—市场行为（Conduct）—市场绩效（Performance）的分析框架，该理论对于研究产业内部市场结构，主体市场行为及整个产业的市场绩效有现实的指导意义，是产业经济学中分析产业组织的经典理论。在 SCP 框架中着重突出市场结构的作用，认为市场结构是决定市场行为和市场绩效的关键因素，识别行业的各细分市场的变化情况，以揭示出在变化中所蕴含的机会与威胁。从而决定企业在市场中的行为，企业市场行为又决定经济绩效。因此，改善市场绩效的方式就是通过产业政策调整市场结构。

（二）波特五力模型

由美国战略管理学者迈克尔·波特（Michael E. Porter）创立，波特的模型将大量不同的因素汇集在一个简便的模型中，以此分析一个行业的基本竞争态势。其对一个产业盈利能力和吸引力的静态断面扫描，说明的是该产业中的企业平均具有的盈利空间，所以这是一个产业形势的衡量指标，而非企业能力的衡量指标。通常，这种分析法也可用于创业能力分析，以揭示本企业在本产业或行业中具有何种盈利空间。

模型包含五种基本要素，即潜在的加入者、替代品、购买者、供应者以及行业中现有竞争者间的抗衡，如图 4-5。

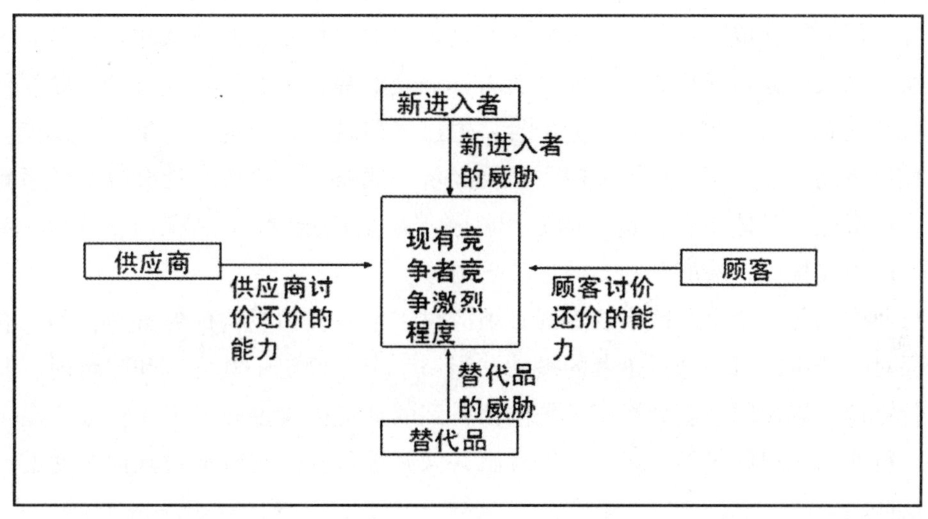

图 4-5

1. **供应商的议价能力**

供方主要通过提高投入要素价格与降低单位价值质量的能力，来影响行业中现有企业的盈利能力与产品竞争力。供方力量的强弱主要取决于他们所提供给买主的是什么投入要素，当供方所提供的投入要素其价值构成了买主产品总成本的较大比例、对买主产品生产过程非常重要或者严重影响买主产品的质量时，供方对于买主的潜在讨价还价力量就大大增强。

2. **购买者的议价能力**

购买者主要通过其压价与要求提供较高的产品或服务质量的能力，来影响行业中现有企业的盈利能力。

3. **替代品的威胁**

两个处于同行业或不同行业中的企业，可能会由于所生产的产品是互为替代品，从而在它们之间产生相互竞争行为，这种源自于替代品的竞争会以各种形式影响行业中现有企业的竞争。

4. **同业竞争者的竞争程度**

大部分行业中的企业，相互之间的利益都是紧密联系在一起的，作为企业整体战略一部分的各企业竞争战略，其目标都在于使得自己的企业获得相对于竞争对手的优势，所以，在实施中就必然会产生冲突与对抗现象，这些冲突与对抗就构成了现有企业之间的竞争。现有企业之间的竞争常常表现在价格、广告、产品介绍、售后服务等方面，其竞争强度与许多因素有关。

一般来说，出现下述情况将意味着行业中现有企业之间竞争的加剧，这就是：行业进入障碍较低，势均力敌竞争对手较多，竞争参与者范围广泛；市场趋于成熟，产品需求增长缓慢；竞争者企图采用降价等手段促销；竞争者提供几乎相同的产品或服务，用户转换成本很低；一个战略行动如果取得成功，其收入相当可观；行业外部实力强大的公司在接收了行业中实力薄弱企业后，发起进攻性行动，结果使得刚被接收的企业成为市场的主要竞争者；退出障碍较高，即退出竞争要比继续参与竞争代价更高。在这里，退出障碍主要受经济、战略、感情以及社会政治关系等方面考虑的影响，具体包括：资产的专用性、退出的固定费用、战略上的相互牵制、情绪上的难以接受、政府和社会的各种限制等。

行业中的每一个企业或多或少都必须应付以上各种力量构成的威胁，而且企业必须面对行业中的每一个竞争者的举动。当一个企业确定了其优势和劣势时，其必须进行定位，以便因势利导，而不是被预料到的环境因素变化所损害，如产品生命周期、行业增长速度等等，然后保护自己并做好准备，以有效地对其他企业的举动做出反应。

投资者可以根据波特模型对企业五种竞争力量的讨论，分析目标企业的市场地位与竞争实力。当目标企业面临来自五种力量的压力时，比如行业进入强大的新竞争者、企业产品遭遇新的替代产品威胁等，则企业可能面临惨烈竞争，市场份额下降，利润下降甚至亏损，对此投资者需要慎重选择。

第三节　公司运作因素

一、财务业绩

在股票市场中，股票发行企业的经营状况是决定其股价的长期的、重要的因素。而上市公司的经营状况，则通过财务报表反映出来。因此，分析和研究财务统计报表，也就是通常所说的基本分析的部分，就尤为重要。投资者在研究如何衡量股价以前，应先了解公司财务报表。不论从事投资或进行投机、不论是长线或短线交易，至少应清楚资产负债表及损益表上面各项数字所代表的含义，如果能进一步进行简单的财务比率分析，那就更能了解发行公司的营运情况、财务情况及盈利情况。

从传统投资学的定义看，股价即为发行公司“实质”的反映，即发行公司的实质，就是它的营运情况、财务情况及盈利情况，最直接最方便的办法，便是从其财务分析着手。了解公司的财务状况和经营成效及其股票价格涨落的影响，是投资者决策的重要依据。进而了解财务报告中各项的变动对股票价格的有利和不利影响，最终作出投资某一股票是否有利和安全的准确判断。因此，一般认为，财务分析是基本分析的一项重要组成部分。

（一）资产负债表分析

资产负债表是公司最主要的综合财务报表之一。它是一张平衡表，分为“资产”和“负债+股东权益”两部分。资产负债表的“资产”部分，反映企业的各类财产、物资、债权和权利，一般按变现先后顺序表示。负债部分包括负债和股东权益（Stockholder's Equity）两项。其中，负债表示公司所应支付的所有债务；股东权益表示公司的净值（Net Worth），即在偿清各种债务之后，公司股东所拥有的资产价值。三者的关系用公式表示是：

资产=负债+股东权益

资产负债表的主要项目解释如下：

1. 资产

资产指企业拥有或控制的能以货币计量的经济资源，包括各种财产、债权和其他权利。资产按其流动性（即资产的变现能力和支付能力）划分为：流动资产、长期资产、固定资产、无形资产、递延资产和其他资产等。

流动资产（Current Assets）是指企业可以在一年或者超过一年的一个营业周期内变现或者运用的资产，是企业资产中必不可少的组成部分。各种形态的资金与生产流通紧密结合，周转速度快，变现能力强。加强对流动资产业务的审计，有利于确定流动资产业务的合法性、合规性，有利于检查流动资产业务账务处理的正确性，揭露其存在的弊端，提高流动资产的使用效益。

长期资产是企业拥有的变现周期在一年以上或者一个营业周期以上的资产，又叫非流动资产。长期资产的成本包括为将该资产购置到位并达到可以使用状态的所有合理、必需的开支。因此，长期资产的成本可能包括很多附加成本。比如说，这些附加成本包括除购买价格以外的销售税、运输费和安装调试费等。

固定资产是指企业为生产产品、提供劳务、出租或者经营管理而持有的、使用时间超过12个月的，价值达到一定标准的非货币性资产，包括房屋、建筑物、机器、机械、运输工具以及其他与生产经营活动有关的设备、器具、工具等。固定资产是企业的劳动手段，也是企业赖以生产经营的主要资产。

无形资产（Intangible Assets）是指企业拥有或者控制的没有实物形态的可辨认的非货币性资产。无形资产具有广义和狭义之分，广义的无形资产包括货币资金、应收账款、金融资产、长期股权投资、专利权、商标权等，因为它们没有物质实体，而是表现为某种法定权利或技术。但是，会计上通常将无形资产作狭义的理解，即将专利权、商标权等称为无形资产。

递延资产，是指本身没有交换价值，不可转让，一经发生就已消耗，但能为企业创造未来收益，并能从未来收益的会计期间抵补的各项支出。递延资产又指不能全部计入当年损益，应在以后年度内较长时期摊销的除固定资产和无形资产以外的其他费用支出，包括开办费、租入固定资产改良支出，以及摊销期在一年以上的长期待摊费用等。

2. 负债

负债的两个主要成分是流动负债与长期债务。流动负债是指一年以内到期的债务，主要包括应付账款、应付票据、应付费用和应付税款。应付账款表示公司由于赊购而欠其他公司的款项。应付票据表示公司欠银行或其他贷款者的债务。它通常是由公司的短期或季节性资金短缺而引起的。应付费用包括员工的工资和薪水、到期的利息和其他类似的费用，它表示公司在编制资产负债表时所应付费用的情况。应付税款表示公司应缴纳税款的金额，它与公司的所得税法有密切的联系。长期债务指一年以上到期的债务，它包括应付债务、抵押借款等项目。一般而言，公司通常借入短期资金来融通短期资产，如存货和应收账款等。当存货售出或应收账款收回时，短期负债就被偿清。长期债务通常用来融通长期或固定资产，如厂房、设备等。短期负债利率通常比长期的要低，原因之一是短期贷款所涉及的风险较小。因此，当长期利率水平相对较高，并预计不久将会下降时，企业可能会先借入短期资金周转，等利率下降后再借入所需的长期资金，以便降低筹资的费用。

3. 股东权益

它表示除去所有债务后公司的净值，它反映了全体股东所拥有的资产净值的情况。股东权益分缴入资本（Contributed Capital）和留存收益（Retained Earnings）两部分。缴入资本包括以面值计算的股本项目（Capital In Excess Of Par）。留存收益表示公司利润中没有作为股息支付而重新投资于公司的那部分收益，它反映了股东对公司资源权益的增加。留存收益通常并非以现金的形式存在，虽然留存收益可能包括部分现金，但其大部分都被投资于存货、厂房、机器设备之中，或用于偿还债务。留存收益增加了公司的收益资产，但其本身却不能再作为股息来分配。

（二）损益表分析

损益表，也是公司最主要的综合财务报表之一，是反映一个公司在一个财政年度里的盈利或亏损状况的表格。这种盈利或亏损是通过营业收入与营业费用的对比来体现的。损益表反映了两个资产负债表编制日之间公司财务盈利或亏损的变动情况。损益表主要由 3 个部分组成：第一部分是营业收入或销售额；第二部分是与营业收入有关的生产性费用和其他费用；第三部分是利润和利润在股息与留存收益之间的分配。其利润等于营业收入减去营业费用。

1. 营业收入

营业收入是指企业通过销售产品或对外提供劳务而获得的新的资产，其形式通常为现金或应收账款等项目。对一般公司来说，销售收入是公司最重要的营业收入来源。一般而言，公司的营业收入通常与它的营业活动有关，但也有一些公司营业收入的某些部分与其自身的业务并无关系。因此区分营业收入和其他来源的收有重要意义。

2. 营业费用

营业费用是指企业为获得营业收入而使用各种财物或服务所发生的耗费。销货成本是一般公司最大的一笔费用，它包括原材料耗费、工资和一般费用。一般费用包括水电杂费、物料费和其他非直接加工费。与销货成本不同的销售和管理费用包括广告费、行政管理费、职员薪水、销售费和一般办公费用。利息费是指用以偿付债务的费用。上述费用都会导致公司现金开支的增加。折旧费的摊提费是非现金开支。折旧费的增加表示公司固定资产价值的下降，摊提费的增加则表示公司拥有的资产或资源价值的减少。

计算折旧费的方法通常有 4 种：直线折旧法（Straight line Method）；折旧年限积数法（Sum-of-the-years-Digits）；余额递减法（Declining Balance）；成本加速补偿法（Accelerated Cost Recovery System）。直线折旧法是一种使用最广泛也是最保守的折旧方法。这种折旧法在资产的有效使用年限里每年提取等量的折旧费。折旧年限积数法和余额递减法属于加速折旧的方法。加速折旧法在资产有效使用年限初期提取的折旧费较多，以后逐年减少，具有加速资产折旧，推迟初期税款缴纳的作用。直线折旧法与加速折旧法两者应缴纳的总税额相同，但缴纳的时间先后不同。成本加速补偿法的主要特点是，它放弃了有效使用期限的原始划分，人为地把各种资产进行分类，并规定各类资产的成本补偿期限。这种期限通常比资产的实际有效使用期限短。它可以折旧全部资产价值，不再计算残值（Salvage Value），它规定了种类资产不同年份的折旧率。

3. 利润

税前利润由通常的营业收入与营业费用之差来决定。从税前净利润中减去税款，再给非常项目调整后，剩余的利润就是税后净利润。税后净利润又分为支付给股东的股息和公司的留存收益两项。公司若亏损，公司的留存收益就将减少，公司多半会因此而停止派发现金股息。若公司盈利，这些收益将首先用于支付优先股的股息，之后再由普通股取息分红。若公司收益不足以支付优先股时，则有两种情况出现：

若优先股是累积优先股，则本年度的所有股息转入到期未付的债务项下，待有收益时再优先偿付。

若优先股是非累积优先股，则优先股与普通股一样不能得到股息。每股收益等于普通股的收益除以已发售普通股的股数。每股收益的水平和增长情况是反映公司增长情况的最重要指标之一。

（三）现金流量表分析

现金流量表亦称资金来源和运用表。它是反映两张资产负债表编制日之间公司财务状况变动情况的表格。现金流量表是公司每年向其股东或证券管理委员会呈交的三种主要财务报表之一。

现金流量表的主要作用是向企业的股东、管理部门、投资者以及其他的报表使用者提供报告期内公司财务状况变动的全貌。现金流量表说明了企业资金的各种来源和运用情况，反映了资产负债表初期与末期各项目的增减情况及原因，体现了公司的经营和投资方针。同时，它还解答了一系列重大的财务问题。如购入新资产的资金来源是依靠企业积累，还是靠负债；营业所需的资金与负债资金的比例是否适当等。

现金流量表是沟通损益表和资产负债表这两种主要财务报表的桥梁。现金流量表是说明企业财务动态的财务报表，它是依据损益表和资产负债表及其有关注释中可得到的财务数据，经过分析加工之后编制而成的。现金流量表所提供的资料是经过提炼之后才有的，弥补了损益表和资产负债表的不足，使净收益和其他收益或损失同资产、负债和其他权益的变化相互结合起来。

现金流量表通过反映企业资金来源的运用的具体情况，可以体现出企业的经营方针和策略，发现公司是在扩展经营还是在缩减经营。现金流量表不能反映出公司对营业收入、股本或负债依赖性的强烈程度，也不能反映出公司的财务政策与过去年份或与同行业的其他公司相比的异同等情况。

（四）差额分析

差额分析是股票投资者进行财力分析的具体方法之一，也叫绝对分析法，即以数字之间的差额大小予以分析。它通过分析财务报表中有关科目绝对数值的大小差额，据以判断股票发行公司的财务状况和经营成果。

在财务分析中，主要是分析下列数值的大小：

净值=账面价值=股东权益=资本总资产-总负债

营运资产=流动资产-流动负债=（长期负债+资本）-固定资产

速动资产=流动资产-（存货+预付费用）=现金+银行存款+应收账款+应收票据+有价证券

发放股利=（本年收益+累积盈余）-（保留盈利+已拨用的保留盈余）

普通股股利=发放股利-优先股股利

销售毛利=销售收入-销售成本

营业纯利=销售毛利-营业费用=销售收入-（销售成本+营业费用）

税前盈利=营业纯利+营业外收入-营业外支出

税后盈利=税前盈利-所得税=本年净收益

通过对上述数值的差额分析，投资者便可以获得对一个公司财务状况和经营效果的初步认识。例如，营运资金又叫运转资金，乃是一个公司日常循环的资金，表示公司在短期内可运用的流动性的净额，即一年内可变现的流动资金减去一年内将到期的流动负债的差额。营运资金的多少，不仅关系到公司的经营活动能否正常运行，而且关系到公司的短期偿还能力。所得的数字大于流动负债，可初步了解到该公司的短期清算能力是有保证的。

然而，差额分析法有很大的局限性，它无法解释求出的数值大或小至什么程度，也无法说明数值以多大或多小为宜。而许多数值如营运资金和流动资产等，并不是越大越好，所以，不能仅仅满足于差额分析法，而要结合其他分析方法，才能达到财务分析的目的。

（五）比率分析

比率分析法，是以同一期财务报表上的若干重要项目间相关数据，互相比较，用一个数据除以另一个数据求出比率，据以分析和评估公司经营活动以及公司目前和历史状况的一种方法。它是财务分析最基本的工具。

由于公司的经营活动是错综复杂而又相互联系的。因而比率分析所用的比率种类很多，关键是选择有意义的，互相关系的项目数值来进行比较。同时，进行财务分析的除了股票投资者以外，还有其他债权人、公司管理当局、政府管理当局等，由于他们进行财务分析的目的、用途不尽相同，因而着眼点也不同。作为股票投资者，主要是掌握和运用以下两种比率来进行财务分析：

1. 反映公司获利能力的比率

主要有资产报酬率、资本报酬率、股价报酬率、股东权益报酬率、股利报酬率、每股账面价值、每股盈利、价格盈利比率。普通股的利润率、价格收益率、股利分配率、销售利润率、销售毛利、营业纯利润率、营业比率、税前利润与销售收入比率等等。

2. 反映公司偿还能力的比率

（1）反映公司短期偿债能力的比率。有流动性比率、速动比率、流动资产构成比率等。

（2）反映公司长期偿债能力的比率。有股东权益对负债比率、负债比率、举债经营比率、产权比率、固定比率、固定资产与长期负债比率、利息保障倍数等。

（3）反映公司扩展经营能力的比率。主要透过再投资率来反映公司内部扩展经营的能力，通过举债经营比率、固定资产对长期负债比率来反映其扩展经营的能力。

（4）反映公司经营效率的比率，主要有应收账款周转率、存款周转率、固定资产周转率、资本周转率、总资产周转率等。

在财务分析中，比率分析用途最广，但也有局限性，突出表现在：比率分析属于静态分析，对于预测未来并非绝对合理可靠。比率分析所使用的数据为账面价值，难以反映物价水准的影响。可见，在运用比率分析时，一是要注意将各种比率有机联系起来进行全面分析，不可单独地看某种或各种比率，否则便难以准确地判断公司的整体情况；二是要注意审查公司的性质和实际情况，而不光是着眼于财务报表；三是要注意结合差额分析，这样才能对公司的历史、现状和将来有一个详尽的分析、了解，达到财务分析的目的。

（六）财报速读

阅读和分析财务报表虽然是了解上市公司业绩和前景最可靠的手段，但对于一般投资者来说，又是一件非常枯燥繁杂的工作。比较实用的分析法，是查阅和比较下列几项指标。

1. 查看主要财务数据

（1）主营业务同比指标。主营业务是公司的支柱，是一项重要指标。上升幅度超过20%的，表明成长性良好；下降幅度超过20%的，说明主营业务滑坡。

（2）净利润同比指标。这项指标也是重点查看对象。此项指标超过20%，一般是成长性好的公司，可作为重点观察对象。

（3）查看合并利润及利润分配表。凡是净利润与主营利润同步增长的，可视为好公司。如果净利润同比增长20%，而主营业务收入出现滑坡，说明利润增长主要依靠主营业务以外的收入，应查明收入来源，确认其是否形成了新的利润增长点，以判断公司未来的发展前景。

（4）主营业务利润率。主营业务利润率=（主营业务利润÷主营业务收入）×100%，它主要反映公司在该主营业务领域的获利能力，必要时可用这项指标作同行业中不同公司间获利能力的比较。

以上指标可以在同行业、同类型企业间进行对比，选择实力更强的作为投资对象。

2. 查看“重大事件说明”和“业务回顾”

这些栏目中经常有一些信息，预示公司在建项目及其利润估算的利润增长潜力，值得分析验证。

3. **查看股东分布情况**

从公司公布的十大股东所持股份数，可以粗略判断股票有没有大户操作。如果股东中有不少个人大户，这只股票的炒作气氛将会较浓。

4. **查看投资收益和营业外收入**

一般来说，投资利润来源单一的公司比较可信，多元化经营未必产生多元化的利润。

二、竞争能力

分析公司在本行业中的竞争地位是公司基本素质分析的首要内容。市场经济的规律就是优胜劣汰，在本行业中无竞争优势的企业，注定要随着时间的推移逐渐萎缩及至消亡。只有确立了竞争优势，并且不断地通过技术更新和提高管理来保持这种竞争优势的企业才有长期存在并发展壮大的机会，也只有这样的企业才有长期投资价值。

（一）技术优势

企业的技术优势是指企业拥有的比同行业其他竞争对手更强的技术实力及其研究与开发新产品的能力。这种能力主要体现在生产的技术水平和产品的技术含量上。在现代经济中，企业新产品的研究与开发能力是决定企业竞争成败的关键。因此，任何企业一般都确定了占销售额一定比例的研究开发费用，这一比例的高低往往能决定企业的新产品开发能力。产品的创新包括研制出新的核心技术，开发出新一代产品；研究出新的工艺，降低现有的生产成本；根据细分市场进行产品细分。

技术创新不仅包括产品技术，还包括创新人才，因为技术资源本身就包括人才资源。现在大多数上市公司越来越重视人才的引进。在激烈的市场竞争中，谁先抢占智力资本的制高点，谁就具有决胜的把握。技术创新的主体是高智能、高创造力的高级创新人才，实施创新人才战略，是上市公司竞争制胜的务本之举，具有技术优势的上市公司往往具有更大的发展潜力。

（二）市场占有率

分析公司产品的市场占有率，在衡量公司产品竞争力问题上占有重要地位，通常从两个方面进行考察。其一，公司产品销售市场的地域分布情况。从这一角度可将公司的销售市场划分为地区型、全国型和世界范围型。销售市场地域的范围能大致地估计一个公司的经营能力和实力。其二，公司产品在同类产品市场上的占有率。市场占有率是对公司的实力和经营能力的较精确的估计。市场占有率是指一个公司的产品销售量占该类产品整个市场销售总量的比例。市场占有率越高，表示公司的经营能力和竞争力越强，公司的销售和利润水平越好、越稳定。

公司的市场占有率是利润之源。效益好并能长期存在的公司市场占有率必然是长期稳定并呈增长趋势的。不断地开拓进取，挖掘现有市场潜力，不断进军新的市场，是扩大市场占有份额和提高市场占有率的主要手段。

（三）品牌战略

品牌是一个商品名称和商标的总称，它可以用来辨别一家公司的货物或劳务，以便同竞争者的产品相区别。一个品牌不仅是一种产品的标识，而且是产品质量、性能、满足消费者效用的可靠程度的综合体现。品牌竞争是产品竞争的深化和延伸。当产业发展进入成熟阶段，产业竞争充分展开时，品牌就成为产品及企业竞争力的一个越来越重要的因素。

品牌具有产品所不具有的开拓市场的多种功能：一是品牌具有创造市场的功能；二是品牌具有联合市场的功能；三是品牌具有巩固市场的功能。以品牌为开路先锋，为作战利器，不断攻破市场壁垒，从而实现迅猛发展的目标，是国内外很多知名大企业行之有效的措施。效益好的上市公司，大多都有自己的品牌战略。品牌战略不仅能提升产品的竞争力，而且能够利用品牌进行收购兼并。

（四）上下游产业链

上游产业指处在整个产业链的开始端，包括重要资源和原材料的采掘、供应业以及零部件制造和生产的行业。下游产业指处在整个产业链的末端，加工原材料和零部件，制造成品和从事生产，服务的行业。

根据微笑曲线理论，上游往往是利润相对丰厚、竞争缓和的行业，原因是上游往往掌握着某种资源，比如矿产，或掌握核心技术，有较高的进入壁垒的行业。

但是，并不是所有产业链都存在微笑曲线，上游也会出现供给过多、竞争加剧的情况，而且比较受制于下游需求的变化，无法主动去开拓新的需求或市场，通常都有明显的周期性。

所以，不论上市企业处于产业链的上游或下游，其都有不可回避的产业短板。而投资者在对上市公司进行基本面分析时，可以发掘其子公司或母公司的主营业务。之后根据上市公司处于产业链的具体位置，集合当地的政府政策、实时新闻等信息对目标公司进行产业链优劣势评估，进而决定是否采取投资决策。

第五章　技术分析基础

第一节　K 线图基础

一、K 线讲义

（一）含义

K 线图是记录分析股价最常用的一种技术图表，因其图形形似蜡烛，又被人们称为蜡烛图，源于日本德川幕府时代，被当时日本米市的商人用来记录米市的行情与价格波动。通过 K 线图，能够把每日、每周、每月或某一周期的行情完全记录下来，股价经过一段时间的运行后，在 K 线走势图上形成一种特殊形态，不同的形态显示出不同意义，可以用来指导我们的买卖交易。

（二）优缺点

K 线图分析的最大优点是可以全面透彻地观察到市场的真正变化。我们从 K 线图中，既可看到股价（或大盘）的趋势，同时也可以了解到每日行情的波动情形。

K 线图分析的缺点是绘制方法十分繁复，是众多走势图中最难制作的一种。再者，K 线图的阴阳线变化繁多，对初学者来说，在掌握分析方面会有相当的困难。

二、单根 K 线解析

（一）阳线与阴线

大盘或者某只股票在一天的交易时段内，会连续达成许多不同的成交价格，在这些成交价格中，有四个是特别重要的，分别是开盘价、收盘价、最高价和最低价。

日 K 线是根据股价（指数）一天的走势中形成的四个价位即开盘价、收盘价、最高价、最低价绘制而成的（图 5-1）。

阳线是指收盘价高于开盘价的 K 线。K 线图中用红线标注表示涨势。K 线最上方的一条细线称为上影线，中间的一条粗线为实体。下面的一条细线为下影线。当收盘价高于开盘价，也就是股价走势呈上升趋势时，我们称这种情况下的 K 线为阳线，中部的实体以空白或红色表示。这时，上影线的长度表示最高价和收盘价之间的价差，实体的长短代表收盘价与开盘价之间的价差，下影线的长度则代表开盘价和最低价之间的差距。

当收盘价低于开盘价，也就是股价走势呈下降趋势时，我们称这种情况下的 K 线为阴线。K 线图上一般用绿色或黑色标注，表示股票下跌。此时，上影线的长度表示最高价和开盘价之间的价差，实体的长短代表开盘价比收盘价高出的幅度，下影线的长度则表示收盘价和最低价之间的价差。

一般而言，阳线表示买盘较强，卖盘较弱，这时，由于股票供不应求，会导致股价的上扬。阴线表示卖盘较强，买盘较弱。此时，由于股票的持有者急于抛出股票，致使股价下挫。

通常而言，上影线越长，表示上档的卖压越强，即意味着股价上升时，会遇到较大的抛售压力；下影线越长，表示下档的承接力道越强，意味着股价下跌时，会有较多的投资者利用这一机会购进股票。

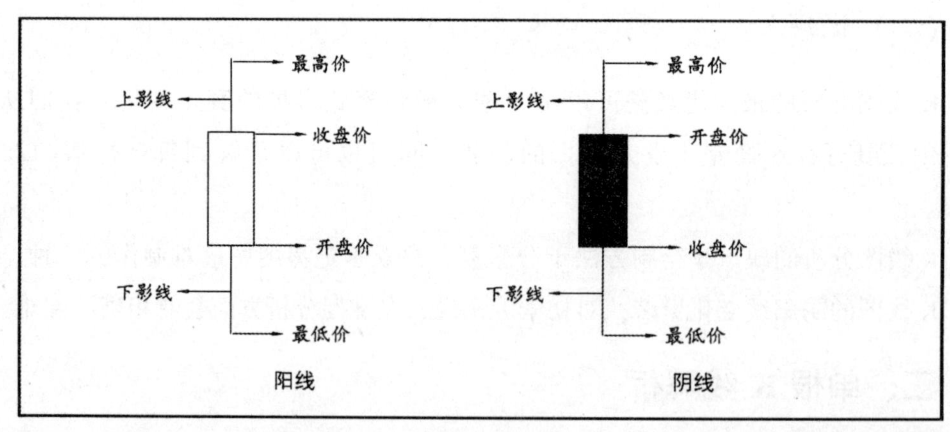

图 5-1

根据 K 线的计算周期可将其分为日 K 线、周 K 线、月 K 线、年 K 线。

周K线是指以周一的开盘价，周五的收盘价，全周最高价和全周最低价来画的K线图。月K线则以一个月的第一个交易日的开盘价，最后一个交易日的收盘价和全月最高价与全月最低价来画的K线图，同理可以推得年K线定义。周K线，月K线常用于研判中期行情。对于短线操作者来说，众多分析软件提供的5分钟K线、15分钟K线、30分钟K线和60分钟K线也具有重要的参考价值。

根据开盘价与收盘价的价差大小，可将K线分为小阴线、小阳线，中阴线、中阳线和大阴线、大阳线等。如图5-2所示，直观上小阴线和小阳线的实体较短，大阴线和大阳线的实体较长，中阴线和中阳线介于两者之间。一般认为，收盘时，个股涨（跌）幅在3%~6%的为中阳（阴）线，大于6%的为大阳（阴）线，小于3%的为小阳（阴）线。

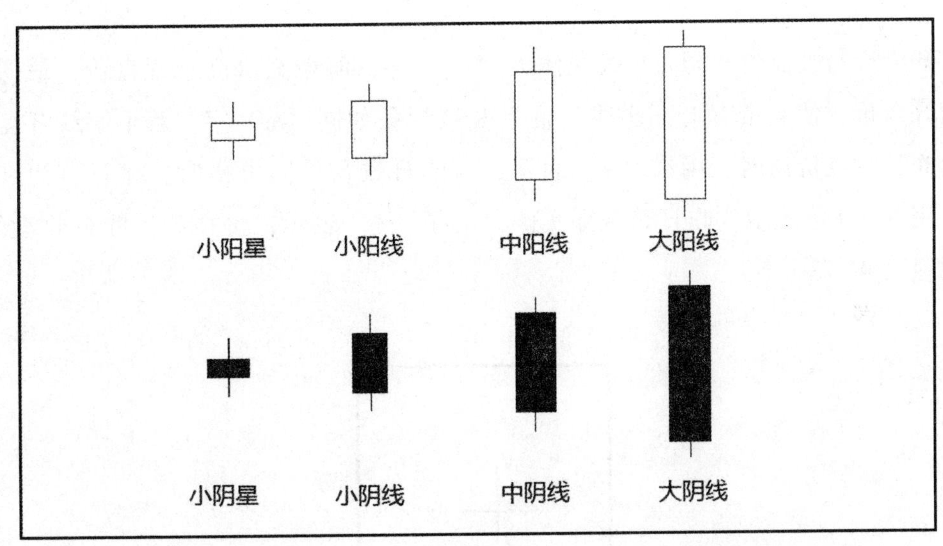

图5-2

我们一般称没有上下影线只有实体的K线为光头光脚的K线，它表示买卖双方其中有一方占据上风，成为当日市场交易的主宰。

1.没有上下影线的小阳（阴）线

没有上下影线的小阳线，其收盘价是最高价，开盘价是最低价，上下波动有限，标明买卖双方搏斗的不激烈，买方稍占上风；反之，没有上下影线的小阴线，其开盘价是最高价，收盘价是最低价，标明卖方稍占上风。

此种K线如果出现在股价整理时期，则盘口意义不大。当股市出现大的跳空缺口时，如果出现此种 K 线则意义非凡，它表示一方已经取得了全面的胜利，另一方全线崩溃。

2.没有上下影线的大阳（阴）线

此种 K 线多出现在股市上升途中。股市开盘后股价持续增长，虽有回落但很快又恢复上涨，买方力量稳定增长，最后以最高价收盘，显示买方坚决果断。

没有上下影线的大阴 线多出现在股市的下跌途中，与大阳线正好相反。

3. 只有一条横线的 K 线

此种 K 线多出现在股市的连续的涨停板和跌停板之中，庄家多已经控盘，在股价达到目标之前庄家不愿别人参与其中，所以股价开盘就以涨（跌）停开盘，直到收盘为止。

（二）十字线

开盘价与收盘价相同，K 线主体成“一”字，而最高价高于开盘价，最低价低于开盘价，使其带有上下影线，整个 K 线形象如同“+”字。若十字线开盘价格比昨日收盘价高时，用红‘+’表示；与昨日收盘价同价格时，昨日若为红实体，用红‘+’表示，昨日若是绿实体，用绿‘+’表示；价格如比昨日收盘低，则用绿‘+’表示。

图 5-3

它经常出现在股市的顶部和底部，它表示买卖双方力量均衡，高低点的出现只是暂时的不平衡，并不代表整体。十字星中影线的长度是展示买卖双方交战的激烈程度。长十字线是最高价与最低价之间的差距幅度较大，故上、下影线较长，而开盘价与收盘价相同，故实体成为“一”字（图 5-3）。

（三）上吊线与倒锤头

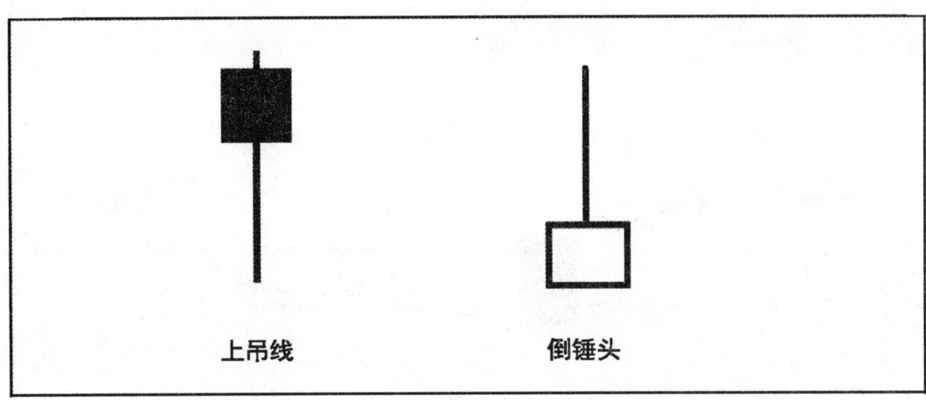

图 5-4

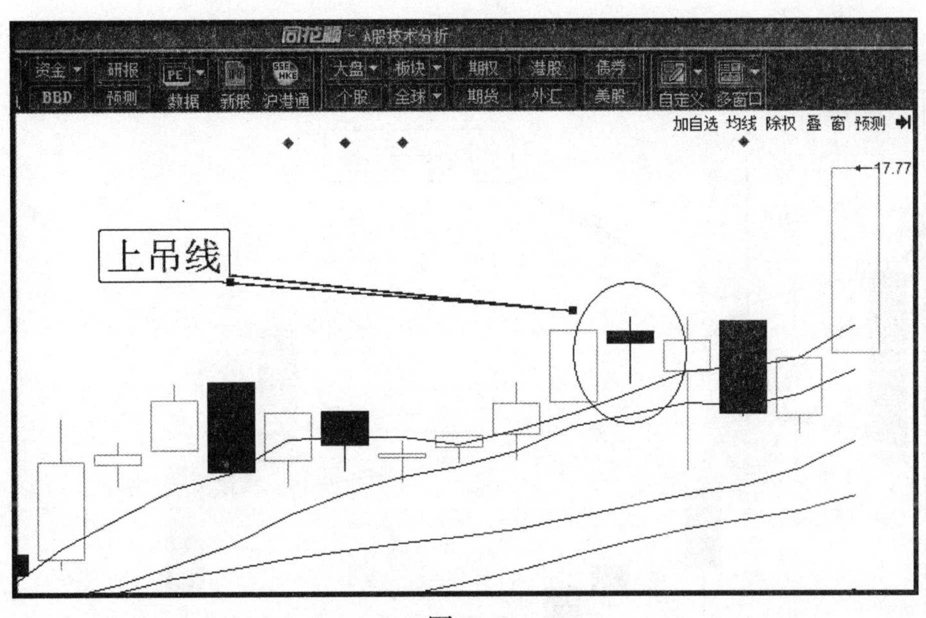

图 5-5

上吊线是下影线较长、实体部分较短，下影线长度在 K 线实体的两倍以上的一种特殊 K 线，见图 5-5，对实体收阴收阳没有严格要求。由于其形状与绞架颇为相似，故而得名。

倒锤头是光脚小阳线或小阴线，上影线大于或等于实体的两倍。见图 5-6，一般无下影线，少数会略有一点下影线。

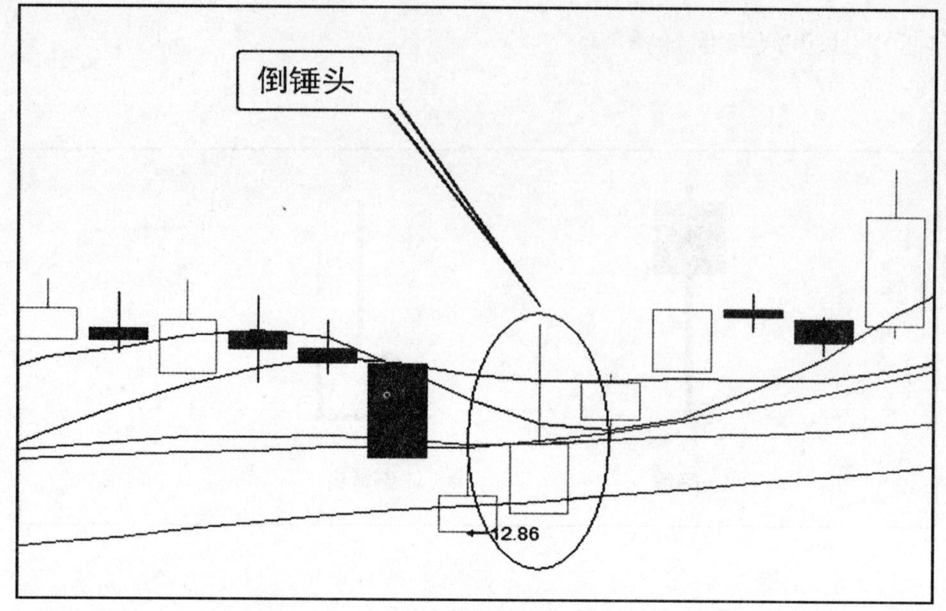

图 5-6

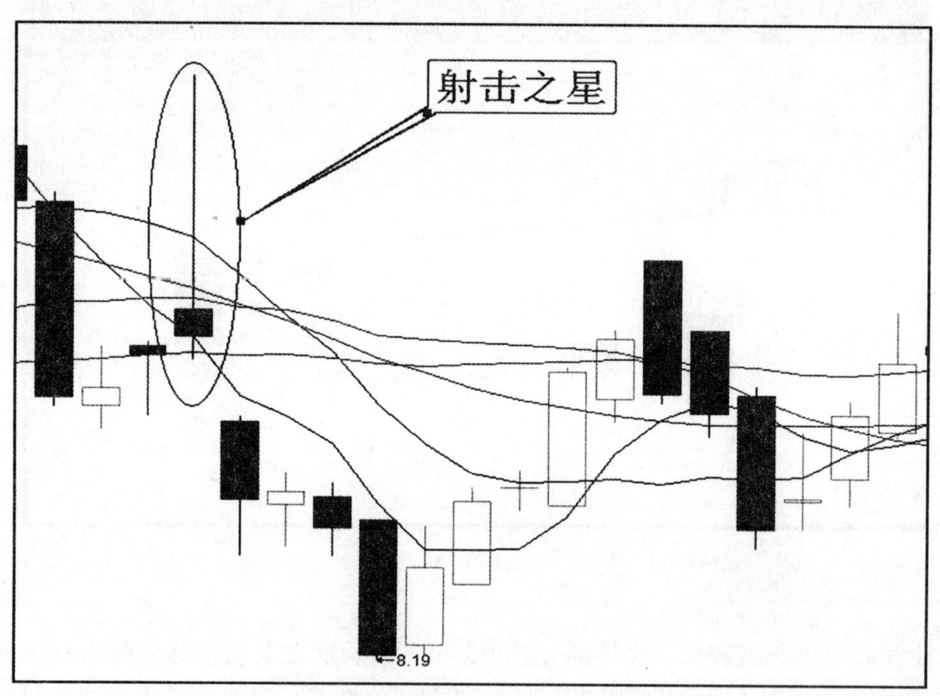

图 5-7

值得注意的是，如果倒锤线出现在上涨后相对高的位置，则属于看空，称之为“射击之星”。

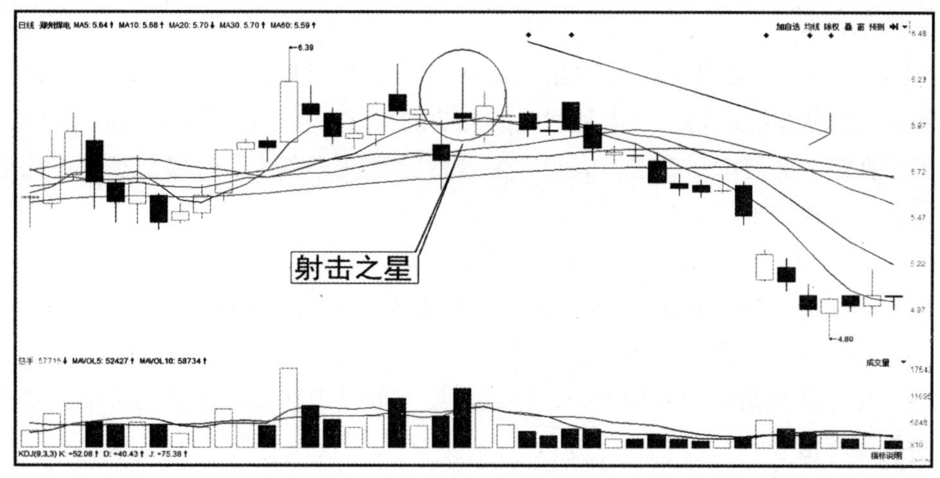

图 5-8

如图 5-8 所示，郑州煤电 2013 年 12 月 3 日的 K 线图收出射击之星，说明在当天的走势多方在往上突破价位遭到空方的阻击，且阻击力度相当大，把价位从高点深深打压了下来，出现了一根上影线阴柱，说明空方力量在此已大量聚集，后期有下跌的预示。

三、K 线常见组合

一些典型的 K 线或 K 线组合，会不断地重复出现，如果你掌握了这些规律，将在很大程度上提高你的胜算。底部看涨 K 线组合出现时，告诉你股价很快就会上升，要赶快建仓；顶部看跌 K 线组合出现时，告诉你风险已大，要及时获利出仓。

（一）早晨之星

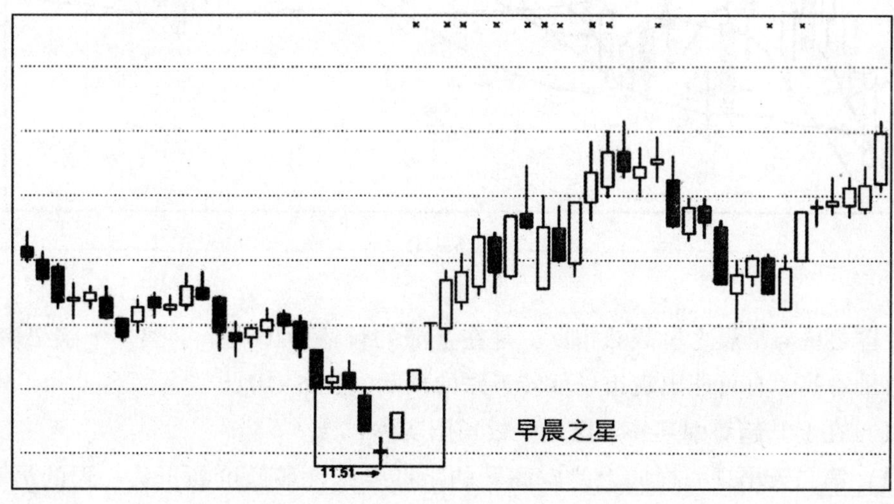

图 5-9

“早晨之星”顾名思义：就是在太阳尚未升起的时候，黎明前最黑暗的时刻，一颗明亮的启明星在天边指引着那些走向光明的夜行人，前途当然看好，见图 5-9。

因为在第二天是十字形态，表明空多方力量对等，在这个时候便很有可能市场发生逆转，有看涨的预示。

（1）在下降趋势中某一天出现一根长阴实体；

（2）第二天出现一根向下跳空低开的星形线，且最高价低于头一天的最低价，与第一天的阴线之间产生一个缺口；

（3）第三天出现一根长阳实体。早晨之星一般出现在下降趋势的末端，是较强烈的趋势反转信号。

（二）黄昏之星

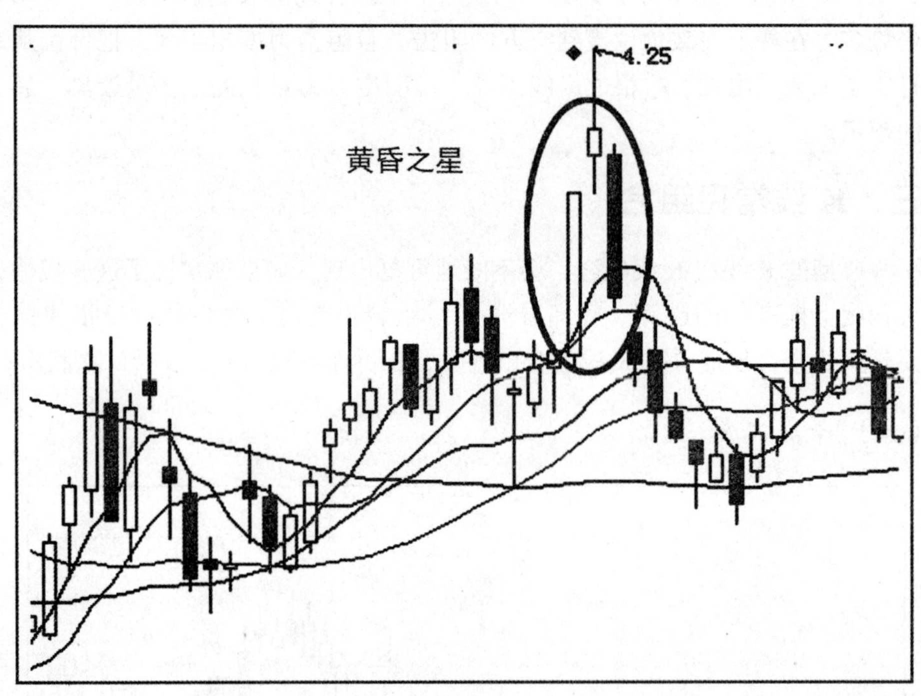

图 5-10

黄昏之星与早晨之星截然相反，是在上涨的行情中出现十字架，十字架表明多空方力量对等，有可能出现市场反转下跌的预示（图 5-10）。

（1）在上升趋势中某一天出现一根长阳实体；

（2）第二天出现一根向上跳空高开的星形线，且最低价高于头一天的最高价，与第一天的阳线之间产生一个缺口；

（3）第三天出现一根长阴实体。

黄昏之星的情况同早晨之星正好相反，是较强烈的上升趋势出现反转的信号。

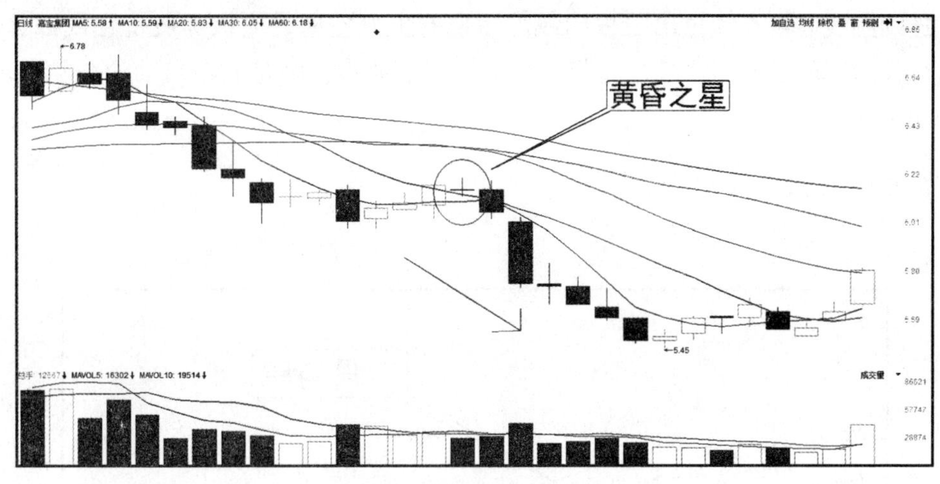

图 5-11

如图 5-11 所示，是嘉宝集团 2014 年 1 月 2 日出现的黄昏之星，在之前有一段上升的趋势，当到了 1 月 2 日收出十字星，说明在这个价位，多空方的力量已经持平，所以需要特别注意空方的力量，再加上在上一个月股票一直是跌势，所以很大概率股票会转而下跌。

（三）红三兵

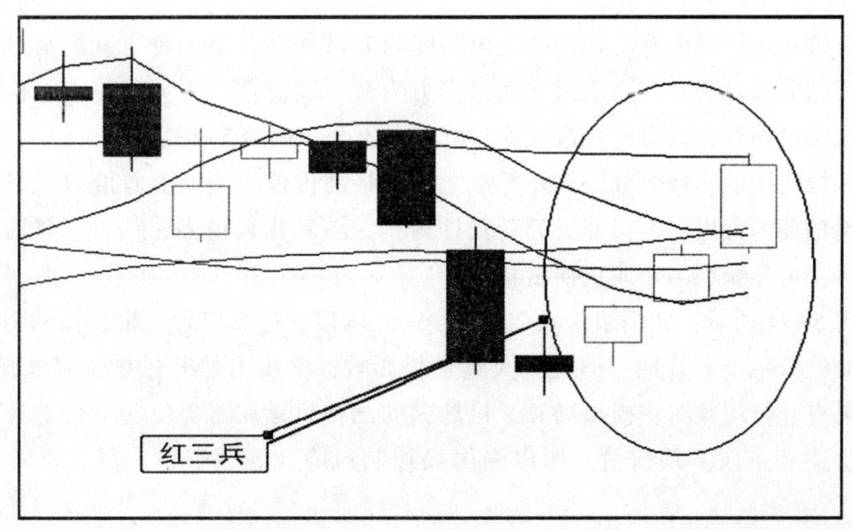

图 5-12

红三兵是看涨信号，连续的三根阳线表明多方力量在不断攻击价位上升，当出现红三兵时，市场有上升的趋势，见图 5-12。

连续阴线后再连续拉出三根阳线。短期有上升空间。应该为股价在底部区域，经过较长时间的盘整，并且伴随着成交量的逐渐放大，则是股票启动的前奏，可引起密切关注。

（四）三只乌鸦

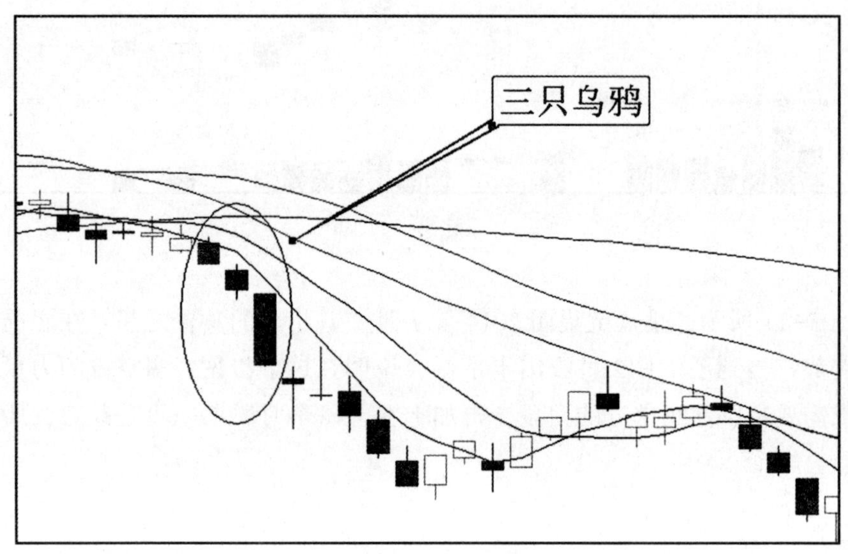

图 5-13

指股价在运行时突然出现连续三根阴线的 K 线组合，是一种下跌的信号。因为三根连续的阴线表明空方力量远远强过多方力量，股价在一天天被打压，这时候投资者应该谨慎持仓，该出仓规避风险时应立即出仓，见图 5-13。

第一根阴线的实体部分，最好低于上日的最高价位。图形上看恰似三只乌鸦坐在将快要枯萎的大树之上，即三只乌鸦挂树梢，随后几天趋势看跌。三只乌鸦挂树梢出现后，可先获利出仓或止损出仓。

如图 5-14 所示，江山股份在 2015 年 6 月 25 后，连续出现三根长长的阴棍。其股价之前处于稳步上升期。但受到大盘走势影响，空头力量开始增加且实施压力，这时如果有仓位应及时止损出局。三只乌鸦的出现只是在走势反转下行的开始，其说明股价还有一段下跌行情。所以先出局控制风险，等后市稳定后，再考虑是否介入。

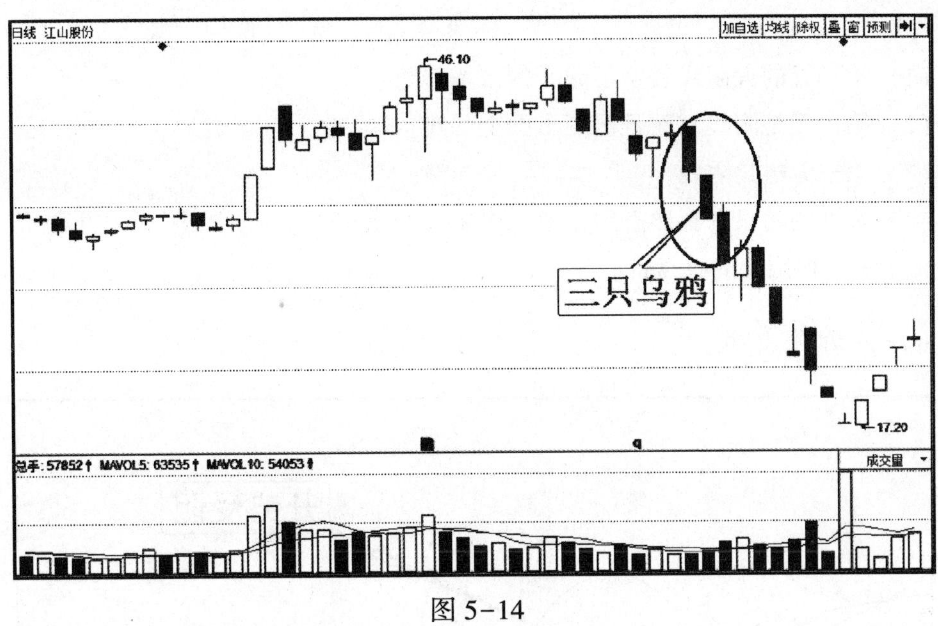

图 5-14

（五）两只乌鸦

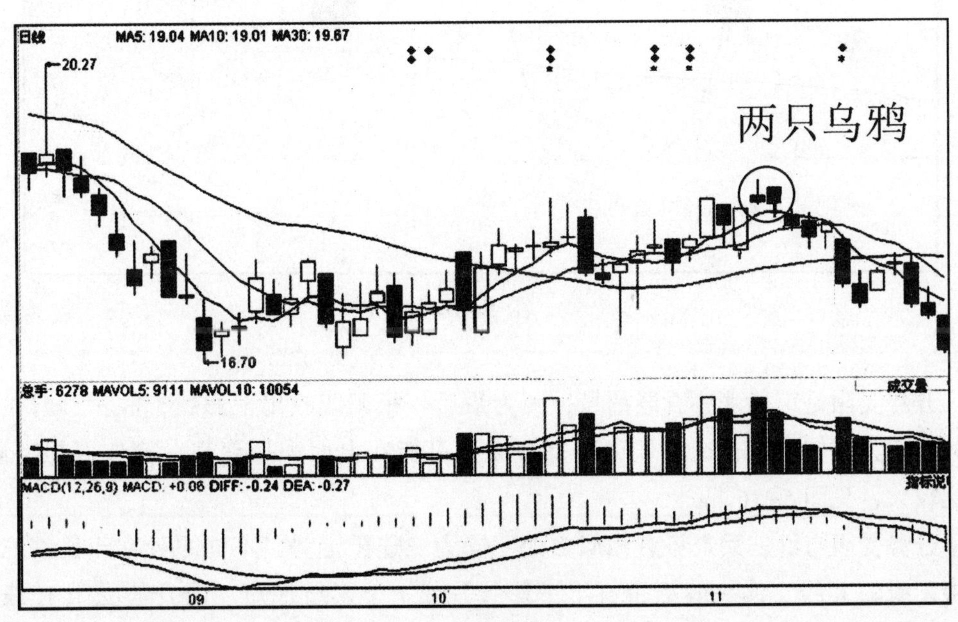

图 5-15

两只乌鸦说明市场开始有下跌的趋势，市场多方开始疲软，在该形态中缺口被快速补回，说明市场原有的上升趋势有出现反转的预示，空方力量在逐步增强，见

图 5-15。

（1）第一天的大阳线表明了原有的市场趋势；

（2）第二天是阴线，而且出现了向上的跳空缺口；

（3）第三天也是阴线；

（4）标准的两只乌鸦形态中，第二根阴线开盘价高于第一根阴线的开盘价，收盘价低于第一根阴线的收盘价。

（六）升势受阻

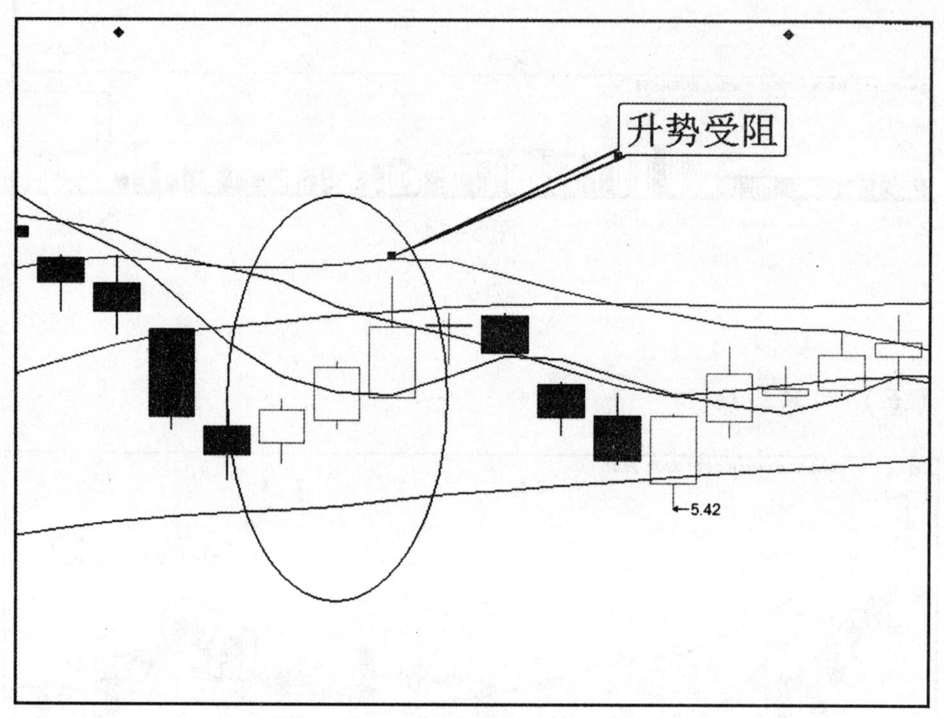

图 5-16

升势受阻是市场涨势看淡信号，因为最后一根阳线收出上影线，表示当日价位走势被空方逆转回来，这时候说明空方力量可能在上面大量聚集，价位再想突破，难度较大，见图 5-16。

升势受阻与红三兵走势有相似之处，同为三连阳走势，不同之处在于，红三兵三根阳线的 K 线实体一般不带有上下影线，或上下影线极短。而升势受阻 K 线组合，虽然走势属于三连阳，前两根阳线收中阳线或大阳线，但第三根阳线上影线突然增长，从三根 K 线组合图形上观察，三根阳线的实体有逐渐缩短的趋势，前两根阳线走势相对凌厉，不带上影线或上影线极短，第三根阳线突然拉出长长的上影线，并且实体缩短，给人一种上升趋势受到阻力的感觉。

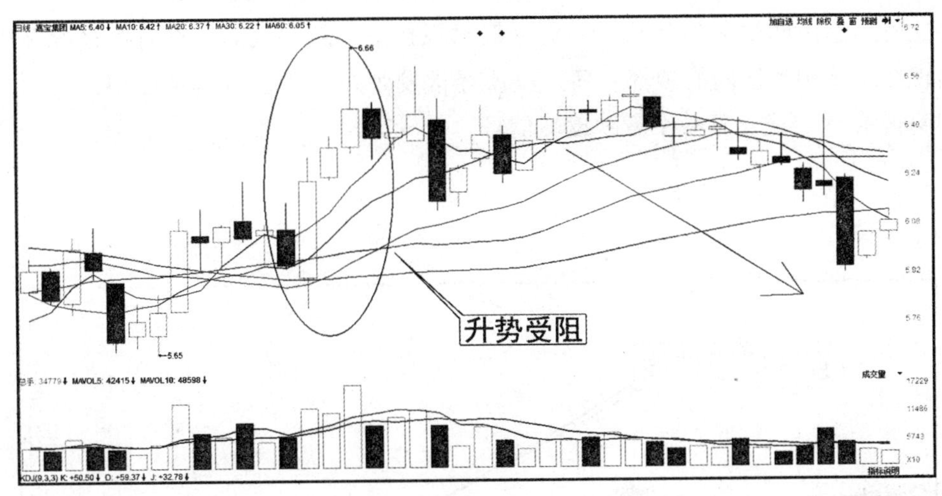

图 5-17

如图 5-17 所示，是嘉宝集团 2014 年 3 月 21 日形成的升势受阻，从图形可以看出多方在最后一日的阳线受到空方的打压，价格从高点回跌下来，表明空方不接受高位价，三阳线图形形成失败，后期有看跌的趋势，这时候投资者需要谨慎出仓，赚取利润落袋为安。

（七）乌云盖顶

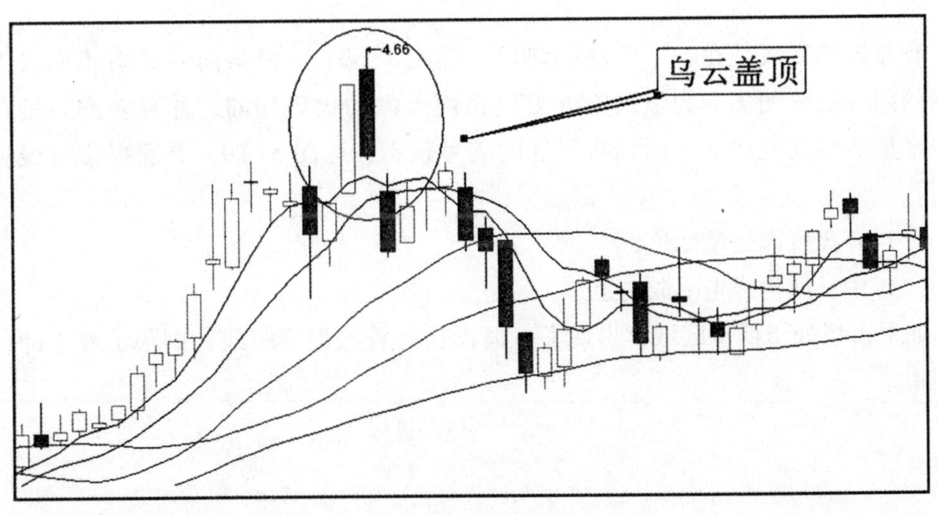

图 5-18

乌云盖顶形态又称乌云线形态，是 K 线图较为常见顶部转形态图表之一。在上涨行情中，突然出现一根大阴线，表明空方力量在迅速反击，并且放量后攻势猛烈，表明空方已经不接受这个价位，有一波下跌的趋势展开，见图 5-18。

这种形态由两根 K 线组成，它们一般出现在上升趋势之后，在有些情况下也可能出现在水平调整区间的顶部。乌云盖顶经常发生在一段上升行情的顶部，由一阴一阳两根 K 线组成，是一个看跌反转信号。

（八）看涨提腰带线

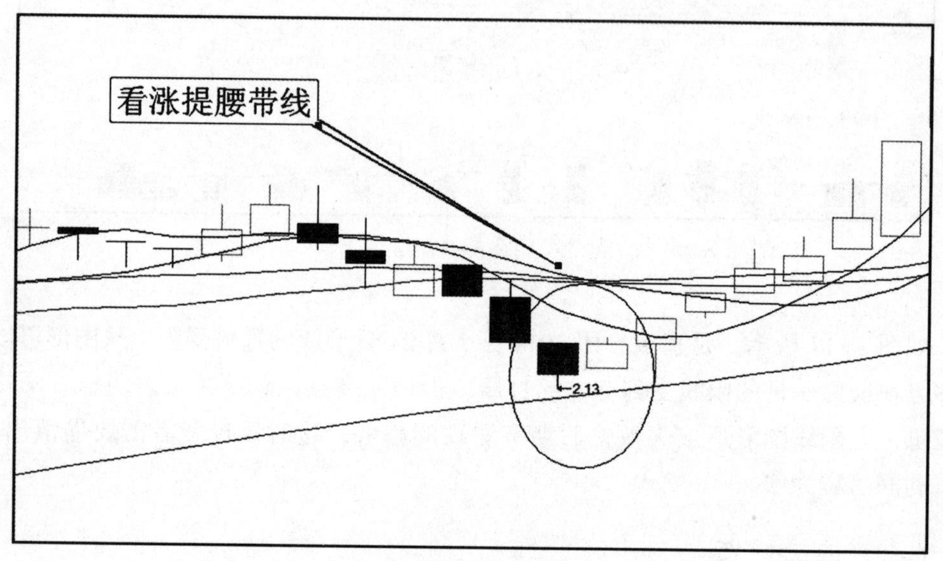

图 5-19

看涨提腰带线是在一个下跌趋势后，随机出现了一根与前一日阴线形状大小相同的阳线，表明多方力量与空方力量在两天内的攻势相同，并且多方力量在此价位聚集的可能性增大，所以有看涨的信号预示，见图 5-19，看涨提腰带线特征如下：

（1）开盘价即是最低价；

（2）中长期均线走平或向上。

如果市场处于低价区域，出现了一根长长的看涨提腰带线，则预示着上冲行情的到来。

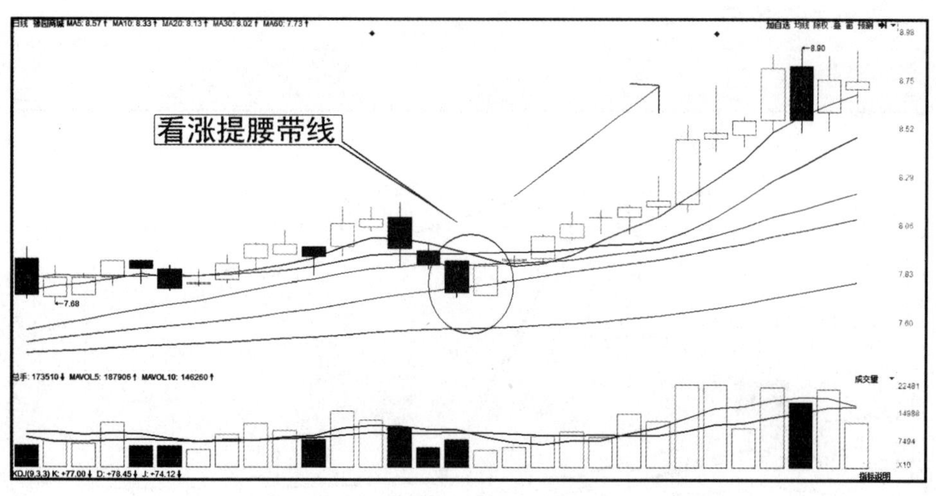

图 5-20

如图 5-20 所示，是豫园商城 2014 年 8 月 29 日出现的看涨提腰带线，在一段下降趋势中，一根阳线出现且涨幅幅度和前一日阴线大致相等，表明多空方力量持平，结合前面总体上涨走势，判断下跌只是回调，向上的趋势依旧会在后期持续。

（九）看跌提腰带线

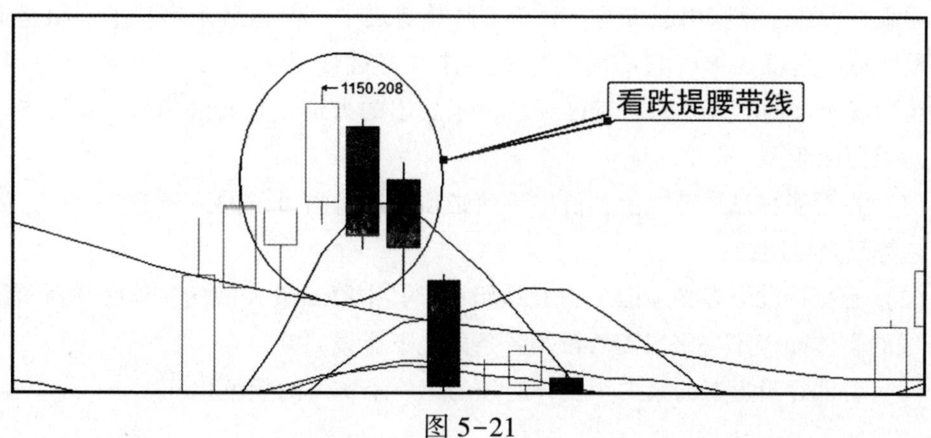

图 5-21

看跌提腰带，它的开市价位于当日的最高点，然后一路下跌。在市场处于高价区的条件下，看跌提腰带形态的出现，构成了顶部反转信号。因为在上涨趋势下，相同的阴线形成，表明空方力量汇聚于此，有看跌的预示，见图 5-21。

（十）看涨吞没

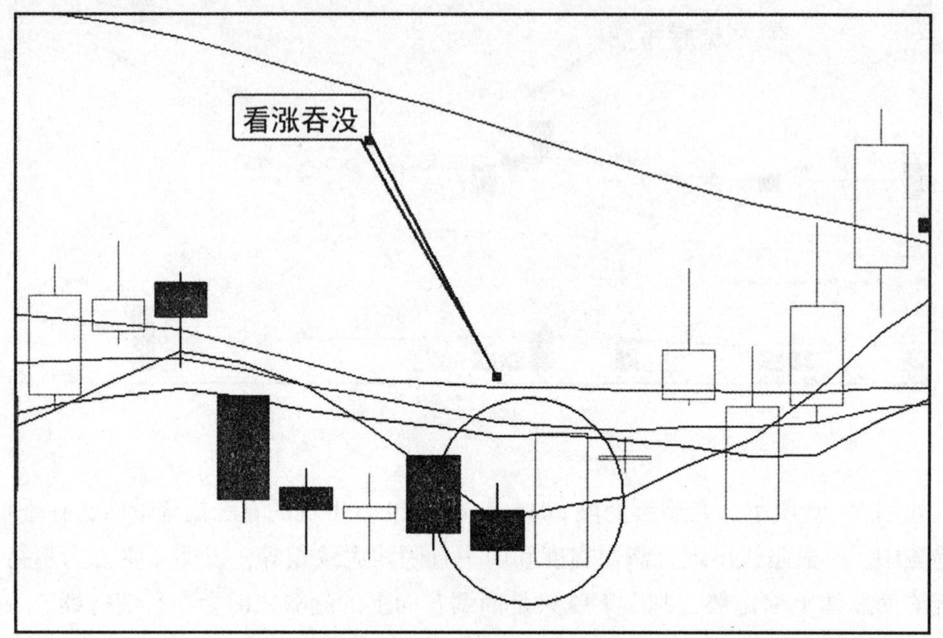

图 5-22

看涨吞没形态反映出股价本来处于下降趋势之中，但是后来出现了一根坚挺的大阳线实体，这根实体将它前面的那根实体“抱进怀里了”，或者说把它吞没了。这种情形说明市场上买进的力道已经压倒了卖出的力道，是看涨信号，见图 5-22，下面是识别标准：

（1）在看涨吞没形态之前，价格运动必须处在清晰可辨的下降趋势之中，哪怕这种趋势只是短期的；

（2）看涨吞没形态必须由 2 条 K 线组成，其中第二条 K 线的实体必须覆盖第一条 K 线的实体（但不一定需要吞没第一条的上下影线）；

（3）看涨吞没形态的第二个实体必须与第一个实体的颜色相反。

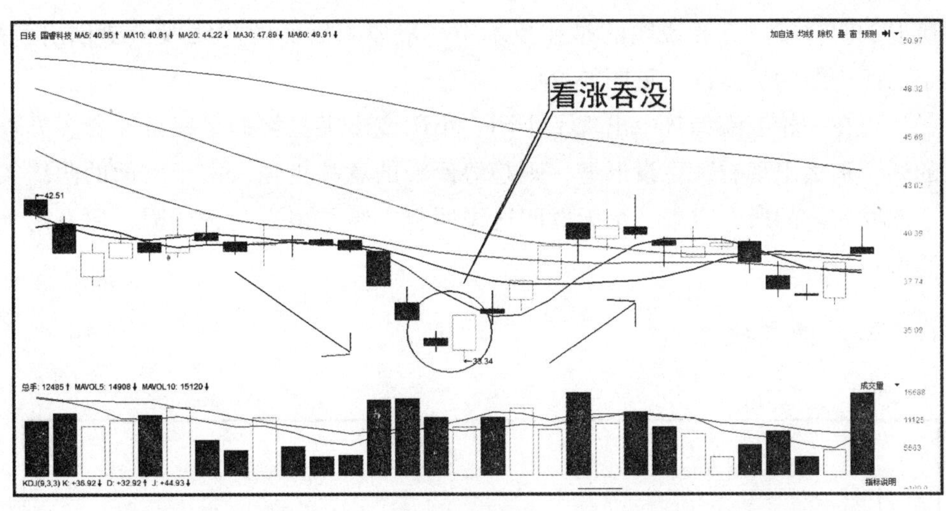

图 5-23

如图 5-23 所示，是国睿科技 2010 年 12 月 30 日出现的看涨吞没，在一段下降趋势中，突然收出一根大阳线且把前一日的阴线包住，说明多方力量已经开始大幅度增强，迫切想把价位反转拉高，看涨吞没是多方反击的有力图形，当在实战中遇见看涨吞没，投资者可以加仓持仓，等待价格反转。

（十一）看跌吞没

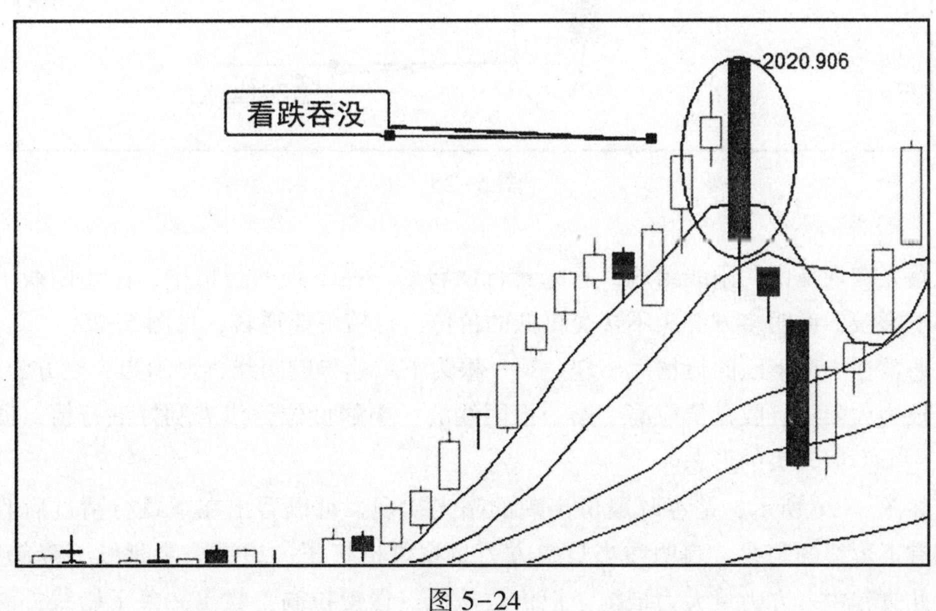

图 5-24

看跌吞没形态是由两根 K 线组成，后面的阴线实体盖住了前面的阳线实体，即通常所说的阴包阳。需要说明的是在技术中一般要求后面的阴线股价要创出新高，即高于前面阳线的最高价，见图 5-24。

如果说在一轮上涨趋势中出现了小阴、小阳或十字星类的星线意味着多方攻击受阻的话，那么出现看跌吞没形态，则趋势反转的意味更强，由于后面的阴线实体吞没了阳线实体的所有成果，毫无疑问这说明空方给了多方当头棒喝，原有的上涨趋势通常被逆转。

（十二）曙光初现

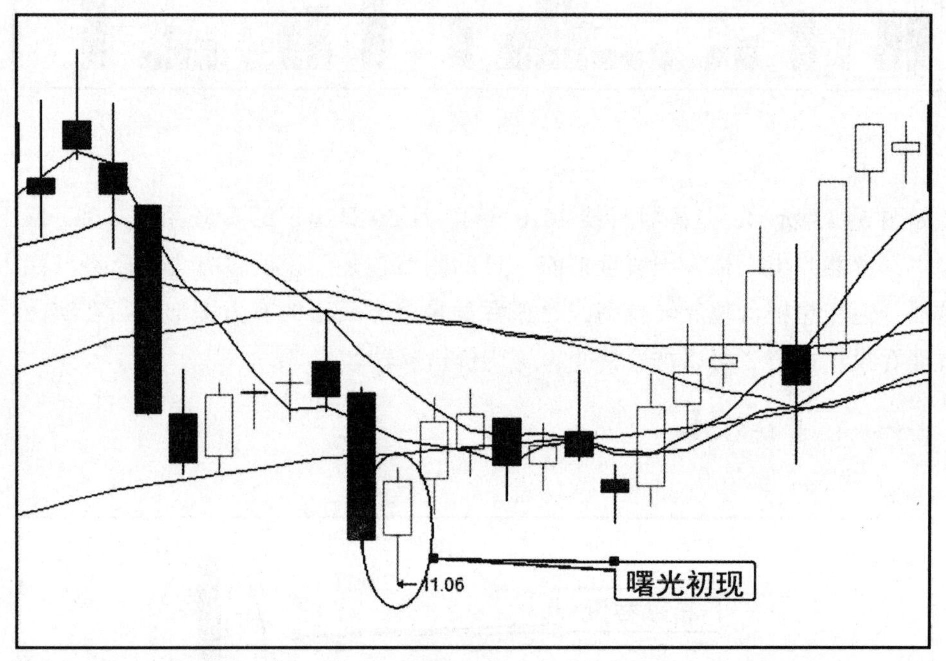

图 5-25

曙光初现是由阴阳线组成，意味着行情转好。在下跌的行情中，由于阳线下方收出下影线，说明多方势头不接受再低的价位，行情可能逆转，见图 5-25。

通常在一个下跌的行情后出现。第一根为下跌趋势的阴线，显示当天空方强劲。第二根为大阳线且收盘价应高于第一根阴线的一半的价位，代表利好的行情，便出现了一个类似人头的形态。

如图 5-26 所示，是春晖股份出现的曙光初现，可以看出在下跌行情过后收出一条有下影线的阳线，表明在当日空方力量将价格打压，想进一步延续下降趋势，但在此过程中多方力量大力抵抗，把价位从低点慢慢拉高，收出一条下影线，说明多方力量不接受再低的价位，后期有反击之势，股票看涨。

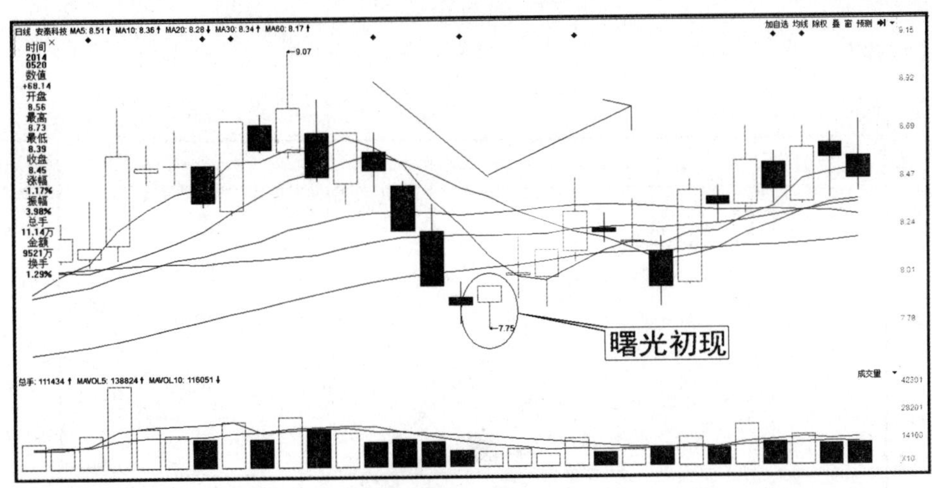

图 5-26

（十三）骤跌并排红

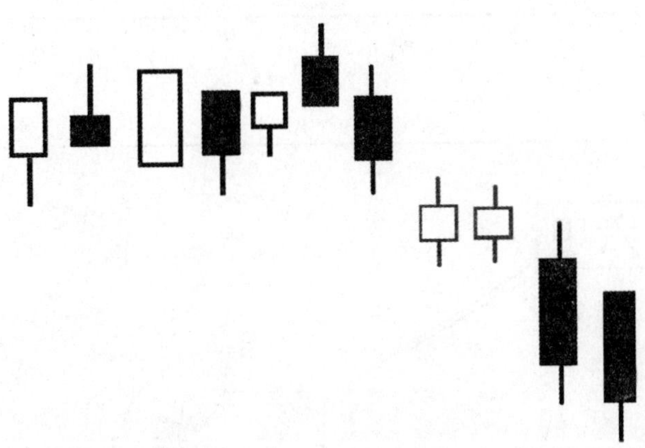

图 5-27

整理行情或者下跌初期，某天股价向下跳空开盘，全天收出一根小阳线，第二天再收出一根并列小阳线，开盘价与前一日相同，并且实体部分大体接近，此形态称为骤跌并排红。骤跌并排红出现表明上涨压力很大，因为多方连续试图拉起回补跳空缺口都未成功，两根小阳线也说明多方力量与空方形成胶着，有看跌的预示。需要注意的是，小阳线之后需要出现下跌破位阴线，才能确认是下跌方向，因为目前多空方力量是相等的，可能向上破位，也有可能向下破位，需要投资者多加注意，见图 5-27。

（十四）身怀六甲

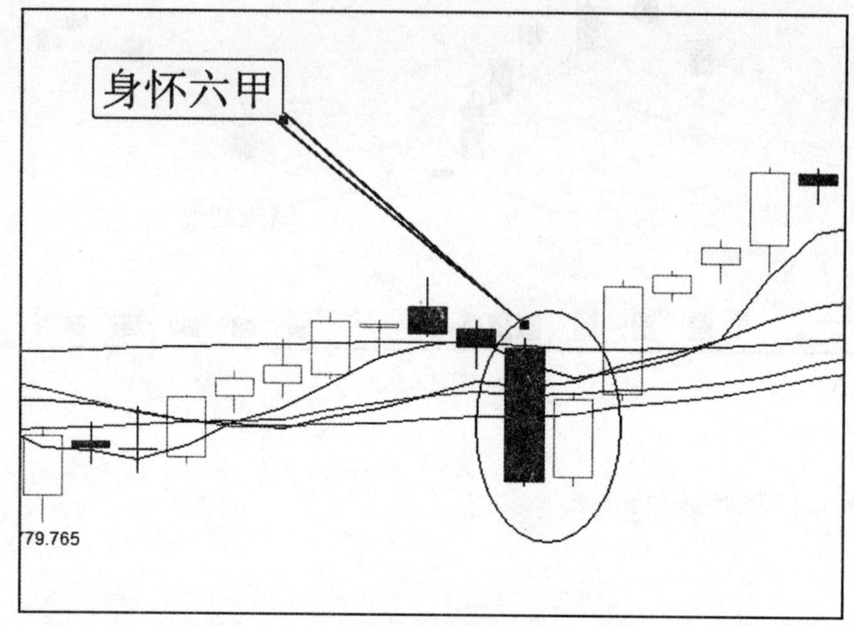

图 5-28

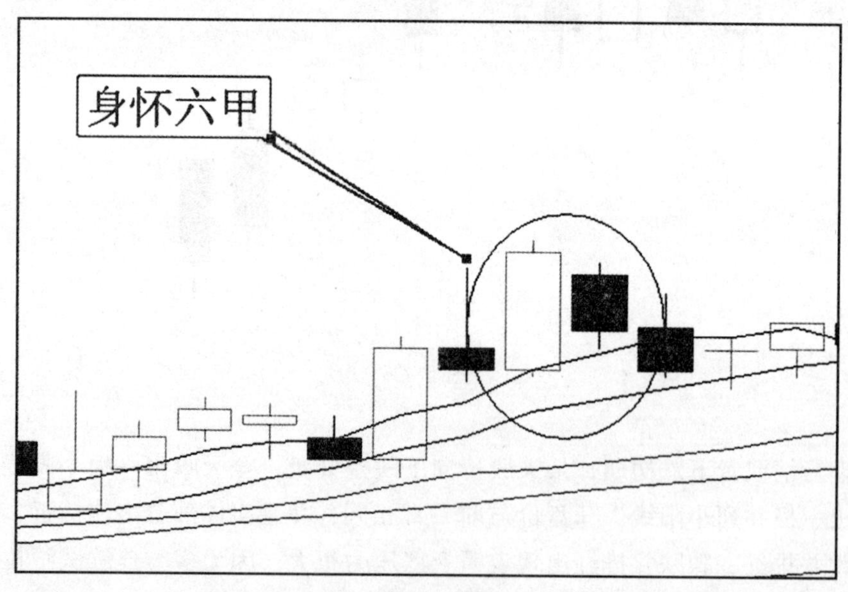

图 5-29

由两根 K 线组成，前一根 K 线的实体较长，后一根 K 线的实体相对来说要短一些。两者之间的排列位置比较奇特，后一根 K 线的最高价与最低价，均未超过前一根K线的最高价与最低价。看上去就好像是被包含在前一根长K线中，因此，被称为“身怀六甲”K线，也称为孕线，见图5-28、图5-29。

一般预示着市场上升或下跌的力量已趋衰竭，随之而来的很可能就是大盘或股价的转势。因为收盘价相对前一日有了衰竭，说明趋势已经疲软，很有可能市场在酝酿一波新的走势。

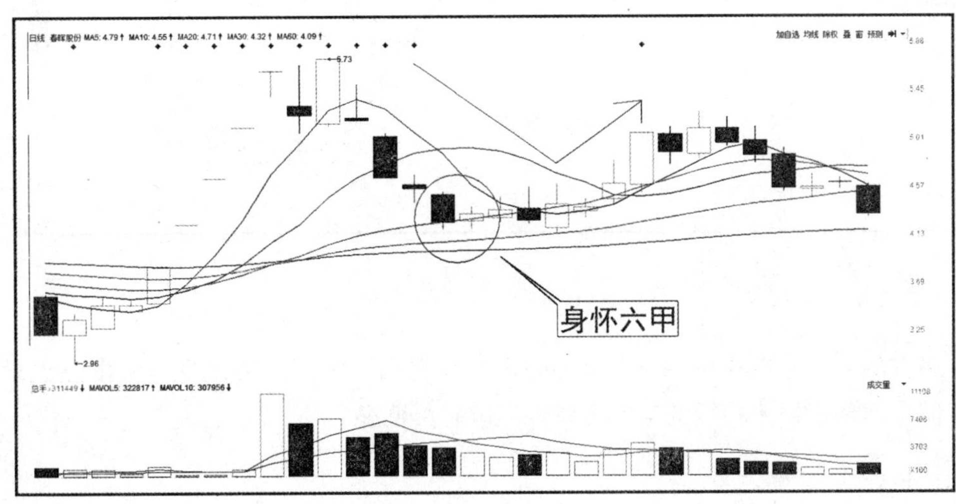

图5-30

见图5-30所示，是春晖股份2012年8月30日的身怀六甲走势图，在一段下降趋势后，最后一根阴线把第二日出现的阳线包住，寓意母亲生出了孩子，随着孩子的茁壮成长行情将反转。因为下跌趋势中最后收出一根大阴线，但第二天收出阳线的最高价与最低价均未突破前一日大阴线的最高点和最低点，说明空方力量在衰竭，后期多方有看涨的趋势。

（十五）上升三部曲

股价经过一段时期的上涨，在一根大阳线或是中阳线之后，连续出现了三根小阴线，但三根小阴线都没有跌破前面这根大阳线的开盘价，并且成交量也开始减少。随后就出现了一根大阳线。这说明多方在积蓄力量，伺机上攻。只要发现股价向上运行并伴随成交量的放大就要积极跟进做多，见图5-31。

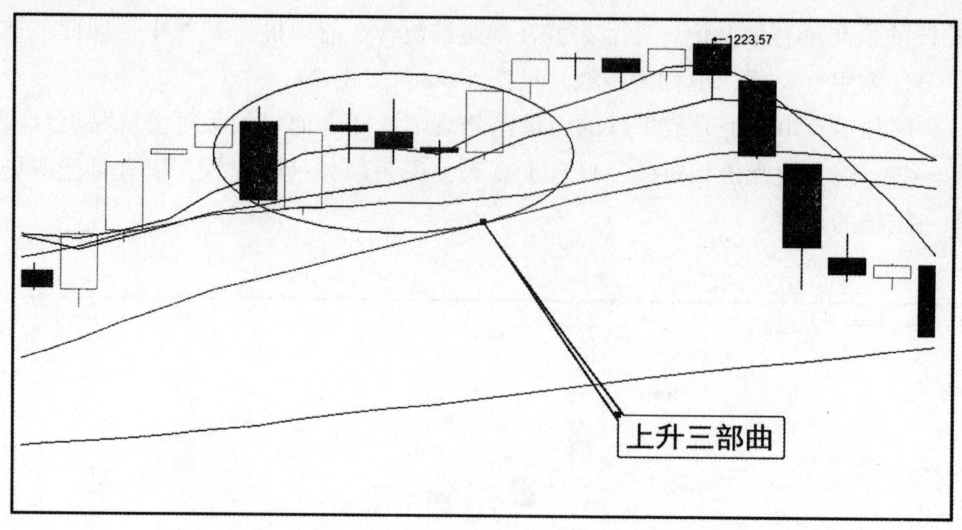

图 5-31

多方的力量可以在最后一根上冲的大阳线看出，大阳线的出现表明多方力量完全压制了前面三根小阴线的空方力量，突破趋势明显。

（十六）下降三部曲

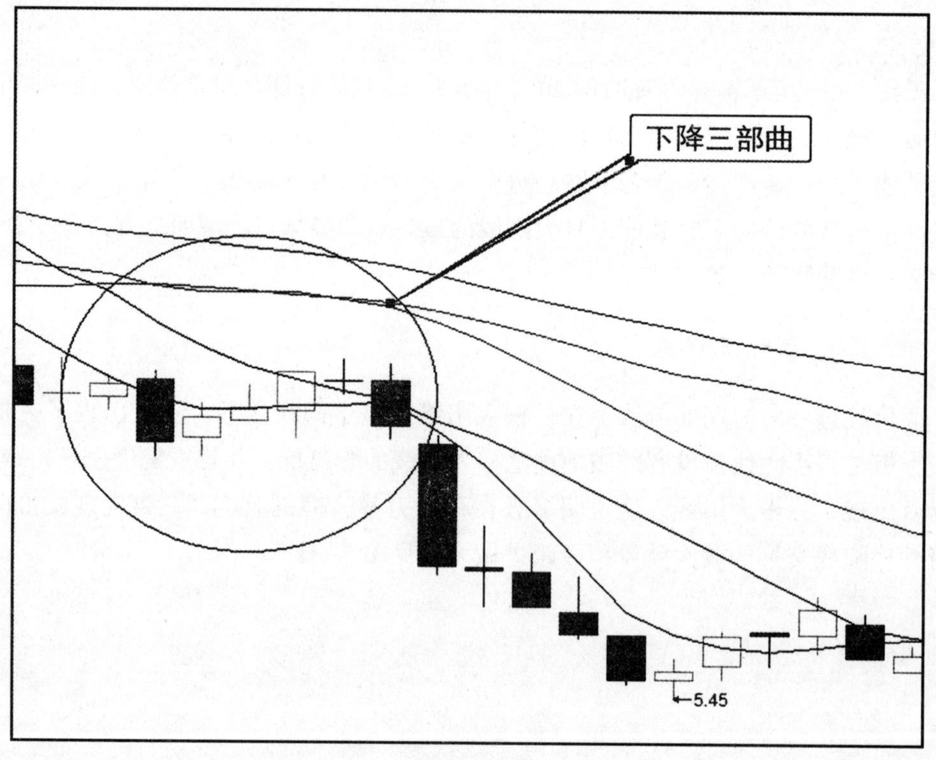

图 5-32

下降三部曲的特征是在股价下跌时出现了一根实体较长的阴线，随后连续拉出三根向上走的实体较小的阳线。但最后一根阳线的收盘价仍比前一根长阴线的开盘价要低，之后就又出现了一根长阴线，把前面的三根小阳线全部或大部分都吃掉了，见图 5-32。

下降三部曲的出现表明多方虽然想作反抗，但是最终在空方的打击下显得不堪一击。这表明股价还会进一步向下滑落。所以看到这种图形就要顺势而为，减持手里的仓位，趋势有向下走的预示。

第二节　画线分析

一、支撑线与阻力线

（一）定义

1. 支撑线定义

支撑线，又称抵抗线，是指当股价跌到某个价位附近停止下跌，或出现回升时，阻止或暂时阻止股价继续下跌的价格所在的位置（图 5-33）。

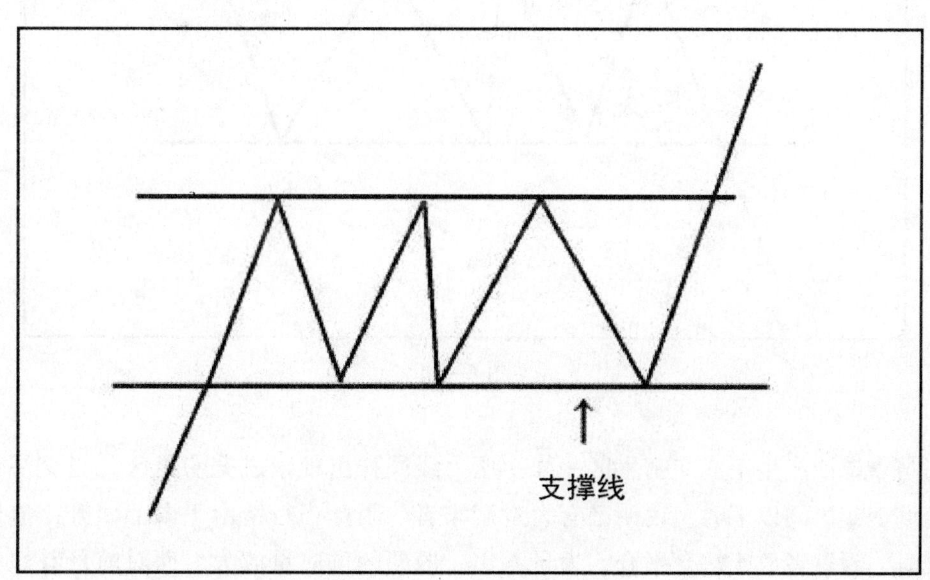

图 5-33

支撑线产生于成交密集区，它产生的实质是，前期股价震动，区间内成交量累积，当交易价位跌入这一区间时，因买方持币在低位买入，股价调头上涨，行情获支撑反弹。

正是由于前阶段反复出现这一价位区间，累积了较大的成交量，当行情由上而下向支撑线靠拢时，做空者手中的获利仓位已清，他们手中已无打压抛售仓位，与此同时，做多者持币在低位进仓，形成需求；举棋不定者套牢已深，筹码锁定不轻易砍仓。

从以上分析我们可以看到，这一价位区间股票的供应小于需求，自然在此形成了强有力的支撑基础。另外，由于行情多次在此回头，广大投资者的心理支撑价位区间得以被确立，只要这个时候没有特大利空消息出台，行情将获支撑反弹。

2. 压力线定义

压力线又称阻挡线，是指当股价上涨到某价位附近停止上涨或出现回落时，阻止或暂时阻止股价继续上涨的价格所在的位置（图 5–34）。

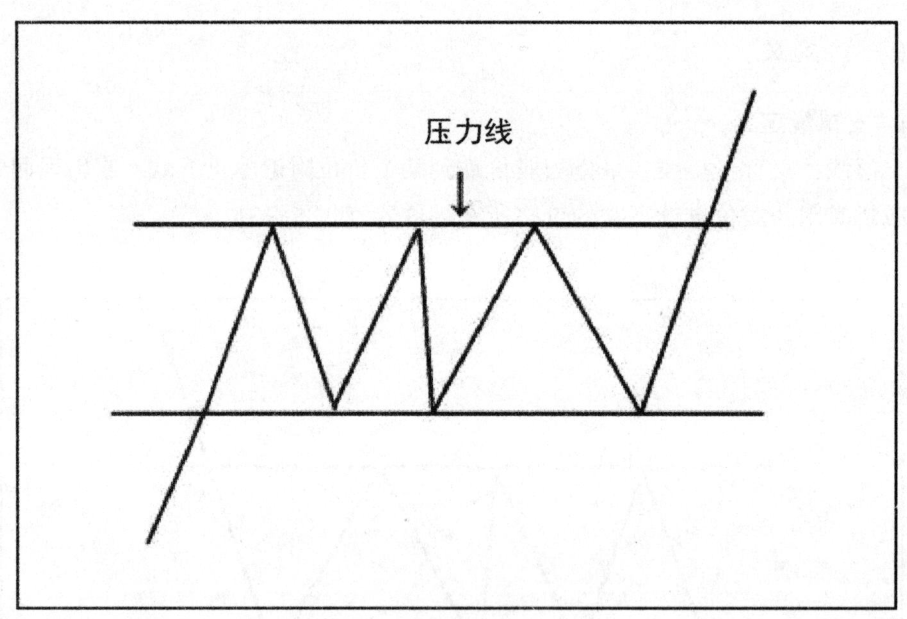

图 5–34

与支撑线产生于成交密集区一样，压力线同样出现于成交密集区。当交易价格降至该密集区间以下时，说明已有大量套牢者。因此当行情由下向上回升，迫近阻力线时，看跌者急于解套平仓，大量卖出，股票的供应量放大。而对前景看好者可分为两类。一类是短线看好，因顾忌价位已高，期望待价位回档再建仓，故跟进犹豫；另一类是中长线看好，逢低便大量买入。前者是不坚定的需求方，后者是坚定的需求方，虽有可能顶破阻力线，但如果势单力薄，交易价格将重回阻力线以下。此时，股票的需求量相对较小，反复多次，阻力线便自然形成，并且延续时间越长，阻力越难以突破。

3. 形象描述阻力线与压力线

我们都知道，球跌到地上会反弹，撞到房顶会下跌。支撑和压力就像地板和房顶，价格在此之间来回波动。可以毫不夸张地说，理解支撑和压力是理解价格趋势和图形形态的根本，评估支撑和压力的强度能帮助投资者判断趋势将会持续还是反转。

（二）支撑与阻力的力度

支撑位与阻力位的力度要分情况考虑：

（1）当前期有多个顶点或底点组成的压力位与支撑位连线时，这时的阻力与支撑力度就较为强烈，一般不容易突破。

（2）当前期的压力与支撑点位只有一个或者两个的话，这时候的力度就较为薄弱，容易被破位走出趋势。

所以在实盘时，需要对支撑与阻力位进行强弱力度分析。

（三）支撑与阻力线的互换

一条支撑线如果被跌破，那么这个支撑线将成为压力线；同理，一条压力线被突破，这个压力线将成为支撑线。

这说明支撑线和压力线的地位不是一成不变的，而是可以改变的，条件是它被有效且足够强大的股价变动突破。

二、趋势线

（一）趋势线定义

趋势线衡量价格波动的方向，由趋势线的方向可以明确地看出股价的趋势。

（二）趋势线的画法

在上升趋势中，将两个低点连成一条直线，就得到上升趋势线。在下降趋势中，将两个高点连成一条直线，就得到下降趋势线。

要得到一条真正起作用的趋势线，要经多方面的验证才能最终确认。首先，必须确实有趋势存在。其次，画出直线后，还应得到第三个点的验证才能确认这条趋势线是有效的。

（三）趋势线的周期

学会使用趋势线来确定趋势的方向，对于投资者来说，是必不可少的基本功之一。长期趋势的时间跨度较长，通常在 1 年以上；中期趋势通常为 4 至 13 周；短期趋势一般在 4 周以内。一个长期趋势要由若干个中期趋势组成，而一个中期趋势要由若干个短期趋势组成。

在分析趋势的过程中，应按照从长到短的原则，先分析长期趋势，再分析中期趋势，后分析短期趋势，长期管中期，中期管短期。

（四）趋势线的分类

趋势线可以分为支撑线和压力线。

（1）将股价波段运行的低点和低点连接成一条直线，就是支撑线。

（2）将股价波段运行的高点和高点连接成一条直线，就是压力线。

（五）趋势线的应用

趋势是你的朋友，永远顺着趋势做股票，不要逆势而为。

趋势线的使用方法非常简单，股价从支撑线上方向下跌破支撑线时，应卖出股票，并到下一根支撑线的位置寻找买点；股价从压力线下方向上突破时，应买入股票，并到上一根压力线的位置寻找卖点。

趋势线的角度至关重要，过于平缓的角度显示出力度不够，不容易马上产生大行情，过于陡峭的趋势线则不能持久，往往容易很快转变趋势。趋势线常可以和成交量配合使用，股价从下向上突破压力线时，往往需要大成交量的支持，如果没有成交量支持的突破，在很多时候是假突破。

股价对趋势线的突破一般以收盘价为标准，但很多时候投资者不应一定等到收盘，而应根据盘中的实际突破情况，及时做出买卖决定，因为等到收盘，许多时候已经太晚了，第二天的跳高或跳低开盘将使你丢掉一大段行情或产生一大段损失。

许多人把收盘价穿越趋势线的幅度超过 3%，作为有效突破，股价从下向上突破压力线时，可以参考这条原则。股价从上向下跌破支撑线时，应采取一破位就离场的原则，而不要一根筋地去等 3%。

总之，趋势线可以帮助投资者顺势而为，寻找价格的运动趋势，在上升的趋势时买入股票并持有，在下跌的趋势时不进仓买入，并持有现金在手。

三、通道线

（一）通道线的定义

通道线又称管道线，是在趋势线的反方向上画一根与趋势线平行的直线，且该直线穿越近段时期价格的最高点或最低点。这两条线将 K 线走势夹在中间运行，有明显的管道或通道形状（图 5-35）。

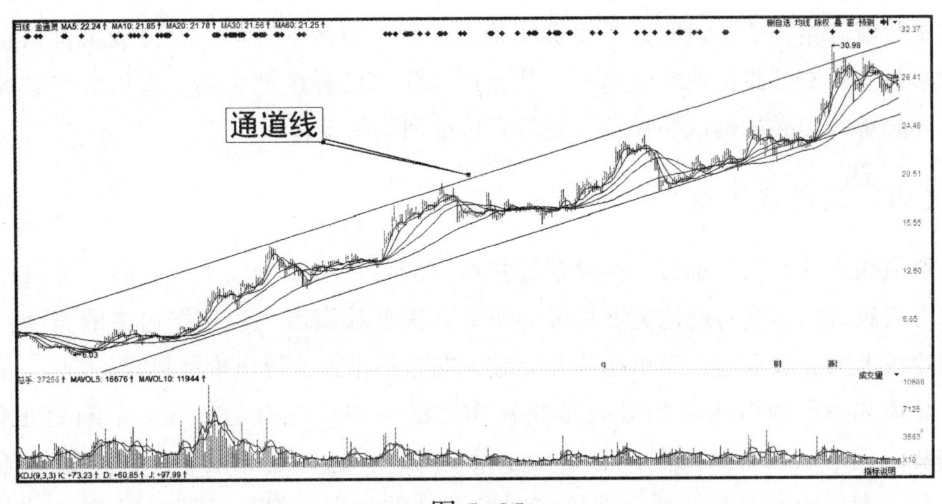

图 5-35

（二）通道线的作用

1. 限制价格变动范围

通道的主要作用是限制价格的变动范围，让它不能变得太离谱。通道一旦得到确认，那么价格将在这个通道里变动。如果通道线一旦被价格有效突破，往往意味着趋势将有一个较大的变化。

当通道线被价格突破后，趋势上升的速度或下降的速度会加快，会出现新的价格高点或低点，原有的趋势线就会被废止，要重新依据价格新高或新低来画趋势线和管道线。很多交易者就是利用价格突破管道线的时机来进行加仓或减仓的。

2. 发出趋势转向信号

通道线除了有限制价格运行空间的作用外，还有一个发出趋势转向的警报作用。如果价格在一次波动中未触及管道线，离管道线很远就开始掉头，这往往是趋势将要改变的信号，说明市场可能没有力量继续维护原有的上升或下降的趋势了。

如果趋势线随即被价格突破，那么突破后的价格运动空间至少等于价格未到管道线的距离，或者等同于管道的宽度。该原理和效果也适用于价格远离趋势线就开始掉头的情况，只是结果恰恰相反。

（三）通道线注意现象

通道线有两点需要注意：（1）当通道线被价格突破后，往往不会发生价格回调现象。即通道线不起到支持回调运动的作用。当价格突破通道线后，要么一飞冲天，要么会迅速跌回趋势通道里，而不会在管道线附近做任何停留。（2）下降趋势中的管道线往往起不到支撑的作用，它们经常会被价格迅速跌破。

同趋势线一样，通道线也有被确认的问题。在上升通道线中，如果价格每到通道线附近就开始掉头，说明这条通道线是被市场认可的。当然，通道线被价格触及的次数越多，有效维持的时间越长，其被市场认可的程度就越高。管道线突破的确认，同趋势线突破的确认一样，只是没有价格回调的动作。

（四）通道线测算意义

通道线还具有测算意义。一旦在价格通道的两条边线上发生了突破，价格通常将顺着突破方向达到与通道宽度相等的距离。因此投资者可以根据通道的宽度，从通道边线上的突破点起，简单地顺着突破方向投影出去，得出价格目标。

总体来说，通道线和趋势线是相互作用的一对，先有趋势线，后有管道线，但趋势线比通道线重要得多，也更为可靠。同时，趋势线可独立存在，而通道线则不行。通道线是与趋势反向的价格回归运动的体现，但价格回归运动并不一定非要划出通道线来说明自身的存在，通道线只是体现了这种价格回归规律的可视性。

四、江恩角度线

（一）江恩角度线定义

江恩角度线即甘氏线（Gann Line），甘氏线是从一个点出发，依一定的角度，向后画出的多条直线，所以甘氏线又称为角度线。

甘氏线是由威廉·江恩创立的一套独特的理论，江恩是一位具有传奇色彩的股票技术分析大师，甘氏线就是他将百分比原理和几何角度原理结合起来的产物。

（二）江恩角度线的作用

甘氏线中的每条直线都有支撑和压力的功能，但这里面最重要的是 45 度线、63.75 度线和 26.25 度线。这三条直线分别对应百分比线中的 50%、62.5% 和 37.5% 百分比线。其余的角度虽然在价格的波动中也能起一些支撑和压力作用，但重要性都不大，都很容易被突破。

如图 5-36 所示，图中每条直线都有一定的角度，这些角度的得到都与百分比线中的数字有关。每个角度的正切或余切分别等于百分比数中的某个分数（或者说是百分数）。

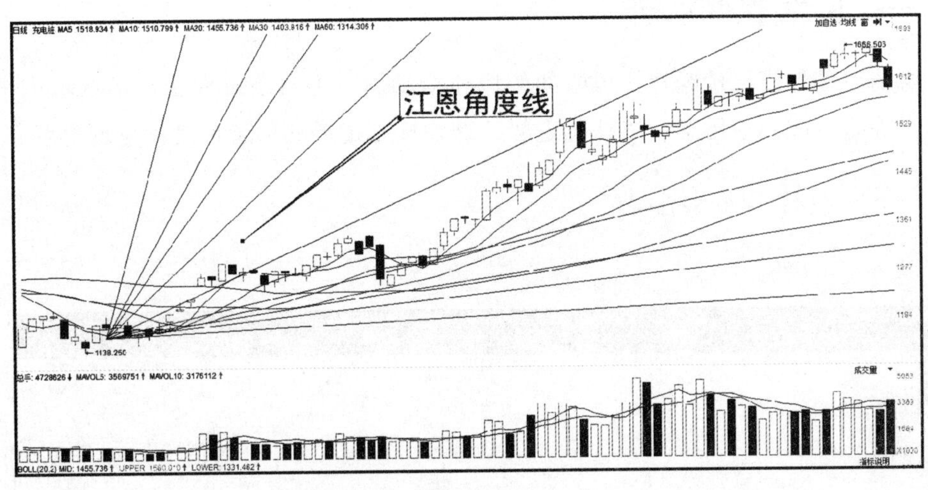

图 5-36

（三）江恩角度线的应用

1. 先确定起始点

被选择的点同大多数别的选点方法一样，一定是显著的高点和低点，如果刚被选中的点马上被创新的高点和低点取代，则甘氏线的选择也随之而变更。

2. 确定起始点后

再找角度（即 45 度线），如果起始点是高点，则应画下降甘氏线；反之，如果起始点是低点，则应画上升甘氏线。这些线将在未来起支撑和压力作用。

甘氏线的角度线，如果绘图时采用的刻度不同，那么，同样一些数字在不同刻度取法的图表中表现出来的图形模样就不同。

上述问题是江恩理论需要进一步完善的地方。不过，这个问题对投资者的妨碍并不大，原因有两点。

①甘氏线提供了很多条，而不只是一条直线。东方不亮西方亮，几乎总有一条直线能起很重要的作用。

②甘氏线并不是孤立的作用，它往往同百分比线等别的切线相结合使用，这样，可以改变总体的效果，避免一些明显的错误。

第三节　形态分析

一、K线整理形态

所谓整理是指股价经过一段时间的快速变动后，不再前进而在一定区域内上下变动，等时机成熟后再继续以往的走势。这种规则走势的形态称之为整理形态。

（一）对称三角形形态

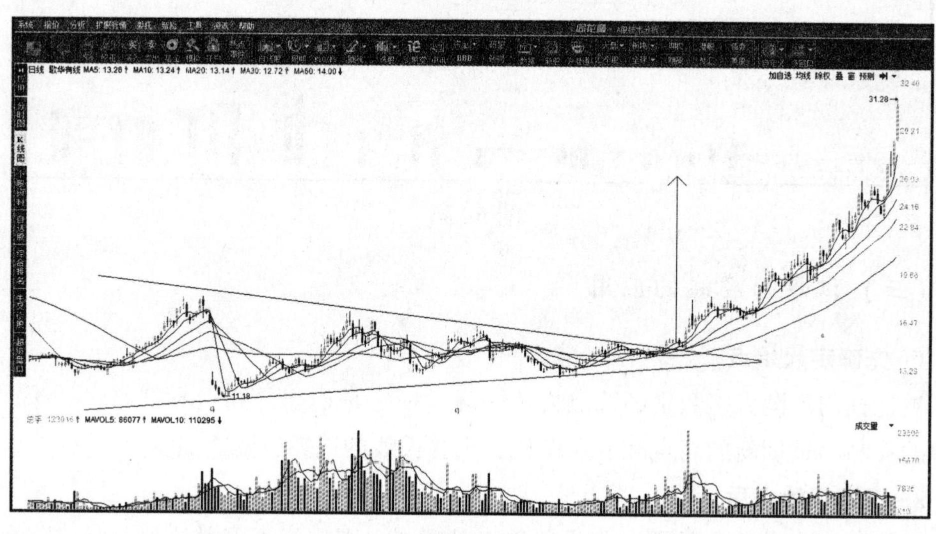

图 5-37

1. **形态分析**

对称三角形由一系列的价格变动所组成，其变动幅度逐渐缩小，也就是说每次变动的最高价低于前面的价位，而最低价比前面价位要高，呈一压缩图形，如从横向看股价变动领域，其上限为向下斜线，下限为向上倾线，把短期高点和低点分别以直线连接起来，就可以形成一个对称三角形。在三角形开始时成交量较大，随着到三角形末期成交量逐渐变小，当股价破位三角形图形时，成交量增大（图 5-37）。

2. **市场含义**

对称三角形是因为买卖双方的力量在该段价格区域内势均力敌，暂时达到平衡状态所形成。股价从第一个短期高点回落，但很快便被买方所消化，推动价格回升；但购买的力量对走势没有太大的影响，多方依旧在犹豫，因此股价未能回升至上次高点骤然逆转，再一次下跌。在下跌的阶段中，作为多方的投资者不愿意低价出售仍然抱有价位会回来的希望，所以回落的压力不强，股价未跌到上次的低点便已经回升，多空方的犹豫不决使得股价波动幅度逐渐聚拢，形成此形态。

三角形初期逐渐运动到末期，多空双方对未来走势都不确定，成交量逐渐减少，市场处于平静状态。一般情况下，对称三角形是属于整理形态，即股价会继续原来的趋势移动。只有在股价朝任何一方明显突破后，才可以采取相应的买卖行动。如果股价往上冲破阻力，在冲破的同时得到高成交量的配合，就是一个短期买入信号；反之若是往下跌破（在低成交量之下跌破），便是一个短期卖出信号。

对称三角形的最少涨幅预测方法是当股价往上突破时，从形态的第一个上升高点开始画一条和底部平等的直线，我们可以预期股价至少会上升到这条线才会遇上阻力。至于股价上升的速度，将会以形态开始之前同样的角度上升。因此我们从这个预测方法估计到该股最少涨幅的价格水平和所需要的完成时间。形态的最小跌幅，测量方法也是一样。

3. 要点提示

（1）一个对称三角形的形成，必须要有明显的两个短期高点和短期低点出现。

（2）对称三角形的股价变动越接近其顶点而未能突破边界线时，其力量越小，若太接近顶点的突破即失效。通常在距三角形底边一半或四分之三处突破时会产生最准确的移动。

（3）向上突破需要大成交量伴随，向下突破则不必。

（4）虽然对称三角形大部分属于整理形态，不过也有可能在上升的顶部或下跌的底部中出现。根据统计，对称三角形中大约四分之三属整理形态，而余下的四分之一则属逆转形态。

（5）有一点必须注意，假如对称三角形向下跌破时有极大的成交量，可能是一个错误的跌破信号，股价于跌破后并不会如理论般回落。倘若股价在三角形的尖端跌破，且有高成交量的伴随，情形尤为准确；股价仅下跌一两个交易日后便迅回升，开始一次真正的涨势。有假突破时，应随时重画边界形成新的三角形。

（6）对称三角形突破后，可能会出现短暂的反方向移动，上升止于高点相连而成的形态线，下跌则受阻于低点相连的形态线之下，倘若股价大于上述所说的位置，形态的突破可能有误。

4. 案例分析

金枫酒业经过前期的上涨，于 2007 年 1 月底至 3 月底形成一个对称三角形形态。

形态满足对称三角形形态要点：（1）每次反弹的最高价都低于前一个高点，回落的低点都高于前一个低点；（2）对称三角形成交量，因越来越小幅度的价格变动而递减。

金枫酒业 3 月 27 日开始突破对称三角形的上边线，此时成交量开始增大，投资者可在此时买入仓位（图 5-38）。

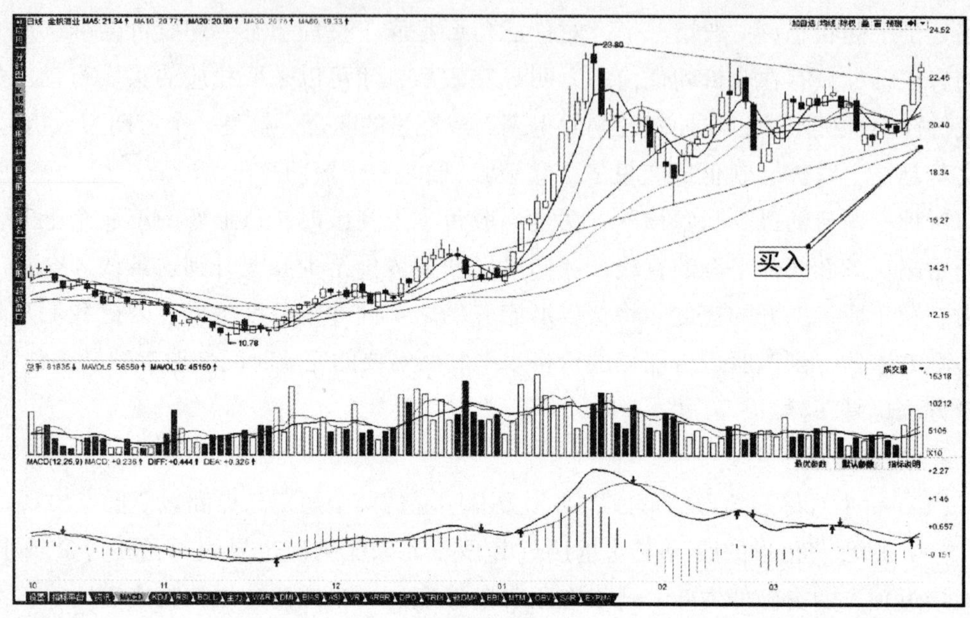

图 5-38

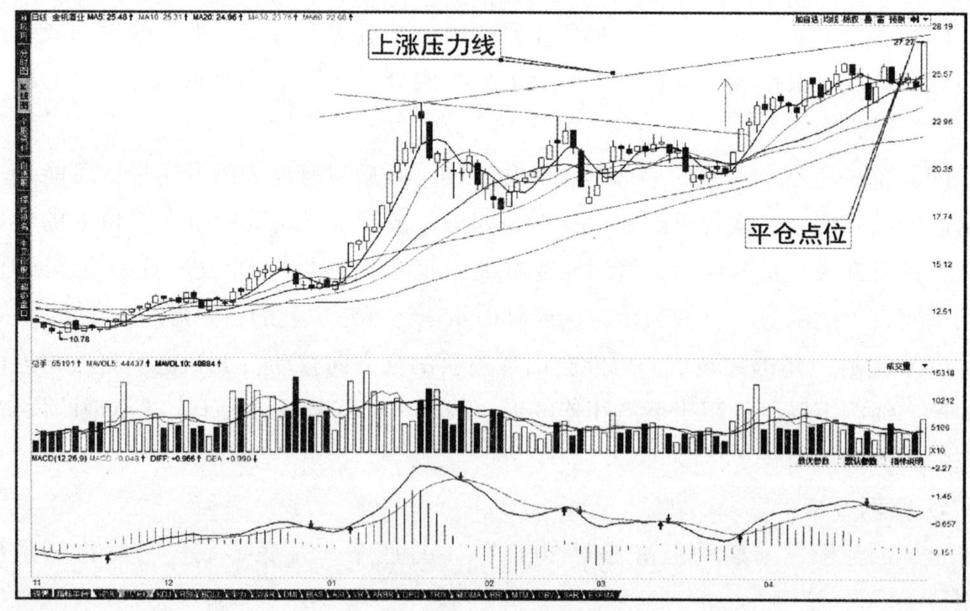

图 5-39

随后 3 月 28 日股价突破三角形上边线后，金枫酒业继续原来的上涨走势。当股价突破对称三角形区域后，往往会走出一波较好的趋势，根据图形画出突破三角形后上涨压力线，投资者可在盈利 30% 个点位、27 元价位附近出仓获利（图 5-39）。

（二）上升三角形和下降三角形

1. 形态分析

股价在某水平线上一直未向上突破，价格从低点连续回升到水平线上，且市场的购买力十分强，股价未下降至上次低点便又反弹向上，这种情形持续使股价随着一条阻力水平线波动日渐收窄。我们若把每一个短期波动高点连接起来，可画出一条水平阻力线；而每一个短期波动低点则可相连出另一条向上倾斜的线，这就是上升三角形（图 5-40）。成交量在形态形成的过程中不断减少。

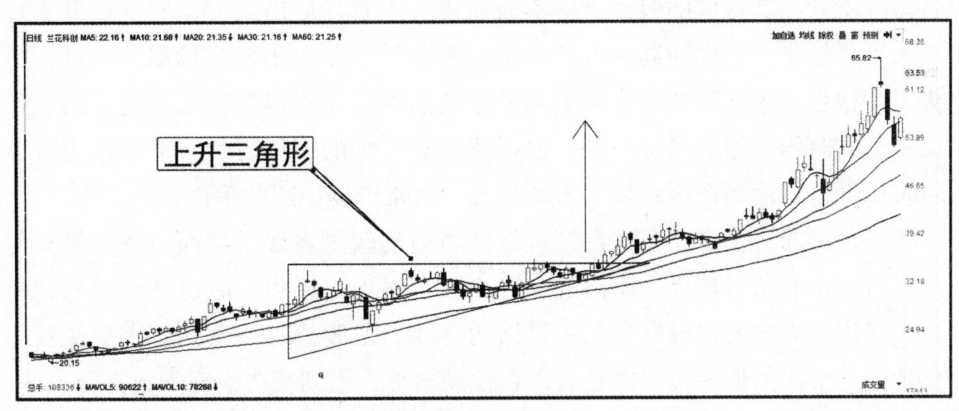

图 5-40

下降三角形的形状与上升三角形恰好相反，股价在某特定的水平出现稳定的购买力，因此价位每次下降至一阻力线便不再下降，形成一条水平的需求线。可是市场的空方力量却不断增强，股价每一次波动的高点都相比于上次变低，于是形成一条下倾斜的供给线。成交量在完成整个形态的过程中，一直都是很小的量（图 5-41）。

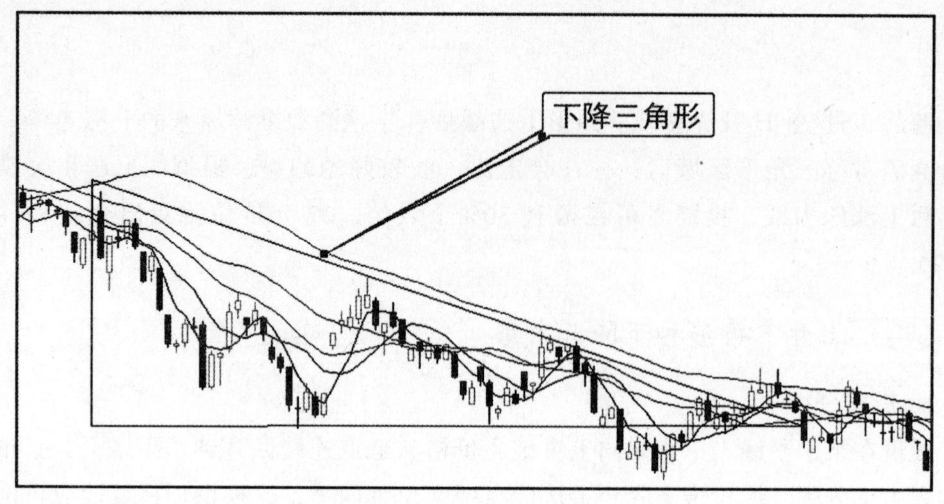

图 5-41

2. **市场含义**

上升三角形显示买卖双方在该范围内的较量，在这一段时间空方的势头比多方较为强盛。卖方在其特定的股价水平不断卖出，不看好后市，于是股价每升到理想的卖出水平便停止，这样在同一价格的卖出形成了一条水平的供给线。不过，市场的购买力量很强，他们不待股价回落到上次的低点，便迫不及待地买进，因此形成一条向右上方倾斜的需求线。另外，也可能是有计划的市场行为，部分人士有意把股价暂时压低，以达到逢低大量买入的目的，这是市场惯用的手法。

下降三角形同样是多空双方在某价格区域内的较量表现，然而多空力量却与上升三角形所显示的情形相反。卖出的一方不断增强卖出压力，股价还没回升到上次高点便再卖出，而多方依旧守着某一价格的防线，使股价每回落到该水平便获得支撑。此外，这形态的形成也可能是有人在拉高出货，直到货源卖完为止。

3. **要点提示**

（1）上升三角形在突破顶部水平的阻力线时，有一个短期买入信号，下降三角形在突破下面水平阻力线时有一个短期卖出信号。但上升三角形在突破时须伴有大成交量，而下降三角形突破时不必有大成交量来证实。

（2）上升三角形和下降三角形都属于整理形态。上升三角形在上升过程中出现，暗示有突破的可能，下降三角形正相反。

（3）值得一提的是，这两种形态虽属于整理形态，有一般向上向下规律性，但也有可能朝相反方向发展。即上升三角形可能下跌，因此投资者在向下跌破 3%（收盘价）时，应暂时卖出，以待形势明朗。同时在向上突破时，没有大成交量配合，也不应贸然进仓。相反下降三角形也有可能向上突破，这里若有大成交量则可证实，另外在向下跌破时，若出现回升，则观察其是否受阻于底线水平之下，在底线之下是假性回升，若突破底线3%，则图形失败。

4. 案例分析

2007年5月22日到7月24日，兰花科技价位走出上升三角形形态，满足多次高点在一水平线，多次低点相连形成倾斜向上线，价位多次涨至水平高点而未突破，说明空方强劲，但多次低点逐一上涨，说明多方力量在愈发加强（图5-42）。

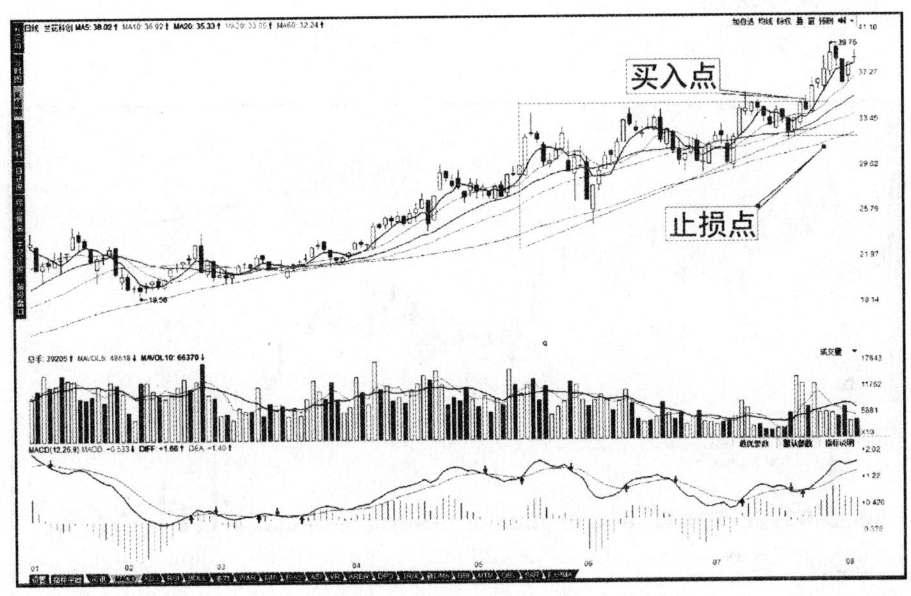

图5-42

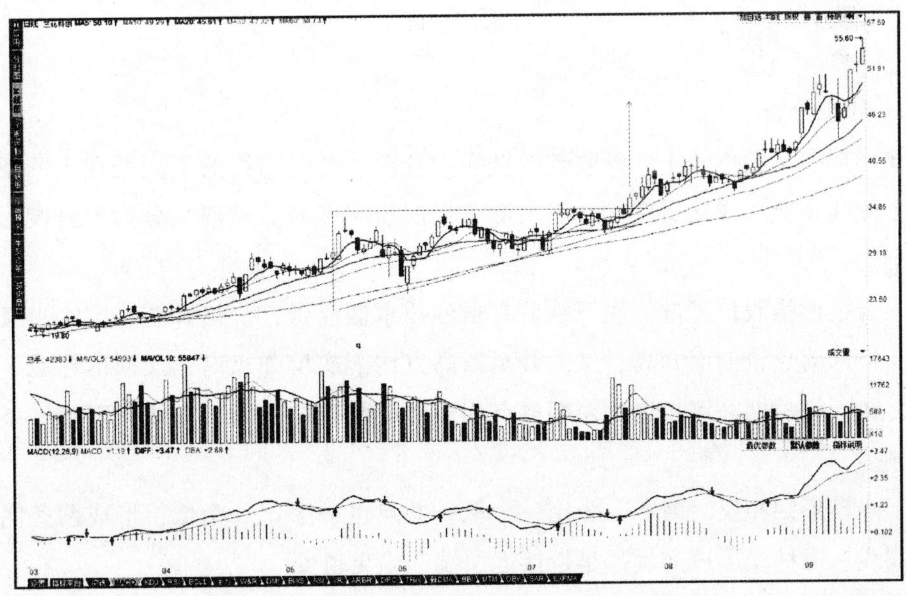

图5-43

投资者可在2007年7月25日当股价成交量放量，价位突破高点水平线时，追进买入仓位。同时在进仓价位之下3%设置好止损位。

而后兰花科创价位向上突破上升三角形高位，投资者可在后期价位55元附近，50%利润下获利平仓（图5-43）。

（三）楔形形态

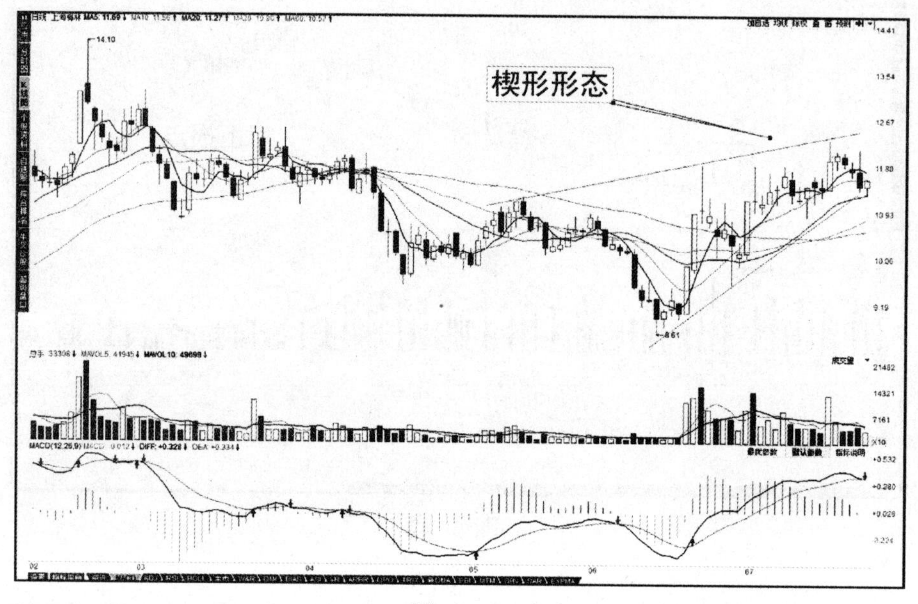

图5-44

1. 形态分析

楔形形态是股价介于二条收敛的直线中变动。与三角线的不同处在于两条界线同时上倾或下斜。成交量变化和三角形一样向顶端递减。楔形又分为上升楔形和下降楔形。

上升楔形指股价经过一次下跌后有强烈技术性反弹，价格升至一定水平又掉头下落，但回落点较前面升高，又上升至新高点比上次反弹点高，又回落形成一浪高一浪之势，把短期高点相连、短期低点相连形成两条向上倾斜直线，下面一条则较为陡峭。

下降楔形则相反，高点一个比一个低，低点也一个比一个低，形成两条同时下倾的斜线。两种楔形成交量都是越接近顶端，成交越少。

2. **市场含义**

从表面上看，上升楔形与上升三角形都代表多头趋势，不过后者只有一边上倾，前者两边上倾，多头趋势应该更强烈，但实际上并非如此，因为上升三角形上面的线代表股价在一定价格才卖出，当供给被吸收后，上面的压力解除，股价便会往上跳。在上升楔形中，股价上升，卖出压力也不大，但投资者的兴趣却逐渐减少，股价虽上涨，但每一个新的上升波动都比前一个弱，最后当需求完全消失时，股价便反转回跌，因此，上升楔形表示一个逐渐减弱的情况。

上升楔形也是一个整理形态，常在下降中回升阶段出现，上升楔形显示尚未跌至底部，只是一次跌后反弹而已，当其下限跌破后，就是卖出信号。上升楔形的下跌幅度，至少将新上升的价格跌掉，而且要跌得更多，因为尚未见底。

下降楔形和上升楔形刚刚相反。股价经过一段时间上升后，出现了获利反弹，虽然下降楔形的底线往下倾斜，表面上看似市场的承接力量不强，但新的回落浪较上一个回落浪幅度小，说明卖出力量正在减弱，加上成交量在这个阶段中的减少可证明市场空方力量的减弱。

下降楔形也是个整理形态，通常在中、长期涨势的回落调整阶段中出现。下降楔形的出现告诉我们涨势尚未见顶，这仅是上升后的正常调整现象。一般来说，形态大多是向上突破，当其上方阻力被突破时，就是一个买入信号。

3. **要点提示**

（1）楔形（无论上升楔形还是下降楔形）上下两条线必须明显地收敛于一点，如果形态太过宽松，形成的可能性就该怀疑。一般来说楔形需要两个星期以上时间完成。

（2）下降楔形和上升楔形有一点明显不同之处，上升楔形在跌破下限支撑后经常会出现急跌；但下降楔形往上突破阻力后，可能会横向发展，形成横盘，成交量仍然十分少，然后才慢慢开始上升。这情形的出现，我们可等待股价打破横盘后才考虑跟进。

（3）虽然在熊市中出现的上升楔形大部分都是往下跌破占多，但相反地若是往上涨破，而且成交量也有明显的增加，形态可能出现变化，发展成上升通道，这时候我们应该改变原来看跌的看法，趋势可能会沿着新的上升通道，开始一次新的涨势了。同样假如下降楔形不升反跌，跌破下限支撑，形态可能改变为下降通道，这时候就应该随着趋势的变化而做出改变了。

（四）矩形形态

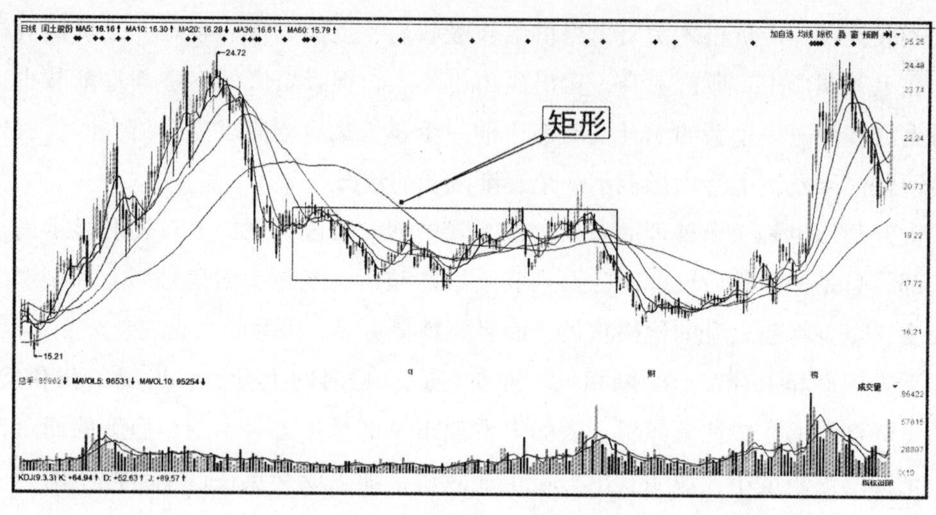

图 5-45

1. 形态分析

矩形是股价由一连串在两条水平的上下界线之间变动而成的形态。股价在其范围之内浮动。价格上升到某水平时遇上阻力，掉头回落，但很快便获得支持而升，可是回升到上次同一高点时再一次受阻，而挫落到上次低点时则再得到支持。这些短期高点和低点分别以直线连接起来，便可以绘出一条通道，这通道既非上倾，也不是下降，而是平行发展，这就是矩形形态。

2. 市场含义

矩形为冲突型，是描述实力相当的争战双方的竞争。这形态明显告诉我们，多空双方的力量在该范围之间完全呈现均衡状态，在这段时间谁也占不了谁的便宜。做多的一方认为其支撑位是很理想的买入点，于是股价每回落到该水平即买入，形成了一条水平的需求线。与此同时，做空的投资者对股市没有信心，认为股价难以突破其压力位，于是股价上升至该价位压力线，随即卖出，形成一条平行的供给线。从另一个角度分析，矩形多空方势均力敌，对后期都没有明显的方向。所以，当股价上升时，一些对后期缺乏信心的投资者退出；而当股价下降时，一些憧憬着未来前景的投资者加进，由于双方实力相当，于是股价就来回在这一段区域内波动。

一般来说，矩形是整理形态，遇牛市上冲，遇熊市下跌。突破上下限后有买入和卖出的信号，涨跌幅度通常等于矩形本身宽度。但投资者需要注意的是矩形突破时方向应结合成交量与其他技术指标来综合把握，这样分析出的效果较佳。

3. **要点提示**

（1）一个高低波幅较大的矩形，较一个狭窄而长的矩形形态更具威力。

（2）矩形形成的过程中，除非有突发性的消息扰乱，其成交量应该是不断减少的。如果在形态形成期间，有不规则的高成交出现，形态可能失败。当股价突破矩形上限的压力位时，必须有成交量激增的配合；但如果跌破下面阻力位时，就不需要高成交量的增加。

（3）矩形呈现突破后，股价经常出现回调，这种情形通常会在突破后的三天至三周内出现。回调将止于压力线之上，往下跌破后的假性回调，将受阻于支撑线之下。

4. **案例分析**

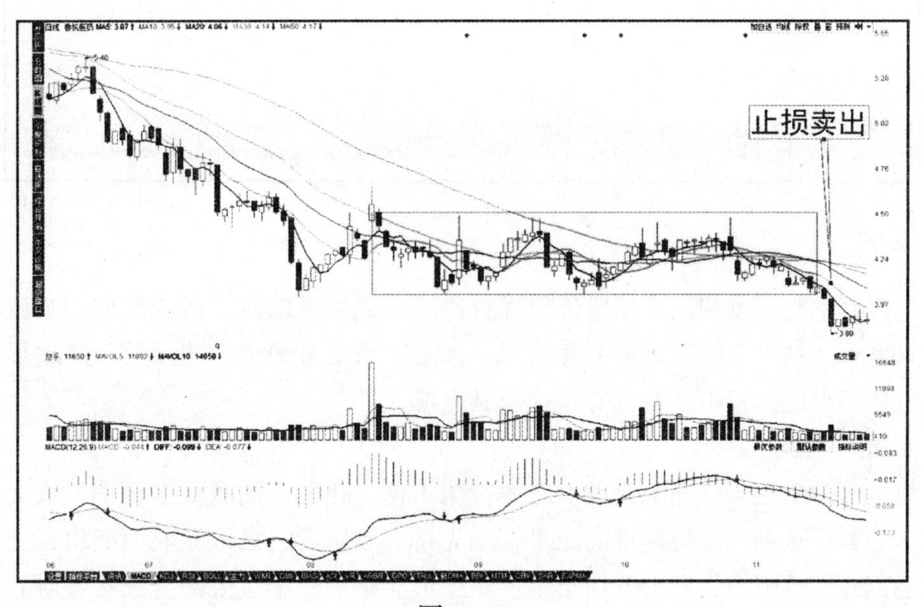

图 5-46

矩形是一种常见的中继形态，即股价经过矩形整理后，仍将继续其之前的走势。如图 5-46，鲁抗医药从 2012 年 6 月开始一波比较快速的下跌后，8 月在 4-4.5 元区间内做矩形整理，之后跌破矩形下边线，继续跌势。

（五）旗形形态

1. **形态分析**

旗形走势的形态就像一面挂在旗杆顶上的旗帜，这形态通常在急速而又大幅的市场波动中出现，股价经过一连串紧密的短期波动后，形成一个稍微与原来趋势呈相反方向倾斜的长方形，这就是旗形走势。旗形走势又可分为上升旗形和下降旗形。上升旗形的形成过程是：股价经过剧烈的上冲后，接着形成一个紧密，狭窄和稍微向下倾斜的价格密集区域，把这密集区域的高点和低点分别连接起来，就可以画出两条平行而又下倾的直线，这就是上升旗形（图 5-47）。

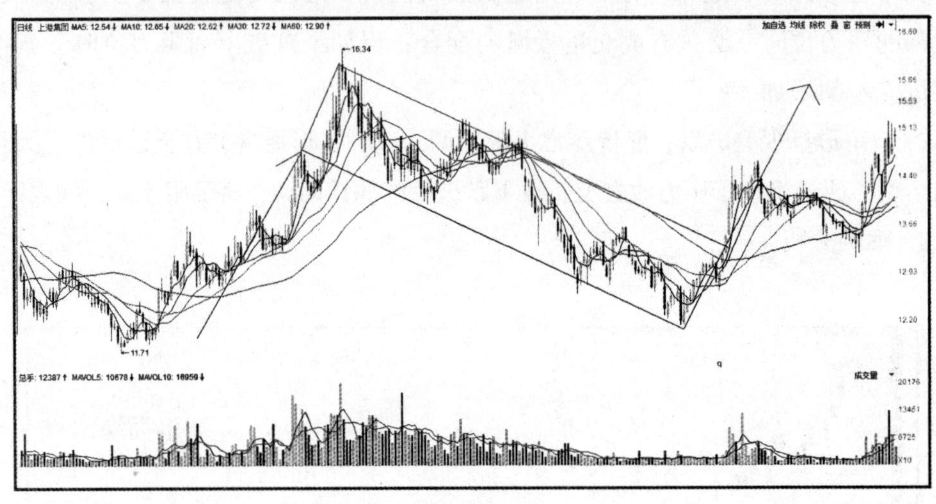

图 5-47

下降旗形则刚刚相反，当股价出现急速或垂直的下跌后，接着形成一个波动狭窄而又紧密，稍微上倾的价格密集区域，像是一条上升通道，这就是下降旗形。成交量在旗形形成过程中，会呈阶梯状明显递减。

2. 市场含义

旗形经常出现于急速上升或下降的行情中途，在急速的直线上升中，成交量逐渐增加，最后达到一个短期最高纪录，早先持有股票者，已因获利而卖出，上升趋势也遇到较大的阻力，股价开始小幅下跌，形成旗形。不过大部分投资者对后期趋势依然充满信心，所以下降的速度不快，幅度也十分轻微，成交量不断减少，反映出市场的空方力量在下降中不断地减少。经过一段时间整理，到了旗形末端股价突然上升，成交量也大增，而且几乎形成一条直线。股价又像形成旗形前时移动速度一样急速上升，这是上升形成的旗形。

在下跌时所形成的旗形，其形状为倒置的上升旗形，在急速的直线下降中，成交量增加达到一个高点，然后有支撑反弹，不过反弹幅度不大，成交量减少，股价小幅上升，形成旗形，经过一段时间整理，到达旗形末端，股价突然下跌，成交量增大，股价继续下跌。

从以上分析可见，旗形是个整理形态。即形态完成后股价将继续沿原来的趋势方向移动，上升旗形将会向上突破，而下降旗形则是往下下跌，上升旗形大部分在牛市第三期中出现，因此形态暗示涨势可能进入尾声阶段。下降旗形大多在熊市第一期出现，这个形态显示趋势可能垂直下跌。因此这个阶段中形成的旗形十分细小，可能在三四个交易日内已完成，这个具体要看当时盘面的情况。如果在熊市第三期中出现，旗形形成需要的时间较长，而且跌破后只有小幅度下跌。

3. 要点提示

（1）当上升旗形往上突破时，必须要有成交量增大的配合；当下降旗形向下跌破时，成交量也是要大量增加的。

（2）这个形态必须在急速上升或下跌之后出现，成交量则必须在形成形态期间不断减少。

（3）股价一般在四个星期内向预定的方向发展，当进入第三个星期的交易日时，需要密切关注股票的走势。

（4）在形态形成中，若股价趋势形成旗形而其成交量减少的情况下，下一步将是很快反转，而不是整理。即上升旗形往下突破而下降旗形则是向上突破。换言之，高成交量的旗形形态趋势可能出现逆转，而不是个整理形态。因此，成交量的变化在旗形走势中是十分重要的，它是观察和判断形态真伪的唯一方法。

4. 案例分析

2010 年 8 月 4 日强生控股股价连续向上跳空后，接着形成一个紧密、狭窄向下倾斜的价格密集区，此时投资者就应判断出强生控股走出了旗形形态（图 5-48）。

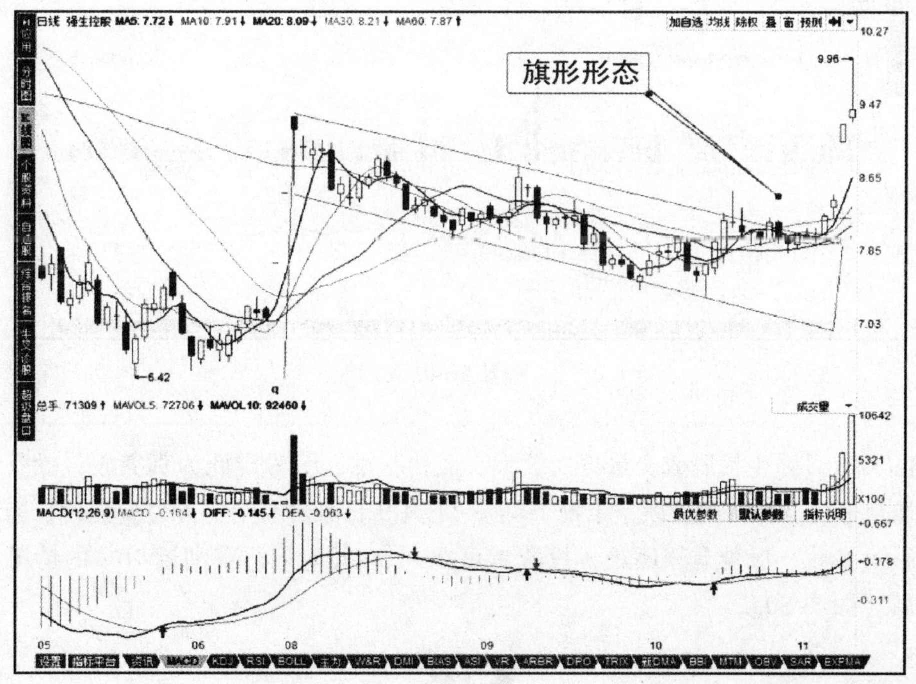

图 5-48

在价位下跌过程中，强生控股成交量逐渐减少，2010 年 10 月 21 日强生控股成交量增大，价位突破旗形形态上边缘，突破行情到来，此时投资者可在 8.20 元价位追进，但强生控股盘中价位下跌，收盘价跌入旗形形态区间内，次日强生控股开盘价位下跌，成交量萎缩，此时投资者需立刻判断出为假突破，应立即止损平仓。

随后强生控股价位在均线组附近得到支撑止跌，2010 年 11 月 4 日强生控股成交量放大，价位再次突破旗形形态，此时投资者可在 8.03 元价位追进买入，并且设定好止损价，如果股价再一次出现假突破，投资者可在 7.90 元价位附近亏损 1%止损出局（图 5-49）。

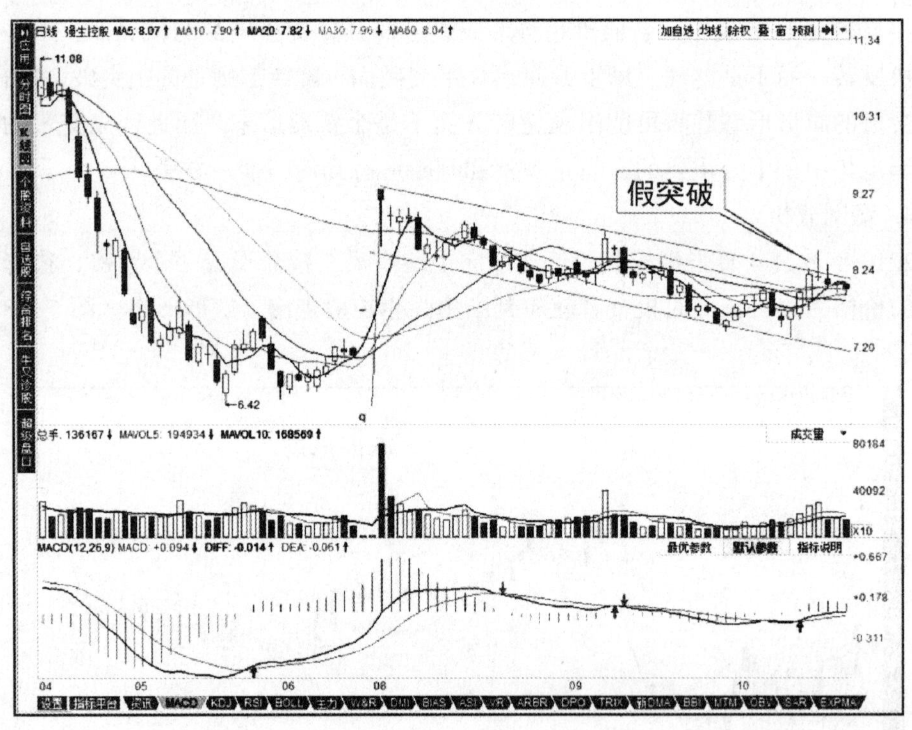

图 5-49

11 月 5 日强生控股成交量再次放大，股价上涨，可确定此为真突破，投资者可继续加仓追进，次日股价跳空上涨。随后 11 月 9 日股价盘中空方力量强劲，当天收出长影线 K 线，股价上涨困难，投资者可在 9.50 元附近，获利近 20%的情况下平仓出局（图 5-50）。

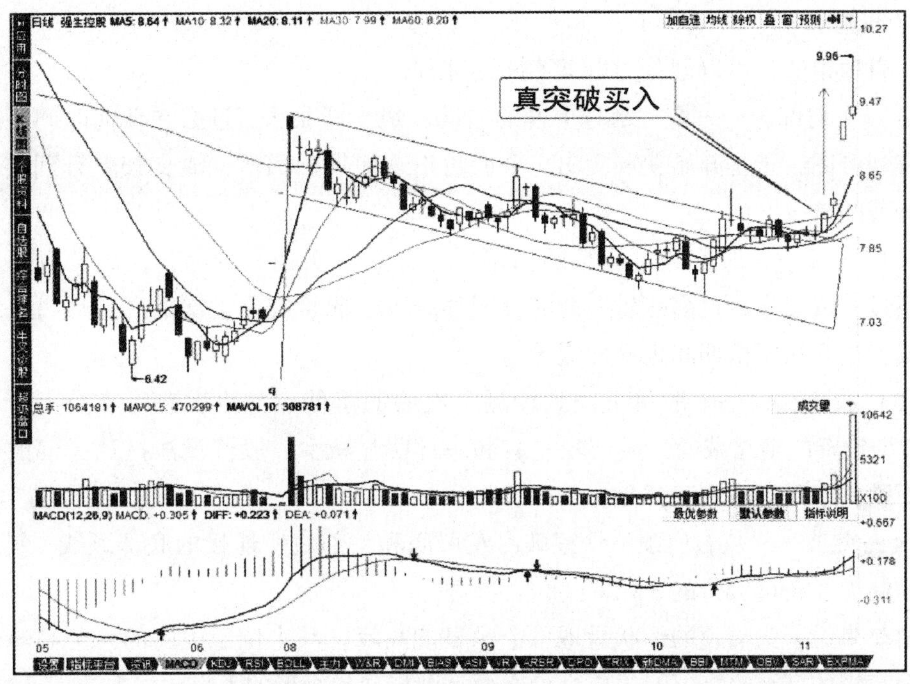

图 5-50

二、K 线反转形态

反转形态指股价趋势逆转所形成的图形，也就是股价由涨势转为跌势，或由跌势转为涨势的信号。

（一）头肩顶形态（图 5-51）

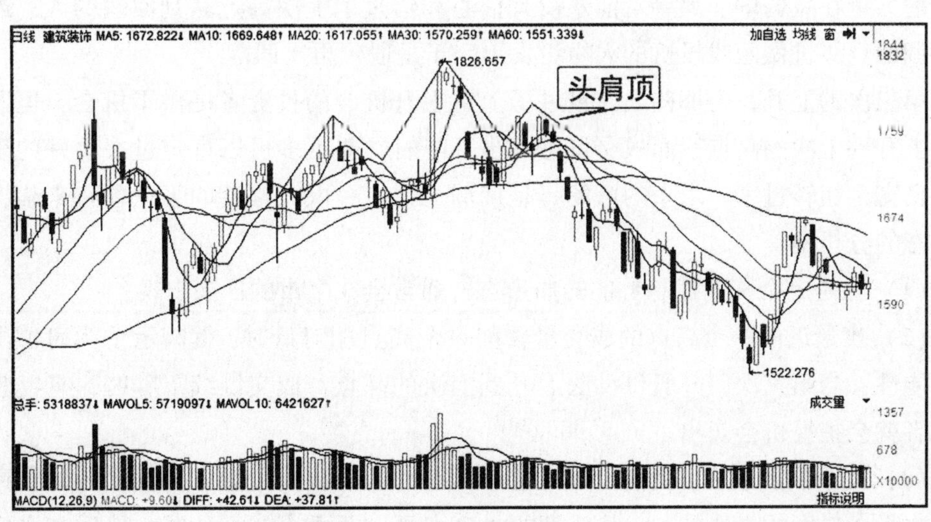

图 5-51

1. 形态分析

头肩顶走势，可以划分为以下不同的部分：

（1）左肩部分——有一部分上升的时间，成交量很大，过去在任何时间买进的人都有利可图，于是开始获利卖出，令股价出现短期的回落，成交较上升到其顶点时有显著的减少。

（2）头部——股价经过短暂的回落后，又有一次强力的上升，成交也随之增加。不过，成交量的最高点较左肩部分明显减少。股价突破上次的高点后再一次回落。成交量在这回落期间也同样减少。

（3）右肩部分——股价下跌到接近上次的回落低点又再次获得支持上升，可是，市场投资的情绪减弱，成交较左肩和头部明显减少，股价没法抵达头部的高点随即下跌，于是形成右肩部分。

（4）突破——从右肩顶下跌穿破由左肩底和头部底所连接的底部颈线，其突破颈线的幅度要超过股价的3%以上。

简单来说，头肩顶的形状呈现三个明显的高峰，其中位于中间的一个高峰较其他两个高峰的高点略高。至于成交量方面，则出现梯级形的下降。

2. 市场含义

头肩顶是一个不容忽视的技术性走势，我们从这个形态可以观察到多空双方的激烈争夺情况。

开始时，看多的力量不断推动股价上升，市场投资情绪高涨，出现大量成交，经过一次短期的回落调整后，那些看好涨势的人在调整期间买进，股价继续上升，而且越过上次的高点，表面看来市场仍然健康和乐观，但成交已大不如前，反映出买方的力量在减弱中。那些对前景没有信心和错过了上次高点获利回调的人，或是在回调低点买进做短线投机的人纷纷卖出，于是股价再次回落。

第三次的上升，为那些之前错过了上次上升机会的投资者提供了机会，但股价无力上升到上次的高点，而成交量进一步下降时，差不多可以肯定过去看好的乐观情绪已完全扭转过来。未来的市场将是疲弱无力，一次大幅度的下跌即将来临，对此形态的分析是：

（1）这是一个长期性趋势的转向形态，通常会在牛市的尽头出现。

（2）当最近的一个高点的成交量较前一个高点相对低时，就暗示了头肩顶出现的可能性；当第三次回升股价没法上升到上次的高点，成交继续下降时，有经验的投资者就会把握机会卖出。

（3）当颈线跌破后，我们可根据这一形态的最少跌幅测量方法预测股价会跌至哪一水平。量度的方法是——从头部的最高点画一条垂直线到颈线，然后在完成右肩突破颈线的一点开始，向下量出同样的长度，由此量出的价格就是该股将下跌的最小幅度。

（4）当头肩顶颈线击破时，就是一个真正的卖出信号，虽然股价和最高点比较，已回调了相当的幅度，但跌势只是刚刚开始，未出货的投资者继续卖出，这时候投资者进多仓应特别小心。

3. 要点提示

（1）一般来说左肩和右肩的高点大致相等，部分头肩顶的右肩较左肩稍低。但如果右肩的高点较头部还要高，形态便不能成立。

（2）如果其颈线向下倾斜，显示市场非常疲乏无力。

（3）成交量方面，左肩最大，头部次之，而右肩最少。不过，根据有些统计所得，大约有三分之一的头肩顶左肩成交量较头部稍多，三分之一的成交量大致相等，其余的三分之一是头部的成交量大于左肩。

（4）当颈线跌破时，不管成交量是否增加也该信赖，倘若成交在跌破时激增，显示市场的抛售力量十分庞大，股价会在成交量增加的情形下加速下跌。

（5）在跌破颈线后可能会出现暂时性的回调，在成交量很小的情况且跌破时出现。不过，暂时回调应该不超越颈线水平。

（6）假如股价最后在颈线水平回调，而且高于头部，又或者是股价于跌破颈线后回调高于颈线，这可能是一个失败的头肩顶，不应该贸然进仓。

（7）头肩顶是一个杀伤力十分强大的形态，通常其跌幅大于测量出来的最少跌幅。

（二）头肩底形态（图 5-52）

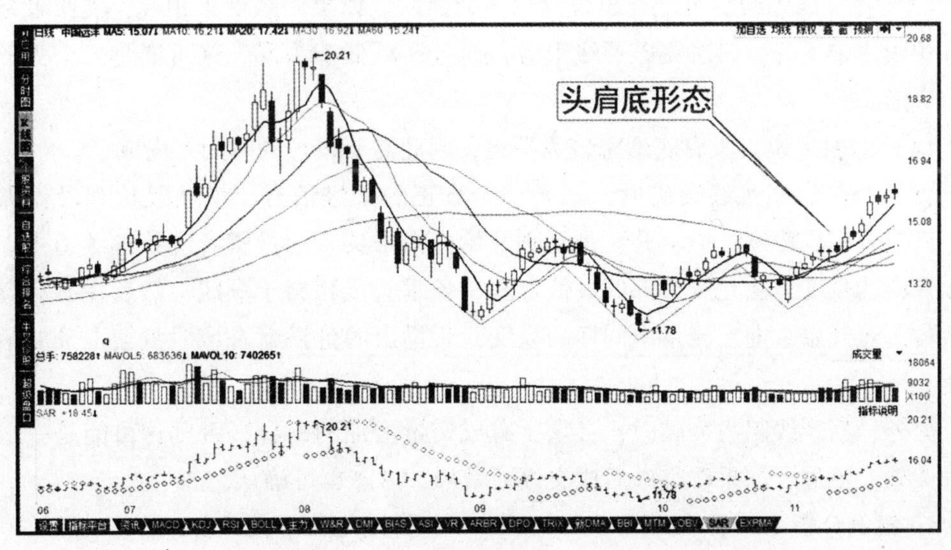

图 5-52

1. **形态分析**

和头肩顶的形状一样，只是整个形态倒转过来而已，又称“倒转头肩式”。形成左肩时，股价下跌，成交量相对增加，接着为一次成交量较小的次级上升。接着股价又再下跌且跌破上次的最低点，成交量再次随着下跌而增加，较左肩反弹阶段时的交易量增多——形成头部；从头部最低点回调时，成交量有可能增加。整个头部的成交量来说，较左肩为多。

当股价回调到上次的反弹高点时，出现第三次回落，这时的成交量很明显少于左肩和头部，股价在跌到左肩的价位，跌势便稳定下来，形成右肩。

最后，股价正式策动一次上升趋势，且伴随成交大量增加，当其颈线阻力冲破后，成交量明显上升，整个形态完全形成。

2. **市场含义**

头肩底的分析意义和头肩顶大体一致，它告诉我们过去的长期性趋势已扭转过来，股价连续的下跌，第二次的低点显然较先前的一个低点为低，可价位却快速下跌反转，接下来的一次下跌股价跌到上次的低点水平获得支持而回升，反映出多方力量正逐步改变市场过去看空的形势。当两次反弹的高点阻力线打破后，意味着多方已完全把空方压制住，买方代替卖方完全控制整个市场。

3. **要点提示**

（1）头肩顶和头肩底的形状差不多，主要在成交量方面有差别。

（2）头肩底是极具预测威力的形态之一，一旦获得确认，升幅大多会多于其最小升幅。

（3）在突破颈线后可能会出现暂时性的回跌。如果回跌低于颈线，又或者是股价在颈线水平下降，没法突破颈线阻力，而且还跌低于头部，这可能是一个失败的头肩底形态。

（4）一般来说，头肩底形态较为平坦，因此需要较长的时间来完成。

（5）当头肩底颈线突破时，就是一个真正的买进信号，虽然股价和最低点比较，已上升一段幅度，但上升只是刚刚开始，尚未买入的投资者应该继续追入。其最少升幅的量度方法是从头部的最低点画一条垂直线相交于颈线，然后在右肩突破颈线的一点开始，向上测量出同样的高度，所量出的价格就是该股将会上升的最小幅度。

另外，当颈线阻力突破时，必须要有成交量增加的配合，否则这可能是一个错误的突破。不过，如果在突破后成交逐渐增加，形态也可确认。

4. **案例分析**

2009 年 8 月中国远洋价位下跌，而后小回调一波价位到 14.7 元后，又一次下跌至最低点 11.78 元，然后价位反转上涨，接着又一波小回调至 12.60 元价位附近，此时从图形上投资者就能看出已形成头肩底图形（图 5-53）。

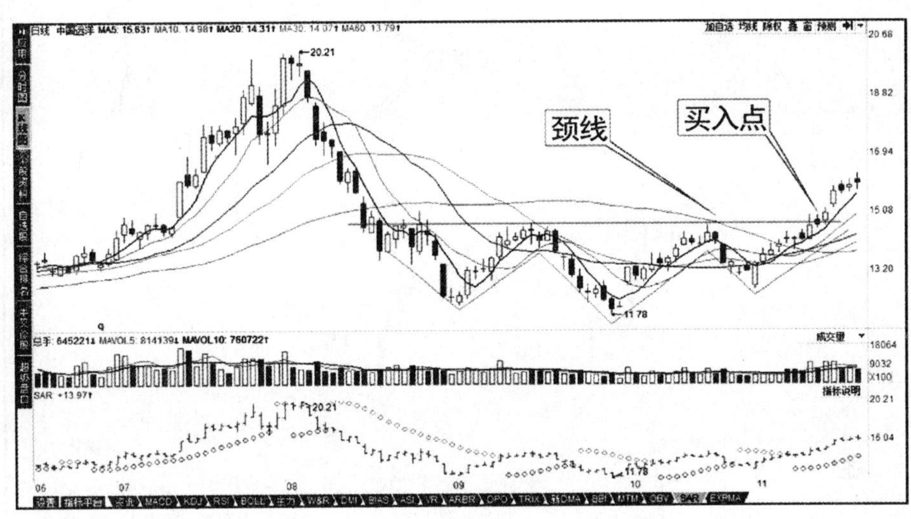

图 5-53

而后中国远洋价位上涨，突破颈线，此时成交量放大，投资者可在中国远洋价位突破颈线时追进买入股票，而后中国远洋价位再次上涨，2009 年 11 月 19 日股价连续收出多日带有上影线 K 线，说明空方压力大，此时投资者可在 16 元价位附近获利平仓。

（三）双重形态

1. 形态分析

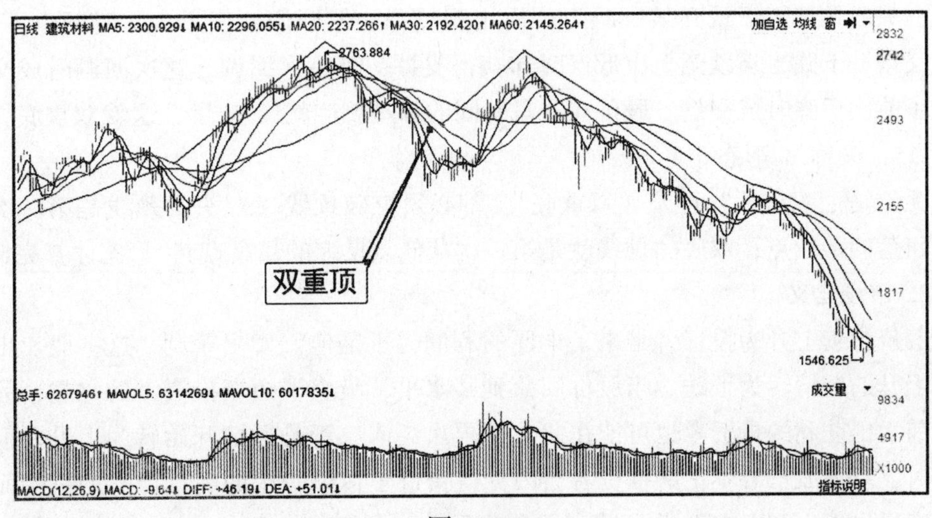

图 5-54

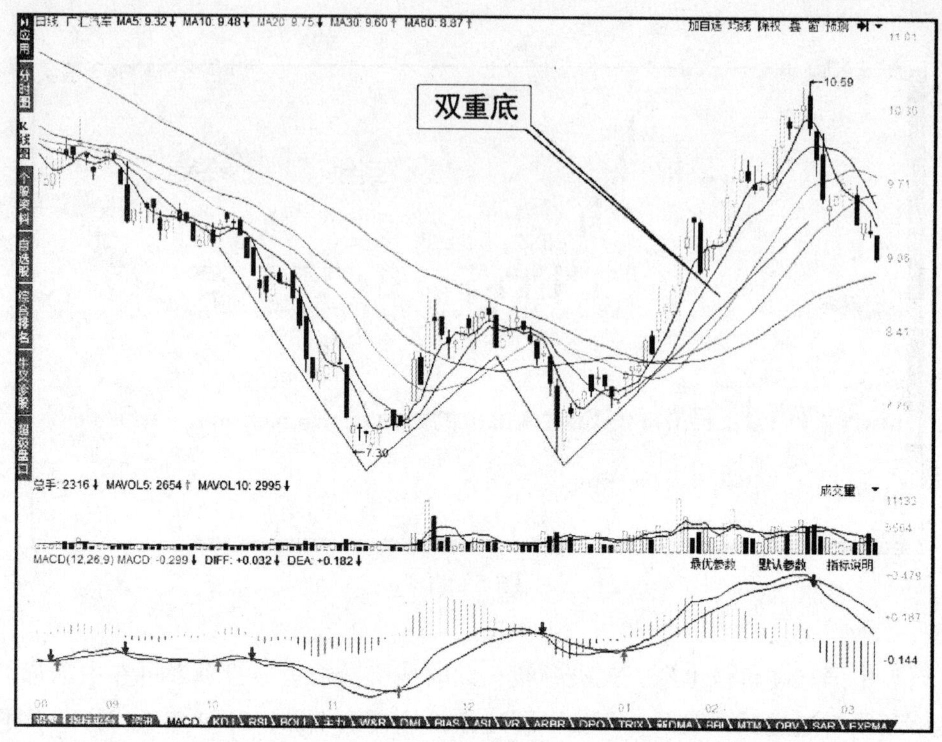

图 5-55

一只股票上升到某一价格水平时，出现大成交量，股价随之下跌，成交量减少。接着股价又上升到与前一个价格几乎相等的顶点，成交量再随之增加却不能达到上一个高峰的成交量，再第二次下跌，股价的移动轨迹就像 M 字。这就是双重顶，见图 5-54，又称 M 头形态。

一只股票持续下跌到某一阻力位后出现反弹，但回调幅度不大，时间也不长，股价又接着下跌，当跌至上次低点时却获得支撑，再一次回调，这次回调时成交量要大于前次反弹时成交量。股价在这段时间的移动轨迹就像 W 字，这就双重底，见图 5-55，又称 W 形态。

无论是“双重顶”还是“双重底”，都必须突破颈线（双头的颈线是第一次从高峰回落的最低点；双底的颈线就是第一次从低点反弹的最高点），形态才算完成。

2. 市场含义

股价持续上升为投资者带来了丰厚的利润，于是他们卖出获利，这一股卖出力量让上升的行情转为下跌。当股价回落到某水平，吸引了短期投资者的兴趣，另外较早前卖出获利的投资者也可能在此水平再次买入，于是行情开始转为上升。但与此同时，对该股信心不足的投资者会因觉得错过了在第一次的高点出货的机会而马上在市场出货，加上在低水平获利再一次买入的投资者也同样在此水平再次卖出，强大的出货压力令股价再次下跌。由于高点两次都受阻而下降，令投资者感到该股没法再继续上升（至少短期该是如此），假如越来越多的投资者卖出，使得股价跌破上次回调的低点（即颈线），于是整个双头形态就已完成。

双底走势的情形则完全相反。股价持续下跌使持仓的投资者觉得价位太低而不愿抛售，而另一些投资者因为低价的吸引尝试买入，于是股价开始上升，当上升到某水平价位时，较早前短线投机买入者获利出仓，那些在跌市中持仓的也趁股价上升时卖出，因此股价又再一次下跌。但对后市充满信心的投资者觉得他们错过了上次低点买入的良机，所以这次股价回落到上次低点时便立即跟进，当越来越多的投资者买入时，强大的买力压倒卖力促使价格上升，而且还突破了上次上升的高点，下跌的趋势戛然而止，市场改变方向。

双头或双底形态是一个转向形态。当出现双头时，即表示股价的上升已经疲软，当出现双底时，即表示跌势告一段落。

通常这些形态出现在长期性趋势的顶部或底部，所以当双头形成时，我们可以肯定双头的最高点就是该股的顶点；而双底的最低点就是该股的底部了。

当双头颈线跌破，就是一个可靠的卖出信号；而双底的颈线冲破，则是一个买入的信号。

3. 要点提示

（1）形成第一个头部（或底部）时，其回落的低点约是最高点的 10%~20%。

（2）双重顶（底）不一定都是反转信号，有时也会是整理形态，这要视两个波谷的时间差决定，通常两个高点（或两个低点）形成的时间相隔超过一个月为常见。

（3）双头的两个高峰都有明显的高成交量，这两个高峰的成交量同样突出，但第二个头部的成交较第一个头部明显减少，反映出市场的购买力量已在转弱。双底第二个底部成交量十分稀少，但在突破颈线时，必须得到成交量增大的配合才可确认。双头跌破颈线时，不需要成交量的上升也可以信赖。

（4）双头的两个最高点并不一定在同一水平，二者相差少于 3%是可接受的。通常来说，第二个头可能较第一个头高出一些，原因是看好的力量企图推动股价继续上升，可是却没法使股价上升超过 3%的差距。一般双底的第二个底点都较第一个底点稍高，原因是预先分析的投资者在第二次回落时已开始买入，令股价没法再次跌回上次的低点。

（5）双头最少跌幅的测量方法，是由颈线开始计算，至少会再下跌从双头最高点至颈线之间的差价距离。双底最少涨幅的测量方法也是一样，双底的最低点和颈线之间的距离，股价在突破颈线后至少会上升相当长度。

（6）一般来说，双头或双底的升跌幅度都较测量出来的最少升跌幅偏大。

（7）通常突破颈线后，会出现短暂的反方向移动，称之为回调，双底只要回调不低于颈线（双头回调则不能高于颈线），形态依然有效。

（四）三重形态（图 5-56）

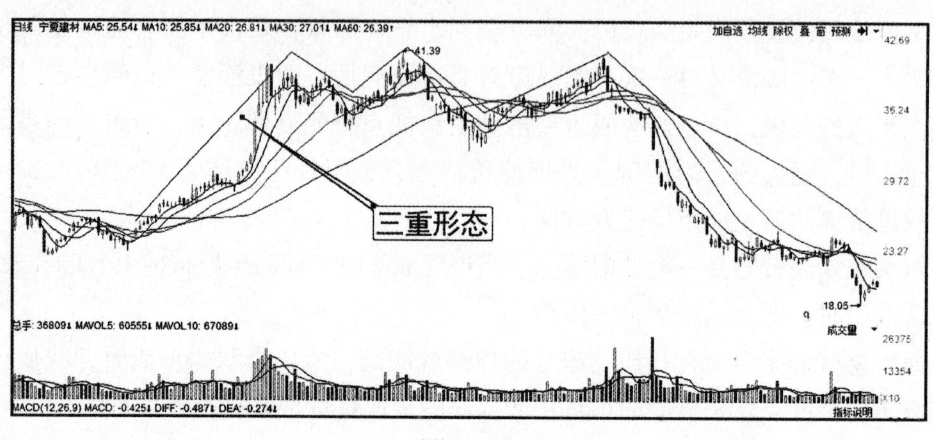

图 5-56

1. 形态分析

任何头肩型，特别是头部超过肩部不够多时，可称为三重顶（底）型。三重顶形态也和双重顶十分相似，只是多一个顶，且各顶分得很开、很深。成交量在上升期间一次比一次少。三重底则是倒转的三重顶，分析含义一样。

2. 市场含义

股价上升一段时间后投资者开始获利出仓，市场在他们的卖出下从第一个峰顶回落，当股价下降到某一区域便吸引了一些看好后期上涨的投资者的兴趣，另外以前在高价位卖出的投资者也可能逢低再次进仓，于是行情再度上升，但市场多方还不是很坚决，当股价回升到与前期价位相等的价位时，一些投资者再次卖出使得股价再度下跌，但在前一次回调的低点被错过前一低点买进机会的投资者再次将价位支撑起，但由于高点两次都受阻而反向发展，让投资者在股价接近前两次高点时都纷纷出仓，股价逐步下滑到前两次低点时一些短线投资者开始卖出，此时若越来越多的投资者意识到大势已去均卖出，令股价跌破上两次回调的低点，于是整个三重形态随即成形。

三重底走势则与三重顶相反，股价下跌一段时间后，由于股价的调整，使得部分胆大的投资开始逢低买入，而另一些高售低买的投资者也部分买回，于是股价出现第一次上升，当上升到某一水平阻力时，前期的短线投机者开始卖出，股价出现再一次下跌。当股价回调到前一低点附近时，一些短线投资者高价抛售后开始买入，由于市场卖方态度不坚决，股价再次回弹，当回弹到前面上升的交点附近时，前面未能获利而出的持仓者纷纷出仓，令股价重新下跌，但这次在前两次反弹的起点处多方活跃，当越来越多的投资者跟进买入，股价放量突破两次转折回调的高点，三重底走势正式完成。

3. 要点提示

（1）从理论上讲，三重底或三重顶最小涨幅或跌幅，底部或顶部越宽，力量越强。

（2）三重顶的第三个顶，成交量非常小时，即有下跌的征兆，而三重底在第三个底部上升时，成交量大增，即表明股价具有突破颈线的趋势。

（3）三重顶（底）的顶峰与顶峰，或谷底与谷底的间隔距离与时间不必相等，同时三重顶的底部与三重底的顶部不一定要在相同的价格形成。

（4）三个顶点价格不必相等，大致相差3%以内就可以了。

4. 案例分析

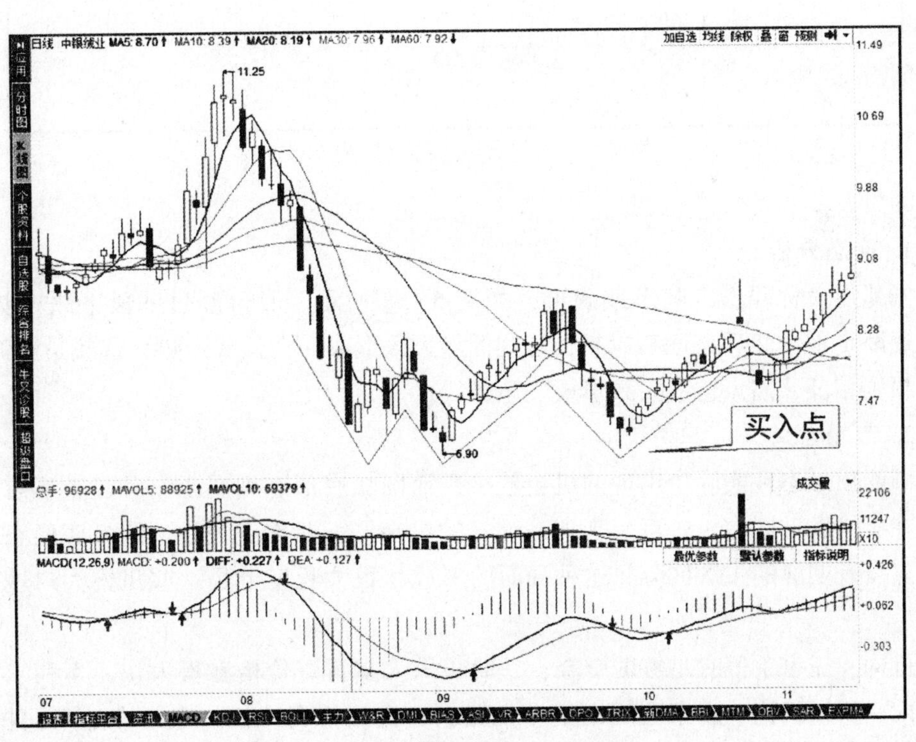

图 5-57

2009 年 8 月中银绒业股价下跌，8 月 20 日股价在 7.1 元止跌，随即回调上涨，但空方压力仍然强势，股价再次被打压下跌，股价在 6.90 元止跌，随即再次上涨（图 5-57）。

从形态可看出中银绒业连续两次在 7 元价位支撑反弹，所以 7 元是一个较为有利的支撑，随后 2009 年 9 月 29 日股价再次下跌至 7 元价位附近，投资者可在此时买入仓位，随后价位再次反弹向上，形成三重底形态，后期看涨，投资者可继续持有仓位，随后股价在 11 月份连续收出上影线，空方压力增大，投资者可在 10 元价位附近，以 40%的盈利点平出仓位，获利出局。

（五）圆弧形形态

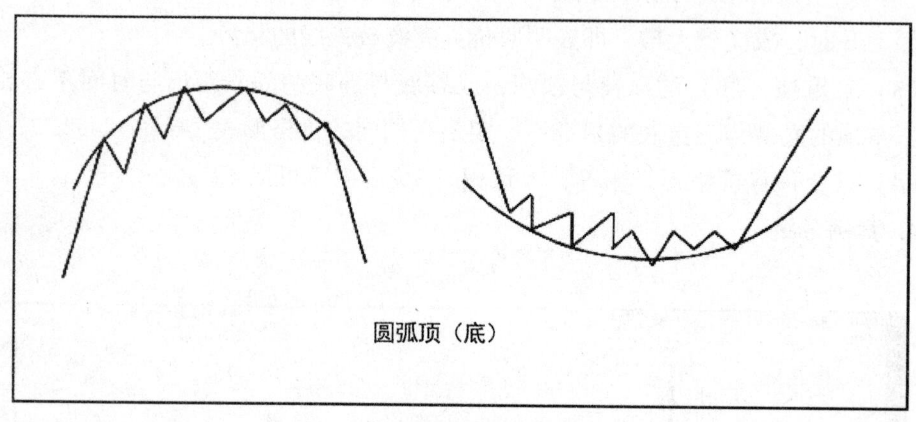

图 5-58

1. 形态分析

圆弧形又称碟形、圆形或碗形，如图 5-58 所示。股价经过一段下跌走势后，低点逐渐走平，然后又逐渐拉高，这些低点大致形成一个弧线走势，这就是圆弧底。圆弧顶则相反，高点连线大致形成一条弧线。

2. 市场含义

圆弧顶形态在实际中出现的机会较少，而圆弧底形态则属于一种盘整形态，多出现在价格底部区域，一旦出现则是绝好的机会，需要重点关注。圆弧底形态的各个低点没有明显的主次区分，这种局面的形成在很大程度上是一些机构大户炒作股票的手法。

机构、庄家手里有足够的资金，一时买入太多投资价格涨得太快，不利于今后的买入，所以机构、庄家会逐渐地分批建仓，直到投资价格一点一点地来回拉锯，往上接近圆弧弧口边缘时，才会用资金一举将价格拉升到一个更高的价位，因为这时投资证券大部分在机构大户手中，别人无法打压投资价格。

3. 要点提示

（1）圆弧形态完成，投资价格反转后，行情多属暴发性，涨跌急速，持续时间也不长，一般是一口气走完，中间极少出现回调或反弹。因此，形态确定后投资者应立即顺势而为，以免踏空、套牢。

（2）在圆弧顶或圆弧底形态的形成过程中，成交量的变化都是两头多中间少。越靠近顶或底成交量越少，到达顶或底时成交量到达最少。在突破后的一段，都有相当大的成交量。

（3）圆弧形态形成的时间越长，后期反转的力度就越强，越值得人们去相信这个圆弧形。一般来说，应该与一个头肩形态形成的时间相当。

4. **案例分析**

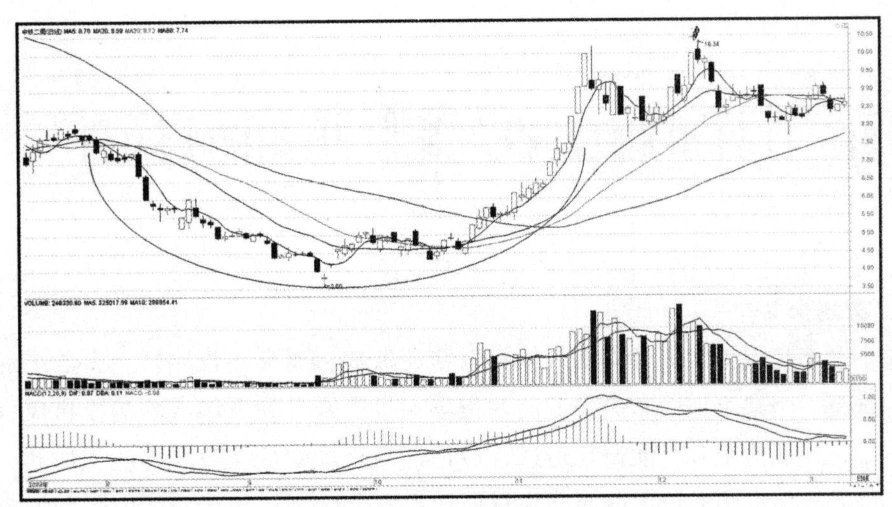

图 5-59

2008 年 8 月初中铁二局下跌过程中，跌势逐渐变缓，低点一次次趋于平衡，但上涨的回调却逐渐增加，此时可发现中铁二局走出了圆弧底形态，投资者在观察到中铁二局收出低价 3.60 元后逐渐开始反转上涨，可在圆弧底右侧接近弧线的低点位置买入（图 5-59）。随后中铁二局走出一波快速行情，大幅暴涨，冲破圆弧底碗口位置，短线参与获利丰厚。

（六）喇叭形态

1. **形态分析**

股价经过一段时间的上升后下跌，然后再上升再下跌，上升的高点较上次为高，下跌的低点亦较上次的低点为低。整个形态以狭窄的波动开始，然后向上下两方扩大，如果我们把上下的高点和低点分别连接起来，就可以画出一个镜中反照的三角形状，这便是喇叭形。

成交量方面，喇叭形在整个形态形成的过程中，保持着高而且不规则的成交。喇叭形分为上升型和下降型，其含义一样。

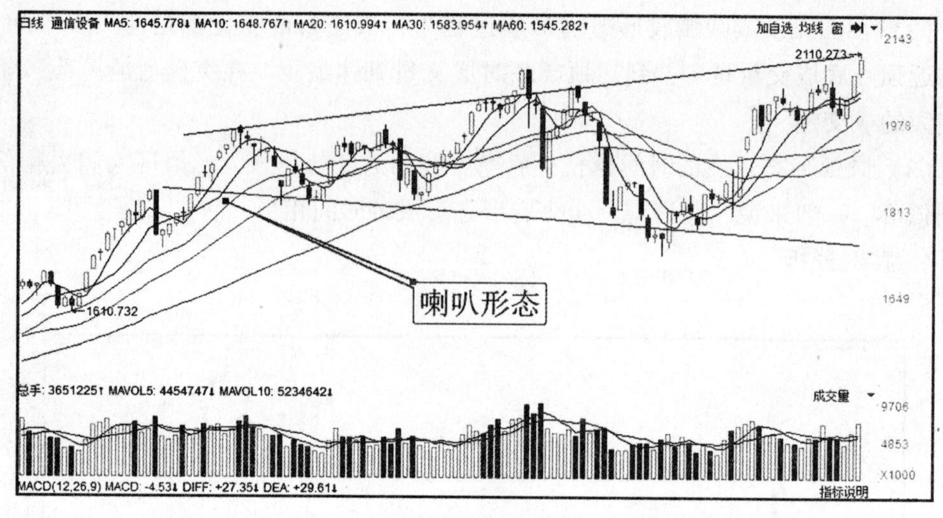

图 5-60

2. **市场含义**

整个形态是因为投资者冲动的投资情绪所造成，通常在长期性上升的最后阶段出现，这是一个缺乏理性和失去控制的市场，投资者受到市场激烈的投机风气或传言所感染，当股价上升时便疯狂追进，但他们对市场的后续发展却一无所知，或者是没有信心，所以当股价下跌时又盲目地加入卖出行列。由于他们不理智地进出仓，使得股价不正常地大起大落，形成上升时，高点较上次偏高，低点则较上次偏低。至于不规则而巨额的成交，正反映出投资激动的买卖情绪。

这个形态说明股市大跌来临前的最初预兆，因此喇叭形可说是一个下跌形态，暗示上升将到尽头，可是形态却没有明确指出下跌出现的时间。只有当下限跌破时，形态便可确定，未出仓的投资者就该马上出仓逃离了。

3. **要点提示**

（1）这个形态并没有最少跌幅的测量公式估计未来跌势，但一般来说，幅度都是很大。

（2）一个标准的喇叭形应该有三个高点，两个低点。这三个高点一个比一个高，中间的两个低点则一个较一个低；当股价从第三个高点回跌，其回落的低点较前一个低点为低时，可以假设形态的成立。和头肩顶一样，喇叭形属于“五点转向”形态，故此一个较平缓的喇叭形也可视为一个有较高右肩和下倾颈线的头肩式走势。

（3）这个形态也有可能会向上突破，尤其在喇叭形的顶部是由两个同一水平的高点连成，如果股价以高成交量向上突破，那么这个形态最初预期的分析意义就要修正，它显示前面上升的趋势仍会持续，未来的升幅将十分可观。这是因为当喇叭形向上冲破时，理论上是一次消耗性上升的开始，显示市场激动的投资情绪进一步扩大，投资者已完全失去理性的控制，疯狂地不计价追入。当购买力消耗完结后，股价最终便大幅跌下来。

喇叭形是由投资者冲动和不理性的情绪造成的，因此它很少在跌势的底部出现，原因是股价经过一段时间的下跌之后，投资者意不愿意进仓，因此它在成交量少的市场中，不可能形成这个形态。

4. 案例分析

2010年4月9日天润曲轴价位开始走震荡行情，价位高点一次次比前期高，低点一次次比前期低，整个形态看似喇叭形状。

但是如果价位下破斜向下支撑线，说明形态被突破，空方开始进攻，后期看跌，投资者应在股价下破斜向下支撑线时立即平出仓位，止损出局（图5-61）。

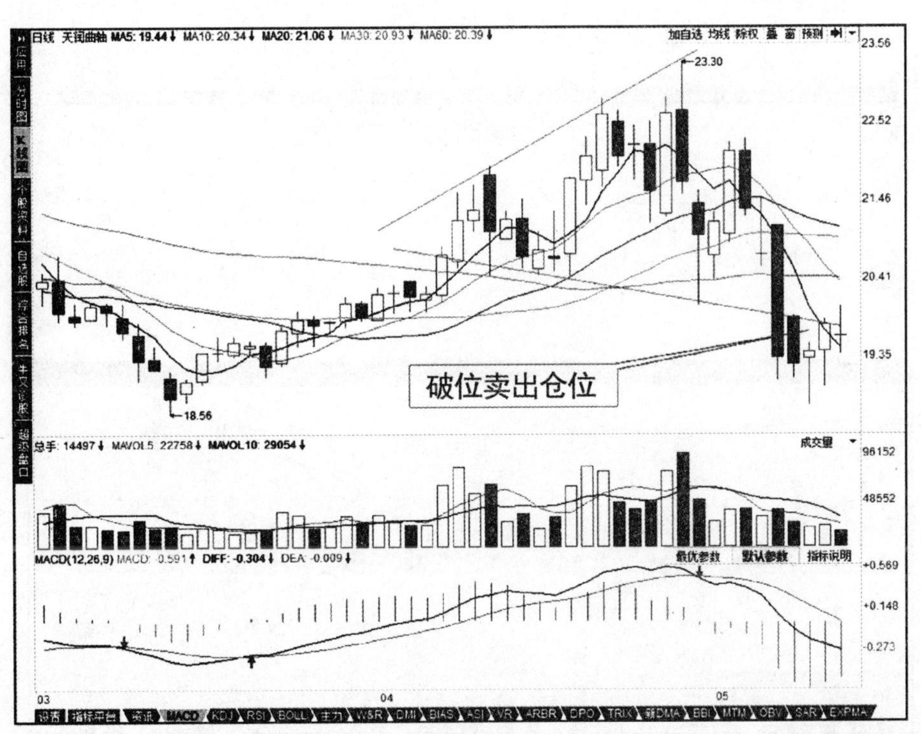

图5-61

2010年5月10日天润曲轴股价下破斜向下支撑线，后期看跌。投资者应立即在股价19.80元附近出仓，止损出局。随后2010年5月17日至7月5日天润曲轴股价持续下跌（图5-62）。

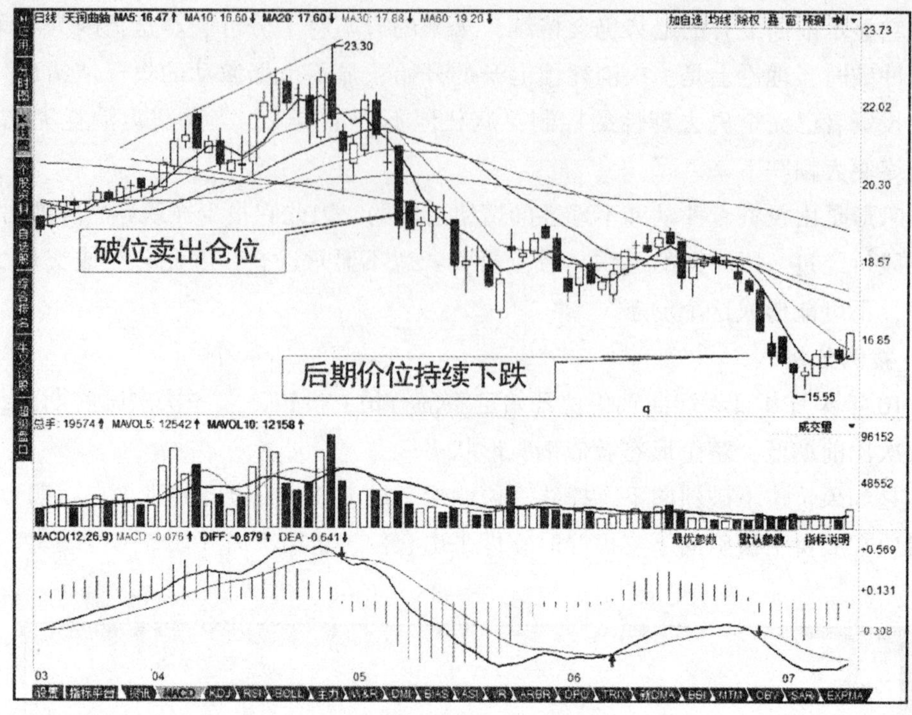

图 5-62

（七）岛形形态

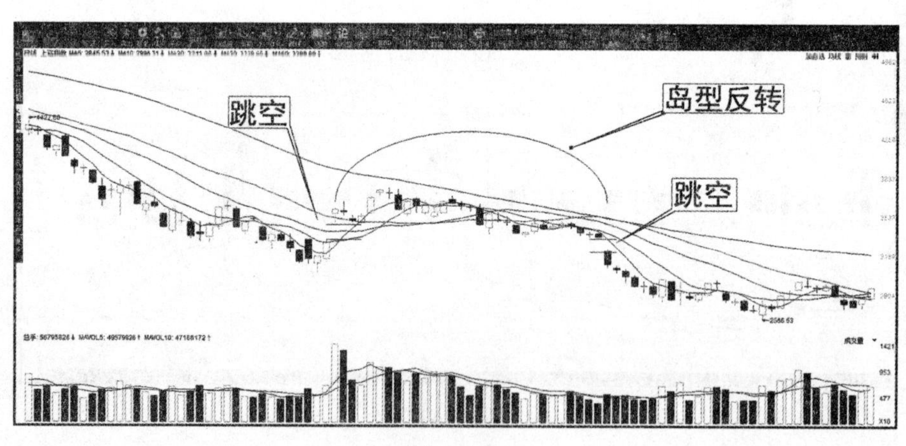

图 5-63

1. 形态分析

股价持续上升一段时间后，有一日忽然呈现缺口性上升，接着股价位于高价位徘徊，很快价格又再缺口性下跌，两边的缺口大约在同一价格区域发生，使高价位横盘的区域在图表上看来就像是一个岛屿的形状，两边的缺口令这岛屿孤立独耸于海洋之上。成交量在形成的岛形期间十分巨大。股价在下跌时形成的岛形形状也是一样（图5-63）。

2. 市场含义

股价不断上升，使原来想买入的投资者没法在预期的价位追入，持续的涨势令他们终于忍不住不管价位追进，于是形成一个上升缺口。可是股价却没有因为这样的跳升而继续向上，在高价位横盘明显有阻力的压力，经过一段短时间的僵持后，股价终于没法在高位横盘支撑，而缺口性下跌。股价不断地下跌，最后所形成的岛形和上涨时一样。

岛形经常在长期或中期趋势的顶部或底部出现。当上涨时，岛形明显形成后，这是一个卖出信号；反之若下跌时出现这个形态，就是一个买入信号。

3. 要点提示

（1）形成岛形的两个缺口大多在同一价格范围之内。

（2）岛形前出现的缺口为消耗性缺口，其后在反方向移动中出现缺口为突破性缺口。

（3）岛形以消耗性缺口开始，突破性缺口结束，这情形是以缺口填补缺口，因此缺口已是被完全填补了。

（4）这两个缺口会在很短时间内先后出现，最短的时间可能只有一个交易日，也可能长达数天至数个星期左右。

三、K线缺口形态

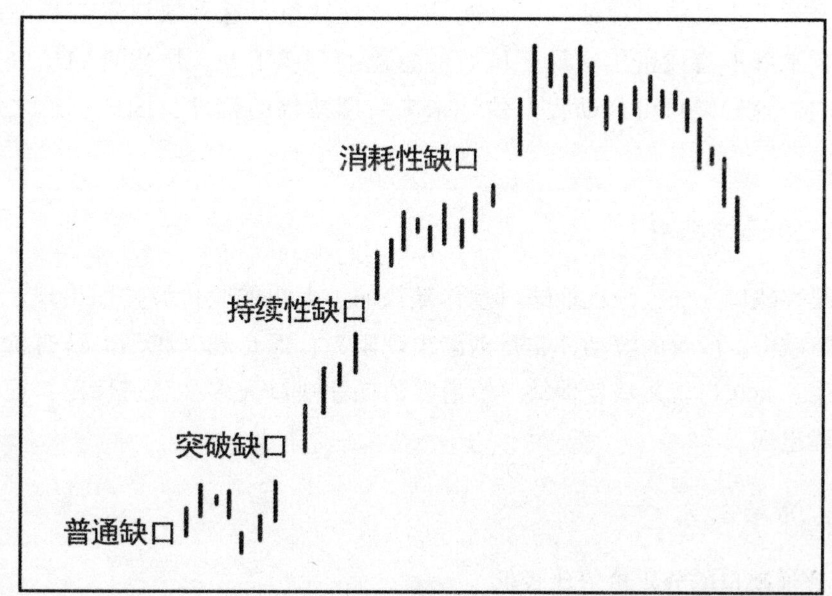

图5-64

缺口是指股价在快速大幅变动中有一段价格没有任何交易，显示在股价趋势图上是一个真空区域，这个区域称为“缺口”，它通常又称为跳空。当股价出现缺口，经过几天，甚至更长时间的变动，然后反转过来，回到原来缺口的价位时，称为缺口的封闭，又称回补。

缺口分普通缺口、突破缺口、持续性缺口与消耗性（衰竭型）缺口等四种（图5-64）。从缺口发生的部位大小，可以预测走势的强弱，确定是突破还是已到趋势的尽头，它是判断各种形态时最有力的辅助材料。

（一）普通缺口

这类缺口通常在密集的交易区域中出现，因此许多需要较长时间形成的整理或转向形态如三角形、矩形等都可能有这类缺口形成。

（二）突破性缺口

突破缺口是当一个密集的反转或整理形态完成后突破盘局时产生的缺口。当股价以一个很大的缺口跳空远离形态时，这表示真正的突破已经形成了。因为错误的移动很少会产生缺口，同时缺口能显示突破的强劲性，突破缺口越大，表示未来的变动越强烈。

（三）持续性缺口

在上升或下跌途中出现缺口，可能是持续性缺口。这种缺口不会和突破缺口混淆，任何离开形态或密集交易区域后的急速上升或下跌，所出现的缺口大多是持续性缺口。这种缺口可帮助我们估计未来后期波幅的幅度，因此也称之为量度性缺口。

（四）消耗性缺口

和持续性缺口一样，消耗性缺口是伴随快的、大幅的股价波幅而出现。在急速的上升或下跌中，股价的波动并非是渐渐出现阻力，而是越来越烈。这时价格的跳升可能发生，此缺口就是消耗性缺口。通常消耗性缺口大多在恐慌性抛售或消耗性上升的末段出现。

（五）市场含义

（1）普通缺口的分析价值比较低。

一般是指在横盘整理中偶然性出现的跳空，并且很快就被回补，对趋势研判的作用不大。

(2) 突破缺口的研判价值比较高。

通常股价经过长时间筑底或筑顶整理走势后，积聚的做多和做空能量突然暴发，股价开始启动、上涨或出现下跌。突破缺口预示行情才刚刚起步，后期走势还将有一段较长的发展过程。

(3) 持续缺口的延续性很强，具有助涨助跌的作用。

(4) 消耗性缺口表示做多和做空动能都已经过度消耗，行情的发展已经是强弩之末，预示见顶或见底行情即将来临。

对于缺口种类的区分，首先要按缺口出现的顺序依次划分，一般在行情的发展过程中，最先出现的是突破缺口，其次是持续缺口，最后才是消耗性缺口，而普通缺口则会出现在任何行情的任何阶段。但是，在实际投资中不能仅仅按照顺序来识别缺口，因为市场行情千变万化，不能一概而论。有的时候某种类型的缺口可能不会出现，有的则会出现多次，例如持续缺口。所以，在分析中还要重视分析股市的运行趋势。

对于缺口种类的区分，其次是要分析股市的运行趋势，根据当时的市场环境来研判，例如有的下跌行情持续时间已经很长，继续大幅下跌的可能性不大，股价的跌势已经成为一种过度的非理性表现。这时，投资者不必等着突破性缺口的出现，而是要认清当时的形势。在这种情况下出现的缺口可以直接视为一种竭尽型缺口。例如鹏博士在 2003 年的下跌行情中一直没有出现缺口，直到股价下跌进入非理性阶段后，才出现缺口。这时投资者就不能生搬硬套地认为第一个缺口就是突破缺口，事实上，根据股价运行趋势分析，这是一个竭尽型缺口。

(六) 案例分析

2015 年 5 月 5 日快乐购股价经过横盘调整后，股价启动上涨，随后伴随成交量的增大、MACD 指标收出金叉看涨信号，快乐购股价开始上涨（图 5-65）。

2015 年 5 月 7 日快乐购股价收出大阳线，次日股价开盘跳空上涨，此时在上涨行情中出现跳空缺口，后期看涨。投资者可在此时以 53. 50 元价位追进股票，5 月 11 日快乐购股价再次跳空上涨，形成持续性缺口，此时投资者可继续持有股票。

随后一月内快乐购股价持续上涨，2015 年 6 月 2 日快乐购股价在涨至 99. 41 元高点后，连续多日收出上影线 K 线，说明空方压力增大，上涨缺乏动力，投资者可在 90. 0 元价位附近，盈利 80%的情况下获利平仓。

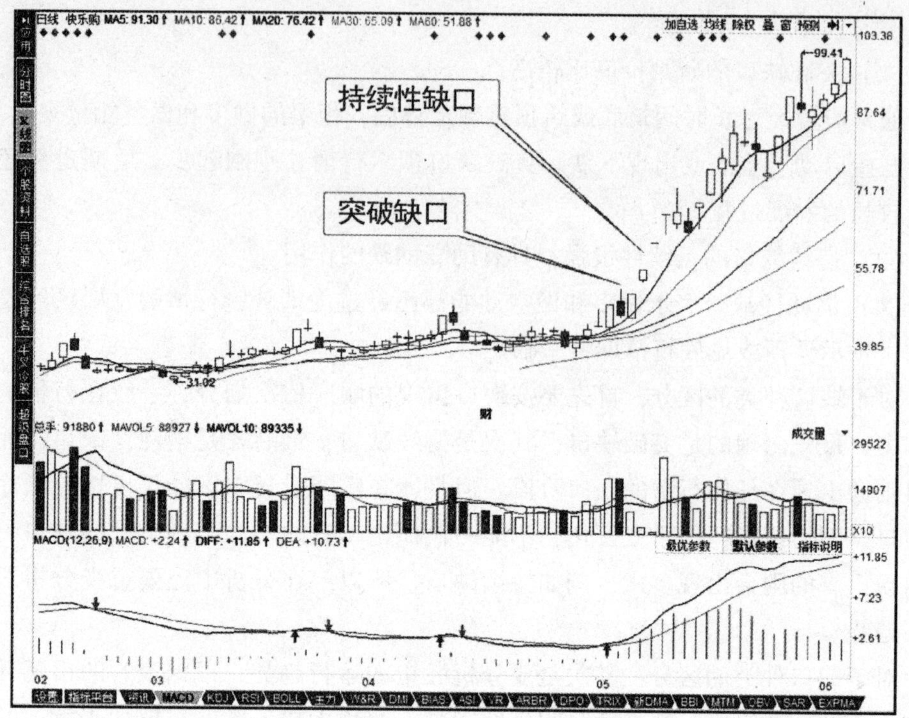

图 5-65

第四节 常用技术指标

一、MA 移动平均线

（一）MA 的原理

移动平均线（MA）是以道琼斯的“平均成本概念”为理论基础，采用统计学中“移动平均”的原理，将一段时期内的股票价格平均值连成曲线，用来显示股价的历史波动情况，进而反映股价指数未来发展趋势的技术分析方法。它是道氏理论的形象化表述。

（二）MA 的信号意义

（1）平均线从下降逐渐转为盘式上升，而价格从平均线下方突破平均线，为买进信号。

（2）价格虽然跌破平均线，但又立刻回升到平均线上，此时平均线仍然持续上升，仍为买进信号。

(3) 价格趋势走在平均线上，价格下跌并未跌破平均线且立刻反转上升，也是买进信号。

(4) 价格突然暴跌，跌破平均线，且远离平均线，则有可能反弹上升，也为买进时机。

(5) 平均线从上升逐渐转为盘局或下跌，而价格向下跌破平均线，为卖出信号。

(6) 价格虽然向上突破平均线，但又立刻回跌至平均线下，此时平均线仍然持续下降，仍为卖出信号。

(7) 价格趋势走在平均线下，价格上升并未突破平均线且立刻反转下跌，也是卖出信号。

(8) 价格突然暴涨，突破平均线，且远离平均线，则有可能反弹回跌，也为卖出时机。

在国内股市中，常利用的移动平均线组合为 5 日、10 日、20 日、30 日、60 日、120 日线等。其中 60 日长期移动平均线作为牛市与熊市的分界线。短期均线上穿或下破长期均线，如 5 日上穿或下破 10 日线，就是股市中常说的黄金交叉和死亡交叉。

二、MACD 指数平滑移动平均线

MACD 指标是根据均线的构造原理，对股票价格的收盘价进行平滑处理，求出算术平均值以后再进行计算，是一种趋向类指标。

(一) MACD 的原理

MACD 指标是运用快速（短期）和慢速（长期）移动平均线及其聚合与分离的征兆，加以双重平滑运算。而根据移动平均线原理发展出来的 MACD，一则去除了移动平均线频繁发出假信号的缺陷，二则保留了移动平均线的效果，因此，MACD 指标具有均线趋势性、稳重性、安定性等特点，是用来研判买卖股票的时机，预测股票价格涨跌的技术分析指标。

(二) MACD 的特殊分析方法

1. 顶背离和底背离

MACD 指标的背离就是指 MACD 指标的图形的走势正好和 K 线图的走势方向正好相反。MACD 指标的背离有顶背离和底背离两种。

2. 顶背离

当股价 K 线图上的股票走势一峰比一峰高，股价一直在向上涨，而 MACD 指标图形上的由红柱构成的图形的走势是一峰比一峰低，即当股价的高点比前一次的高点高，而 MACD 指标的高点比指标的前一次高点低，这叫顶背离现象。顶背离现象一般是股价在高位即将反转转势的信号，表明股价短期内即将下跌，是卖出股票的信号。

3. M 头 W 底等形态

MACD 指标的研判还可以从 MACD 图形的形态来帮助研判行情。当 MACD 的红柱或绿柱构成的图形呈双重顶底（即 M 头和 W 底）、三重顶底等形态时，也可以按照形态理论的研判方法来加以分析研判。

4. 底背离

底背离一般出现在股价的低位区。当股价 K 线图上的股票走势，股价还在下跌，而 MACD 指标图形上的由绿柱构成的图形的走势是一底比一底高，即当股价的低点比前一次低，而指标的低点却比前一次的低点高，这叫底背离现象。底背离现象一般是预示股价在低位可能反转向上的信号，表明股价短期内可能反弹向上，是短期买入股票的信号。

在实践中，MACD 指标的背离一般出现在强势行情中比较可靠，股价在高价位时，通常只要出现一次背离的形态即可确认为股价即将反转，而股价在低位时，一般要反复出现几次背离后才能确认。因此，MACD 指标的顶背离研判的准确性要高于底背离，这点投资者要加以留意。

三、RSI 相对强弱指标

相对强弱指标 RSI 又叫力度指标，其英文全称为 Relative Strength Index，由威尔斯·威尔德（Welles Wilder）提出，是目前股市技术分析中比较常用的中短线指标。

（一）RSI 指标的原理

相对强弱指标 RSI 是根据股票市场上供求关系平衡的原理，通过比较一段时期内单个股票价格的涨跌的幅度或整个市场的指数的涨跌的大小来分析判断市场上多空双方买卖力量的强弱程度，从而判断未来市场走势的一种技术指标。

从它构造的原理来看，与 MACD、TRIX 等趋向类指标相同的是，RSI 指标是对单个股票或整个市场指数的基本变化趋势作出分析，而与 MACD、TRIX 等不同的是，RSI 指标是先求出单个股票若干时刻的收盘价或整个指数若干时刻收盘指数的强弱，而不是直接对股票的收盘价或股票市场指数进行平滑处理。

相对强弱指标 RSI 是一定时期内市场的涨幅与涨幅加上跌幅的比值。它是买卖力量在数量上和图形上的体现，投资者可根据其所反映的行情变动情况及轨迹来预测未来股价走势。在实践中，人们通常将其与移动平均线相配合使用，借以提高行情预测的准确性。

（二）RSI的特殊分析方法

1. RSI曲线的形态

当RSI指标在高位盘整或低位横盘时所出现的各种形态也是判断行情、决定买卖行动的一种分析方法。

（1）当RSI曲线在高位（50以上）形成M头或三重顶等高位反转形态时，意味着股价的上升动能已经衰竭，股价有可能出现长期反转行情，投资者应及时卖出股票。如果股价走势曲线也先后出现同样形态则更可确认，股价下跌的幅度和过程可参照M头或三重顶等顶部反转形态的研判。

（2）当RSI曲线在低位（50以下）形成W底或三重底等低位反转形态时，意味着股价的下跌动能已经减弱，股价有可能构筑中长期底部，投资者可逢低分批建仓。如果股价走势曲线也先后出现同样形态则更可确认，股价的上涨幅度及过程可参照W底或三重底等底部反转形态的研判。

（3）RSI曲线顶部反转形态对行情判断的准确性要高于底部形态。

2. RSI曲线的背离

RSI指标的背离是指RSI指标的曲线的走势正好和股价K线图的走势方向相反。RSI指标的背离分为顶背离和底背离两种。

（1）顶背离。

当RSI处于高位，但在创出RSI近期新高后，反而形成一峰比一峰低的走势，而此时K线图上的股价却再次创出新高，形成一峰比一峰高的走势，这就是顶背离。顶背离现象一般是股价在高位即将反转的信号，表明股价短期内即将下跌，是卖出信号。

在实际走势中，RSI指标出现顶背离是指股价在进入拉升过程中，先创出一个高点，RSI指标也相应在80以上创出新的高点，之后，股价出现一定幅度的回落调整，RSI也随着股价回落走势出现调整。但是，如果股价再度向上并超越前期高点创出新的高点时，而RSI随着股价上扬也反身向上但没有冲过前期高点就开始回落，这就形成RSI指标的顶背离。RSI出现顶背离后，股价见顶回落的可能性较大，是比较强烈的卖出信号。

（2）底背离。

RSI的底背离一般是出现在20以下的低位区。当K线图上的股价一路下跌，形成一波比一波低的走势，而RSI线在低位却率先止跌企稳，并形成一底比一底高的走势，这就是底背离。底背离现象一般预示着股价短期内可能将反弹，是短期买入的信号。

与 MACD 等指标的背离现象研判一样，RSI 的背离中，顶背离的研判准确性要高于底背离。当股价在高位，RSI 在 80 以上出现顶背离时，可以认为股价即将反转向下，投资者可以及时卖出股票；而股价在低位，RSI 也在低位出现底背离时，一般要反复出现几次底背离才能确认，并且投资者只能做战略建仓或做短期投资。

四、KDJ 随机指标

KDJ 指标又叫随机指标，是由乔治・蓝恩博士（George Lane）最早提出的，是一种实用的技术分析指标，它起先用于期货市场的分析，后被广泛用于股市的中短期趋势分析，是期货和股票市场上最常用的技术分析工具。

（一）KDJ 的原理

随机指标 KDJ 一般是根据统计学的原理，通过一个特定的周期（常为 9 日、9 周等）内出现过的最高价、最低价及最后一个计算周期的收盘价及这三者之间的比例关系，来计算最后一个计算周期的未成熟随机值 RSV，然后根据平滑移动平均线的方法来计算 K 值、D 值与 J 值，并绘成曲线图来研判股票走势。

随机指标 KDJ 最早是以 KD 指标的形式出现，而 KD 指标是在威廉指标的基础上发展起来的。不过威廉指标只判断股票的超买超卖的现象，在 KDJ 指标中则融合了移动平均线速度上的观念，形成比较准确的买卖信号依据。在实践中，K 线与 D 线配合 J 线组成 KDJ 指标来使用。由于 KDJ 线本质上是一个随机波动的原理，故其对于掌握中短期行情走势比较准确。

（二）KDJ 指标的特殊研判标准

1. KDJ 的分析周期：日、周、月、分钟（主要是 60 分钟）

（1）10 日下为分析参数的 KDJ 的研判适用周期为 3 天左右（从金叉到死叉为 3 天时间）；

（2）50 日下为分析参数的 KDJ 的研判使用周期为 10 天左右；

（3）50 日上为分析参数的 KDJ 的研判适用周期为 20 天左右。

2. 均线先行原则

股价一旦被长期均线压制，KDJ 再怎么样金叉一般也只能做短线操作，切莫做中长线投资。这是 KDJ 使用的前提。在长期均线下，且远离均线，KDJ 金叉时，股价有超跌反弹的可能，可做短线操作。

3. 涨势的大体周期

（1）日 KDJ 是短中期，最多维持 15 天至 1 个月；

（2）周 KDJ 是中期，维持时间为 1 个月至 3 个月（一旦金叉，一个月内基本会涨，但涨幅不能确定）；

（3）月 KDJ 是长期，维持时间一般为 3 个月至 5 个月；

（4）除权后，KDJ 指标没有研判意义，起码要三个月以后才能重新研判。

4. KDJ 的参数的修改

随着技术分析的广泛应用，技术指标的重要性已是不言而喻。但由于目前技术指标的运算已大为简化，这就造成技术指标大面积的雷同，并失去其指导作用。因此，为尽量保持精确性、敏感性和时效性的和谐与统一，有必要对某些指标重置参数，并注意以下通则：

（1）随着市场变化不断调整并优化。强势股和弱势股与大盘情形迥然不同，平衡市与趋势运行也有所不同。面对不断变化的市场，一旦发现原参数不太适合当时的市势，大家就需要对该参数进行修正以便优化指标，这应是一项长期的工作，中短期参数更是如此。

（2）注意大盘与个股间的异同点。由于大盘与个股是一般与特殊的关系，适合于大盘的同一指标参数，通常可直接或略作调整后用于大多数个股，但两者之间的差异毕竟存在，大盘的平均结果往往也会掩盖许多真相或忽略了个性化，即处于超强或超弱状态的个股不同于大盘，其参数的设定理应另开小灶。

（3）保持不同时间标准的一致性。如果将适用于日线的参数放到分时里，特别是震荡类指标就会过于敏感，用于周线或月线则会明显滞后，因此，在应用过程中，这一原则必须适当变通后方可使用，这绝不是一个简单的计算问题，而是换算之后需要进行微调，尽管个别指标绝对保持一致仍能取得较好的效果。

（4）根据时间循环周期设定参数。无论大盘还是个股，时间周期对其运行都会产生较大的影响，而周期本身往往就是一个非常重要的参数，这一点在均线、强弱指标等方面表现得尤为突出。至于周期的测量，通常可由两个重要低点的时间跨度来确定。同时，由于存在长、中、短线的区别，投资者必须根据具体情况设定个性化且自己熟知的参数，而 5（日）或其倍数，以及费波纳契数列在这方面都是不错的选择。

五、BOLL 布林线

BOLL 指标又叫布林线指标，其英文全称是“Bolinger Bands”，是用该指标的创立人约翰·布林的姓来命名的，是研判股价运动趋势的一种中长期技术分析工具。

（一）BOLL 指标原理

BOLL 指标是美国股市分析家约翰·布林根据统计学中的标准差原理设计出来的一种非常简单实用的技术分析指标。一般而言，股价的运动总是围绕某一价值中枢（如均线、成本线等）在一定的范围内变动，布林线指标正是在上述条件的基础上，引进了“股价通道”的概念，其认为股价通道的宽窄随着股价波动幅度的大小而变化，而且股价通道又具有变异性，它会随着股价的变化而自动调整。正是由于它具有灵活性、直观性和趋势性的特点，BOLL 指标渐渐成为投资者广为应用的市场上的热门指标。

在众多技术分析指标中，BOLL 指标属于比较特殊的一类指标。绝大多数技术分析指标都是通过数量的方法构造出来的，它们本身不依赖趋势分析和形态分析，而 BOLL 指标却与股价的形态和趋势有着密不可分的联系。BOLL 指标中的“股价通道”概念正是股价趋势理论的直观表现形式。BOLL 是利用“股价通道”来显示股价的各种价位，当股价波动很小，处于盘整时，股价通道就会变窄，这可能预示着股价的波动处于暂时的平静期；当股价波动超出狭窄的股价通道的上轨时，预示着股价的异常激烈的向上波动即将开始；当股价波动超出狭窄的股价通道的下轨时，同样也预示着股价的异常激烈的向下波动将开始。

（二）BOLL 的特殊分析方法

1. 布林线“喇叭口”的研判

布林线“喇叭口”的研判是 BOLL 指标所独有的研判手段。所谓布林线“喇叭口”是指在股价运行的过程中，布林线的上轨线和下轨线分别从两个相反的方向与中轨线大幅扩张或靠拢而形成的类似于喇叭口的特殊形状。根据布林线上轨线和下轨线运行方向和所处的位置的不同，我们又可以将“喇叭口”分为开口形喇叭口、收口形喇叭口和紧口形喇叭口等三种类型。开口形喇叭口形态常出现在股票短期内暴涨行情的初期，收口形喇叭口形态常出现在股票暴跌行情的初期，紧口形喇叭口形态则常出现在股价大幅下跌的末期。

（1）开口形喇叭口。

当股价经过长时间的底部整理后，布林线的上轨线和下轨线逐渐收缩，上下轨线之间的距离越来越小，随着成交量的逐渐放大，股价突然出现向上急速飙升的行情，此时布林线上轨线也同时急速向上扬升，而下轨线却加速向下运动，这样布林线上下轨之间的形状就形成了一个类似于大喇叭的特殊形态，我们把布林线的这种喇叭口称为开口形喇叭口。

开口形喇叭口是一种显示股价短线大幅向上突破的形态。它是形成于股价经过长时间的低位横盘筑底后，面临着向上变盘时所出现的一种走势。布林线的上、下轨线出现方向截然相反而力度却很大的走势，预示着多头力量逐渐强大而空头力量逐步衰竭，股价将处于短期大幅拉升行情之中。

开口形喇叭口形态的形成必须具备两个条件。其一，是股价要经过长时间的中低位横盘整理，整理时间越长、上下轨之间的距离越小则未来涨升的幅度越大；其二，是布林线开始开口时要有明显的大的成交量出现。

开口喇叭口形态的确立是以布林线中的价格线向上突破上轨线、股价带量向上突破中长期均线为准。对于开口喇叭口形态的出现，投资者如能及时短线买进定会获利丰厚。

（2）紧口型喇叭口。

当股价经过长时间的下跌后，布林线的上下轨向中轨逐渐靠拢，上下轨之间的距离越来越小，随着成交量的越来越小，股价在低位反复振荡，此时布林线的上轨还在向下运动，而下轨线却在缓慢上升。这样布林线上下轨之间的形状就变成一个类似于倒的小喇叭的特殊形态，我们把布林线的这种喇叭口称为紧口形喇叭口。

紧口形喇叭口是一种显示股价将长期小幅盘整筑底的形态。它是形成于股价经过长期大幅下跌后。面临着长期调整的一种走势。布林线的上下轨线的逐步小幅靠拢，预示着多空双方的力量逐步处于平衡，股价将处于长期横盘整理的行情中。

紧口形喇叭口形态的形成条件和确认标准比较宽松，只要股价经过较长时间的大幅下跌后，成交极度萎缩，上下轨之间的距离越来越小的时候就可认定紧口形喇叭初步形成。当紧口形喇叭口出现后，投资者既可以观望等待，也可以少量建仓。

（3）收口形喇叭口。

当股价经过短时间的大幅拉升后，布林线的上轨线和下轨线逐渐扩张，上下轨线之间的距离越来越大，随着成交量的逐步减少，股价在高位出现了急速下跌的行情，此时布林线的上轨线开始急速掉头向下，而下轨线还在加速上升，这样布林线上下轨之间的形状就变成一个类似于倒的大喇叭的特殊形态，我们把布林线的这种喇叭口称为收口形喇叭口。

收口形喇叭口是一种显示股价短线大幅向下突破的形态。它是形成于股价经过短时期的大幅拉升后，面临着向下变盘时所出现的一种走势。布林线的上下轨线出现方向截然相反而力度很大的走势，预示着空头力量逐渐强大而多头力量开始衰竭，股价将处于短期大幅下跌的行情之中。

收口形喇叭口形态的形成虽然对成交量没有要求，但它也必须具备一个条件，即股价经过前期大幅的短线拉升，拉升的幅度越大、上下轨之间的距离越大则未来下跌幅度越大。

收口形喇叭口形态的确立是以股价的上轨线开始掉头向下、股价向下跌破短期均线为准。对于收口形喇叭口形态的出现，投资者如能及时卖出则能保住收益、减少较大的下跌损失。

2. BOLL 指标与 KDJ 指标的配合使用

KDJ 指标是超买超卖类指标，而布林线则是支撑压力类指标。两者结合在一起的好处是：可以使 KDJ 指标的信号更为精准，同时，由于价格日 K 线指标体系中的布林线指标，往往反映的是价格的中期运行趋势，因此利用这两个指标来判定价格到底是短期波动，还是中期波动具有一定作用，尤其适用于判断价格到底是短期见顶（底），还是进入了中期上涨（下跌），具有比较好的研判效果。

我们知道，布林线中的上轨有压力作用，中轨和下轨有支撑（压力）作用，因此当价格下跌到布林线中轨或者下档时，可以不理会 KDJ 指标所发出的信号而采取操作。当然，如果 KDJ 指标也走到了低位，那么应视作短期趋势与中期趋势相互验证的结果，而采取更为积极的操作策略。但要注意的是，当价格下跌到布林线下轨时，即使受到支撑而出现回稳，KDJ 指标也同步上升，可趋势转向的信号已经发出，所以至多只能抢一次反弹。而当 KDJ 指标走上 80 高位时，采取卖出行动就较为稳妥，因为当股价跌破布林线中轨后将引发布林线开口变窄，此时要修复指标至少需要进行较长时间的盘整，所以说无论从防范下跌风险，还是从考虑持有的机会成本来看，都不宜继续持有。

六、Tower 宝塔线

Tower 指标，又称为宝塔线指标，是一种与 K 线及点状图相类似并注重股价分析的中长期技术分析工具。

（一）Tower 指标的原理

宝塔线指标 Tower 是以不同颜色（或虚实体）的棒线来区分股价涨跌的一种图表型指标。它主要是将股价多空之间的争斗的过程和力量的转变表现在图表中，借以研判未来股价的涨跌趋势及选择适当的买卖时机。

宝塔线主要是应用趋势线的原理，引入支撑区和压力区的概念，来确认行情是否反转。对于行情的发展所可能产生的变化方向，不做主观的臆测，而是做客观的承认，这点与其他指标是不同的。宝塔线指标认为，如果一个股票价格的上升趋势已经确认，就应该买进股票并持股，不去主动地预测股价的高点在哪里，而是在股价从高位出现反转向下的征兆时开始小心，一旦确认股价头部出现而出现卖出信号时，才做相应的卖出动作。反之，如果一个股票价格的下跌趋势形成时，就应卖出股票、离场观望，不去轻易预测底部在哪里，只是在股价由低位向上反转并出现买入信号时才开始采取买入行动。

（二）Tower 指标特殊分析方法

宝塔线的特殊分析方法主要集中在宝塔线三平顶和三平底形态的研判以及宝塔线和均线的配合使用等方面。以日宝塔线指标为例，其主要分析过程如下：

宝塔线的三平顶和三平底形态的研判是无数投资者在投资实践中逐步总结出来的投资经验，其中三平顶形态出货的可靠性和准确率要高于三平底形态。

1. 三平底形态

所谓三平底形态是指股价经过一段比较长时间的快速下跌行情后，宝塔线图表中出现了连续三个或以上、位置依次向上的实体较长的白棒线或棒体下部为黑、上部为白的混合体棒线的形态。其中，三平底形态的前提条件是，股价中长期的跌幅已经很大而且近期的跌幅也累计超过30%以上。其研判方法概括如下：当股价经过一段较短时间的暴跌行情后，股价在低位出现三平底翻白的形态时，预示着股价已经严重超跌，短期内可能产生一波短线的反弹行情。因此，当宝塔线指标在底部出现三平底翻白形态时，投资者可以适量地买入股票，作短线反弹行情。三平底的另一种形态为，股价在上涨中途进行了一段比较长时间的盘整后，一旦Tower指标出现三平底翻红形态，并且股价也同时依托中长期均线向上扬升，这种三平底形态的出现意味着股价一轮新的涨势的开始，应短线及时逢低买入或持股观望。

2. 三平顶形态

所谓三平顶形态是指股价经过一段比较短时间内的快速上升行情后，宝塔线图表中出现了连续三个或以上、几乎处于同一水平位置的实体很长的黑棒线或棒体下部为黑、上部为白的混合棒体线的形态，它有两种类型。其中，三平顶一种形态前提条件为，股价短期涨幅已经相当大，近期波段涨幅要超过30%以上，越大越有效。其研判方法概括如下：当股价经过在一段较短时间内的拉升行情后，在高位出现这种三平顶翻黑的形态时，预示着股价的强势行情已经见顶，将开始一段比较迅猛的跌势行情，因此，一旦宝塔线指标在高位出现三平顶翻黑形态时，应果断及时地短线卖出全部股票而离场观望。三平顶的另一种形态为，股价在中高位进行了一段时间的盘整后，一旦Tower指标出现三平顶翻黑形态，并且股价也几乎同时向下跌破中长期均线，这种三平顶形态的出现意味着股价一轮新的跌势的开始，应及时清仓观望。

七、CCI顺势指标

CCI指标又叫顺势指标，其英文全称为Commodity Channel Index，是由美国股市分析家唐纳德·兰伯特（Donald Lambert）所创造的，是一种重点研判股价偏离度的股市分析工具。

（一）CCI指标的原理

CCI指标是专门衡量股价是否超出常态分布范围，属于超买超卖类指标的一种，但它与其他超买超卖型指标相比又有自己比较独特之处。像KDJ、WR、CCI等大多数超买超卖型指标都有“0~100”上下界限，因此，它们对待一般常态行情的研判比较适用，而对于那些短期内暴涨暴跌的股票的价格走势时，就可能会发生指标钝化的现象。而CCI指标却是波动于正无穷大到负无穷大之间，因此不会出现指标钝化现象，这样就有利于投资者更好地研判行情，特别是那些短期内暴涨暴跌的非常态行情。

（二）CCI指标特殊分析法

CCI指标的特殊研判方法主要集中在CCI指标的背离、CCI曲线的形状、CCI曲线的走势以及CCI指标的参数修改等四个方面。

1. CCI指标的背离

CCI指标的背离是指CCI指标的曲线的走势正好和股价K线图的走势方向相反。CCI指标的背离分为顶背离和底背离两种。

（1）底背离。

CCI的底背离一般是出现在远离-100线以下的低位区。当K线图上的股价一路下跌，形成一波比一波低的走势，而CCI曲线在低位却率先止跌企稳，并形成一底比一底高的走势，这就是底背离。底背离现象一般预示着股价短期内可能将反弹，是短期买入的信号。

与MACD、KDJ等指标的背离现象研判一样，CCI的背离中，顶背离的研判准确性要高于底背离。当股价在高位，CCI在远离+100线以上出现顶背离时，可以认为股价即将反转向下，投资者可以及时卖出股票；而股价在低位，CCI也在远离-100线以下低位区出现底背离时，一般要反复出现几次底背离才能确认，并且投资者只能做战略建仓或做短期投资。

（2）顶背离。

当CCI曲线处于远离+100线的高位，但它在创出近期新高后，CCI曲线反而形成一峰比一峰低的走势，而此时K线图上的股价却再次创出新高，形成一峰比一峰高的走势，这就是顶背离。顶背离现象一般是股价在高位即将反转的信号，表明股价短期内即将下跌，是卖出信号。

在实际走势中，CCI指标出现顶背离是指股价在进入拉升过程中，先创出一个高点，CCI指标也相应在+100线以上创出新的高点，之后，股价出现一定幅度的回落调整，CCI曲线也随着股价回落走势出现调整。但是，如果股价再度向上并超越前期高点创出新的高点时，而CCI曲线随着股价上扬也反身向上但没有冲过前期高点就开始回落，这就形成CCI指标的顶背离。CCI指标出现顶背离后，股价见顶回落的可能性较大，是比较强烈的卖出信号。

2. CCI曲线的形状

CCI曲线出现的各种形态也是判断行情走势、决定买卖时机的一种分析方法。

（1）当CCI曲线在远离+100线上方的高位时，如果CCI曲线的走势形成M头或三重顶等顶部反转形态，可能预示着股价由强势转为弱势，股价即将大跌，应及时卖出股票。如果股价的曲线也出现同样形态则更可确认，其跌幅可以用M头或三重顶等形态理论来研判。

（2）CCI曲线的形态中M头和三重顶形态的准确性要大于W底和三重底。

（3）当CCI曲线在远离-100线下方的低位时，如果CCI曲线的走势出现W底或三重底等底部反转形态，可能预示着股价由弱势转为强势，股价即将反弹向上，可以逢低少量吸纳股票。如果股价曲线也出现同样形态更可确认，其涨幅可以用W底或三重底形态理论来研判。

3. CCI曲线的走势

（1）当CCI曲线向上突破+100线而进入非常态区间后，只要CCI曲线一直朝上运行，就表明股价强势依旧，投资者可一路持股待涨。

（2）当CCI曲线向下突破-100线而进入另一个非常态区间，如果CCI曲线在超卖区运行了相当长的一段时间后开始掉头向上，表明股价的短期底部初步找到，投资者可少量建仓。CCI曲线在超卖区运行的时间越长，越可以确认短期的底部。

（3）当CCI曲线向下突破-100线而进入另一个非常态区间后，只要CCI曲线一路朝下运行，就表明股价弱势依旧，投资者可一路观望。

（4）当CCI曲线向下突破-100线而进入另一个非常态区间时，表明股价的弱势状态已经形成，投资者应以持币观望为主。

（5）当CCI曲线在+100线以上的非常态区间，在远离+100线的地方一路下跌时，表明股价的强势状态已经结束，投资者还应以逢高卖出股票为主。

（6）当CCI曲线向上突破+100线而进入非常态区间时，表明股价开始进入强势状态，投资者应及时买入股票。

（7）当CCI曲线在+100线以上的非常态区间，在远离+100线的地方开始掉头向下时，表明股价的强势状态将难以维持，是股价比较强的转势信号。如果前期的短期涨幅过高时，更可确认。此时，投资者应及时逢高卖出股票。

4. 参数的修改

从CCI指标的计算方法可以看出CCI指标也是以时间为参数，构成参数的时间周期可以是日、月或周、年、分钟等，而这些时间周期又根据股票上市时间的长短和投资者的取舍，理论上可以采取任意的时间长度，在大部分主流的股市分析软件上，各种时间周期的变动范围又大多数被限定在1~99内，如1日~99日、1周~99周等。也有一些股市分析软件对参数的设定扩大到1~999的范围，但这部分的软件比较少，因此，本节的CCI指标的参数设定还是限定在1~99的范围内。

从CCI指标的实际运用来看，大多数投资者所选择的时间周期参数为日，而日

CCI 指标参数的使用，又大多局限在 6 日和 12 日等少数几个参数上。如果按照这些短期时间参数来分析股票走势，其 CCI 指标所得出的数值的变动范围大部分是在 -100~+100 之间，而且波动频率过于烦琐。和其他技术分析指标一样，在这么一个狭小空间里想用 CCI 曲线来比较准确地研判行情走势实属不易，因此，投资者应充分利用各类股市分析上所提供的各种短中长期日参数，结合 K 线、均线等工具来综合研判股票走势。

八、OBV 能量潮指标

（一）OBV 指标原理

能量潮 OBV 指标是葛兰碧于 20 世纪 60 年代提出的，并被广泛使用。股市技术分析的四大要素：价、量、时、空。OBV 指标就是从“量”这个要素作为突破口，来发现热门股票、分析股价运动趋势的一种技术指标。它是将股市的人气——成交量与股价的关系数字化、直观化，以股市的成交量变化来衡量股市的推动力，从而研判股价的走势。关于成交量方面的研究，OBV 能量潮指标是一种相当重要的分析指标之一。

OBV 指标由 OBV 值和 OBV 线构成的。OBV 线方法是葛兰碧的又一大贡献。他将“量的平均”概念加以延伸，认为成交量是股市的元气，股价只不过是它的表象特征而已。因此，成交量通常比股价先行。这种“先见量、后见量”的理论早已为股市所证明。

1. 惯性原则——动则恒动、静则恒静

只有那些被投资者或主力相中的热门股会在很长一段时间内成交量和股价的波动都比较大，而无人问津的冷门股，则会在一段时间内，成交量和股价波幅都比较小。

2. 投资者对股价的评论越不一致，成交量越大；反之，成交量就小

因此，可用成交量来判断市场的人气和多空双方的力量。

3. 重力原理

上升的物体迟早会下跌，而物体上升所需的能量比下跌时多。涉及股市则可解释为：一方面股价迟早会下跌；另一方面，股价上升时所需的能量大，因此股价的上升特别是上升初期必须有较大的成交量相配合；股价下跌时则不必耗费很大的能量，因此成交量不一定放大，甚至有萎缩趋势。

（二）OBV 特殊分析法

1. OBV 指标的最佳适用范围

（1）OBV 指标对于上市在两年内并从上市之日起一路下跌的次新股的研判，有其独特的优势，这点投资者在以后次新股行情研判中千万加以注意。

（2）OBV 指标对于上市在两年以上并经过前期大幅炒作过的股票的研判已经没有什么实质的参考意义。

2. OBV 值（或线）的正负转换

当股市盘局整理时，OBV 值（或线）的变动方向是重要的参考指标。

（1）当 OBV 线从负的积累值转为正值时，是 OBV 研判行情的一个重要利用点。

对于上市两年内并从上市就开始下跌的次新股而言。一上市就下跌的股票，经过一段时间的下跌后，其 OBV 线（或值）就会变成负的，而且下跌时间越长、幅度越大，其负值将越大。然后经过一段时间的小幅上升行情后，当负值慢慢变小并向零靠拢时，说明买方力量越来越强，而当 OBV 线一旦从负的积累值转为正值时，代表买方开始掌握了股市的走势方向，已经取得了决定性的优势，股价有可能从此形成一段长期上升趋势，是最佳的长线买进信号。

对于上市两年内但股价已经经过前期大幅炒作又跌回历史低位（或创历史新低）时的次新股。如果其 OBV 线从负的积累值转为正值时，也只能说明多空双方又暂时取得平衡，股价未来的运行方向还不明朗。投资者可进行短线买入，等待股价的反弹行情，或者持币观望，静待行情的发展。

对于上市两年内但股价涨幅很小的次新股。如果其 OBV 线从负的积累转为正值时，说明多空双方经过一段时间的较量，多方渐渐占据优势，投资者可开始中短线建仓，一旦股价再次放量上升，OBV 线也开始从负值以下急速上升，是中线买进信号，投资者可及时买入股票，持股待涨。

对于上市时间超过两年，而且股价经过前期大幅炒作后，经过送股除权后，其股价又回到历史低位或创新低，但如果从整体来看，股价还是处于其相对的历史较高位。即使这时 OBV 线变成负值，然后再由负变正时，这时 OBV 指标由负变正的研判功能就不再适用，投资者应选择其他指标对其研判。

对于一上市就上涨而股价没有大幅下跌的股票和上市时间超过两年的股票，OBV 指标由负变正的研判功能也不适用。

（2）当 OBV 线从正的积累值转为负值时，也是 OBV 研判行情的一个重要利用点。

对于上市时间超过两年，而且股价并没有大幅炒作的股票，经过送股除权后，其股价又回到历史低位或创新低。如果这时 OBV 线由正变成负值，OBV 指标由负变正的研判功能就不再适用，投资者也应选择其他指标对其研判。

对于一上市就上涨而股价没有大幅下跌的股票和上市时间超过两年的股票，OBV 指标由负变正的研判功能也不适用。

3. OBV 曲线的背离现象和形态特征

（1）OBV 线与股价形态中的 M 头、W 底和三重顶、三重底等形态的关系。

当股价波动形态有可能形成 M 头（或三重顶等顶部形态）时，OBV 线会发出很强的警示信号。当股价经过一段回落调整再次到达前期顶部附近小幅盘整时，而此时的 OBV 线也无力上扬，成交量萎缩，此时股价很容易再次下跌形成 M 头，此时投资者应倍加警惕。如果 OBV 线与股价形态几乎同时形成三重顶形态，更应短线卖出股票。

（2）OBV 线与股价发生背离现象的情况，也是判断股市变动是否发生转折的重要参考依据。

如果经过前期一段较大的上涨行情后，股价继续上升，而 OBV 线却开始掉头向下，表明股价高档买盘乏力，是短线卖出的信号。

如果经过前期一段较大的下跌行情后，股价继续下跌，而 OBV 线却开始掉头向上，表明股票低价位买盘较积极，买方力量开始加大，是短线买入信号。

（3）当股价波动形态有可能形成 W 底（或三重底等底部形态）时，OBV 线也会发出较强的警示信号。

当股价形态即将形成 W 底时，如果与之相对应的 OBV 线领先上扬，成交量放大，是一种股价可能短期见底的信号。如果 OBV 线与股价形态几乎同时形成三重底时，股价阶段性的底部特征将更明显。

4. OBV 指标的优点

OBV 指标适用于短期投资的决策，是预测股价短期波动的重要分析方法，它能帮助投资者确定股价突破盘局后的发展趋势。

OBV 指标一个重要的功能在于可以局部显示市场内主力资金的动向。虽然 OBV 指标无法提出资金移动的理由，但是，当突然放大或缩小的成交量出现在低价或高价位时，可以提醒投资者注意成交量的变化，从而提前研判市场内的多空倾向。

5. OBV 指标的局限性

由于 OBV 指标根据计算累积成交量而成，因此，对于像周 OBV 指标和月 OBV 指标等这些周期比较长的研判指标来说，在实际操作中就失去了研判功能，这点是和其他技术分析指标有着本质的不同。投资者在实际操作中应注意这点，尽量少用周 OBV 及月 OBV 等指标来研判行情，以免研判失误。

同样道理，OBV 指标没有原始参数值，它不能根据修改参数值来从更多角度和不同周期去对行情进行多方位研判，因此，OBV 指标的分析方法比较简单、研判功能比较单一。

另外，由于 OBV 指标计算原理过于简单，并且在 OBV 值的计算公式中，仅用收盘价的涨跌来做依据，则存在着失真的现象，因此，OBV 指标的适用范围仅限于短期操作，而不能用于中长期投资的研判。

第六章　怎样选股

第一节　选股前准备

一、了解股市运行的规律

（一）周期规律

股市周期规律一般分自然周期规律、社会周期规律、经济周期规律。自然周期规律指全年时间以及24节气对股市的影响。例如农业的春播秋收，造成农产品价格波动，影响依赖农产品加工产业的成本。社会周期规律指社会周期影响相应股票进而对股市的影响。例如节假日影响商业类股票以及旅游类股票。经济周期规律指经济周期或发展规划对股市的影响。例如我国五年经济规划开始以及临近到期，对依赖贷款的行业股票影响较大，以及房地产股票在筹建时期和销售时期对股票的影响。

（二）历史重复规律

当我们打开一个股票的历史价位走势图，我们不难发现在某两个时段会有相同的趋势走出，这就是历史重复规律。历史重复规律不一定是价位都按照完全相同的价位，且变化价位差都一样，只是在大体上会有相同的趋势形态和类似的重复，尽管如此，投资者观察历史价位走势图很有必要。

（三）股市板块轮动规律

所谓板块轮动，指的是板块与板块之间交替上涨，推动大盘逐步上扬，比如一段时间金融板块率领大盘上涨，接着是地产板块推动大盘上涨，这就叫做金融板块与地产出现了板块轮动效应。

（四）回归规律

所有的股票走势都不可能是一直下跌或是一直上涨，它总是会有下跌后上涨，上涨后下跌的一个回归过程，或许这个回归在每一个股票的体现不同，有些股票回归较快，但有些股票回归较慢，且回归的幅度都有所差异，有些大，有些小，但总体来说，回归是股票的主要规律之一。

（五）二八规律

“二八规律”是指中小盘股在A股里约占八成，蓝筹股在A股里约占两成，中小盘股和蓝筹股互为“跷跷板”关系，当中小盘股涨起来时，蓝筹股下跌或者不涨；当中小盘股下跌时，蓝筹股上涨或者不跌。

（六）股市“黑天鹅”

“黑天鹅”事件（Black Swan Event）指非常难以预测且不寻常的事件，通常会引起市场连锁负面反应甚至颠覆。从次贷危机到东南亚海啸，从9·11事件到“泰坦尼克号”的沉没，以及瑞士央行放弃欧元兑瑞郎汇价下限后瑞郎的暴涨。黑天鹅存在于各个领域，无论金融市场、商业、经济还是个人生活，都逃不过它的影响。

同样在A股中也会遇到此类小概率突发事件。比如2013年8月16日，A股市场出现惊奇一幕。上证指数诡异暴涨，11点后突然拉升，短短8分钟内，从跌近1%拉升到涨近2.5%，大盘一度冲击2200点，创出2191.65的反弹高点。在当天，光大证券发布正式公告，承认套利系统出现问题，导致上证指数不正常上涨。

二、建立自己的股票池

（一）什么是股票池

股票池（Stock Pool）是指根据一段时期内市场的运行特点，以及个人的风险偏好和操作要求，按照一定的标准和程序从两市全部股票中，挑选一揽子股票作为重点观察和交易的目标。在炒股软件中，可以通过创建自选股来建立股票池，将目标股票添加进自选股。

（二）股票池的作用

股票池的作用体现在两方面：一是缩小选股范围。交易者的精力和能力有限，两市2000多只股票不可能逐一关注，建立股票池就如同设置一个初选机制，便于交易者集中关注重点股票，提高交易胜算；二是保持对潜在目标的跟踪。当我们发现某只股票后市有潜力，但是目前还不适合买入时，可以将该股放进股票池，这样可以保证长期的关注。

股票池不是一成不变的，而是需要时常更新，一方面淘汰其中炒作完成、股价高估、题材“过气”、趋势逆转、基本面变坏的品种，一方面添加新的潜力个股，保证股票池备选股票的高质量。

（三）建立股票池

由于每位投资者技术水平、性格、投资偏好不同，建立股票池的方法也不尽相同。一般中长线投资者偏重于根据基本面条件筛选股票池，短线投资者偏重于根据技术面条件筛选股票池。

有两点需要注意：一是股票池包含的目标个股数量不宜太多，每一阶段股票池内的个股数量不要超过 20 只，因为太多了看不过来，也就失去设置股票池的意义了；二是股票池内个股保持一定的差异性，不要太过雷同集中，投资者可以选用多种筛选方法来建立股票池，比如基本面与技术面条件并用，这样我们可以多个角度来观察捕捉市场机会。

为建立股票池而筛选股票，方法同我们平时的选股是相似的，区别在于建立股票池的时候，选股是初选、粗选，而决定买入时的选股是精选、细选。

第二节　中长线选股方法

一、基本面分析选股

（一）根据经济指标变化选股

股价常根据一些特定经济指标的起伏而产生变化，如 GDP、物价变动指数、通货膨胀、利率、汇率、工业信心指数、就业率等，这些指标由国家统计局公布，是选股时判断当前形式的依据。经济指标数据众多，并非每个都需要分析，只需根据当前经济局势，从各种消息和数据中判断股市走势。下面择其重点进行举例介绍。

1. GDP

GDP 即国内生产总值，是指在一定时期内（一个季度或一年），一个国家或地区的经济中所生产出的全部最终产品和劳务的价值，常被公认为是衡量国家经济状况的最佳指标。它不但可以反映一个国家的经济表现，还可以反映一国的国力与财富。

在经济繁荣时期，企业经营良好，盈利多，股价上涨；经济不景气时，企业利润下降，股价疲软下跌。即 GDP 或相关产业增加值呈上升趋势时，是选择股票的好时机。GDP 数据可在国家统计局网站中查阅，图 6-1 为 2009—2013 年国内生产总值及其增长速度的对比数据。

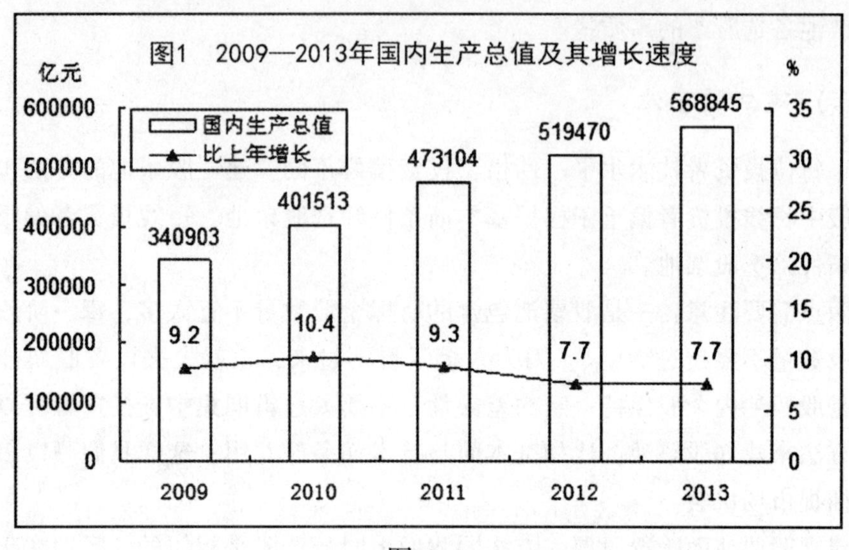

图 6-1

2. **通货膨胀与 CPI**

通货膨胀一般定义为：在信用货币制度下，流通中的货币数量超过经济实际需要而引起的货币贬值和物价水平全面而持续的上涨。

与货币贬值不同，整体通货膨胀为特定经济体内之货币价值的下降，而货币贬值为货币在经济体之间相对价值的降低。前者影响此货币在使用国内的价值，而后者影响此货币在国际市场上的价值。两者之相关性为经济学上的争议之一。

CPI 是居民消费价格指数（Consumer Price Index）的简称。居民消费价格指数，是一个反映居民家庭一般所购买的消费商品和服务价格水平变动情况的宏观经济指标。它是度量一组代表性消费商品及服务项目的价格水平随时间而变动的相对数，是用来反映居民家庭购买消费商品及服务的价格水平的变动情况。

居民消费价格统计调查的是社会产品和服务项目的最终价格，一方面同人民群众的生活密切相关，同时在整个国民经济价格体系中也具有重要的地位。它是进行经济分析和决策、价格总水平监测和调控及国民经济核算的重要指标。其变动率在一定程度上反映了通货膨胀或紧缩的程度。一般来讲，物价全面地、持续地上涨就被认为发生了通货膨胀。

CPI 数据与上一统计段比较，例如 2015 年 7 月份与 2015 年 6 月份相比较，叫环比。与历史同期比较，例如 2015 年 7 月份与 2014 年 7 月份相比，叫同比。环比增长率=（本期数-上期数）/上期数×100%，反映本期比上期增长了多少；同比增长率=（本期数-同期数）/同期数×100%，反映本期比同期增长了多少。

稳定的小幅通胀一般认为是对经济有益。温和通胀有可能刺激股市上涨。通胀由于消费品价格上涨，对消费类企业是利好，比如粮油价格上涨对粮油企业是利好，肉类价格上涨则可能促使肉类企业股份上涨。例如，2013 年 6 月下旬开始猪肉价格涨幅明显，主营肉类的上海梅林（600073）从 7 月开始走出翻倍行情（图 6-2）。

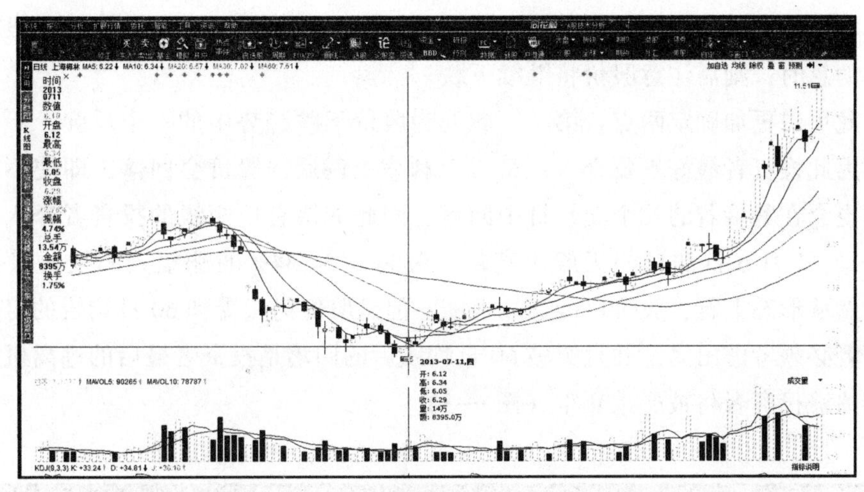

图 6-2

需要注意的是，当通货膨胀到一定程度，物价上涨幅度过大，居民实际资产会缩水引起市场的不稳定，国家为控制通货膨胀将推动利率上涨，市场中的流动资金将相应减少，从而使股价下跌。

3. **利率**

利率就表现形式来说，是指一定时期内利息额同借贷资本总额的比率。利率是单位货币在单位时间内的利息水平，表明利息的多少。利率通常由国家的中央银行控制，在美国由联邦储备委员会管理。至今，所有国家都把利率作为宏观经济调控的重要工具之一。

当经济过热、通货膨胀上升时，便提高利率、收紧信贷；当过热的经济和通货膨胀得到控制时，便会把利率适当地调低。因此，利率是重要的基本经济因素之一。利率是经济学中一个重要的金融变量，几乎所有的金融现象、金融资产均与利率有着或多或少的联系。

通常利率的升降与股价的涨跌呈反向运动，即利率上升构成利空，而降息被认为是利好。因为利率上升一方面增加了上市公司的财务成本，影响公司利润，不利于股价上涨；另一方面利率上升会吸引投资者将资金从股市转向银行储蓄或债券，从而减少股市资金供应，对股价上涨构成压力。同理，降息不但减轻上市公司财务成本，有利于增加公司利润，同时储蓄债券收益的减少也会使大量资金转入股市，推高股价。

需要注意，当股市处于暴涨后，降息对股价进一步上涨的推力就变小，而此时的加息则可能诱发股市见顶。而当股市处于暴跌的时候，即使出现利率下降的调整政策，也可能会使股价回升乏力。

例如中国南车（601766）在2011年6月下旬，股价下跌到的一个阶段低位后开始反弹上涨，如果短线抢反弹的投资者在此时购入该股票，7月初在得到银行可能加息的消息时，则需注意股价将继续下跌。

因此可以更加确定两点：第一，此处为股价下跌趋势中的一个反弹，不是行情逆转，因此投资者最好不要介入；第二，利率上调后，股价会回落，即使不在当天回落，也会在紧接着的几个交易日中回落，因此如果有抢短线的投资者介入，必须立即出局，7月6日加息当天股价高走，最终以3. 34%的涨幅大阳线放量拉高股价，虽然从形态上看，股价可能继续上涨，但是股价仍然受到60日均线的打压，因此投资者必须考虑出局，并且突破60日均线后的回落是投资者最后的逃离机会，如果长期追涨投资者将被严重套牢（图6-3）。

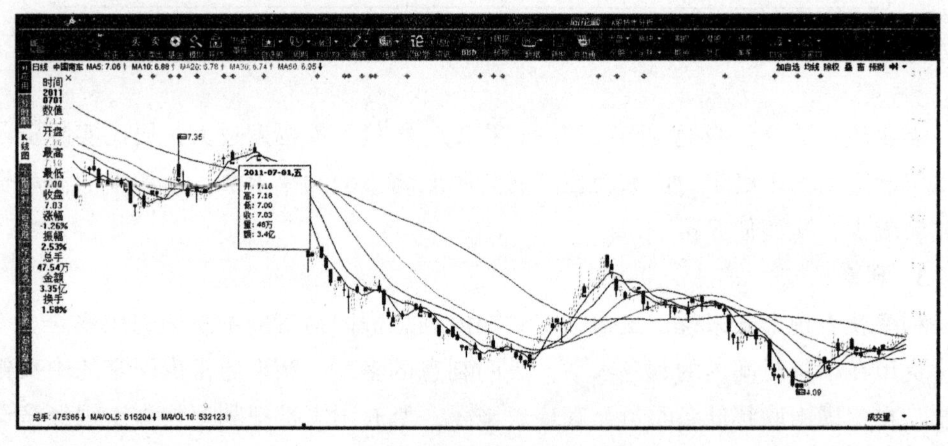

图6-3

4. **汇率**

汇率（又称外汇利率，外汇汇率或外汇行市）是两种货币之间的兑换的比率，亦可视为一个国家的货币对另一种货币的价值。汇率又是各个国家为了达到其政治目的的金融手段。汇率会因为利率，通货膨胀，国家的政治和每个国家的经济等原因而变动。而汇率是由外汇市场决定。外汇市场供不同类型的买家和卖家作广泛而连续的货币交易（外汇交易除周末外每天24小时进行，即从GMT时间周日8：15

至GMT时间周五22：00)。即期汇率是指当前的汇率，而远期汇率则指当日报价及交易，但于未来特定日期支付的汇率。

汇率变动对股市的影响比较复杂。从宏观上看，如果一国货币存在升值预期，那么国际资金就可能向该国转移，其中部分资金会进入该国股市，引发股市上涨。但是一旦货币升值实现，国际资金撤退时，又可能造成该国股市的暴跌。比如当人民币存在升值预期时，国际游资就可能以各种渠道进入中国，其中有大量资金会进入A股，由此诱发股市的上涨；而一旦国际游资预期人民币升值到位，则可能大量撤退，一方面赚取了人民币升值的收益，另一方面也赚取了资金在股市的升值收益，但这种撤退则可能诱发股市的动荡乃至暴跌。

从微观上看，汇率变动对不同的上市公司及其股价变动影响不同。以我国为例，总体而言，人民币贬值有利于出口企业，人民币升值有利于进口企业以及金融机构。因此根据宏观和微观的叠加效应，在人民币升值预期强烈的时候，或者人民币升值初期，买入银行等金融机构的股票是一个不错的选择。

例如在2014年年初，汇率上升，人民币贬值。因此可抓住时机在3月20日在4.69元购入重庆银行（01963）股票，4月9日，股价上升到5.130元左右，短短20天时间，期间涨幅达8%，即可获得不少盈利（图6-4）。

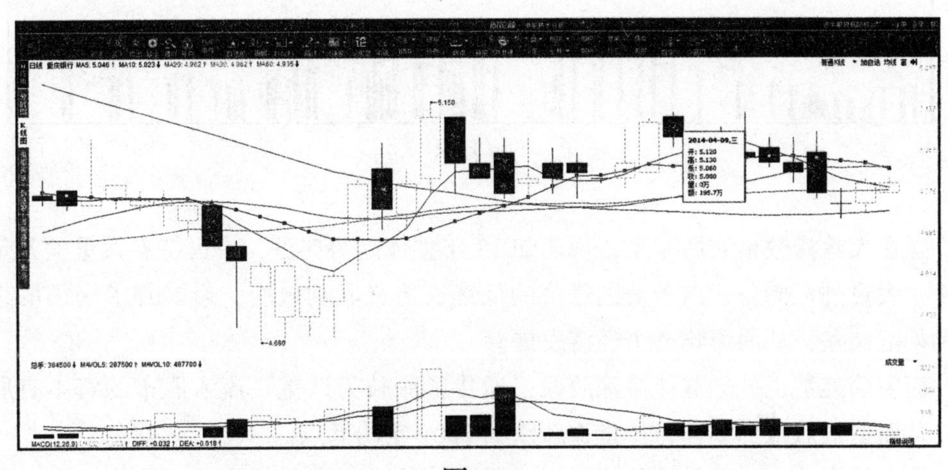

图6-4

（二）根据宏观环境变化选股

1. 宏观经济形势变化

股市是宏观经济的晴雨表，宏观经济是股市的风向标。宏观经济的发展变化决定了股市的炒作方向与热点变化。

宏观经济向好的时候，大部分公司的业绩向好，股市就有整体上升的趋势，如果宏观经济低迷，大部分公司的经营不利，股市整体就容易下跌。简单说，宏观经济的趋势很大程度上影响股市的趋势。对于选股而言，宏观经济向好时，我们要选择受益最大的领头羊，而宏观经济不好时，则需要选择抗跌品种。

2013 年 2 月 18 日沪指见顶 2444. 80 点，5 日均线和 10 日均线形成死亡交叉，一路下跌至 5 月 2 日的 2174. 12 点，累计下跌 213 点，跌幅达 8%。至 5 月 29 日，沪指构筑了坚固的圆弧顶，顶部信号较为明确。

次日，沪指开始了一波速度较快，跌幅较大的下跌走势，以十字星和大中阴线为主导，下跌角度十分陡峭。从 2324. 02 点一直跌到 1849. 65 点，累计下跌 369. 82 点，跌幅高达 15%（图 6-5）。

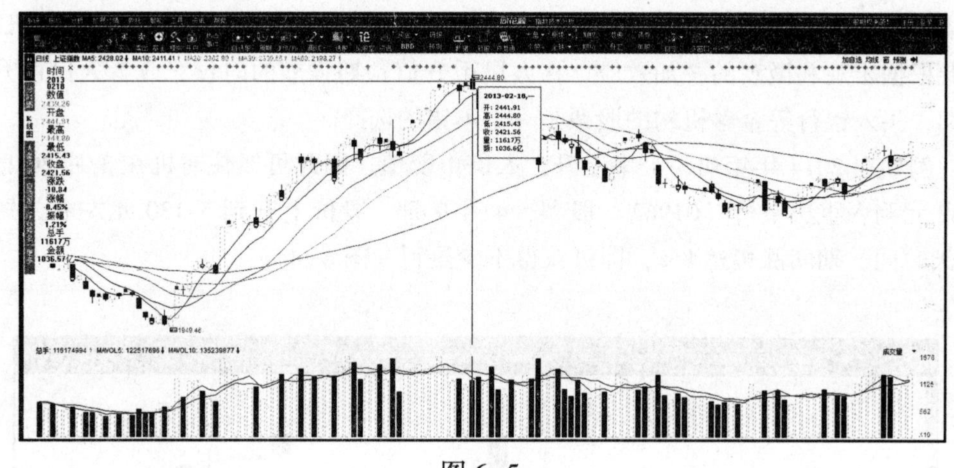

图 6-5

这在大盘指数里实属罕见，说明 2013 年整体趋势向下，中国持有大量美元债券累积了大量外汇储备，由于美国经济的低迷，造成联动效应，影响到了中国的进出口和外汇储备，从而影响整个经济发展。

而中国经济也处于低迷滞涨阶段，通货膨胀较为严重，流入股市的资本有所减少，从而造成股市的不佳，沪指重新跌到 2009 年的低点。

在这种全球经济不景气的情况下，需谨慎地进行选股投资，谨防抄底时又遇到“地下室”（即买入股票后继续下跌被套），在经济复苏未来临前，股价向上回升可能性小，即是大跌小涨。

若需要在这一阶段进行股票市场的投资，通常可选择与经济建设有关的行业如建筑行业、水泥工业、造纸工业等公司。根据经济学理论，经济萧条时政府通常会大施土木，建立公共设施与交通运输工程，以便制造就业机会，避免失业人口增加等。这类股票可避免股价过分缩水，还能抓住大跌中的小涨时机而盈利。

土木工程建筑业的中国铁建（601186），在大盘一路狂跌的情况下，这只股或有一定的上升趋势，若抓住机遇在 2013 年 6 月 25 日左右于 3.95 元购入股票，7 月 25 日左右于 5.21 元卖出，依然可以在劣势中获利（图 6-6）。

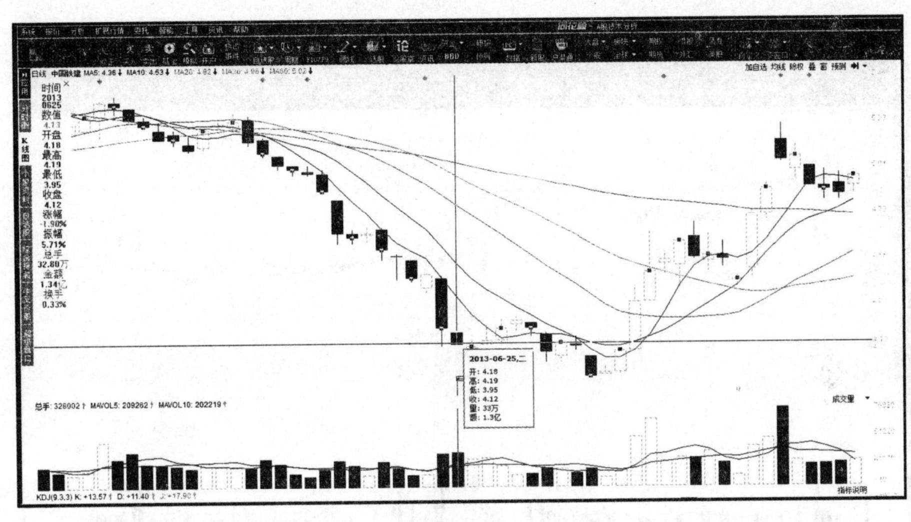

图 6-6

通常大萧条之后必定会迎来经济的复苏，在 2013 年 6 月上证指数跌至 1849.65 点之后，经济状况开始慢慢好转，股价开始呈现上升趋势（图 6-7）。

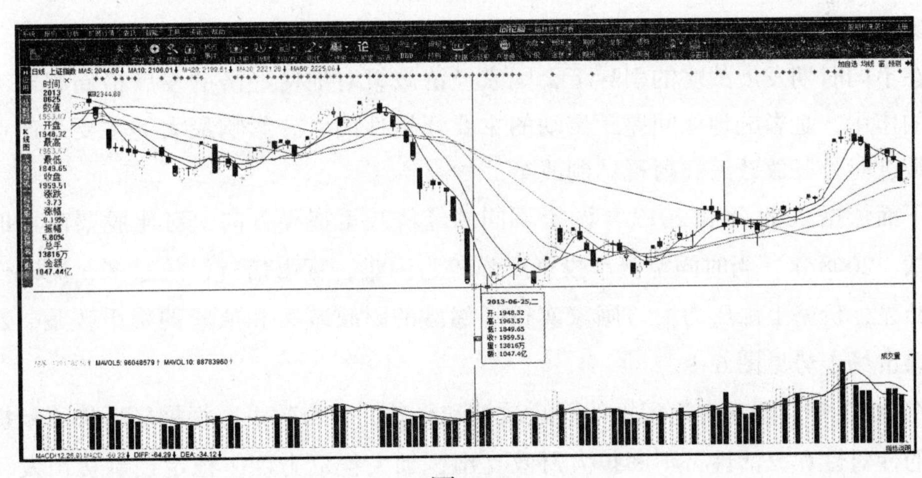

图 6-7

经济由低谷向复苏阶段过渡时，各行业利润普遍提高，股票市场开始活跃，股价会逐步回升；复苏阶段后期，股价常会比经济的实际复苏更快提升，经济繁荣期的信心大增，预期收益更高，股价会进一步上升。

在经济上升时期，可选择与经济形势息息相关的股票类型，如金融类的银行股，它们的股价通常都会紧跟经济形势进行上扬。例如，可在2013年6月选择工商银行（601398）以3.4元的价格购入，于8月16日卖出，持股2个月左右，即可在接近4.35元的价格卖出盈利（图6-8）。

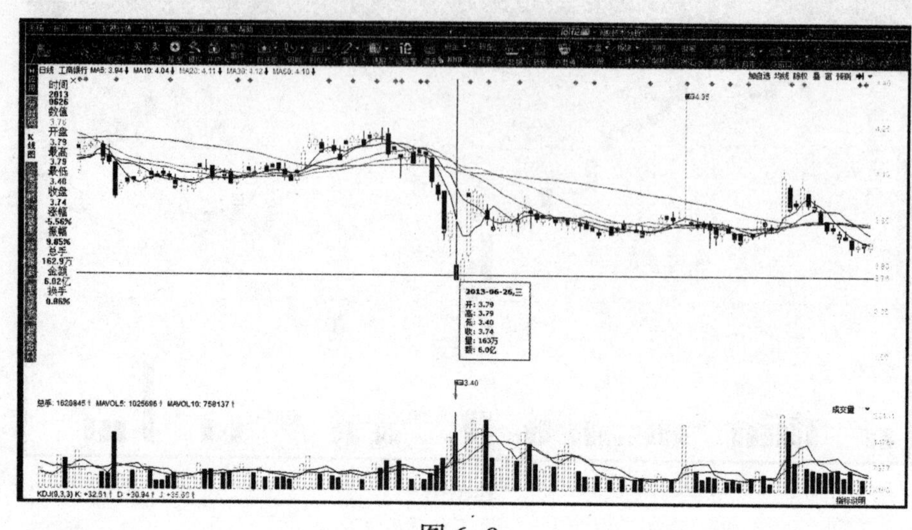

图6-8

2. 国家经济政策影响

国家经济政策是指国家履行经济管理职能，调控国家宏观经济水平、结构，实施国家经济发展战略的指导方针。

在不同时期发展战略的引导下，国家经济政策对地区经济的发展格局起着不可估量的作用，是影响地区间差距变动的主要环境性因素。影响最大的主要是产业布局政策、对外开放政策和财税体制改革。

下面依据2008年和2013年国家不同的经济政策指导方向，对比股票市场的波动起伏。2008年，当时固定资产投资反弹较为困难，货币信贷投放过多，流动性的矛盾凸显，价格上涨压力大，国家实行了稳健的财政政策和从紧的货币政策。2008年股票市场走势见图6-9。

在2013年，国家实施积极的财政政策和稳健的货币政策，根据新形势不断提高政策的针对性和灵活性，不断扩大财政支出，加大投资力度，稳定控制货币发行量既不缩紧，也不滥发。巩固经济回升向好的态势，加快经济结构调整、推动经济发展（图6-10）。

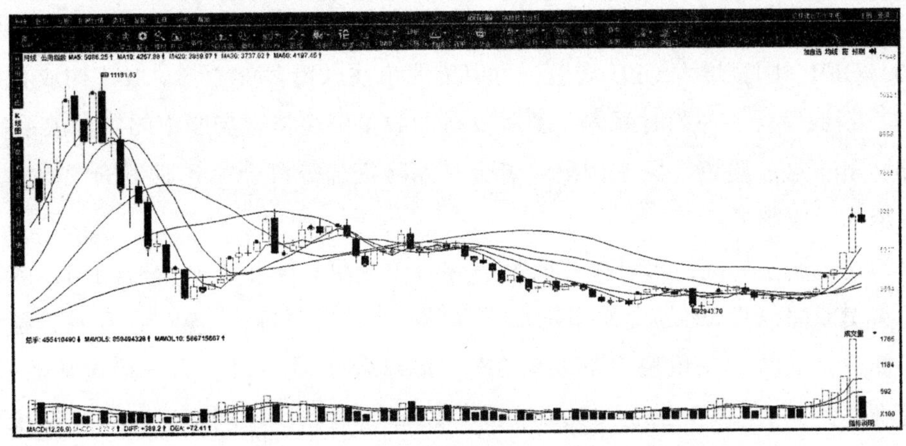

图 6-9

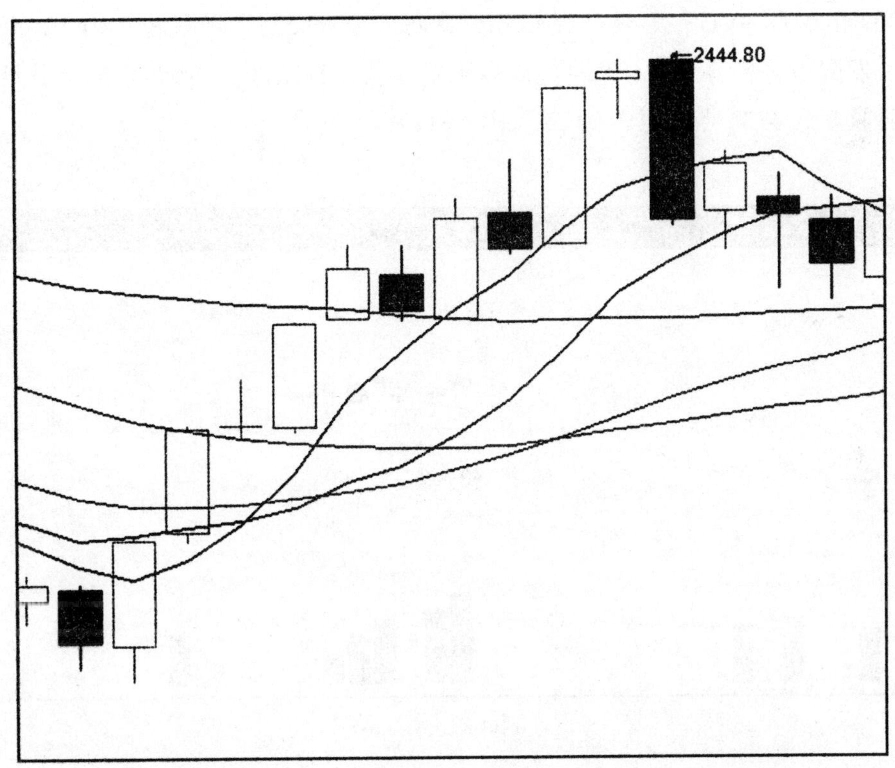

图 6-10

3. 股市相关政策调整

政策调整会对股市产生最直接的影响，主要包括：

（1）印花税。降低印花税，减少股民交易成本，对股市构成利好，表明国家对股市发展的支持。上调印花税，则带有一定程度的股市降温效应。

（2）融资融券政策。直接影响股市流动性。

（3）QFII。国家增大 QFII 规模，可以为股市注入更多资金，对股市构成利好。

（4）新股发行。一段时间内，新股发行的数量多少将影响股市的供求关系。

（5）养老金、险资。国家调整养老金、保险资金等资金投入股市的规模，对股市的资金面构成影响。

以印花税调整为例，政府在开征股票交易印花税后半年不到的时间内，改单向征收为买卖双向征收 6‰的交易印花税，以平抑暴涨的股价；1991 年 10 月，鉴于股市持续低迷，又将印花税税率下调为 3‰；1997 年 5 月 9 日，为平抑过热的股市，印花税税率由 3‰上调至 5‰；1998 年 6 月 12 日，为活跃市场交易，印花税税率由 5‰下调为 4‰；1999 年 6 月 1 日，为调整低迷的 B 股市场，下调印花税税率为 2‰。

2007 年 5 月 30 日，财政部突然宣布将两市证券交易印花税税率由 1‰上调至 3‰，引发股市著名的 5·30 大跌，众多股票连续三日跌停，不到 10 个交易日沪指由 29 日收盘的 4334 点跌至 3404 点（图 6-11）。

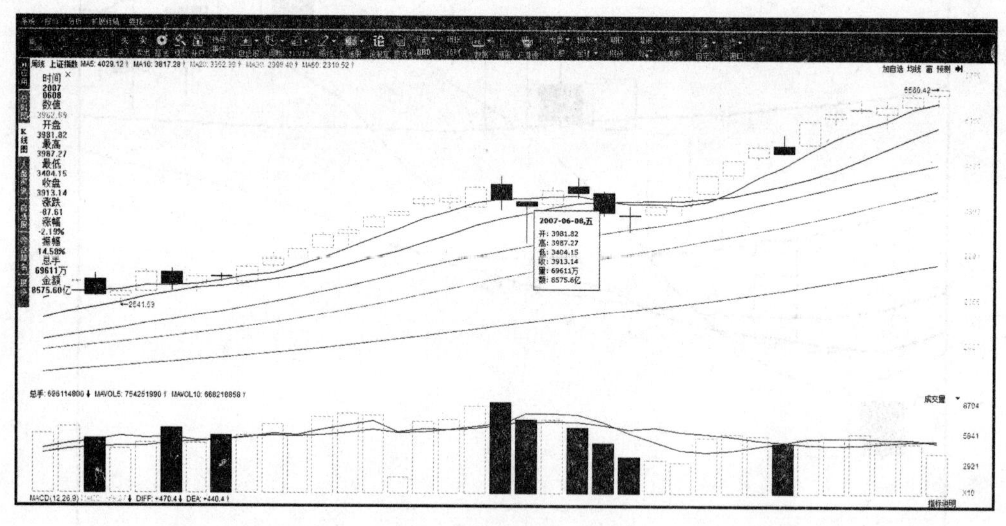

图 6-11

2008 年股价持续暴跌，市场极度低迷，4 月 24 日，财政部将印花税税率下调至 1‰，当日沪指暴涨 9. 29%。2008 年 9 月 18 日，财政部将印花税改为单边征收，当日两市 A 股全线涨停报收（图 6-12）。

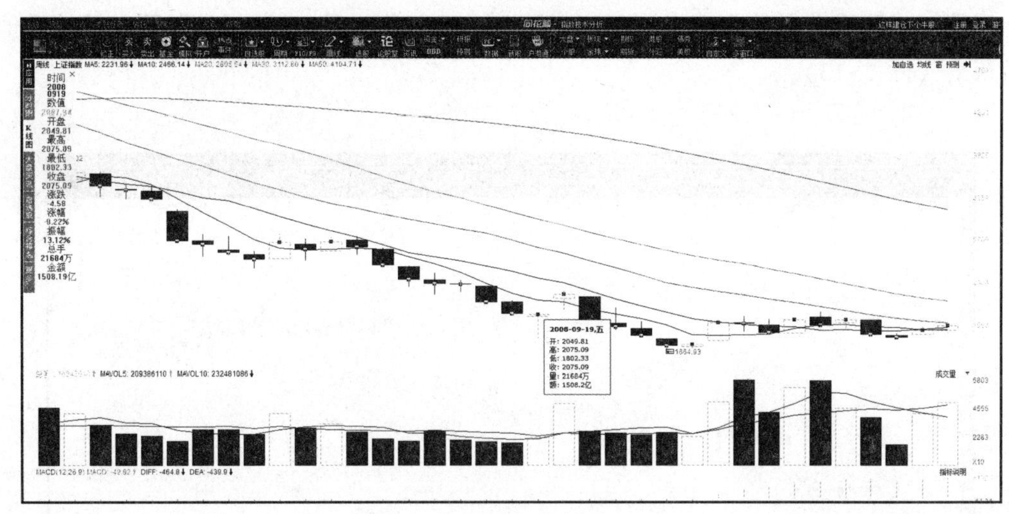

图 6-12

国家的调控政策对股市的影响几乎是绝对的，这就需要时刻关注财经论坛与报纸，以便获得实时消息，然后及时调整选股策略。

例如，在印花税下降时，及时购入优质股，然后等待几日后售出，因为印花税的调整对股市的影响通常会持续一段时间。

（三）通过政治因素变化选股

股票市场价格的波动，除受经济指标、经济形势和国家政策的影响外，还受政治因素的影响。政治因素泛指那些对股票价格具有一定影响力的国际政治活动、重大政策变化的发展计划以及政府的法令、政治措施等。政治因素对股市价格的影响是宏观的、敏感的，大洋彼岸的政局动荡甚至都会影响到中国股市。

详细来看，战争通常会使各国经济不稳定，政局动荡，股价下跌，但是与军需工业有关的股票价格必然上涨。因此，应适时购进军需相关的股票，但若是大规模的破坏性战争，应尽快售出股票，投资可保值的贵重金属。

外交关系的改善会使有关跨国公司的股价上升，在外交关系改善时，选购相关跨国公司的股票是较有利的投资行为。时刻关注国内外重大新闻，可确保在选股时不会盲目投资。

纵观国际政治形势变化，可了解到 2013 年 12 月日本首相悍然参拜靖国神社，造成中日矛盾不断激化，中国加快军事建设的步伐，以应对不可控的危险因素。

在这种情形下，中国军工企业将迎来发展机遇，尤其是高尖端科技和大型武器的建设。尤其是中国的航母建设，包括船舶生产，精密机电设备，大型发动机，飞机工业都将受益。在股市里最突出的是中国的航母概念板块的大涨态势。

例如，这里选择航天动力（600343），在2014年5月23日买入股票，等待升值后售出（图6-13）。

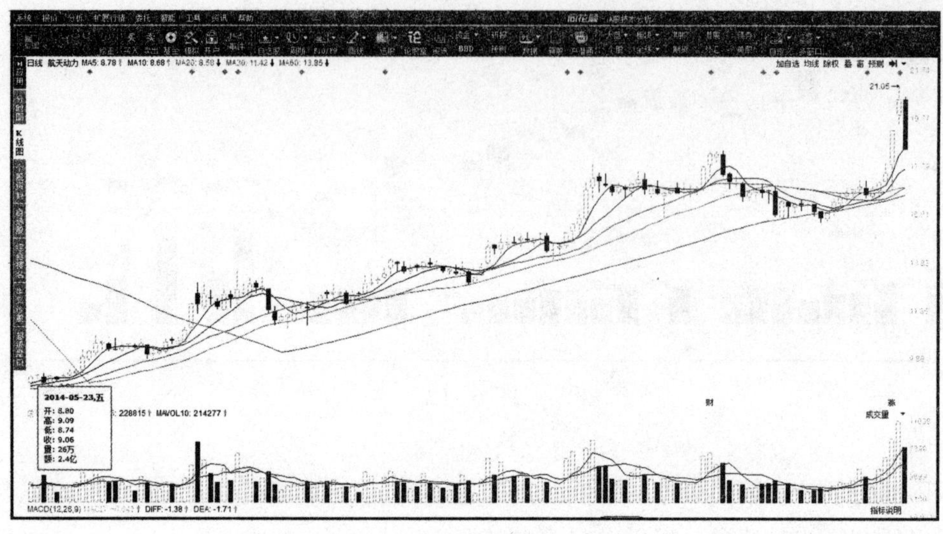

图6-13

二、根据行业分析选股

（一）新型的朝阳行业

朝阳行业刚刚兴起，正在发展阶段，有相当大的发展空间；另外一些行业可能已经发展比较成熟，但是受到了国家政策的大力扶持，代表了未来的发展技术、产业发展方向，进一步做大做强的趋势良好，这些行业的股票可以作为我们选股的重点关注方向。比如北斗导航、装备制造、“一带一路”、云计算等。

1. 北斗卫星导航

卫星导航系统是重要的空间信息基础设施。中国高度重视卫星导航系统的建设，一直在努力探索和发展拥有自主知识产权的卫星导航系统。

2014年11月23日，国际海事组织海上安全委员会审议通过了对北斗卫星导航系统认可的航行安全通函，这标志着北斗卫星导航系统正式成为全球无线电导航系统的组成部分，取得面向海事应用的国际合法地位。

该行业涉及A股中的相关股票如中国卫星、航天晨光。

2. 装备制造

装备制造业是为国民经济和国防建设提供生产技术装备的制造业，是制造业的核心组成部分，是国民经济发展特别是工业发展的基础。未来几年国家将建立起强大的装备制造业，提高中国综合国力。

该行业涉及 A 股中的相关股票如振华重工、舜天船舶。

3.“一带一路”

“一带一路”是指“丝绸之路经济带”和“21 世纪海上丝绸之路”。

“丝绸之路经济带”是中国与西亚、欧洲各国之间形成的一个经济合作区域，大致在古丝绸之路范围之上。丝绸之路经济带途经的省份包括西北陕西、甘肃、青海、宁夏、新疆等五省区，西南重庆、四川、云南、广西等四省市区。

21 世纪“海上丝绸之路”自秦汉时期开通以来，一直是沟通东西方经济文化交流的重要桥梁，而东南亚地区自古就是海上丝绸之路的重要枢纽和组成部分。

我国为促进两条线路上经济贸易、运输的发展，在未来将投入大量人力物力深化创造良好的机遇和环境。

该行业涉及 A 股中的相关股票如西部建设、中海集运。

4. 云计算

云计算是基于互联网的相关服务的增加、使用和交付模式，通常涉及通过互联网来提供动态易扩展且经常是虚拟化的资源。

云计算已成为国家战略性新兴产业重要方向之一。应用沿纵深两个维度快速拓展，市场潜力巨大。

该行业涉及 A 股中的相关股票如大唐电信、中心通讯。

5. 零排放汽车

零排放汽车是指不排出任何有害污染物的汽车，比如太阳能汽车、纯电动汽车、氢气汽车等。有时人们也把零排放汽车称为绿色汽车、环保汽车、生态汽车、清洁汽车等。

围绕着“零排放”汽车，尤其是燃料电池汽车的技术竞争日趋激烈，全球“零排放”汽车已步入“决战期”。中国将这一轮汽车技术变革和产业升级视为重中之重的发展。

该行业涉及 A 股中的相关股票如安凯客车、德赛电池。

6. 新能源

新能源又称非常规能源。是指传统能源之外的各种能源形式。指刚开始开发利用或正在积极研究、有待推广的能源，如太阳能、地热能、风能、海洋能、生物质能和核聚变能等。

新能源的开拓以及研发将是我国未来几年重中之重投入扶持的行业。

该行业涉及 A 股中的相关股票如宝新能源、京能电力、上海电力。

7. 金融投资行业

金融投资行业主要包括三大类：银行类，投资类，保险类。具体则很多：银行、证券、保险、财务公司、租赁等。

未来国家将扶持银行信贷主渠道的同时，积极创新融资方式，不断提高社会融资规模，有效激活金融市场活力，金融投资行业的前景不可小觑。

该行业涉及A股中的相关股票如中国平安、安信信托、浦发银行。

8. 文化产业

文化产业是以生产和提供精神产品为主要活动，以满足人们的文化需要作为目标，是指文化意义本身的创作与销售，包括动漫，文学艺术创作、音乐创作、摄影、舞蹈、工业设计与建筑设计。

文化产业作为一种特殊的文化形态和特殊的经济形态，影响了人民对文化产业的本质把握。伴随我国的经济发展，消费升级，文化产业将逐渐扩大规模，文化创造将成为未来发展的一个重要趋势。

该行业涉及A股中的相关股票如华闻传媒、时代出版、华谊兄弟。

9. 体育经营管理

美国体育产业对于美国经济的贡献率占到11%，我国体育产业的贡献率则只有0.7%，我国体育产业尚处于国际体育产业发展过程中的初期。部分通过利用国际赛事交流市场化运作的模式发展起来的体育经营管理公司的利润总额与净利润增长率的平均值已达到40%左右。国外一 些经济学家和社会学家预言，体育产业将成为世界21世纪四大产业之一。

该行业涉及A股中的相关股票如中体产业、泰达股份、双象股份。

10. 传媒

传媒，就是传播各种信息的媒体。在数字化的今天，传媒已经与人们的生活息息相关。

中国电视、互联网、手机用户、网民数量已经是全球第一，广告收入增长迅猛，媒体将是未来中国增长迅速的产业。

该行业涉及A股中的相关股票如华闻传媒、新华传媒、ST传媒。

（二）国家投资的龙头企业

对于重点龙头企业，国家在基地建设、原材料采购、设备引进和产品出口方面，在全国范围内有计划地、分期分批地选择一批龙头企业予以重点扶持。

1. 重点龙头企业具备的条件

（1）规模较大。固定资产规模东部地区在5000万元以上，中部地区在3000万元以上，西部地区在2000万元以上；近3年年销售额东部地区在2亿元以上，中部地区在1亿元以上，西部地区在5000万元以上；产地批发市场年交易额在5亿元以上。

（2）经济效益好，企业资产负债率小于60%。

（3）带动能力强。生产、加工、销售各环节利益联结机制健全，能带动较多农户；有稳定的、较大规模的原料生产基地。

（4）产品具有市场竞争优势。科技含量高、市场潜力大；有较健全的市场营销网络，市场份额在同类产品中居前列，且较稳定。

2. 国家对重点龙头企业的扶持政策

（1）金融政策。灵活运用货币政策工具，安排贷款计划，及时增加再贷款，支持金融机构支农资金需要。

（2）进一步明确金融机构支农重点，完善支持农业产业化的金融服务体系。

（3）以龙头企业和高科技农业、特色农业为重点，加强支持农业产业化的金融服务。

（4）支持农村基础设施和生态环境建设，为农业产业化创造条件。

（5）支持西部地区发展特色农业，促进西部农业产业化发展。

（6）财政政策。为了引导龙头企业大范围地带动生产基地和农户，形成龙头企业加生产基地和农户的产业化经营新格局，对于重点龙头企业带动的生产基地建设等，中央财政要继续给予支持，地方财政也要作出具体安排。

3. 税收政策

（1）内资企业。

企业所得税的减免：对国有农口企事业单位从事种植业、养殖业和农林产品初加工业的所得暂免征收企业所得税。

（2）外资企业。

企业所得税减免：对生产性外商投资企业，经营期在10年以上的，从开始获利的年度起，第一年和第二年免征企业所得税，第三年至第五年减半征收企业所得税。对从事农业、林业、牧业和设在经济不发达的边远地区的外商投资企业，经批准可在以后10年内继续按应纳税额减征15%～30%的企业所得税。

（3）外经贸。

按照中央外贸发展基金的有关规定，对符合中央外贸发展基金使用方向和使用条件的农产品及其加工品出口项目融资予以贴息。参照国际通行的做法，继续加大对重点龙头企业出口创汇的支持。对于符合国家高新技术目录和国家有关部门批准引进项目的农产品加工设备，免征进口关税和进口环节增值税。

（4）投融资。

鼓励重点龙头企业多渠道筹集资金，积极借鉴国内外投资融资经验，利用资产重组、控股、参股、兼并、租赁等多种方式扩大企业规模，增强企业实力。符合条件的重点龙头企业，实行规范的公司制后，可申请发行股票上市。已经上市的重点龙头企业，利用好农业类上市公司在配股方面的倾斜政策。创造条件鼓励重点龙头企业利用外资开展合资、合作。积极探索建立以重点龙头企业为主体的农业产业化发展投资基金。

（三）行业周期

美林的投资时钟，是一种将经济周期与资产和行业轮动联系起来的方法。

长期增长和经济周期从长期看，经济增长取决于生产要素的可获得性、劳动力、资本和生产能力的提高。

投资钟的分析框架有助于投资者识别经济中的重要拐点，从周期的变换中获利。我们将经济周期分为四个阶段：衰退、复苏、过热和滞胀。每一个阶段都可以由经济增长和通胀的变动方向来唯一确定。我们相信，每一个阶段都对应着表现超过大市的某一特定资产类别：债券、股票、大宗商品或现金，见图 6-14。

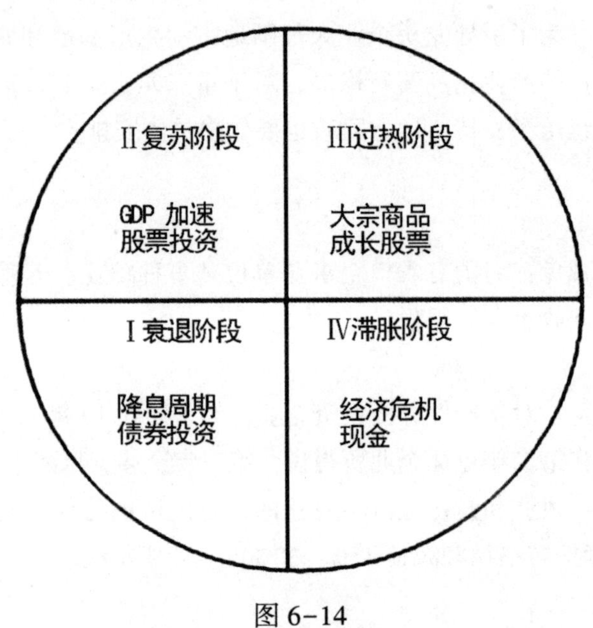

图 6-14

1. 在衰退阶段，经济增长停滞

超额的生产能力和下跌的大宗商品价格驱使通胀率更低。企业盈利微弱并且实际收益率下降。中央银行削减短期利率以刺激经济回复到可持续增长路径，进而导致收益率曲线急剧下行。债券是最佳选择。

2. 在复苏阶段，舒缓的政策起了作用，GDP 增长率加速，并处于潜能之上

然而，通胀率继续下降，因为空置的生产能力还未耗尽，周期性的生产能力扩充也变得强劲。企业盈利大幅上升、债券的收益率仍处于低位，但中央银行仍保持宽松政策。这个阶段是股权投资者的“黄金时期”。股票是最佳选择。

3. 在过热阶段，企业生产能力增长减慢，开始面临产能约束，通胀抬头

中央银行加息以求将经济拉回到可持续的增长路径上来，此时的 GDP 增长率仍坚定地处于潜能之上。收益率曲线上行并变得平缓，债券的表现非常糟糕。股票的投资回报率取决于强劲的利润增长与估值评级不断下降的权衡比较。大宗商品是最佳选择。

4. 在滞胀阶段，GDP 的增长率降到潜能之下，但通胀却继续上升，通常这种情况部分原因归于石油危机

产量下滑，企业为了保持盈利而提高产品价格，导致工资-价格螺旋上涨。只有失业率的大幅上升才能打破僵局。只有等通胀过了顶峰，中央银行才能有所作为，这就限制了债券市场的回暖步伐。企业的盈利恶化，股票表现非常糟糕。现金是最佳选择。

综上所述，衰退时期收益率：债券>现金>股票>大宗商品；复苏时期收益率：股票>债券>现金>大宗商品；过热时期收益率：大宗商品>股票>现金/债券；滞胀时期收益率：大宗商品>现金/债券>股票。

三、根据市场热点选股

热点选股可以根据同花顺软件中的分析来进行选择，下面介绍几种主要的选股方法。

（一）根据板块热点进行选股

打开同花顺软件，选择报价里的板块热点，见图 6-15。

图 6-15

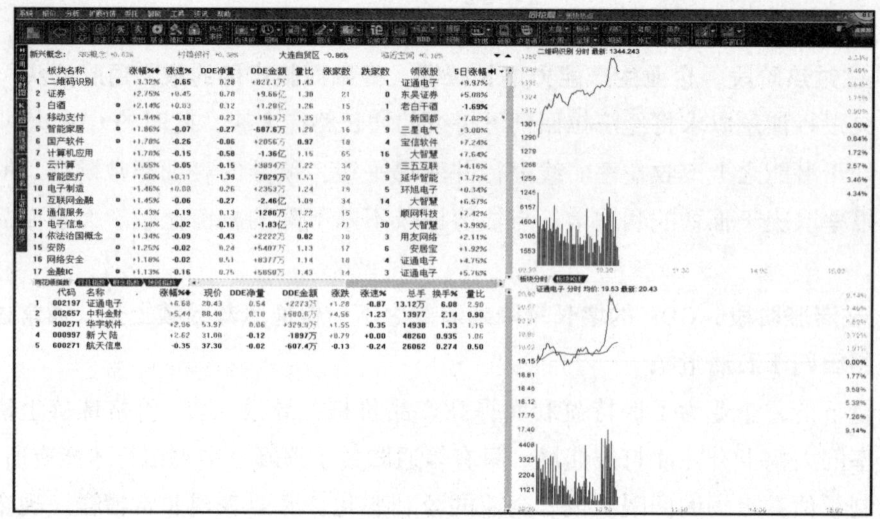

图 6-16

股市中，热点板块指的是当前市场上交投比较活跃，成交量比较大，板块内个股活跃度高于市场平均水平的行业或地域板块。

在牛市中，这种板块一般都是行情主导板块，带领大盘一路走高；在熊市中，这种板块一般都是弱势行情里面的避风港，是比较抗跌、人气相对较好的板块；在盘整行情中，此板块往往会有波段行情产生。

在板块选股中，可以观察到各个板块的信息，非常有帮助，见图 6-16。

（二）根据指标排行选股

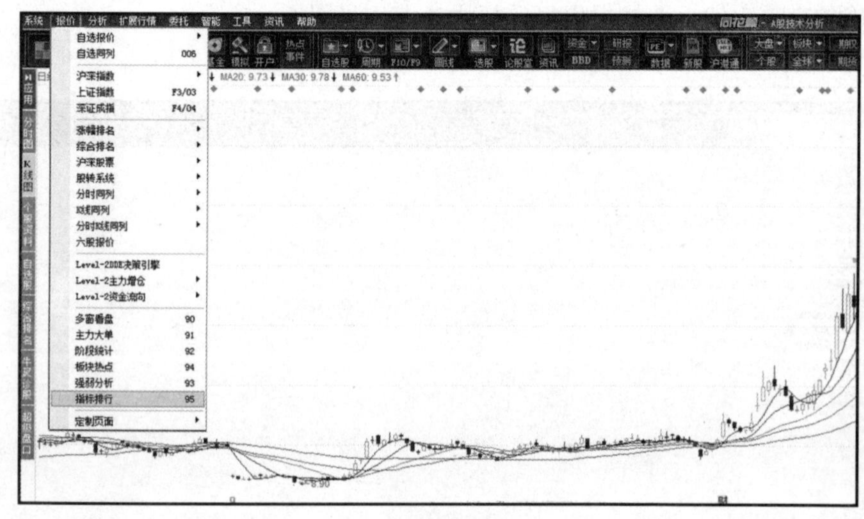

图 6-17

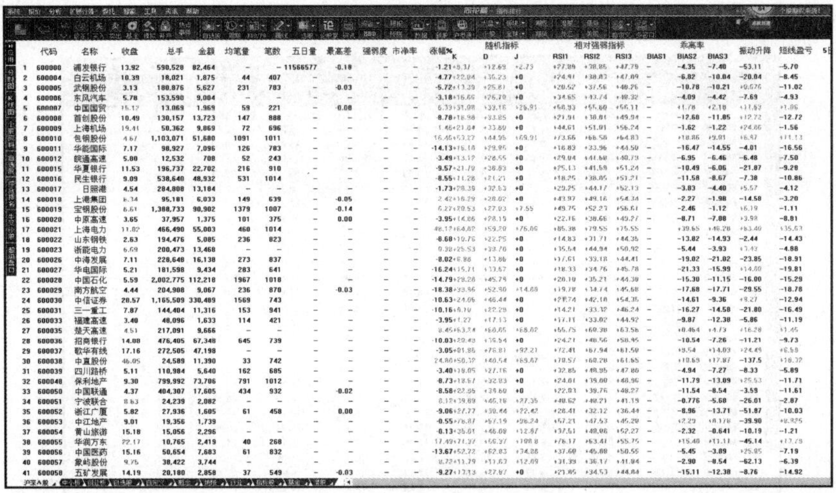

图 6-18

见图 6-17，点击软件“报价”里的指标排行，这里有各个股票的各种指标，涨跌幅度，量比指标等。可以参照这些指标进行选股，见图 6-18。

涨跌幅度又叫做涨跌幅，是指股票市场和期货市场中股票与期货与前一个交易日相比上涨和下跌的百分比。量比指标能体现主力即时做盘的盘口特征，表明盘口成交活跃度。

涨跌幅度可以看出哪些股票的波动快，这样对于偏好趋势的投资者来说可以选择到波动剧烈的股票进行交易，这些波动剧烈的股票就是热点股票。量比指标能筛选出哪些股票近段时间相比之前时期成交量变化更大，筛选出成交量大的股票就是热点股票。

（三）根据强弱分析选股

点击报价里的强弱分析，见图 6-19。

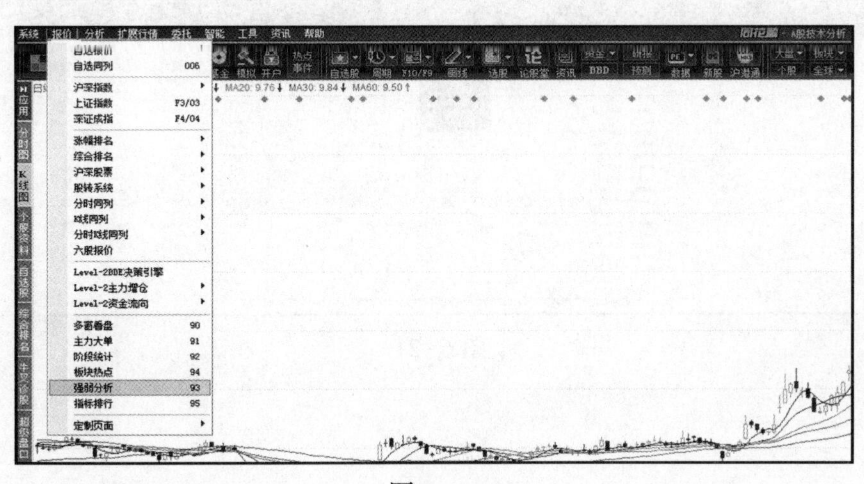

图 6-19

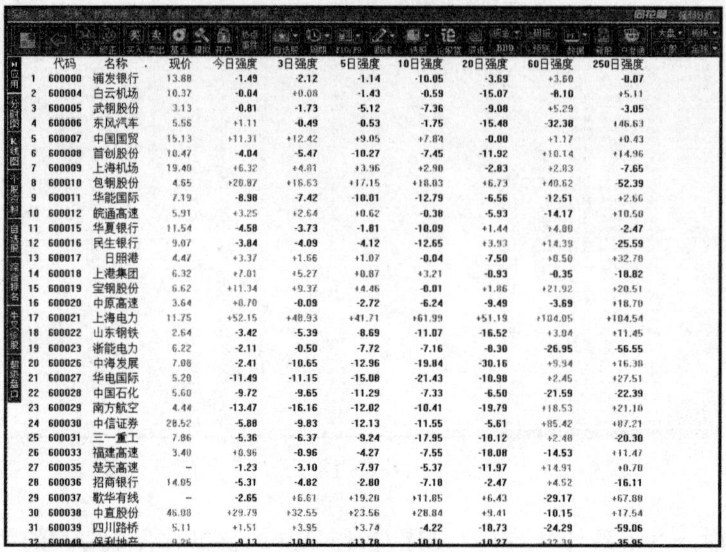

	代码	名称	现价	今日强度	3日强度	5日强度	10日强度	20日强度	60日强度	250日强度
1	600000	浦发银行	13.88	-1.49	-2.12	-1.14	-10.05	-3.69	+3.60	-0.07
2	600004	白云机场	10.37	-0.04	+0.08	-1.43	-0.59	-15.07	-8.10	+5.11
3	600005	武钢股份	3.13	-0.81	-1.73	-5.12	-7.36	-9.08	+5.29	-3.05
4	600006	东风汽车	5.56	+1.11	-0.49	-0.53	-1.75	-15.48	-32.38	+46.63
5	600007	中国国贸	15.13	+11.31	+12.42	+9.05	+7.84	-0.00	+1.17	+0.43
6	600008	首创股份	10.47	-4.04	-5.47	-10.27	-7.45	-11.92	+10.14	+14.96
7	600009	上海机场	19.40	+6.32	+4.81	+3.96	+2.90	-2.83	+2.83	-7.65
8	600010	包钢股份	4.65	+20.87	+16.63	+17.15	+18.03	+6.73	+40.62	-52.39
9	600011	华能国际	7.19	-8.98	-7.42	-10.01	-12.79	-6.56	-12.51	+2.66
10	600012	皖通高速	5.91	+3.25	+2.64	+0.62	-0.38	-5.93	-14.17	+10.50
11	600015	华夏银行	11.54	-4.58	-3.73	-1.81	-10.09	+1.44	+4.80	-2.47
12	600016	民生银行	9.07	-3.84	-4.09	-4.12	-12.65	+3.93	+14.39	-25.59
13	600017	日照港	4.47	+3.37	+1.66	+1.07	-0.04	-7.50	+0.50	+32.78
14	600018	上港集团	6.32	+7.01	+5.27	+0.87	+3.21	-0.93	-0.35	-18.82
15	600019	宝钢股份	6.62	+11.34	+9.37	+4.46	-0.01	+1.86	+21.92	+20.51
16	600020	中原高速	3.64	+0.70	-0.09	-2.72	-6.24	-9.49	-3.69	+18.70
17	600021	上海电力	11.75	+52.15	+48.93	+41.71	+61.99	+51.19	+104.05	+104.54
18	600022	山东钢铁	2.64	-3.42	-5.39	-8.69	-11.07	-16.52	+3.04	+11.45
19	600023	浙能电力	6.22	-2.11	-0.50	-7.72	-7.16	-8.30	-26.95	-56.55
20	600026	中海发展	7.08	-2.41	-10.65	-12.96	-19.84	-30.16	+9.94	+16.38
21	600027	华电国际	5.20	-11.49	-11.15	-15.08	-21.43	-10.98	+2.45	+27.51
22	600028	中国石化	5.60	-9.72	-9.65	-11.29	-7.33	-6.50	-21.59	-22.39
23	600029	南方航空	4.44	-13.47	-16.16	-12.02	-10.41	-19.79	+18.53	+21.10
24	600030	中信证券	28.52	-5.88	-9.83	-12.13	-11.55	-5.61	+85.42	+87.21
25	600031	三一重工	7.86	-5.36	-6.37	-9.24	-17.95	-10.12	+2.48	-20.30
26	600033	福建高速	3.40	+0.96	-0.96	-4.27	-7.55	-18.08	-14.53	+11.47
27	600035	楚天高速	–	-1.23	-3.10	-7.97	-5.37	-11.97	+14.91	+0.70
28	600036	招商银行	14.05	-5.31	-4.82	-2.80	-7.18	-2.47	+4.52	-16.11
29	600037	歌华有线	–	-2.65	+6.61	+19.20	+11.85	+6.43	-29.17	+67.88
30	600038	中直股份	46.08	+29.79	+32.55	+23.56	+28.84	+9.41	-10.15	+17.54
31	600039	四川路桥	5.11	+1.51	+3.95	+3.74	-4.22	-18.73	-24.29	-59.06
32	600048	保利地产	9.26	-9.13	-10.01	-13.78	-10.10	-10.27	+32.39	-35.95

图 6-20

强弱分析可以看到个股的近期涨幅强度的比例，是一个不错的选股指标，见图 6-20。

如果股票近期涨势强劲，涨幅强度增加，说明股票在近期活跃，是热点股票，参与交易的主力军、券商或是股民增多。

（四）根据资金流入选股

打开同花顺软件，选择资金中的资金流向，见图 6-21。

图 6-21

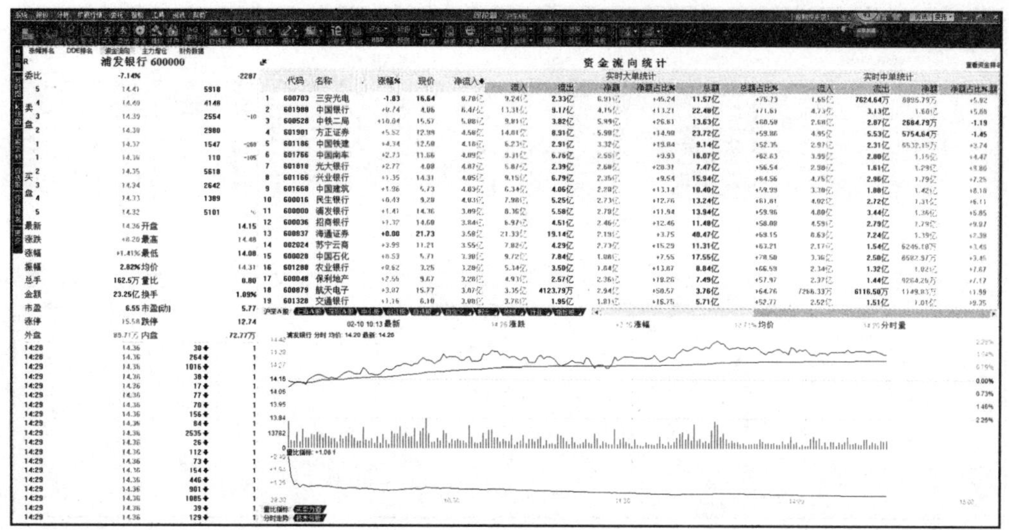

图 6-22

资金进出是推动股票涨跌的原动力，能知道每日资金进出的情况对于推断出股价发展方向很有帮助。

资金流向能够帮助投资者透过指数（价格）涨跌的迷雾看到其他人到底在干什么。指数（价格）上涨一个点，可能是由 1000 万资金推动的，也可能是由 1 亿资金推动的，这两种情况对投资者具有完全不同的指导意义（图 6-22）。

资金流向越大表明股票越是活跃，就是我们要找的热点股票。

（五）根据主力增仓选股

打开同花顺软件，选择资金里主力增仓，见图 6-23。

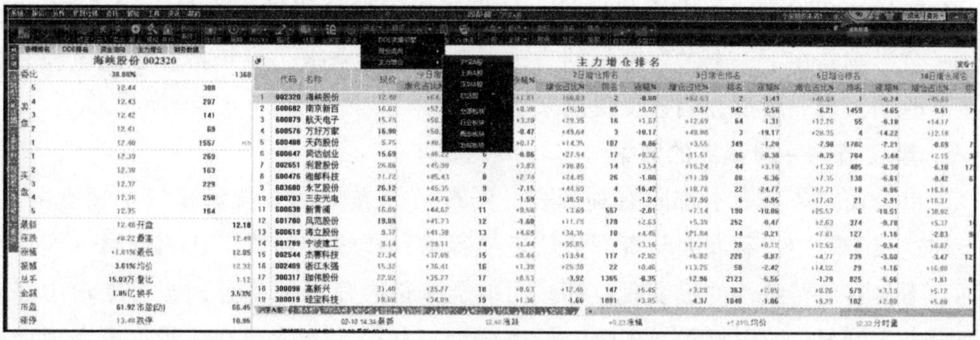

图 6-23

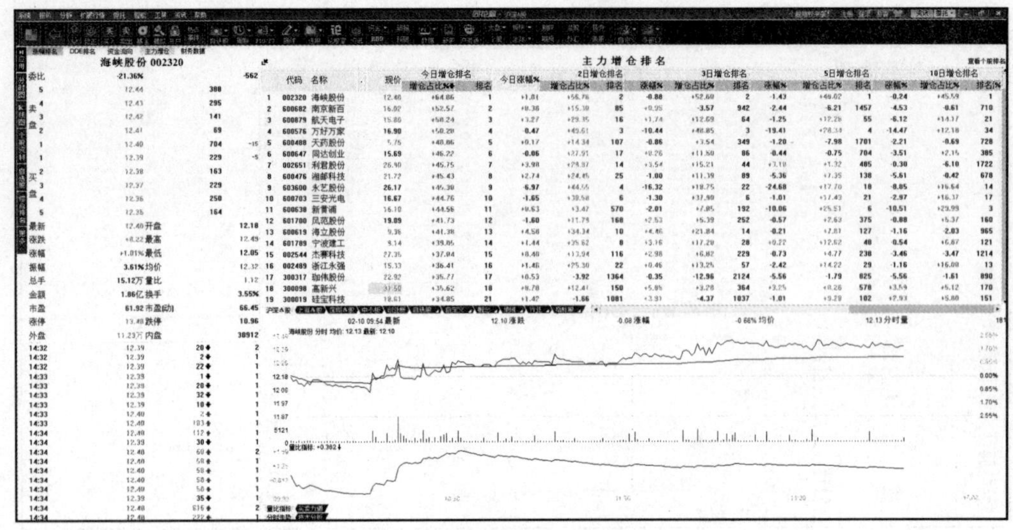

图 6-24

主力增仓是通过盘口成交数据解析主力资金进出，针对个股股性的差异化，对盘中个股和板块主力动向做及时深入的分析、研判，帮助投资者在盘中及时把握主力资金动向，做出更准确的投资决策，见图 6-24。

主力增仓表明有大资金量在买入股票，这时说明主力军可能已经到来，股票成交量增大，成为热点股票。

四、根据财务分析选股

如何从上市公司财务数据报表选股？可以从以下几个方面分析：

1. 盈利能力——能赚钱的才是好公司

每个行业都具有其自身独有的特征，具体上市公司在某一年度只要盈利为正，下一年度的盈利就可能出现大幅增长，如果亏损，就可能需要大量融资或者借贷，这势必会影响其在下一个考察期间的表现。市场对于季报、半年报、年报盈利亏损甚至下滑的公司一般都会明显反映出来。

2. 现金流——最真实的数据

上市公司财务报表中都附有利润表、资产负债表与现金流量表三个独立的表。在上述这三个表中，利润表与资产负债表最容易被操纵与粉饰，比如依靠一些一次性的、不具有可持续性的投资收益等，而现金流量表显示的是公司银行账户中经营性资金进出情况，难以操控。现金流量表分为三部分，经营现金流量，投资现金流量，筹资现金流量。一般来说，投资现金流量负的很正常，而经营现金流量需要是正的，如果是负的，说明经营现金流入小于流出，如果一个公司长期经营现金流量为负，这是很危险的，说明它的偿债能力在变差。上季度和上一年现金流为正是最佳。当然，这要排除一些行业，比如负债经营的银行业。

3. 产品毛利率——要高、要稳

此项指标能够反映企业产品的定价权。选择的公司的产品毛利率要高、稳定而且趋升，若产品毛利率下降，那就要小心了——可能是行业竞争加剧，使得产品价格下降，如彩电行业，近10年来产品毛利率一直在逐年下降；而白酒行业产品毛利率却一直都比较稳定。毛利率常年稳定在20%以上者最佳。

4. 净资产收益率——10%以下免谈

净资产收益率高，说明企业盈利能力强。比如2003年的贵州茅台，若除去贵州茅台账上的现金资产，其净资产收益率应该为80%以上，实际上就是投资100元，每年能赚80元。一般要求净资产收益率应该大于20%。净资产收益率小于10%的企业需要谨慎对待。

5. 预收款——越多越好

预收款多，说明产品是供不应求，产品是"香饽饽"或者其销售政策为先款后货。预收款越多越好，如贵州茅台长期都有十几亿元的预收款，这个指标能反映企业产品的"硬朗度"以及他的市场地位。

6. 应收账款——回避

应收账款多，有两种情况。一种是可以收回的应收账款，另一种情况就是产品销售不畅，这样就先货后款，这就要小心了。在不了解你所投资的公司之前，对于应收账款较多的股票还应以回避为佳。

7. 市盈率——30%以下者最佳

即使一家公司的基本面很好，但是如果股价已经上升到历史高位，也不符合我们的选股标准。

8. 增长性——忍耐是最好的反击

公司的销售额在过去三年的复合增长率是否大于10%？增长性指标主要是考核公司的长期增长能力，只有这样才能保证公司能够渡过行业的低迷期。经得起风浪的企业才能称之为好企业，投资的钱才有保障。

9. 独立性——独立经营情况佳

未来三年，公司能否在不依赖外部融资的情况下经营？这是一个预测性的指标，我们认为只要上市公司过去三年的自由现金流足够充裕，未来三年需要进行外部融资的可能性就非常低。

10. 创始人持股——自己都不买，如何服众

公司任何创始人是否拥有至少5%的公司股份，当然大多数适用于民营企业，创始人持股代表着其对公司发展是否有信心，如果连公司首脑都没有信心还拿什么来服众呢？

11. 完美无缺——遵纪守法的公司才是好公司

公司报表和事务中是否不存在瑕疵和欺诈是投资的基本底线，如果存在欺诈行为，即使能瞒过一时，长期也会被市场发现，并被投资者抛弃。例如*ST大地案件，使其从一只大牛股变成大熊股。

（一）根据经营类指标

1. 资本利用回报率（ROCE）=（营业利润 + 投资收益）×（1 - 所得税率）÷（总资产 - 流动负债 + 短期借款）

ROCE是使用最广泛的衡量公司所有财务资源使用效率的核心指标，用于反映股东和债权人投给公司的资本创造了多少利润，它又可以分解为利润率×资产周转率（资产周转率公式为：主营业务收入÷总资产期初期末平均值），所以出众的ROCE指标需要公司实现优秀且增长的利润率和资产周转率。在计算得出ROCE后，如果该值大于资本的成本（WACC），就说明公司在创造经济价值，否则，股东和债权人的利益就在受损，不如投到其他领域划算。

2. 净资产收益率（ROE）= 净利润÷股东权益

ROE是具体衡量股东投入资本的回报水平指标，也是ROCE的组成部分。ROE和估值指标市盈率（PE）与市净率（PB）关系密切，事实上，PB就等于ROE×PE，这三项因素的变动都会直接影响估值（股价）。例如，如果公司股票的PB处于行业平均水平，如果想让股价上涨，若PE不变的话，公司就必须实现ROE的增长。这里需要注意的是，如果公司有意通过不合理的手段，如大额撇账来压低股东权益来实现ROE的增长，或者ROE中的E，即业绩存在大量的偶然收益，如非经常性损益，在投资者察觉后会相应下调PE倍数来反映其有水分的ROE增长。所以，不仅要看ROE是否增长，还要看其质量如何，才能确认股价上涨是否合理。

3. 营业利润率=营业利润 ÷ 主营业务收入

营业利润率可以反映公司的定价权和成本控制能力。如果想让利润率提升，公司要么具备很强的定价权，可以提升售价，要么通过消减成本，或者同时发力。所以，在一个行业里营业利润率出众的公司通常是拥有定价权和成本控制实力的龙头优势企业，其股票估值水平也会高于同行。这里需要注意的是公司可能会通过改变折旧政策来使得营业利润率失去可比性，这时可用剔除息税和折旧后的EBITDA利润率来复核。

4. 每股收益（EPS）增长率 = 从上一年度到未来5年的EPS复合增长率

该指标反映中期业绩增长预期，是许多估值指标如PE、PEG等的驱动力量。通过杜邦比率分析来看，EPS增长率自身的驱动因素包括资本性开支（CAPEX）、资产周转率、营业利润率、净负债比率和股息分配率，EPS若想增长前三项因素也必须增长，而后两项因素只有下降才能驱动EPS增长。需要注意的是，EPS增长率在公司扭亏为盈和由盈转亏或起始年度EPS极低的时候会失去指导意义。

5. 自由现金流（FCF）= 经营性现金流-资本性开支

FCF好比是一个人的工资在减去所有开支后结余下来的部分，公司可以用FCF来发放股利、回购股票、扩大再生产、补充营运资金或进行其他投资，完全可以自由支配。不论是个人还是公司，都希望这些“闲钱”越多越好，所以，投资者非常看重公司FCF的生成和增长能力。

（二）根据盈利质量类指标

1. 利润变现比率= 经营性现金流 ÷ 净利润

权责发生制的记账方法使得净利润并不代表公司实际赚到的真金白银，事实上，有很多账面上的利润最终无法成为可供股东分配和扩大再生产的现金。利润变现比率就是衡量有多少账面利润背后是实实在在的现金流，显然，长期来看该比率越接近100%越好。

2. 资产重置比率 = 资本性开支 ÷ 折旧

如果该比率低于1，说明公司固定资产在缩水，即每年新增的固定资产投资低于折旧，导致固定资产净值的下降。这种状况虽然在短期内有利于利润率和自由现金流等盈利指标，但基本是无法持续的，大多数行业公司的可持续增长需要不断对固定资产进行投资。资产重置比率也是判断商业周期的重要指标，如果一个行业长期投资不足，且产能利用率接近饱和，通常预示着一轮景气高涨周期的到来。

3. 实际所得税率= 所得税 ÷税前利润

公司都在想方设法获得所得税率的优惠或通过各种办法避税，但投资者要警惕的是，如果公司实际所得税率明显低于同行，将会对未来业绩埋下负面隐患，低所得税率是难以持久的，而所得税率的变动又会直接影响到EPS和一系列估值指标，因此是分析过程中不可忽视的重要环节。

4. 净负债比率=（长短期借款-现金和现金等价物）÷ 股东权益

净负债率是使用最广泛的衡量财务杠杆使用效率的指标。虽然投资者都偏向喜欢低资产负债率的公司，但究竟具体公司的净负债率是否合理还要结合利息覆盖率、自由现金流和ROCE来综合判断，如果公司的盈利能力和现金生成能力出众，投资者可以接受较高的负债率，否则，超出偿债能力的高负债水平会让投资者不安。但是，如果公司负债率很低，投资者也不会满意，可能反映公司业务扩张能力或空间不大，不再需要负债融资来扩大再生产，成长性就会受到质疑。

5. 利息覆盖率=（营业利润-利息支出）÷利息支出

这基本上是一个风险提示指标，特别是在公司净利业绩低谷，自由现金流脆弱的时期更为关键，它可以说明公司是否还有能力支付利息以避免偿债风险，以及是否还有融资能力来扭转困境，显然，该比率低于1时公司的情况就已经很危急了。

（三）根据估值类指标

1. 市盈率（PE）= 股价÷每股收益

PE是使用最广泛和有效的估值指标。PE的绝对值没有任何意义，一个低的PE不能证明股价低估，同样高PE也不能说明股价高估，PE是否合理只有通过和同行业公司股票对比和与历史PE波动周期对比才能得出结论。

2. 市净率（PB）= 股价÷每股净资产

和PE用法相同，一个相对高的PB倍数反映投资者预期较高的回报，反之亦然。PB又等于PE×ROE，所以，在从同一板块中挑选PB被低估的股票时会采用PB和ROE的矩阵，那些ROE很高而PB又相对较低的股票最吸引人。

3. 股息率 =股息 ÷ 股价

投资股票获取的回报一是来自于资本增值，即股价的上涨；二是来自于公司分配的现金股利。股息率通常在挑选成熟行业的收益型股票时和在熊市时是关键的估值指标。

4. 自由现金流收益率=每股自由现金流 ÷ 股价

股息是公司实际分配给股东的现金收益，而自由现金流就是潜在的可分配现金收益。如果自由现金流收益率长期明显高出股息率，就会有故事要发生，公司要么会加大股利分配力度，要么用来投资或扩大再生产，不论怎样，股价都有上涨动力。

5. EV/EBITDA =（市值 + 净负债 + 少数股东损益）÷ EBITDA

EV/EBITDA估值指标主要用在现金流可预测性较强的成熟行业里，此外也是公司并购时的决定性估值指标。

6. EV/销售额 =（市值 + 净负债 + 少数股东损益）÷主营业务收入

这是一个衡量公司规模的估值指标，反映销售收入对应的企业价值倍数。该指标很少独立作为唯一的估值标准，但在并购和公司业务对整个经济增长依赖度很高的情况下则非常适用。

（四）重点分析年报

第一，确定年报的可信程度。上市公司年报一般来说，都要通过委托权威审计部门进行核算审计，这样经过审计后的年报其真实性、准确性相对较高。要注意这个年报是否被审计过。假设通过研究分析年报，自己被错误引导，那也可以以法律手段起诉这份年报的审计部门的失职。

第二，年报阅读要抓要点，抓重点，抓几个重要指标。一看每股利润的组成内容，看其是主营利润增长还是短期收益获得，详细了解上市公司的利润构成很重要。如果一家公司的利润构成中，主营业务所占比例较低，而投资收益和其他一次性收益占的比重很大，同时，每股现金流量金额又与每股收益相比差距很大，那么，这样的公司业绩增长持续性就难以保证，而且现金流不足，应收款过高，也容易出现问题。同时看每股现金流、每股公积金的增长变化。

第三，弄明白公司业绩和利润盈亏真实程度。对上市公司会计数据和业务数据，不能只看净利润、每股收益，更不能仅以此作为投资的重要参考依据。我们一方面要看到并关注成长性良好的上市公司，同时，也要抓住一些亏损股的机会，特别是那些出现巨大亏损股的机会。有的上市公司属于法人改换，前期公司坏账烂账被一次性处理，这样的上市公司亏损往往在随后的时间里，会出现“脱胎换骨”的新变化，业绩很可能出现爆炸性增长。

第四，年报分析要看现在，重未来。应该说，投资者买股票就是买未来，买预期，好上市公司的以往业绩只代表过去，而其能否继续保持相对高的成长速度，需要辩证对待。相反，一些业绩在低位的公司，股价处在较低位置，不排除公司在重组情况下，业绩出现重大转机，而这一切年报资料里必然会出现端倪。对行业周期回暖，经济拐点出现的品种，应该不重一时，以长远规划和远期投资的目光去衡量。

再比如一般库存提高可以理解为公司销售不畅，后期利润可能降低，但是，有一种情况是特别的，那就是垄断性质的行业，在经济萧条时期，也采取囤货行为，他们有理由相信在经济复苏的时候，能够卖到更好的价钱。这就是隐瞒利润。

五、形态理论选股

（一）W 底反转形态选股

W 底形态是形态学中一个重要的形态，其走势外观如英文字母“W”。W 底形态属于一种中期底部形态，一般发生于波段跌势的末期，一般不会出现在行情趋势的中途，一段中期空头市场，必然会以一段中期底部与其相对应，也就是说，一个 W 底所酝酿的时间，有其最少的周期规则，所以 W 底的形态周期是判断该形态真伪的必要条件。

W 底的构成要素，有以下两大条件：

第一，W 底第一个低点与第二个低点之间，两者至少必须有比较长距离，市场中有时候会出现短期的双底走势，这不能算作 W 底，只能算是小行情的反弹底，且常为一种诱多陷阱。

第二，第一个低点的成交比较活跃，第二个低点的成交却异常沉闷，并且，第二个低点的外观，通常略呈圆弧形。所以说，W 底形态有左尖右圆的特征。

W 底形态的形成是由于价格长期下跌后，一些看好后市的投资者认为价格已很低，具有投资价值，期待性买盘积极，价格自然回升，但是这样会影响大型投资机构吸纳低价筹码，所以在大型投资机构的打压下，价格又回到了第一个低点的位置，形成支撑。这一次的回落，打伤了投资者的积极性，形态呈圆弧状。W 底形态内有两个低点和两次回升，从第一个高点可绘制出一条水平颈线压力，价格再次向上突破时，必须要伴随活跃的成交，W 底才算正式成立。如果向上突破不成功，则股价要继续横向整理。股价在突破颈线后，颈线压力变为颈线支撑，股价在此时会出现回抽，股价暂时回档至颈线位附近，回抽结束，股价则开始波段上涨。

一般来说，W 底形态的第二个低点最好比第一个低点低，这样可制造破底气氛，让散户出局，从而形成一个筹码相对集中的底部，以利于大型投资机构的拉抬。

在实战过程中还要结合成交量来分析判断。W 底是一个反转形态，表示跌势告一段落。实战中 W 底能否成立关键要看下跌段是否缩量，上涨段是否放量。没有成交量配合的 W 底经常会演变成 M 头。

西藏矿业（000762）2013 年 2 月到 4 月股价持续下跌（图 6-25），2013 年 4 月 8 日股价收出 10.02 元低点后，投资者认为股价被低估，于是在此价位买入，股价回调上涨至 11.40 元。

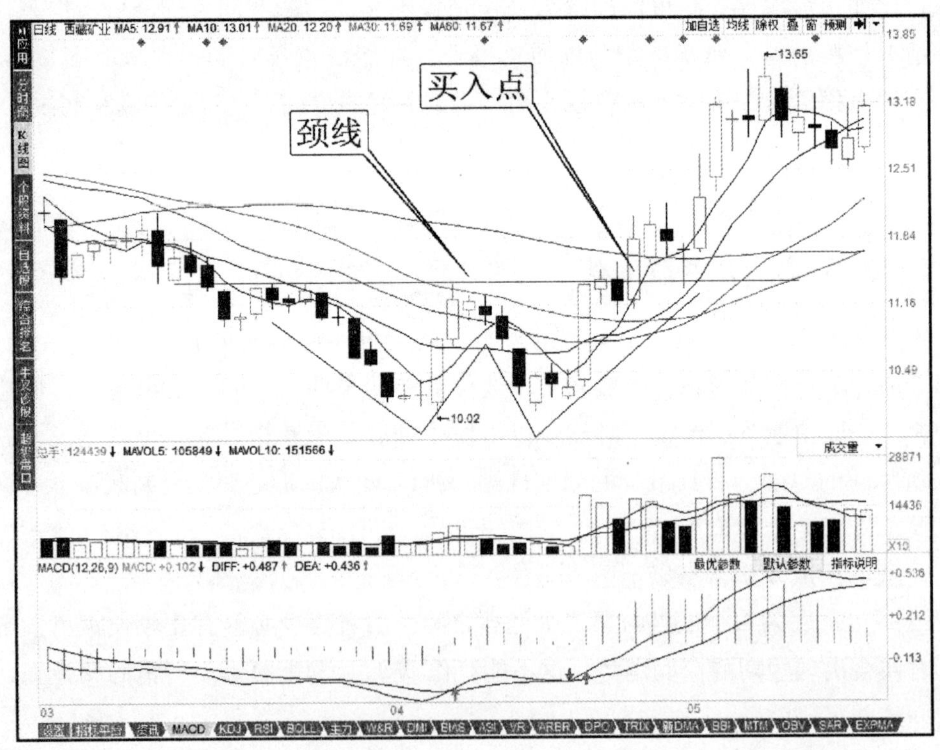

图 6-25

大型机构在低价位吸筹还未够，于是乎将价位打压至 10 元价位附近，许多投资者看到形势未反弹上涨，于是乎平出仓位，大型机构趁机在低价位大量吸筹，随后股价放量上涨，2013 年 4 月 24 日西藏矿业走出 W 底看涨形态，并且突破颈线。

此时投资者可在 11.40 元价位追进，W 底形态已形成，成交量放量，后期股票将会上涨。随后西藏矿业 2013 年 4 月底到 6 月中旬股价上涨，6 月 17、18、19 日股价破高位 16.0 元后连续收出上影线，此时股价上涨乏力，空方压力强大，投资者可在 15.60 元价位附近获利平仓（图 6-26）。

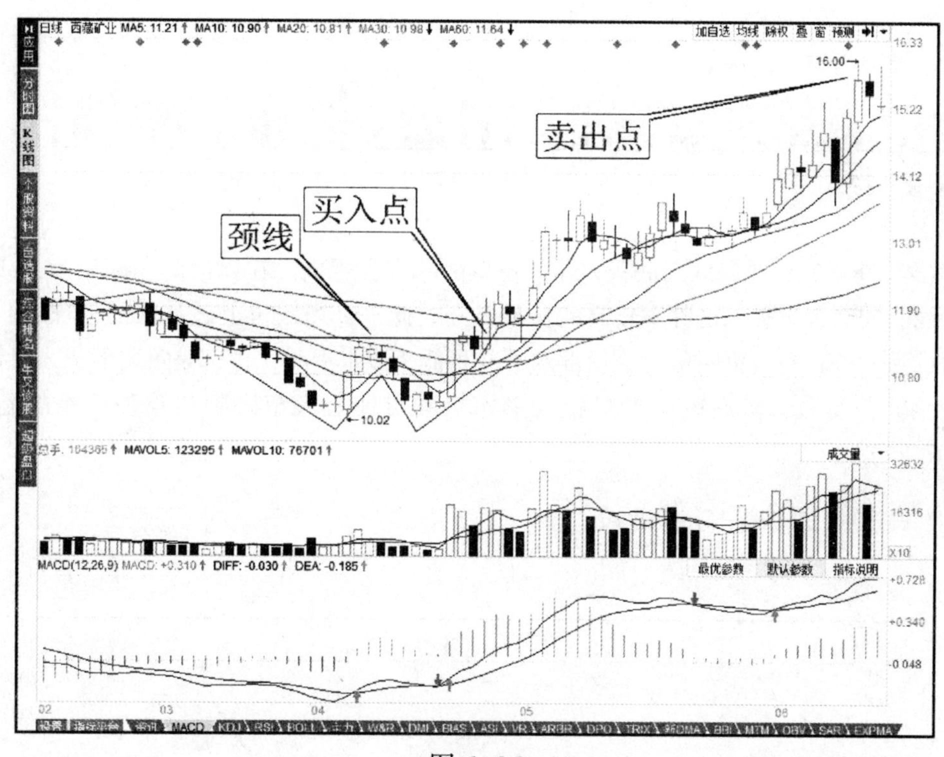

图 6-26

（二）三底反转形态选股

三底反转形态要领把握：

（1）经中长线深幅下挫后，出现探底、筑底且底部呈现不规则放量的情况。底部区域多空争夺越激烈，换手越充分，三底构筑时间跨度越长，构筑大形态坚实底的意味就越浓。

（2）市场第三次触底时，大众投资者悲观绝望。股价走势与基本面政策面背离越严重，市场物极必反的特征就越清晰。

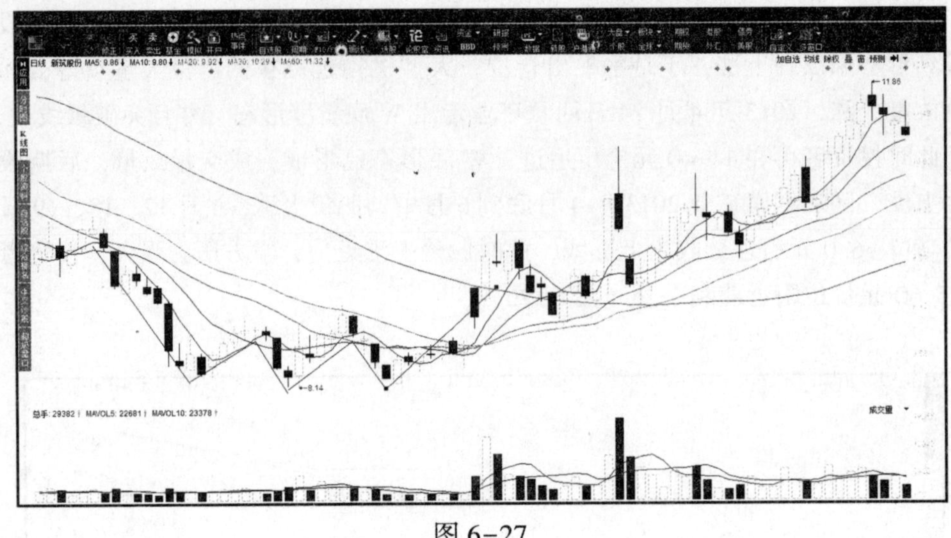

图 6-27

（3）在单底、双底或三底买入是江恩实战的买卖规则。在以前的底部买入，或上破颈线回抽确认时买入是胜率较高的实战技巧。此外，当股价上破从前的顶部时，则阻力成为支持。当市价回落至该顶部水平或稍低于该水平时，也都是重要的买入时机。

（4）三重底突破后的最低量幅为形态突破点加上大箱底到达箱顶等高的高度（图 6-27）。

（三）上三浪底形态选股

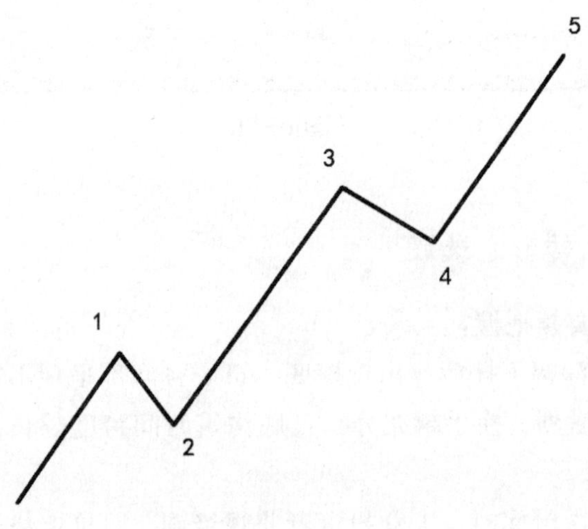

图 6-28

波浪的形态，是波浪理论的立论基础。因此，数浪正确与否，至为重要。数浪的基本规则只有两条。如果坚守不移，可说已经成功了一半（图 6-28）。

第三个浪（推动浪）永远不可以是第一至第五浪中最短的一个浪。通常来说，第三个浪是最具爆炸性的，经常成为最长的一个浪。

在分析波浪形态时，有时会遇到较为难以分辨的走势，可能发现几个同时可以成立的数浪方式，在这种情况下，了解各个波浪的特性，有助于做出正确的判断。现将各个波浪的特性简述如下。

1. **第一浪**

大约半数的第一浪属于营造底部形态的一部分。跟随这类第一浪出现的第二浪的调整幅度，通常较大；其余一半第一浪则在大型调整形态之后出现，这类第一浪升幅较为可观。

2. **第二浪**

有时调整幅度颇大，令市场人士误以为熊市尚未完结；成交量逐渐缩小，波幅较细，反映抛售压力逐渐衰竭；出现传统图表中的转向形态，比如头肩底、双底等。

3. **第三浪**

通常属于最具爆炸性的波浪；运行时间及幅度经常属于最长的一个波浪；大部分时间成为延伸浪；成交量大增；出现传统型图表的突破讯号，例如缺口跳升等。

利用波浪理论分析走势，最重要的工作，是正确地辨认市势，清楚波浪与波浪之间的关系，正确地判断现时价位处于什么波浪，可以做出正确的投资决策。

（四）头肩底反转形态选股

从判断大盘或个股的基本走势上，市场能够提供给我们的具体底部特征的图形分析一般最有效的是头肩底（图 6-29）。

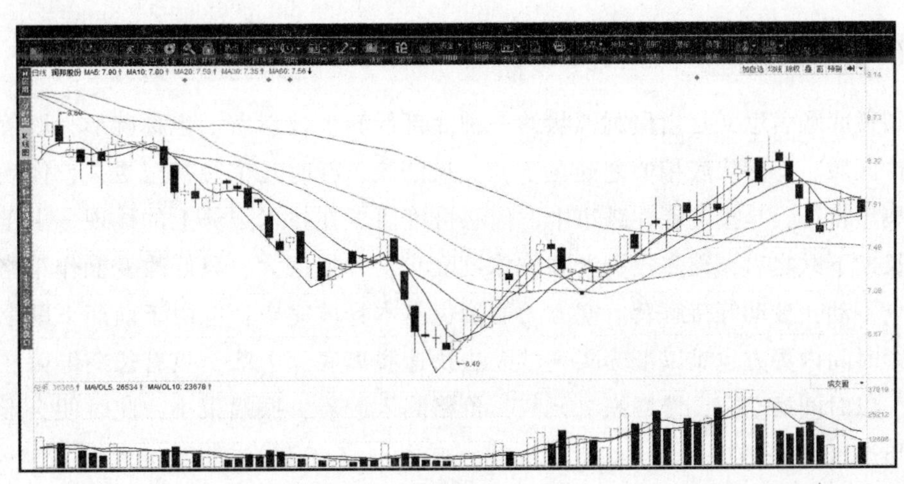

图 6-29

头肩底是头肩顶的倒转形态，是一个可靠的买进时机。这一形态的构成和分析方法，除了在成交量方面与头肩顶有所区别外，其余与头肩顶类同，只是方向正好相反。例如，上升改成下降，高点改成低点，支撑改成压力。

头肩底特征如下：

（1）急速下跌，随后止跌反弹，形成第一个波谷，这就是通常说的左肩。形成左肩部分时，成交量在下跌过程中出现放大迹象，而在左肩最低点回升时则有减少的倾向。

（2）第一次反弹受阻，股价再次下跌，并跌破了前一低点，之后股价再次止跌反弹形成了第二个波谷，这就是通常说的头部。形成头部时，成交量会有所增加。

（3）第三次反弹再次在第一次反弹高点处受阻，股价又开始第三次下跌，但股价到与第一个波谷相近的位置后就不下去了，成交量出现极度萎缩，此后股价再次反弹形成了第三个波谷，这就是通常说的右肩。第三次反弹时，成交量显著增加。

（4）第一次反弹高点和第二次反弹高点，用直线连起来就是一根阻碍股价上涨的颈线，但当第三次反弹时会在成交量配合下，将这根颈线冲破，股价站上颈线。

投资者见到头肩底形态，应该想到这是个底部回升信号，此时不能再继续看空，而要随时做好进场抢筹准备。一旦股价放量冲破颈线时就可考虑买进一些股票。这通常称为第一买点。

如果股价冲破颈线回抽，并在颈线附近止跌回升再度上扬时可加码买进，这通常称为第二买点。如果在上冲时买入，虽然风险很大，但收益却很可观。

（五）圆弧底反转形态选股

圆弧底顾名思义是指呈圆弧状的一种底部反转上攻形态，也称碗形，股价多处于低位区域。与潜伏底相似之处在于，交投清淡，耗时几个月甚至更久，体现弱势行情典型特征，是投资者在跌市中，信心极度匮乏在技术走势上的体现。由于价格经过长期下跌之后，很多投资者高位深度套牢，亏损巨大，只好改变操作策略，长期持仓不动，被动等待解套。空方的能量也基本释放完毕，但由于前期下跌杀伤力强，短时间内买方也难以汇集买气，无法快速脱离底部上涨，只有长期停留在底部休整，以时间换空间，慢慢恢复元气，价格陷入胶着，振幅很小，此时便会形成圆弧底形态（图 6-30）。

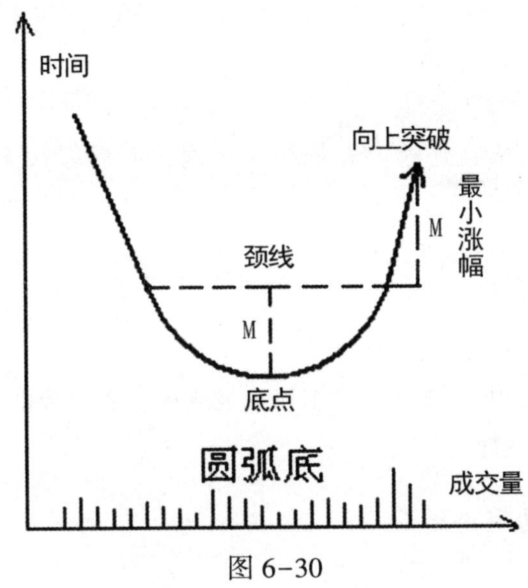

图 6-30

圆弧底股价呈弧形上升，价格变动简单且连续，先是缓缓下滑，虽不断创出新低，但跌不了多少就弹升，比前一个低点稍低，随后在回落到弧底附近时，多空平衡，低点走平，出现盘局，最后是每波回落点都略高于前点，把这些短期低点连接起来，就形成了圆弧底。成交量变化与股价同步，先是逐渐减少，随后伴随股价回升，成交量渐次增加，也呈圆弧状。由于圆弧底形成耗时较长，多空换手充分，所以当带量突破颈线位，形成向上有效突破后，股价迅速上扬，涨升迅猛，往往很少回档整理（图 6-31）。

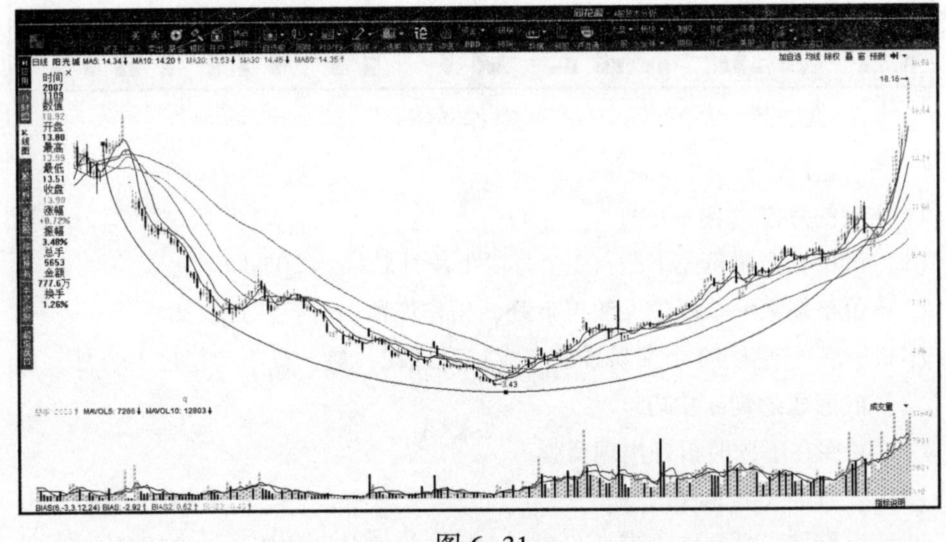

图 6-31

圆弧底通常具有以下特征：

（1）股价处于低价区。

（2）股价变动简单且连续，先是缓缓下滑，而后缓缓上升，K线连线呈圆弧形。

（3）成交量变化与股价变化相同，先是逐步减少，伴随股价回升，成交量也逐步增加，同样呈圆弧形。

（4）耗时较长。

（5）圆弧底形成末期，股价迅速上扬形成突破，成交量也显著放大，股价涨升迅猛，往往很少回档整理。

（六）V底反转形态选股

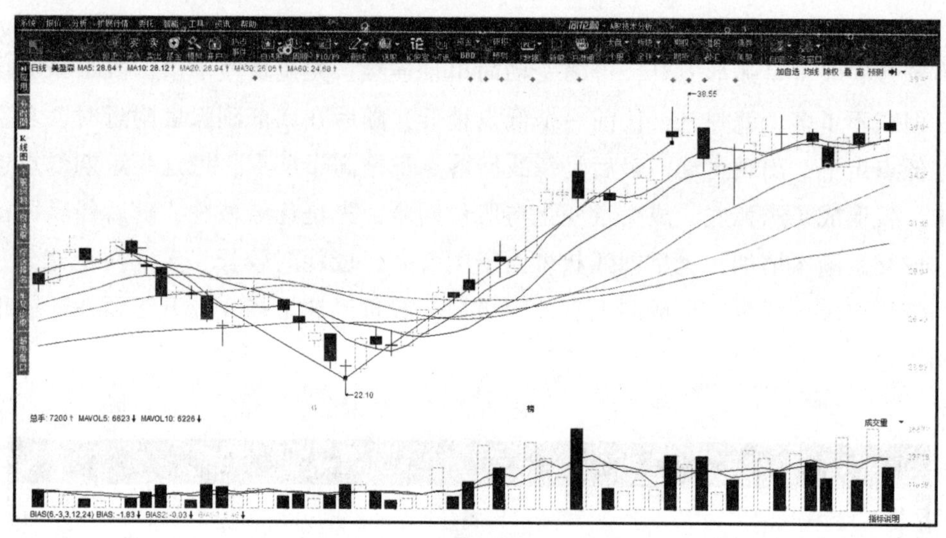

图6-32

1. V底的形态（图6-32）

（1）价格从高位迅速下跌（2个月以上累计跌幅达20%以上）。

（2）价格在某一个低位无法再下跌，稍作停留，直接快速上扬。

（3）V底一般为10个交易日就完成拉升过程，最长也不会超过1个月。

2. V底形成的判断技巧

（1）V底在下跌时很好出现反弹。

（2）要有极大的利好消息。

（3）爆发性反转行情，而且要和成交量与价格共同作用，才能准确判断。

（4）V 底的涨幅一般是 V 字的垂直距离。

（5）V 底是不常见的技术形态。

3. V 底的做多技巧

（1）价格下跌后出现大阳线或者大阴线的 K 线，为第一做多点。

（2）与均线理论配合。

第三节　短线选股

一、K 线选股

K 线图源于日本，是一种记录交易行情与价格波动的图形，根据每只股票当日的开盘价、收盘价、最高价和最低价 4 项数据的高低不同，可以将 K 线划分为阳线和阴线。K 线图又可以细分为：5 分钟 K 线图、15 分钟 K 线图、30 分钟 K 线图、60 分钟 K 线图、日 K 线图、周 K 线图、月 K 线图等。根据基本的 K 线形态，可判断股价趋势的强弱、买卖双方力量变化，预测后市走向，这是最常用的一种技术分析方式。

股票的 K 线形态有多种，其中部分 K 线预示着未来将有上涨趋势，这就是买进信号，选股的指向标。通过日 K 线变化可以预测次日或近期的股价，只是光凭一两天的日 K 线进行推测比较武断，短线炒股者只可将其作为判断的参考。

在对行情走势进行分析时，K 线组合形态自然比单个的基本形态更为准确，投资者可根据多根 K 线形态组合起来分析，从而判断行情见底、见顶、上涨或者下跌。

在这些 K 线形态中，预示见底与上涨都属于可买进的信号，下面分别进行讲解。

（一）预示见底的 K 线组合形态

对于不同的投资者而言，应选择合适的 K 线图来分析股价变动情况。通常，中、长线投资者可以选择周 K 线、月 K 线、年 K 线等时间间隔较长的 K 线图类型，而短期投资者由于是在短时间内买卖股票，从而获得差价利润，因此可以选择不同的分钟 K 线图或者日 K 线图。

在了解了预示见底看涨的 K 线组合形态之后，下面以几个相关实例进行选股实战讲解。

1. 早晨十字星选股

早晨十字星是一种比较明显的见底回涨的 K 线形态。因为早晨十字星出现了下影线，表明空方想打压价位至更低，但遭到了多方的强力反击，使价位回收，是一个看涨信号。

进入股票分析软件，可看到苏宁云商（002024）股票在2012年1月6日出现了一个十字星，结合前后两天一阴一阳的K线趋势，即构成了一个“早晨十字星”形态，稍过几日，可实时买进，但是观测现在的均线系统比较复杂，投资者最好短线操作（图6-33）。

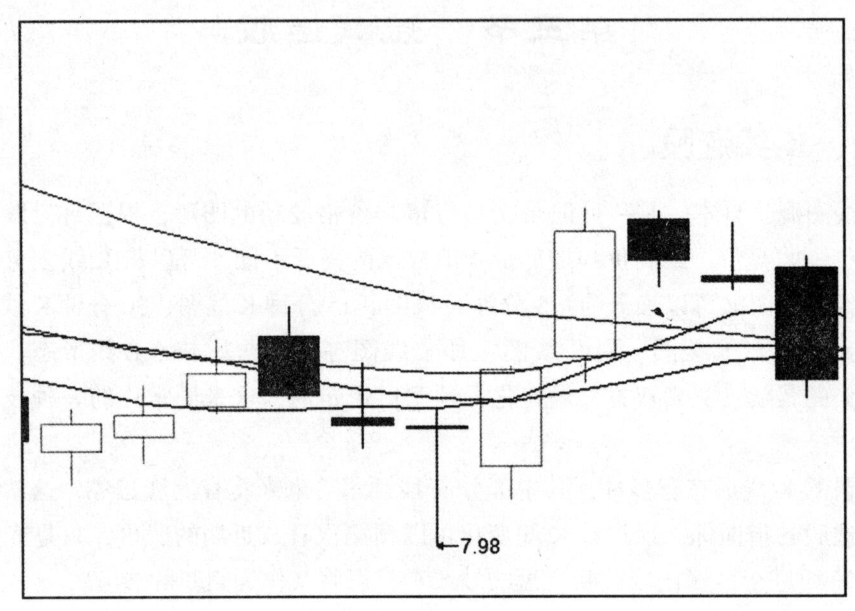

图6-33

2. 曙光初现选股

曙光初现是由两根K线组成，意味着行情转好，通常在一个下跌的行情后出现。第一根为下跌趋势的阴线，显示当天空方强劲。第二根为大阳线且收盘价应高于第一根阴线的一半的价位，代表行情转向的标志。

曙光初现第二根阳线还应该是最近几日的最低价，这主要用于避免投资者在熊市中贸然追高，预防风险。若在牛市中，投资者则可不考虑这条规则。

中兴通讯（000063）在2013年5月中旬上涨到阶段性高位后开始回落，在6月24日继续下跌，并以3.27%的跌幅收出大阴线，次日股价跳空低开震荡高走，以8.33%的涨幅收出大阳线。这两日的K线组合形态形成了明显的“曙光初现”K线形态。说明回调结束，投资者可以在稍后的几个交易日中逢低吸纳选择该股，持股一段时间后售出可获利不少。需注意的是，由于该股前期已上涨一段时间，因此投资者要快进快出，见好就收，这样才不容易被套（图6-34）。

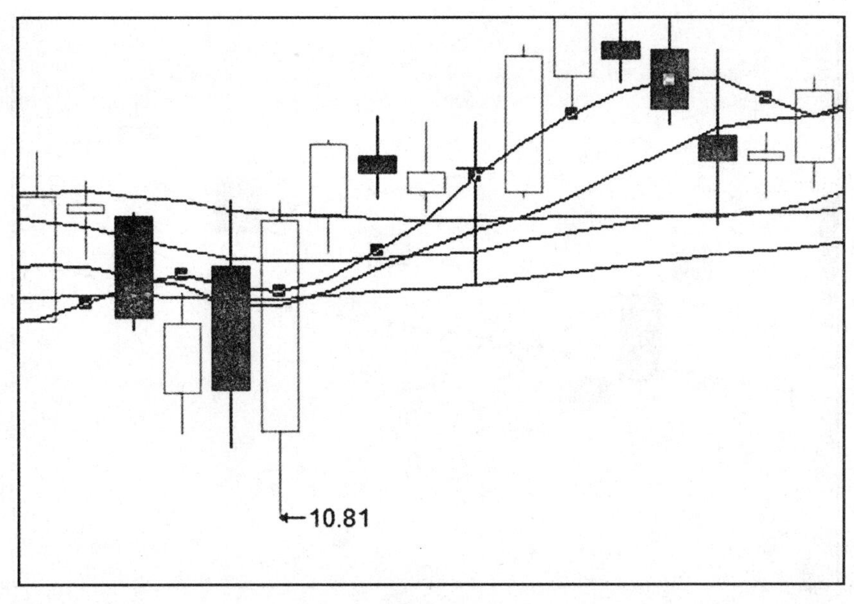

图 6-34

3. 三根大阴线选股

“连续三根大阴线”是大跌之后抢反弹的买入信号。股价在经历了连续的下跌之后，到达了一个历史性低位，此时做空力量已消耗殆尽，成交量萎缩严重，而且跌势也逐渐趋于缓和，甚至偶尔还出现几次小幅反弹，似乎市场正在酝酿某种转机。但是，出乎人们预料，在某种利空刺激下，股价再次下跌，而且跌势转急，连续收出三根大阴线，有时还伴有跳空缺口。

当第三根大阴线出现之后，悲观气氛已到达顶点，但股价却奇迹般止跌并展开反弹。随后抄底盘也跟风杀入，股价很快反转直上。三根连续下挫的大阴线将做空能量全部释放后，多头势力迅速控制局面，所以一旦反转，力度也相当强劲。投资者如能正确判断，勇于在市场最悲观的时候果断抄底，获利也会相当丰厚。

苏宁云商（002024）股票在一路持续下跌中于 2014 年 10 月 20 日后连续低开低走收出三根大阴线将股价打压至低位，这就是见底上涨的信号，投资者可以关注该股。之后，股价企稳回升步入上涨，于 2014 年 10 月下旬买进该股，在随后上涨的过程中任意位置售出，都将获得收益（图 6-35）。

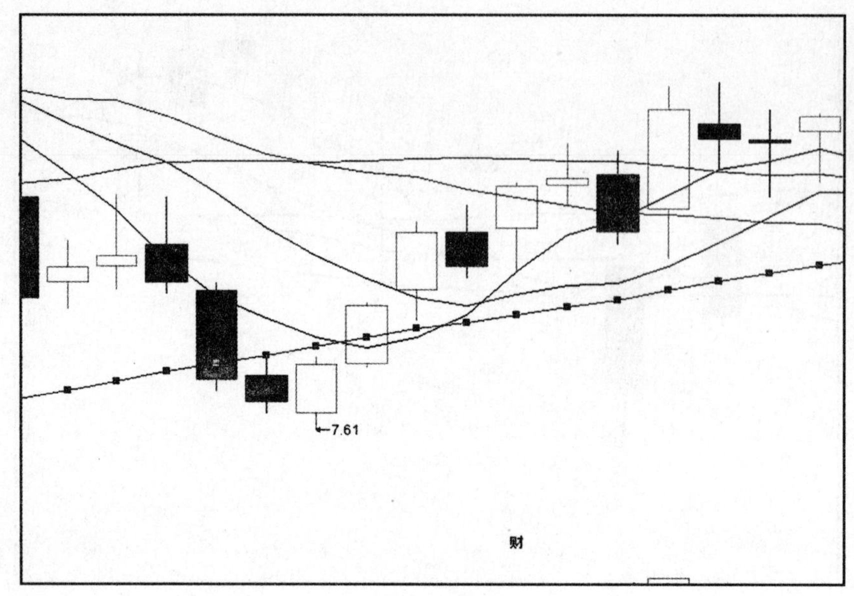

图 6-35

4. 低档五阳线选股

低档五阳线属于看涨信号，不提供交易信号。发现低档五阳线，应该结合实际行情走势选择入场。

在上涨过程中发现五阳线，要充分考虑其所处位置，并结合其他信号综合判断，不可盲目追涨。

在下跌过程中发现五阳线，一般都是看涨信号，因为此时说明多方在聚集，有一波想反击推高价格的趋势，可以选择进行建仓。如果跌破五阳线低点，则认错离场。

出现五阳线后，股价已经有所上涨。因此，通常价位不会快速攀升，需要经过整理。五阳线上涨幅度越大，调整的时间可能越长，空间可能越大。

物产中大（600704）从 2008 年 9 月 25 日开始下跌，股价在 11 月 4 日运行到低价位，自 11 月 4 日起连续五日，物产中大接连收出了五根阳线将股价拉高，脱离继续下跌的趋势，形成典型的“低档五阳线”形态。

随后股价继续上涨，行情发生逆转得到进一步确认，投资者可以在 11 月 12 日开始择机介入，以 7. 4 元左右的价位买入，持股待涨。

随后 2008 年 12 月 5 日物产中大股价一路上涨至 10. 58 元价位，形成高点，当日股价收出长上影线，说明上方空方力量强劲，投资者可在 10. 50 元附近获利，平仓出局（图 6-36）。

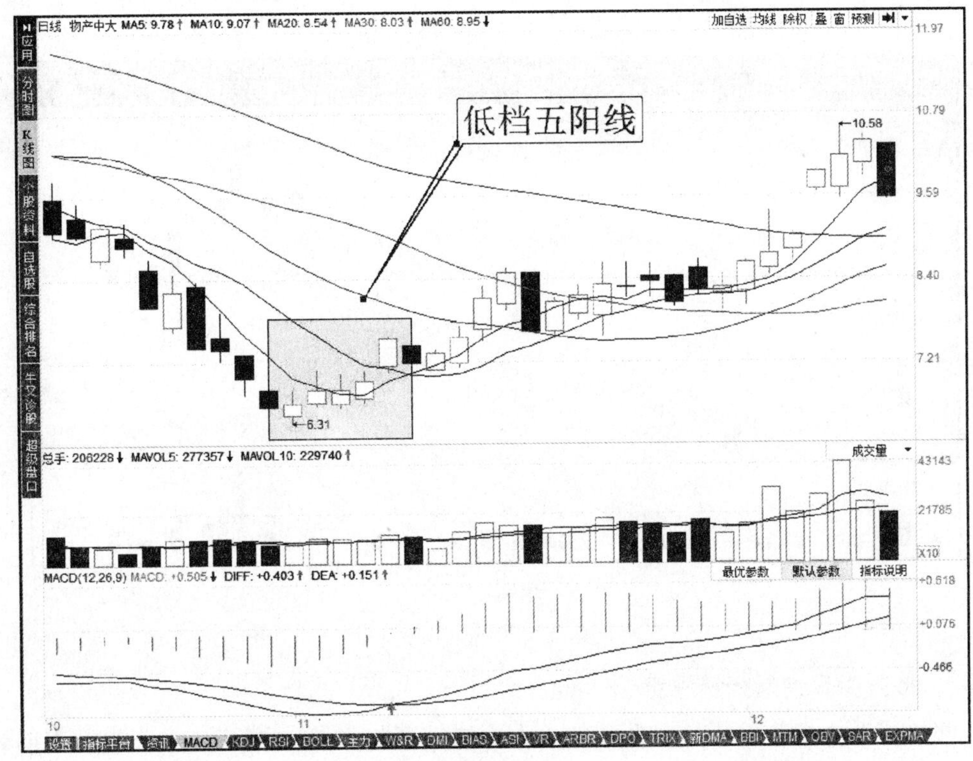

图 6-36

(二) 预示上涨的 K 线组合形态

上涨 K 线是在上升行情中，通过某些特殊的组合形态来判断行情的上涨趋势，通常这种形态也是选股时可考虑的投资对象。

1. 上涨插入线判断行情涨势

上涨插入线是指在行情震荡走高的时候，出现覆盖阴线的第二天，拉出一条下降阳线，这是在趋势向上攀升的时候短期的回调。在回调之后，股价依旧会走高，因为多方力量在之前已经成形，在这个时候只是暂且休息，等精力恢复必然会有一波更大的冲劲向上。

佛山照明（000541）在上涨初期有一个短暂的回调，并在 2014 年 8 月中旬的 10.20 元价格回调结束继续上涨。

随后，股价连续上涨到 8 月 12 日时，以 10.54 元的价格收出阴线，随后股价跳空低开高走，最终以 11.90 元的价格收出阳线。说明 8 月 12 日的阴线只是对股价的一个回调，是明显的上涨插入线形态，后市可继续看涨，投资者可选择该股，继续做多（图 6-37）。

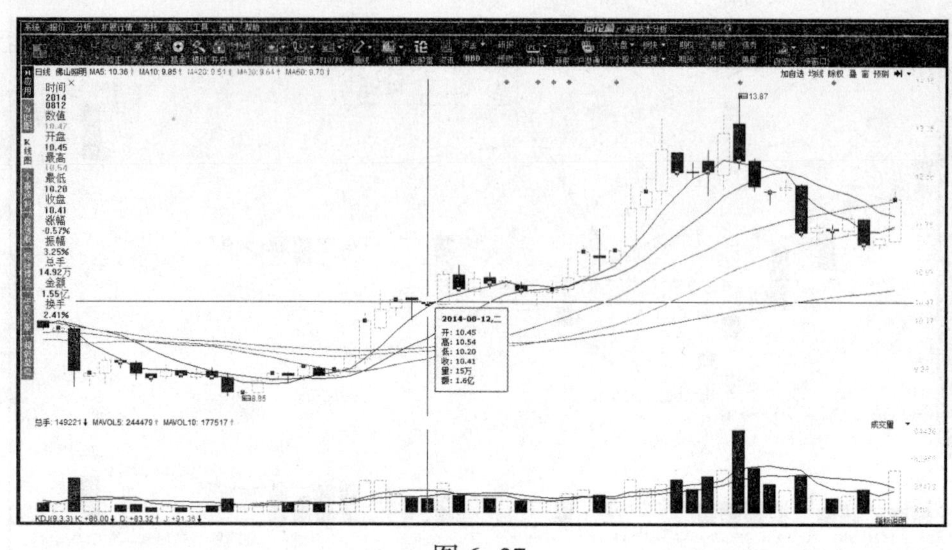

图 6-37

2. 多方尖兵判断行情涨势

多方尖兵一般指处于相对低位的长上引线的 K 线图形，其往往是主力发力的表现。这样一种 K 线，往往有向上指引的作用，是做多力量发力所导致，是股价即将大幅拉升的确认性信号。

股价在上升过程中，遇到空方打击，出现了一根上影线，股价随之回落整理，但多方很快又发动了一次攻势，股价穿越了前面的上影线。多方在发动大规模攻势前曾做过一次试探性的进攻，在 K 线上留下了一根较长的上影线。有人把它比喻成深入空方腹地的尖兵，故得了多方尖兵的雅名。多方尖兵的出现，表示股价会继续上涨。

金路集团（000510）的股价在经过一段长时间的窄幅横盘整理后，在 2014 年 1 月下旬开始企稳回升。在 2 月 12 日，股价开盘后便迅速上涨，但是受到空方打击，股价在早盘的 10：15 便开始回落，随后股价持续走低，最终收出一根带长上影线的阳线，之后的几个交易日中，股价波动变化整理。

2 月 21 日，股价低开高走快速达到涨停板，放量收出大阳线突破 12 日的最高价，形成典型的多方尖兵 K 线组合形态，此时可以预测股价将继续上涨，因此投资者可以在利好时机买入该股票（图 6-38）。

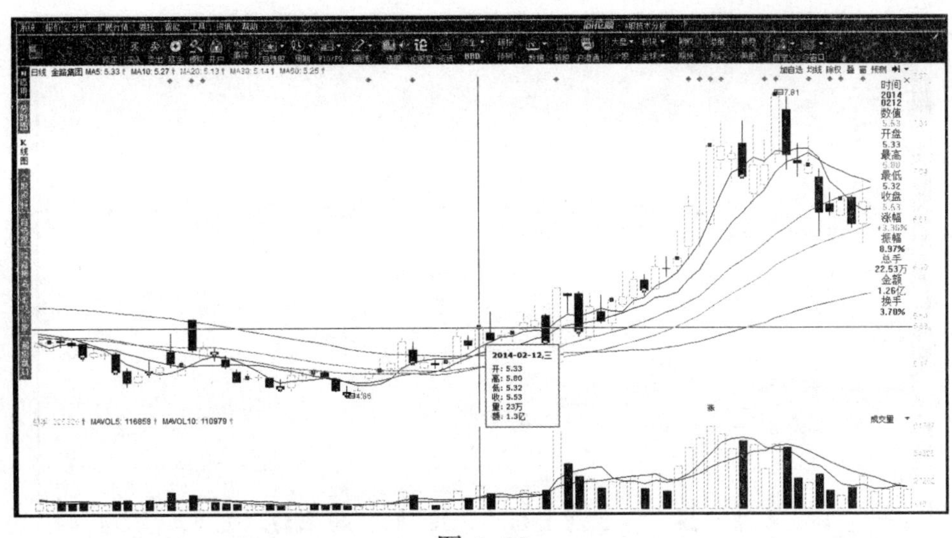

图 6-38

3. **上升三部曲判断行情涨势**

标准的上升三部曲是由大小不等的 5 根 K 线组成：先拉出一根大阳线或中阳线，接着连续出现了 3 根小阴线，但都没有跌破前面的开盘价，随后出现了一根大阳线或中阳线，其中走势有点类似英文字母的“N”字。

具体操作中，中间小阴线不一定是 3 根也可能是 4 根、5 根或多根。小阴线是主力清洗浮筹的手段，当一些人看淡时主力会突然发力，再拉出一根大阳线。宣告一轮震仓洗盘暂时告一个段落，接着又要发动向上的攻势了。

一般情况下，不出意外，在上升三部曲出现之后，股价都会形成一轮较大的升势。

2015 年 2 月 27 日浙江富润股价启动上涨行情，股价从低位 9. 47 元涨至 13. 25 元。随后 3 月 31 日股价价位下跌回调，4 月 7 日股价在 10 日均线处止跌，反弹上涨。

接着股价上涨至 15. 63 元价位后，4 月 14 日、15 日股价再次下跌，但很快多方再次攻击，价位止跌上涨。

4 月 30 日价位上涨至 18. 20 元附近，股价遇阻价位第三次回调下跌，但下跌未跌过前期低点，股价在 30 日均线附近止跌后第三次回调上涨，此时投资者可观察出股票已经走出“上升三部曲”形态，后期看涨。

投资者可在股票回调至 15. 50 元价位附近买入股票。随后浙江富润价位上涨，5 月 28 日股价涨至 25. 98 元高点后，收出带影线 K 线，空方压力大，上涨乏力，投资者可在25.50元价位附近平仓，获利出局（图6-39）。

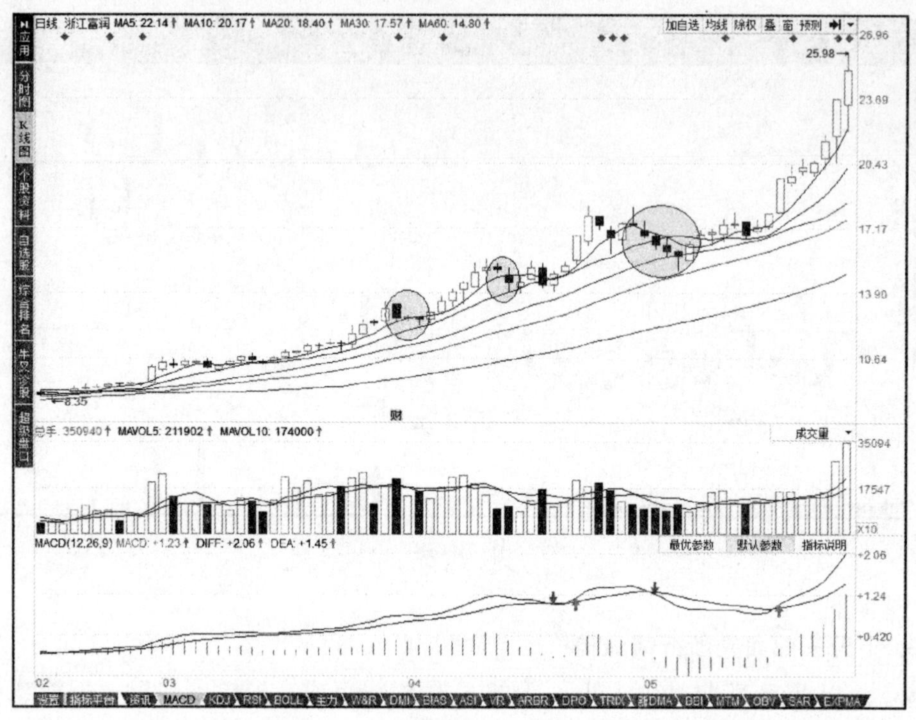

图6-39

4. T字形K线反转形态

T字线的开盘价、收盘价与最高价相同，K线上只留下影线，如果有上影线也是很短很短，T字线信号强弱与下影线成正比，下影线越长，则信号越强。

（1）T字线是出现在股价有较大涨幅之后，见顶信号。

（2）T字线出现在股价有较大跌幅之后，见底信号。

（3）T字线出现在股价上涨过程中，技术上是继续上涨的信号。

（4）T字线出现在股价下跌过程中，技术上是一种继续下跌的信号。

国药一致（000028）在2013年6月底运行到下跌低位后企稳回升步入上升行情，在7月22日，该股放量跳空高开形成缺口，并且当日以涨停板收出一根T字形K线。此时观察该K线出现的位置属于上升行情初期，因此可以预测该股后市将继续上扬，于是投资者在随后8月初股价冲高回落调整的阶段选择该股票，持续一段时间后，必定能获得不少利润（图6-40）。

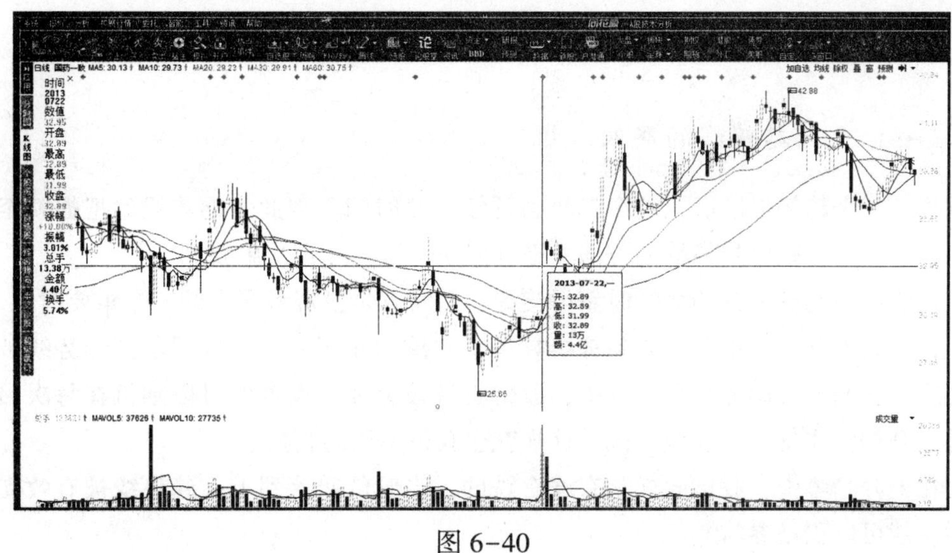

图 6-40

再来看深圳华强（000062），该股在 2013 年 6 月底止跌企稳，探底的最低价格为 5.03 元，随后股价步入了大幅上涨的上升行情。

10 月 29 日，股价跳空高开拉高股价，以涨停板收出 T 字形 K 线形态，但是当日的成交量相对而言并没有放大，当日收盘价为 13.42 元，相比股价止跌的最低价，此时该股已经上涨了 8.39 元，涨幅超过 166%。在如此大的上涨高位出现 T 字形 K 线形态，此时投资者就应该谨慎了，切忌盲目追涨选择该股，而且前期获利盘应在随后的几个交易日中尽快抛售出局，避免高位追涨被套（图 6-41）。

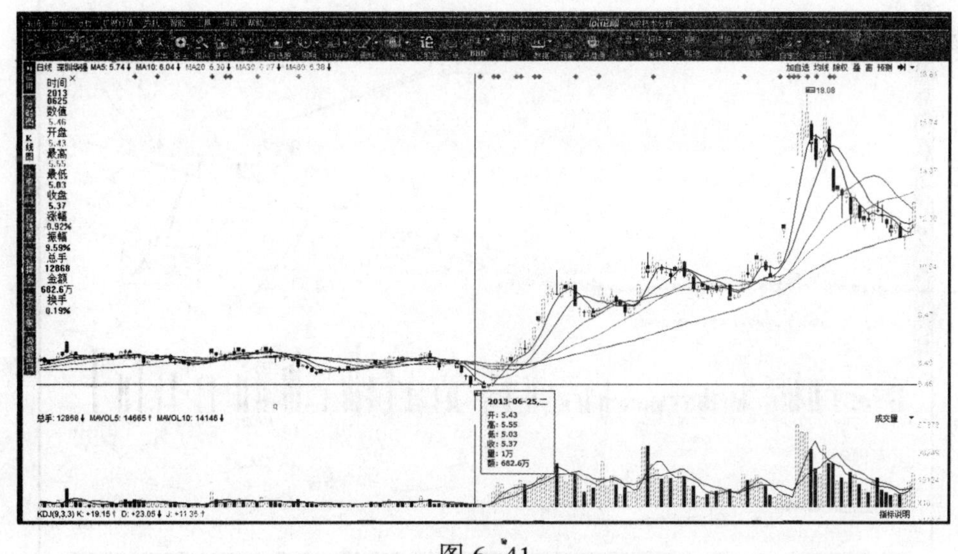

图 6-41

二、趋势选股

（一）上升趋势线的买入时机

当某一个趋势形成后，这个趋势会延续一段时间。因此，趋势线的把握就至关重要，投资者要顺应趋势线的方向去选择股票，这样才会从中获利。

当股价回调到上升趋势线时获得支撑，此时就是投资者买入的一个重要时机。

在一波上升趋势中，上升趋势线具备了支撑的作用，当股价回落到趋势线被支撑住后，表明上升趋势还在延续中，股价将继续上涨。投资者可以乘机在每次回落获得上升趋势线支撑时选股介入，这样就会获得不错的收益。

在上升趋势中，股价同样是有涨有跌的，当股价回落到上升趋势线被有效支撑住后，就可以积极参与。

投资者在持股过程中，如果没有有效跌破上升趋势线，就可以持股待涨。

上升趋势中，股价会沿上升趋势线向上运行，但在运行过程中，不可能是直线，而是具有短时间回调的波浪形，股价在上升一段时间后有可能回落到趋势线附近，庄家甚至可能将股价砸至趋势线下进行洗盘，随后股价又会上升。于是，在股价回落时，投资者就有了选股建仓的机会，当然，这种方式只适合中、短线操作。

2015 年 2 月 3 日御银股份（002177）股价启动上涨，投资者可以观察出股价在上涨中，是沿某一条斜向上的支撑线上涨，这就是上升趋势线（图 6-42）。

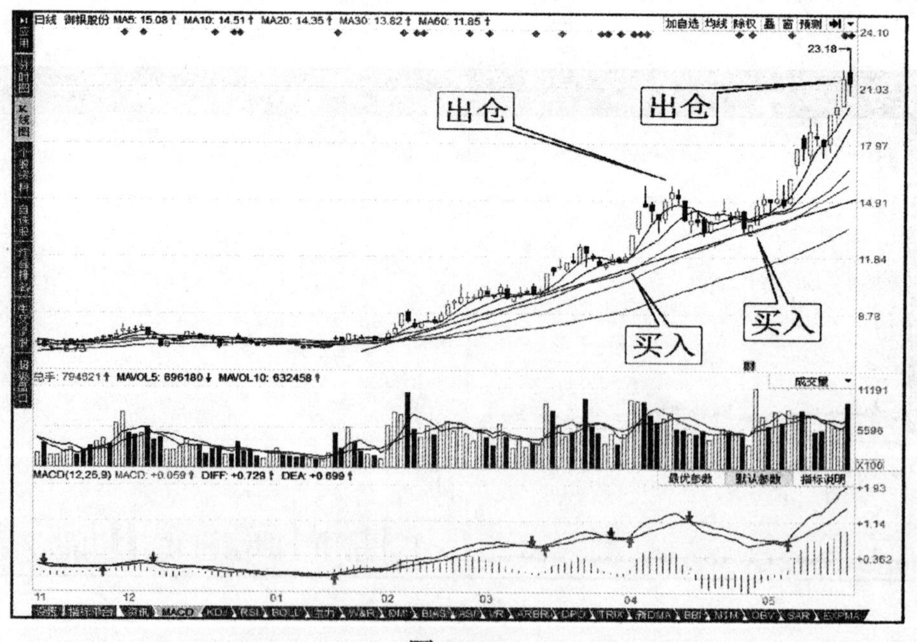

图 6-42

投资者可在每一次股价回调至上升趋势线附近时，进仓买入股票。2015 年 4 月 2 日、4 月 30 日股价上升过程中，股价回调至上升通道线附近，此时投资者可以买入股票，随后价位反弹上涨，投资者可在适当位置平出仓位，获取利润。

（二）下降趋势线的买入时机

与上升趋势线相反的就是下降趋势线，与上升趋势线不同的是，投资者应着重注意下降趋势线的压力位置，一旦压力位置被突破，下降趋势将被突破。

股价有效突破下降趋势线，表明多方反扑已经展开，后市看好，投资者可在股价放量上涨时介入。

在一波下降趋势中，通常趋势线会持续一段时间，而且中途反弹也会受到下降趋势线的压制。但如果下跌趋势持续较长时间后，在相对低位时股价有效突破（三个交易日在趋势线之上，涨幅在 3%以上）下降趋势线时，表明下降趋势发生逆转，下降趋势线转而成为支撑股价上涨的力量，此时，投资者可以在确认是有效突破下降趋势线时介入。

通常来说，下降趋势线的阻力是比较大的，所以在股价真正突破下降趋势线时，成交量是会放大配合的。

在下降趋势中，趋势线就是空方的防线，一旦被多方有效突破，那么多头行情就即将开始。

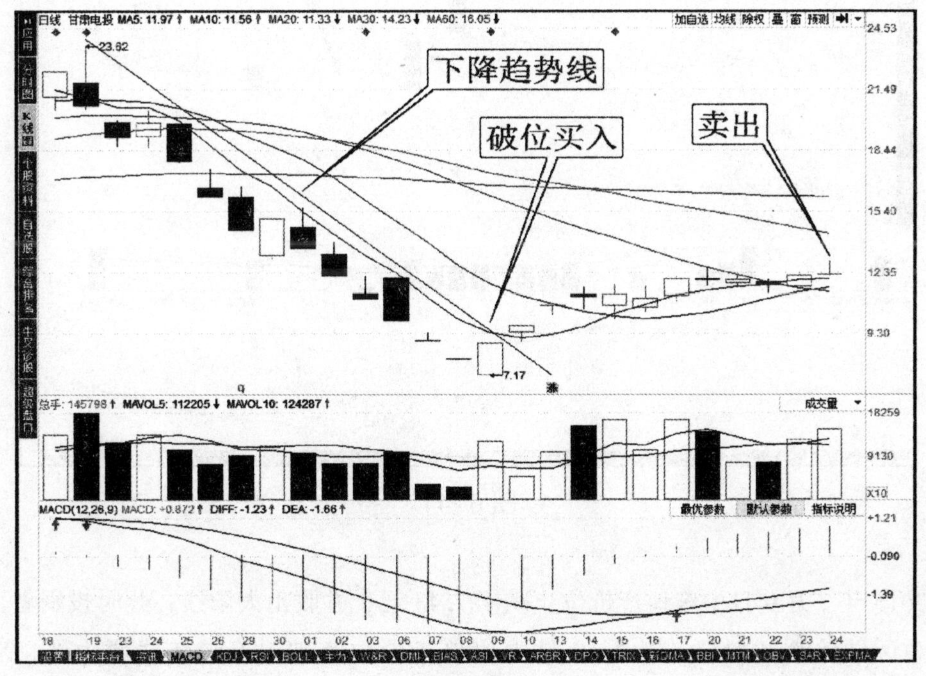

图 6-43

2015 年 6 月 19 日甘肃电投（000791）在高位 23.62 元一路下跌至 7.17 元低位，下跌过程中形成了下降趋势线（图 6-43）。

在下降趋势线形成后，投资者不可贸然进仓，也不能随意去猜低点，这样做的风险很大，很容易被深套。2015 年 7 月 9 日甘肃电投在 7.17 元止跌后收出阳线，次日股价上涨突破下降渠道线压力位，后期看涨。

此时投资者可在 9.40 元价位附近追入股票，随后甘肃电投一路上涨，7 月 24 日股票收出带上影线 K 线，上涨乏力，投资者可在当天 12.30 元价位附近平仓，获利出局。

2015 年 6 月 25 日中房地产（000736）进入下跌趋势，在下跌过程中，低点一次次比前期低，依次连接下跌 K 线的顶点，可画出一条下跌趋势线（图 6-44）。

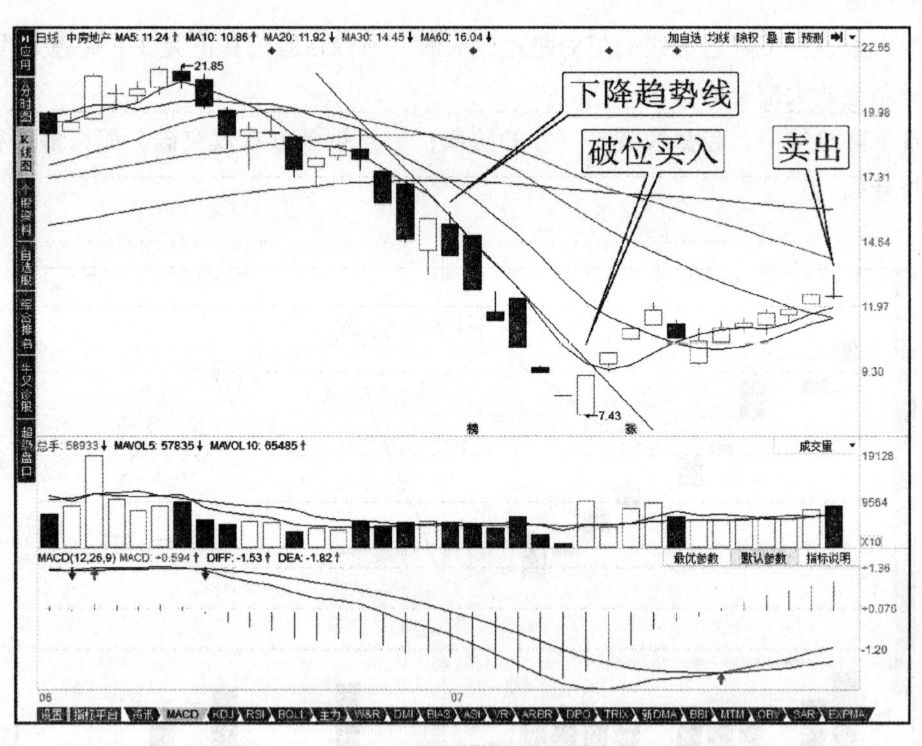

图 6-44

2015 年 7 月 9 日中房地产价位止跌于 7.43 元，并收出大阳线，此时投资者可在低价位区域关注此股票，7 月 10 日中房地产价位突破下降趋势线压力线，后期看涨。

投资者可在此时 9.70 元价位附近追入股票，随后中房地产股价连续上涨，7 月 24 日股价收出带上影线 K 线，空方压力增大，上涨乏力，投资者可在 12.40 元价位附近平出仓位，获取利润。

（三）利用轨道线选股

轨道线是由趋势线引出来的，又称通道线。我们在得出上升趋势线后，通过第一个峰可画出这条趋势线的平行线，即上升轨道线，上升轨道一旦形成，股价将会在轨道内运行，一般不会轻易突破轨道的上轨和下轨。

我们可利用轨道线来选股：选择突破轨道上轨的个股。此处的突破可采用通常运用的突破原则：时间（3 天以上）、突破时的成交量、突破的百分比（5%以上）等。

1. 股价向上突破下降通道的上轨是买入时机

下降趋势线是由下降趋势的两个峰顶连成的直线。当下降趋势线确定以后，再选择居于组成下降趋势线的两个峰顶之间的谷并作一条平行于下降趋势线的直线，该平行直线与下降趋势线之间的范围就称为下降通道。下降趋势线称为下降通道的上轨线，与下降趋势线平行的直线称为下降通道的下轨线。

一般来说，当股价在下跌过程中，跌至下降通道的下轨便会产生支撑而反弹，反弹至下降通道上轨时又会遇阻回落。当最终股价放量向上突破下降通道上轨时，便宣告下降趋势的结束和上升趋势的开始，而成为重要的买入时机。

利用此种方法操作时应注意以下几点：

（1）下降通道实际上是下降趋势线分析的延续和补充，但其在实际操作中比下降趋势线具有更强的可靠性和实用性。

（2）成交量是衡量突破是否有效的重要指标。股价向上突破下降通道时，成交量应该放大，否则突破的可靠性降低或股价出了下降通道后也难于上涨而横向运行。

（3）短线操作者也应把股价在下降通道中下跌碰到下轨线获得支撑时当作买入时机。

（4）区分大通道与小通道。大的下降通道被突破后要比小的下降通道被突破后走势强得多。

（5）下降通道有效向上突破后的量度升幅至少是下降通道的垂直高度或其倍数。

2. 股价向上突破上升通道的上轨线是买入时机

在上升趋势中，有时候股价前期的上涨沿着一定的上升通道有节奏地运行，即在上升通道的下轨形成明显的支撑，在上升通道的上轨股价又遇阻回落。但是，到了上升趋势的末期，庄家大幅拉抬，股价放量向上突破上升通道上轨的压力，出现加速上涨，短时间内升幅常常可观，把握得当短期内可获丰厚利润。因此，在上升趋势中，当股价放量突破上升通道上轨时是短线买入时机。

利用此种方法操作时应注意以下几点：

（1）股价向上突破上升通道上轨线时，注意成交量的变化。如果在股价突破上升通道上轨线时成交量配合放大，可视为有效突破，应大胆买入，后市会有较大涨幅。否则假突破的可能性大或者难于达到量度升幅。

（2）股价向上突破上升通道上轨线是股价加速上涨和上升趋势末期的信号，持续时间一般不会太长，迟早还会跌回通道之内甚至更低。

（3）股价向上突破上升通道上轨线时买入，如很快又跌回上轨线之内应止损出局，虽然突破后偶有回抽，也不应收盘在上轨线之下。

（4）股价向上突破上升通道上轨后的量度升幅是上升通道内的垂直高度或其数倍。

（5）在上升通道中，股价每次回落在下轨线获得支撑时也是短线买入时机。与趋势线相反，股价突破轨道线后并不是趋势的反转，而是趋势的加速，即原来的趋势线斜率将会增大，变得更加陡峭。通道线还可以提出趋势转向的警报。如果股价的一次波动尚未触及通道线，离得很远就掉头了，这往往说明趋势将会改变，因为市场已经没有足够的力量维持原有的上升或下降轨道了。

股价有效突破上升通道上轨线时，往往会加速上涨，所以投资者要把握好介入时机。

当股价突破上升通道上轨线时，成交量要保持放大，这样投资者才可以介入。

股价突破上升通道上轨线后会加速上涨，这往往是上涨行情的末期，因此，投资者介入后要控制好风险。

2015 年 3 月 2 日康耐特进入上涨行情，股票价位一路上涨。投资者连接上涨 K 线高点，可画出上升轨道线（图 6-45）。

2015 年 5 月 18 日股价突破上升轨道线，此时股票突破意味着多方的攻势更加猛烈，多方并不满足此时股票的价位，股票后期看涨。

2015 年 5 月 18 日投资者可在 22. 50 元价位追进康耐特，随后 5 月下旬康耐特股价突破上升轨道线后，一路飙升，一度涨至 35. 30 元高点，5 月 28 日股价收出带上影线 K 线，空方压力增大，上涨乏力，投资者可在当日 33 元价位获利，平仓出局（图 6-46）。

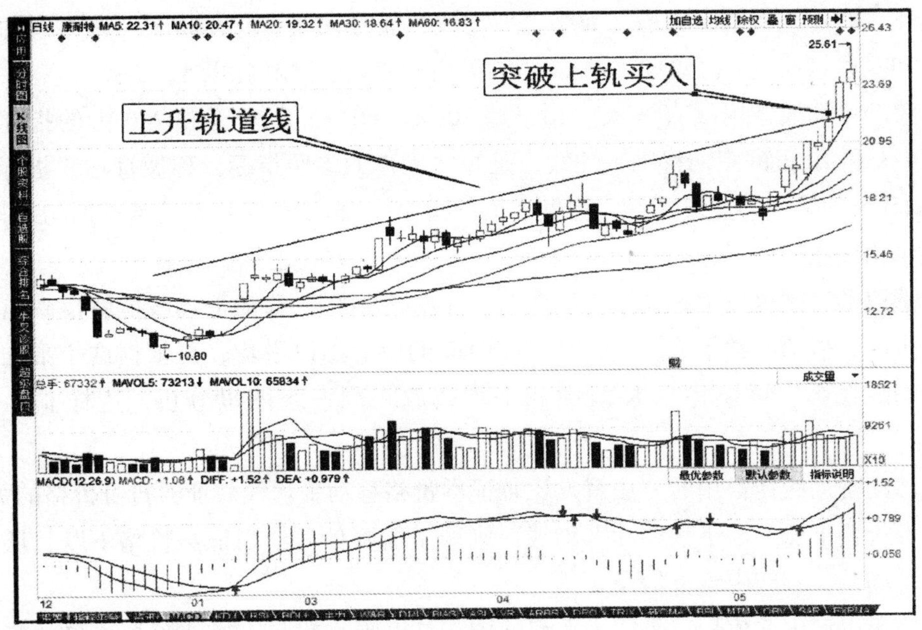

图 6-45

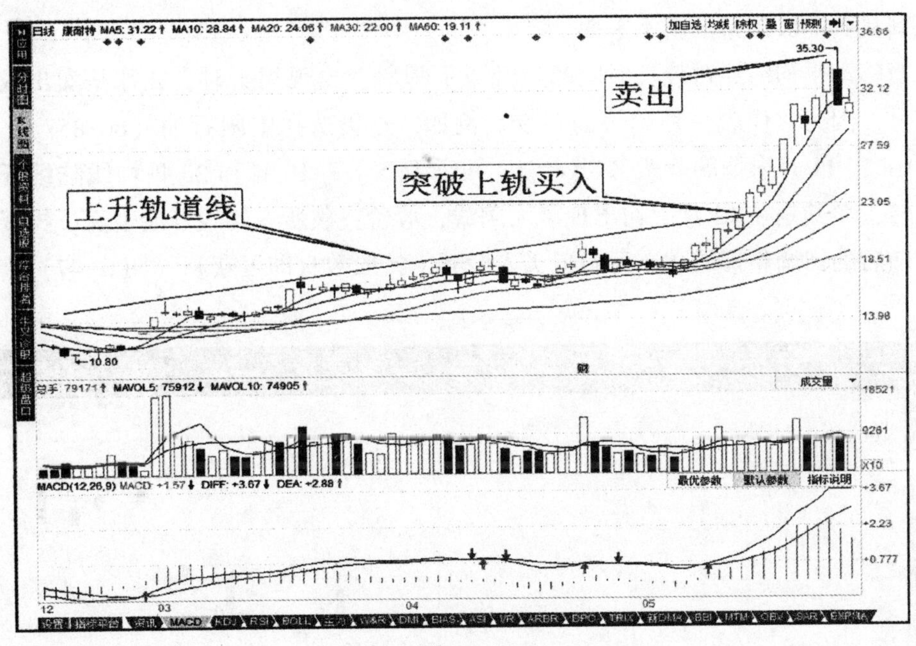

图 6-46

三、均线选股

（一）移动平均线的拐点选股

移动平均线，Moving Average，简称 MA，原本的意思是移动平均，由于我们将其制作成线形，所以一般称之为移动平均线，简称均线。它是将某一段时间的收盘价之和除以该周期。比如日线 MA5 指 5 天内的收盘价之和除以 5。

移动平均线常用线有 5 天、10 天、30 天、60 天、120 天和 240 天的指标。其中，5 天和 10 天的短期移动平均线，是短线操作的参照指标，称做日均线指标；30 天和 60 天的是中期均线指标，称做季均线指标；120 天、240 天的是长期均线指标，称做年均线指标。对移动平均线的考察一般从几个方面进行。

选股的时候可以把移动平均线作为一个参考指标，移动平均线能够反映出价格趋势走向，所谓移动平均线就是把某段时间的股价加以平均，再依据这个平均值作出平均线图像。可以将日 K 线图和平均线放在同一张图里分析，这样非常直观明了。

移动平均线最常用的方法就是比较证券价格移动平均线与证券自身价格的关系。当证券价格上涨，高于其移动平均线，则产生购买信号。当证券价格下跌，低于其移动平均线，则产生出售信号。

之所以产生此信号，是因为人们认为，移动平均线是支撑或阻挡价格的有力标准。价格应自移动平均线反弹。若未反弹而突破，那么它应继续在该方向上发展，直至其找到能够保持的新水平面。

当移动平均线经过较长时间的上升或下降后，出现拐头时，往往是卖出或买入的信号，因为它代表一种趋势的转变。例如，这里选择中国石油（601857），观察其 2014 年 11 月末期的股票 K 线走势，可看到 5 日、10 日和 20 日均线陆续开始出现反转，尤其是在 12 月上旬出现了大阳线，股价突破所有均线开始上涨，投资者可以在随后的回调整理的 9.3 元附近买入股票，持股数日即可获利（图 6-47）。

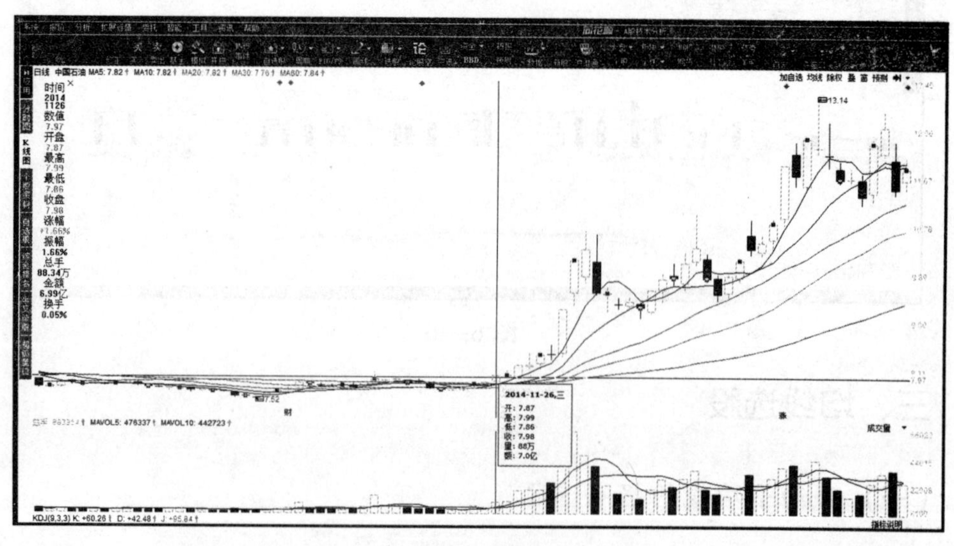

图 6-47

（二）根据黄金交叉选股

黄金交叉是指原本呈现空头排列之短、中、长期平均线，中长期的均线下降趋势逐渐变缓，而短期的均线自底部向上突破中、长期均线，带动中、长期均线同步翻转向上的情况。这代表股价下跌趋势已经停止，一波股价续涨可能性高，为买入信号。

如5日均线上穿10日均线形成的交叉，10日均线再上穿30日均线形成的交叉。

许继电气（000400）在2013年12月底企稳回升，5日、10日和20日均线拐头向上，60日均线走缓（图6-48）。

在2014年1月7日，股价放量拉高股价后，5日、10日和20日均线在短时间内均从下向上穿过60日均线形成黄金交叉。此时后市看好，投资者可在随后的调整过程中以33元左右的价格买入该股，持股一段时间，在2月中旬以38元的价格售出即可获利。

所谓死亡交叉是指下降中的短期移动平均线由上而下穿过下降的中、长期移动平均线，这个时候支撑线被向下突破，表示股价将继续下降，后市看跌，此时投资者可以退出股市。

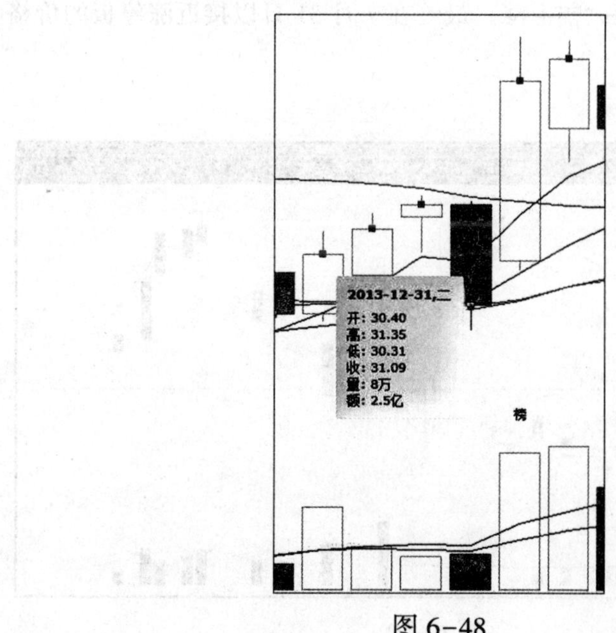

图6-48

例如，这里选择富奥股份（000030），观察其2014年初期的K线走势，可看到其在2014年1月股价经过前期的下跌后开始反弹，并且在2014年2月10日股价上扬突破三条移动平均线，带动5日均线上穿30日均线，于是在此以6.26元的价格选择股票并在2月27日伺机售出（图6-49）。

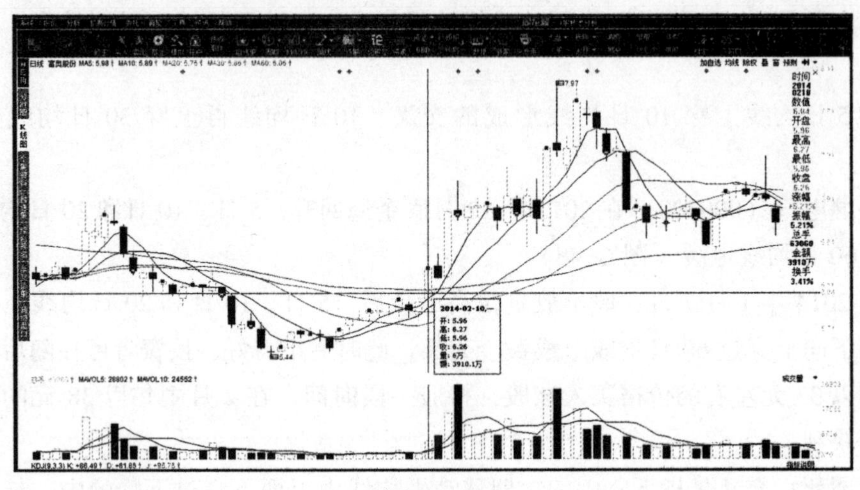

图6-49

例如，这里选择湖南海利（600731），该股在2014年7月28日放量涨停板跳空高开，当日以大阳线拉高股价站在5日均线上方，10日均线向上穿破60日均线形成金叉，随后股价连续出现大幅上涨。最终在7月31日以接近涨停板的价格收出大阳线（图6-50）。

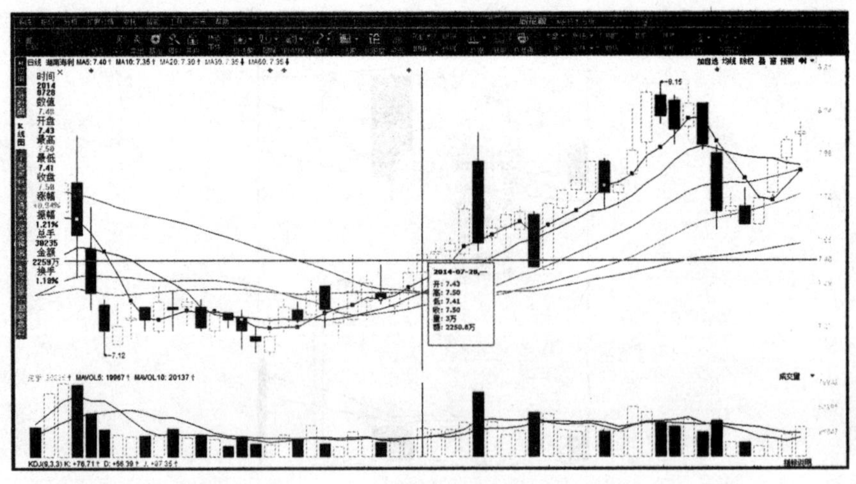

图6-50

但是，观察9月3日的均线走势，20日均线也上穿60日均线形成金叉，整个均线系统呈现出多头排列情况，说明后市将继续上涨，投资者可继续中长期做多。

如在9月3日以7.9元左右的价格选择买入该股，中线持有，在8月10日以8.7元价格售出即可获利。

例如，这里选择国际医学（000516），从图中可以看到，该股在2013年8月16日小阳线报收，30日均线向上上穿走缓的60日均线形成金叉，随后股价连续5日阳线报收将股价拉高。8月26日股价继续阳线报收，60日均线从下向上上穿走缓的120日均线，形成金叉，连续出现中长期均线的金叉，投资者可以适当选择该股。

随后，股价始终在30日均线上方获得支撑，震荡上涨，9月17日，向上运行的60日均线从下向上上穿120日均线形成金叉，此时3条均线呈多头排列，说明后市继续看好，此时投资者可以果断买入或者追涨。若投资者此时以4.7元左右的价格买入该股，到7月21日以7.2元左右的价格售出，每股获利达2.5元（图6-51）。

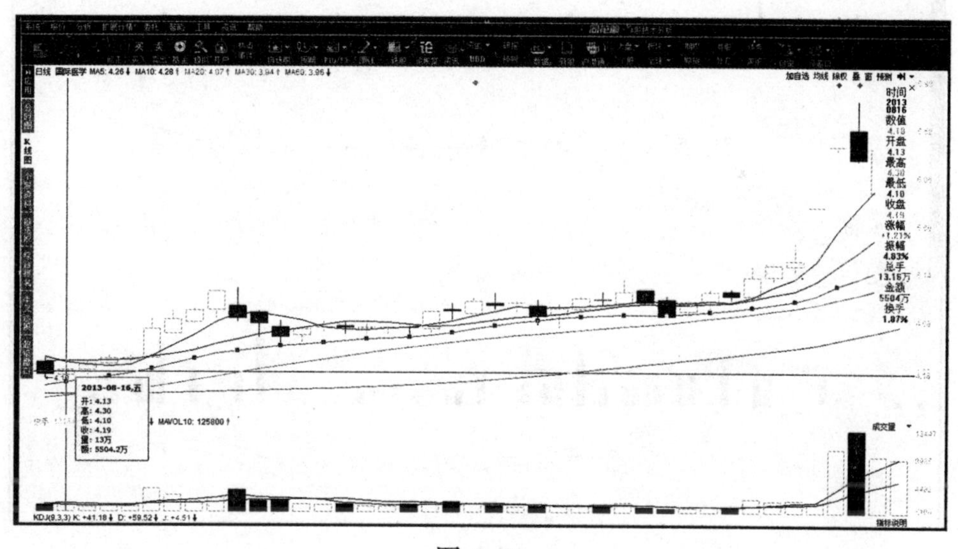

图6-51

四、技术指标选股

（一）MACD指标

MACD（Moving Average Convergence and Divergence）又被称为平滑异同移动平均线，它是为了弥补移动平均线出现假信号的不足，而结合快速与慢速移动平均的离差（DIF）来判断买入或卖出时机的指标。

当MACD从负数转向正数，同时DIF和DEA出现金叉，是买进的信号；当MACD从正数转向负数，同时DIF和DEA曲线出现死叉，是卖出的信号。当MACD以大角度变化，快的移动平均线和慢的移动平均线的差距非常迅速拉开，代表了一个市场大趋势的转变。

在实际应用中，投资者可将MACD作为中短线的参考指标，中国一重（601106）2014年10月至2014年12月的走势，可看到在2014年10月中旬，MACD值从负值向正值穿越，同时，DIF和DEA出现交叉，这就是典型的买入信号。

从图中可以看出，买入点结合成交量已经出现明显放量，此时是比较合适的买入点。到2015年1月初，则是理论上的卖出点，可看到在这一时期MACD柱状线已经放大，于是可以伺机卖出（图6-52）。

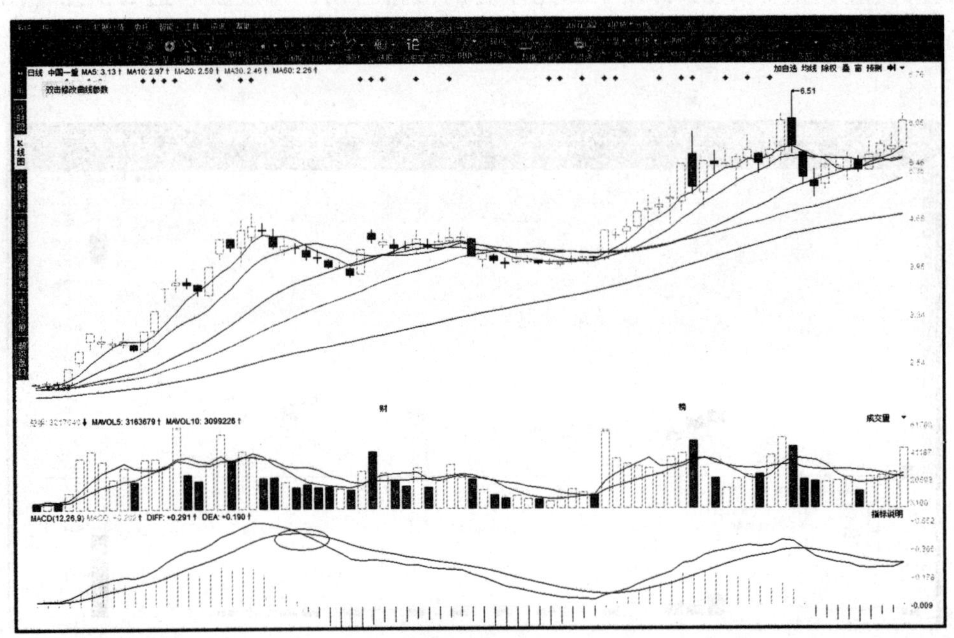

图6-52

（二）KDJ随机指标

KDJ指标又叫随机指标，是一种实用的技术分析指标，它起先用于期货市场的分析，后被广泛用于股市的中短期趋势分析，是期货和股票市场上最常用的技术分析工具。

随机指标KDJ一般是用于股票分析的统计体系，根据统计学原理，通过一个特定的周期（常为9日、9周等）内出现过的最高价、最低价及最后一个计算周期的收盘价及这三者之间的比例关系，来计算最后一个计算周期的未成熟随机值 RSV，然后根据平滑移动平均线的方法来计算 K 值、D 值与 J 值，并绘成曲线图来研判股票走势。

通常，在使用 KDJ 指标时，当 K 线向上突破 D 线时，表示为上升趋势，可以买进，这就是所谓的“金叉”；当 K 线向下突破 D 线时，可以卖出，这就是所谓的“死叉”，当 J 值大于 100 或小于 10 时被视为采取买卖行动的时机。

例如，湖南海利（600731）在 2014 年 7 月进入了一个横盘整理阶段，观测 KDJ 指标，在 8 月 29 日左右，J 值在 0 值下方，预测该股将出现止跌反弹行情，说明横盘整理即将结束。9 月 2 日，J 值上穿 30 值，此时投资者应积极做好买入准备，随后 K 线从下方上穿 D 线形成金叉，是明显的买入时机，投资者可在 7.7 元附近采取买入操作。持股一段时间，9 月 16 日，K 线在 80 附近自上向下下穿 D 线形成死叉，此时投资者可以在 8.2 元附近售出，可短线获利。

需要注意的是，KDJ 中的金叉和死叉必须是股价在低位横盘整理时才可以采用，如果遇到高位横盘或者陡峭走势，这种判断就会失效（图 6-53）。

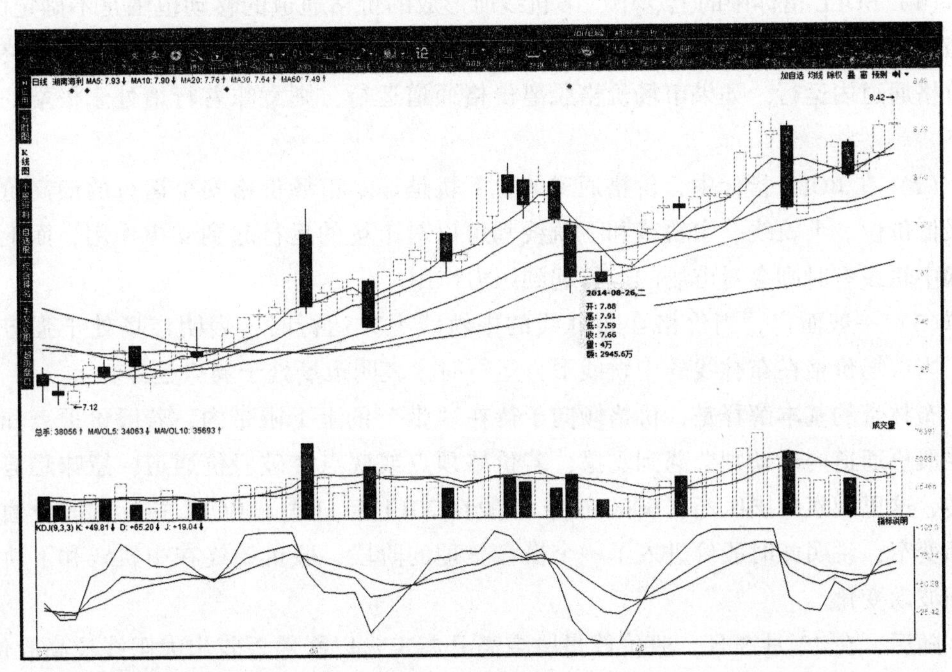

图 6-53

（三）BOLL 布林指标

BOLL 指标是根据统计学中的标准差原理设计出来的一种非常简单实用的技术

分析指标，BOLL 指标又叫布林线指标，是研判市场运动趋势的一种中长期技术分析工具。

一般而言，市场的运动总是围绕某一价值中枢（如均线、成本线等）在一定的范围内变动，布林线指标正是在上述条件的基础上，引进了“价格通道”的概念，其认为市场价格通道的宽窄随着股价波动幅度的大小而变化，而且价格通道又具有变异性，它会随着市场价格的变化而自动调整。正是由于它具有灵活性、直观性和趋势性的特点，BOLL 指标渐渐成为投资者广为应用的市场上的热门指标。

布林线认为各类市场间都是互动的，市场内和市场间的各种变化都是相对性的，是不存在绝对性的，市场价格的高低是相对的，市场价格在上轨线以上或在下轨线以下只反映市场价格相对较高或较低，投资者作出投资判断前还须综合参考其他技术指标，包括价量配合，心理类指标，类比类指标，市场间的关联数据等。

总之，BOLL 指标中的价格通道对预测未来行情的走势起着重要的参考作用，它也是布林线指标所特有的分析手段。

BOLL 指标一共由三条线组成，即上轨线 UP 、中轨线 MB、下轨线 D。

BOLL 指标中的上、中、下轨线的意义：

（1）BOLL 指标中的上、中、下轨线所形成的价格通道的移动范围是不确定的，通道的上下限随着市场价格的上下波动而变化。在正常情况下，市场价格应始终处于价格通道内运行。如果市场价格脱离价格通道运行，则意味着行情处于极端的状态下。

（2）在 BOLL 指标中，价格通道的上下轨是显示市场价格安全运行的最高价位和最低价位。上轨线、中轨线和下轨线都可以对市场的运行起到支撑作用，而上轨线和中轨线有时则会对市场的运行起到压力作用。

（3）一般而言，当价格在布林线的中轨线上方运行时，表明市场处于强势趋势；当市场价格在布林线的中轨线下方运行时，表明市场处于弱势趋势。

布林带的基本解释是，价格倾向于待在“带”的上下限带内，若股价顶点和底点在股价通道内运动则会遇到支撑，若价格顶点或底点突破股价通道，意味趋势要反转，这里观察中国医药（600056），该股在 2014 年 11 月，BOLL 指标的股价通道逐渐变窄，说明此时股价进入了一个横盘整理的阶段，股价始终在中轨线和下轨线之间波动变化。

随后，在 12 月 3 日，股价放量跳空高开高走，以涨停板收出大阳线拉高股价，在 BOLL 通道中，股价当日从下向上站在了中轨线和上轨线之间，随后股价逐步上涨，且上、中、下轨线此时同时向上运行时，表明股价趋于上涨，投资者可适当建仓。持股一段时间，当股价在触及上轨线后回落到中轨线附近或者下穿中轨线时，可以选择卖出筹码，落袋为安（图 6-54）。

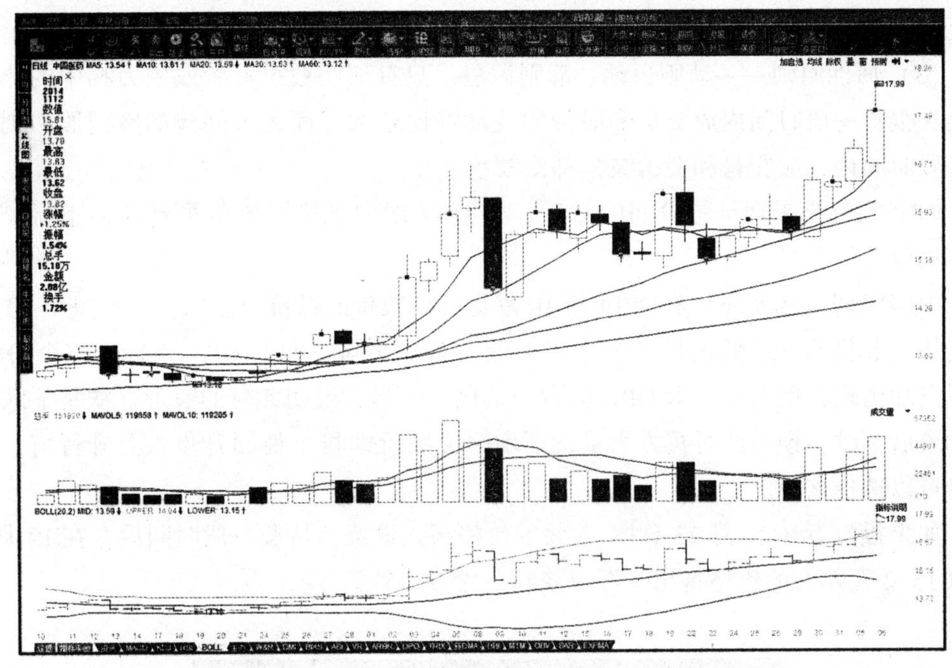

图 6-54

（四）OBV 能量潮指标

能量潮 OBV 指标是葛兰碧于 20 世纪 60 年代提出的，并被广泛使用。股市技术分析的四大要素：价、量、时、空。OBV 指标就是从“量”这个要素作为突破口，来发现热门股票、分析股价运动趋势的一种技术指标。它是将股市的人气——成交量与股价的关系数字化、直观化，以股市的成交量变化来衡量股市的推动力，从而研判股价的走势。关于成交量方面的研究，OBV 能量潮指标是一种相当重要的分析指标之一。

OBV 指标由 OBV 值和 OBV 线构成的。OBV 线方法是葛兰碧的又一大贡献。他将“量的平均”概念加以延伸，认为成交量是股市的元气，股价只不过是它的表象特征而已。因此，成交量通常比股价先行。这种“先见量、后见价”的理论早已为股市所证明。

能量潮理论成立的依据主要是：

（1）投资者对股价的评论越不一致，成交量越大；反之，成交量就小。因此，可用成交量来判断市场的人气和多空双方的力量。

（2）重力原理。上升的物体迟早会下跌，而物体上升所需的能量比下跌时多。涉及股市则可解释为：一方面股价迟早会下跌；另一方面，股价上升时所需的能量大，因此股价的上升特别是上升初期必须有较大的成交量相配合；股价下跌时则不必耗费很大的能量，因此成交量不一定放大，甚至有萎缩趋势。

（3）惯性原则——动则恒动、静则恒静。只有那些被投资者或主力相中的热门股会在很长一段时间内成交量和股价的波动都比较大，而无人问津的冷门股，则会在一段时间内，成交量和股价波幅都比较小。

OBV 指标是表现量与价间的关系，当 OBV 线向上走，股价虽然在向下行，却是买进股票的信号。

中国医药（600056）在 2014 年 10 月运行到股价的低价位区域，观察整个 10 月的走势，股价的下跌低点是一个比一个低，而观察同时期的 OBV 指标，整个 OBV 的低点却出现相反走势，即 OBV 低点一个比一个高，说明此时的股价下跌是下跌趋势的最后下跌，预示此时买方力量逐渐增强，股价即将企稳回升步入上升行情，投资者可以选择该股。

如果投资者在 10 月 23 日以 13 元的价格买入该股，持股一段时间后，在 12 月 5 日以 15.2 元左右的价格售出，即可获利（图 6-55）。

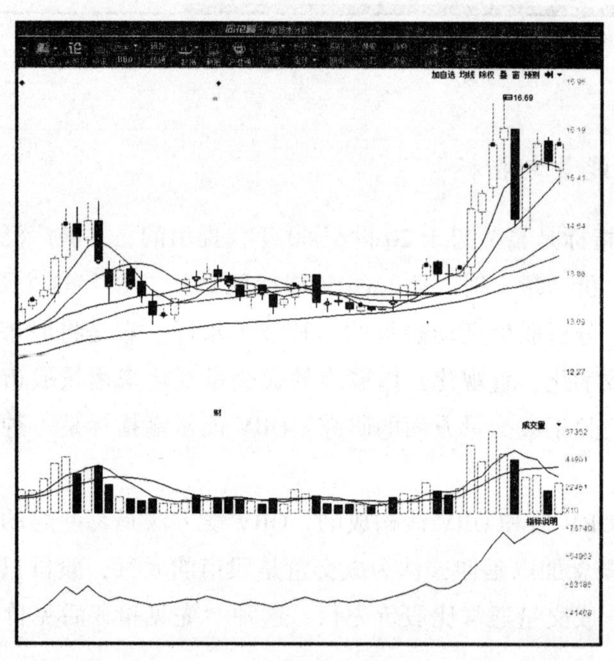

图 6-55

（五）RSI 相对强弱指标

强弱指标最早被应用于期货买卖，后来人们发现在众多的图表技术分析中，强弱指标的理论和实践极其适合于股票市场的短线投资，于是被用于股票升跌的测量和分析中。外汇交易同期货买卖、股票买卖相同之处是汇价的升跌最终取决于供求关系，因此，强弱指标在分析外汇行情上也有着广泛的应用。后来，投资者还把 RSI 的计算公式制作成电脑程序，可以自动生成 RSI 数值，目前各类股票软件中均带有 RSI 指标，投资者调用即可查看。

RSI 的原理简单来说是以数字计算的方法求出买卖双方的力量对比，譬如有 100 个人面对一件商品，如果 50 个人以上要买，竞相抬价，商品价格必涨。相反，如果 50 个人以上争着卖出，价格自然下跌。

强弱指标理论认为，任何市价的大涨或大跌，均在 0~100 之间变动，根据常态分配，认为 RSI 值多在 30~70 之间变动，通常 80 甚至 90 时被认为市场已到达超买状态（Overbought），至此市场价格自然会回落调整。当价格跌至 30 以下即被认为是超卖（Oversold），市价将出现反弹回升。

结合相对强弱指标观察航天通信（600677）2014 年 4 月至 8 月走势图，根据 RSI 的走势，可看到在 2014 年 4 月底，RSI 进入 30 下方，并形成 W 底形态，此时成交量也随着下跌出现萎缩，预示此时卖方已经削弱。

随后短期 RSI 向上穿过中期 RSI 形成交叉，此时投资者可以在 6 月底以 10 元左右的价格选择购买该股票。

随着后市股价开始反弹，RSI 逐渐上移，虽然波动变化，但是始终都在 55 上方变化，说明市场为多头行情，投资者可持续做多。直到 8 月 13 日，股价冲高回落创新高后，短期 RSI 在 80 以上并由上向下穿过中期 RSI 出现交叉，此时投资者可谨慎操作，可以在 15.7 元左右的价格抛售，落袋为安（图 6-56）。

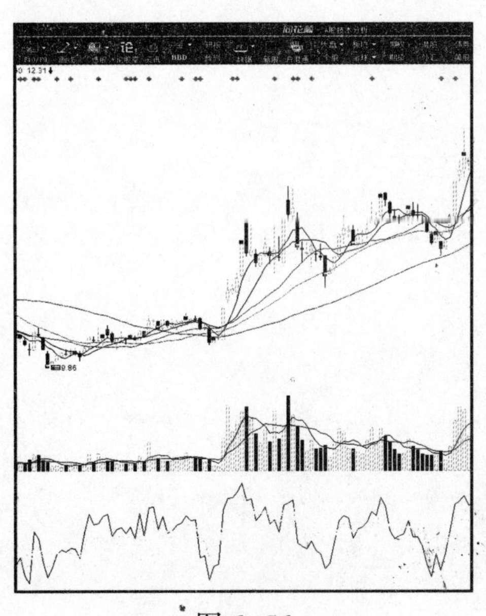

图 6-56

第七章　交易策略与方法

第一节　交易心理与风险管理策略

一、交易心理管理

记得彼得·林奇说过："人类内在的本性让投资人的情绪成为股市的晴雨表。"人性中蕴含了贪婪、恐惧等负面心理情绪。失败的投资者被负面心理情绪左右他们的投资，而成功的投资者则懂得管理其交易的心理情绪。

如果你身边的朋友都在谈论某只股票，股票价格一涨再涨，看到别人都在赚钱，你是否会不假思索地参与投资？如果你目前的投资已达到了预想的收益，你是否会继续持有以期待获取更高的利润？如果市场因为某个突如其来的事件而大跌，你是否会恐慌性地抛售，终止原本要持有三至五年的投资计划？

如果在你的投资决策中出现过以上类似情形，那么你可能被投资情绪捆绑着，而事情又往往演变成这样：盲目地跟从其他人去博弈一只股票，很可能会成为最后一个接棒者，买到了历史高位的股价，损失惨重；贪婪地妄想获取更高的收益，即使市场环境出现了质的转变，还依然做着白日梦；市场出现短期波动，便因为恐惧而卖出了优质的潜力股。

经历过1929年世界经济危机的华尔街教父格雷厄姆曾说过："无法控制情绪的人不会从投资中获利。"一旦投资人对市场的恐慌、对利益的疯狂情绪迸发并蔓延，整个股市必然会遭受一次无法解释的剧烈震荡，情绪愈强烈、波动愈剧烈。格雷厄姆也曾说过："一名真正的投资人，就要注意规避风险，坚决规避情绪波动对投资的影响。"负面心理情绪是每个人都具有的，但是如果你希望在股市获得成功，你就必须严肃认真地克服它们。

（一）创造最佳的交易时间和空间

好的股票交易者要像训练有素的职业运动员一样，他们必须养成良好的生活习惯，保持充沛的体力，如果他想使自己的精力总是处在巅峰状态的话，体力与精力必须保持一致，因为没有比股市更紧张，更令人兴奋的战场了。成功的交易者必须使自己的体力始终处在巅峰状态。当一个人精力充沛的时候，他能更多地保持理性，大脑里面的负面心理情绪也会较少。所以投资者可以根据自己的情况，选择早上或者晚上自己精力旺盛、心情愉快的时间，来思考你的投资交易。

科学研究表明，当一个人在一群人中间做决策时，往往会受到他人意见的干扰。如果你容易受到他人意见左右，吃过跟风的亏，那么你应该选择一个人独处的地方来思考和做交易。

（二）有计划地交易

新股民普遍有一个不好的习惯，没有交易计划，想到什么做什么，冲动型交易，这样的交易方式受到临时心理波动的影响非常大。往往是一冲动就买进，然后就套牢。

像战场上的一个将军，他的士兵的性命取决于他那周密的计划，取决于对这个计划的执行。在股市上，没有错误和漫不经心的余地。新股民应该尽早养成制定交易计划、严格按计划操作的好习惯。这种习惯可以帮助你摒弃大量的心理和情绪波动，做到尽可能地理性操作。

交易计划包括操作的目标股票选取，计划买卖的价格区间，买卖的技术条件，买卖的仓位大小，止损计划等。

（三）保持沉着与耐心

沉着就是镇静，沉得住气，有耐心，能够耐心等待机会。沉着与耐心是成功交易者的亲密朋友。沉着和耐心是需要培养的，这些美德不会自动出现在股市交易者的身上。

我认为股市就是一种巨大的挑战，它要求精神绝对集中、独自思考而且是一个严格的管理人员，工作起来井井有条。交易的机会线索就藏在各类新闻、公告、报表以及技术图表中，你只有沉着冷静地去分析判断，才能找到这些线索。即使你发现了优质的公司股票，其企业增长、潜力兑现也是需要时间的，持股的过程中你必须保持耐心，经受得住诱惑和煎熬。

二、交易风险管理

股票投资风险具有明显的两重性，即它的存在是客观的、绝对的，又是主观的、相对的；它既是不可完全避免的，又是可以控制的。投资者对股票风险的控制就是针对风险的这两重性，运用一系列投资策略和技术手段把承受风险的成本降到最低限度。

（一）风险控制的基本原则

风险控制的目标包括确定风险控制的具体对象（基本因素风险、行业风险、企业风险、市场风险等）和风险控制的程度两层含义。投资者如何确定自己的目标，取决于自己的主观投资动机，也决定于股票的客观属性。在对风险控制的目标作出选择之后，接下来要做的是确定风险控制的原则。根据人们多年积累的经验，控制风险可以遵循四大原则，即回避风险、减少风险、留置风险和共担（分散）风险。

1. 回避风险原则

所谓回避风险是指事先预测风险发生的可能性，分析和判断风险产生的条件和因素，在经济活动中设法避开它或改变行为的方向。在股票投资中的具体做法是：放弃对风险性较大的股票的投资，转而投资其他金融资产或不动产，或改变直接参与股票投资的做法，求助于共同基金，间接进入市场等等。相对来说，回避风险原则是一种比较消极和保守的控制风险的原则。

2. 减少风险原则

减少风险原则是指人们在从事经济活动的过程中，不因风险的存在而放弃既定的目标，而是采取各种措施和手段设法降低风险发生的概率，减轻可能承受的经济损失。在股票投资过程中，投资者在已经了解到投资于股票有风险的前提下，一方面，不放弃股票投资动机；另一方面，运用各种技术手段，努力抑制风险发生的可能性，削弱风险带来的消极影响，从而获得较丰厚的风险投资收益。对于大多数投资者来说，这是一种进取性的、积极的风险控制原则。

3. 留置风险原则

这是指在风险已经发生或已经知道风险无法避免和转移的情况下，正视现实，从长远利益和总体利益出发，将风险承受下来，并设法把风险损失减少到最低程度。在股票投资中，投资者在自己力所能及的范围内，确定承受风险的度，在股价下跌、自己已经亏损的情况下，果断“割肉斩仓”、“止损”，自我调整。

4. 共担（分散）风险原则

在股票投资中，投资者借助于各种形式的投资群体合伙参与股票投资，以共同分担投资风险。这是一种比较保守的风险控制原则。它使投资者承受风险的压力减弱了，但获得高收益的机会也少了，遵循这种原则的投资者一般只能得到平均收益。

（二）风险控制计划

投资者确定了风险控制的目标与风险控制原则后，就应当依据既定的原则制定一套具体的风险控制计划以便减少行为的盲目性，确保控制风险的目标得以实现。

风险控制计划与投资计划通常是合并在一起的。有了如何更多地赚取收益的计划，就有了如何更少地承受风险的方案。投资计划是落实风险控制原则和实现风险控制目标的必要条件，同时，它又受后两者制约。现有的投资计划具体形式虽然很多，但大体上可以归为三类：一类是趋势投资计划；一类为组织投资计划；一类为保本或止损投资计划。

1. 趋势投资计划

这是一种长期的投资计划，适用于长期投资者。这种投资计划主要以道氏理论为基础，认为投资者在一种市场趋势形成时，应保持自己的投资地位，待主要趋势逆转的讯号出现时，再改变投资地位，市场主要趋势不断变动，投资者可以顺势而动，以取得长期投资收益。

趋势投资计划的另一个典型代表是哈奇计划，又称“百分之十投资计划”，它是由美国人哈奇发明的。

其基本内容是：投资者对某段时期（通常以月为单位）股票价格平均值与上段时期的最高值或最低值进行比较，平均值高于最高值 10%时卖出，低于最低值 10%时买进，其中月平均值采用周平均值之和的算术平均数计算。

2. 组合投资计划

组合投资计划就是利用投资组合来管理风险。投资组合又称资产组合或资产搭配，是指投资者将资金同时投入收益、风险、期限都不相同的若干种资产上，借助资产多样化效应，分散单个资产风险进而减少所承受的投资总风险。有效的投资组合应当具备以下三个条件：即所选择的各类资产，其风险可以部分地互相冲抵；在投资总额一定的前提下，其预期收益与其他组合相同，但可能承受的风险比其他投资组合小；投资总额一定，其风险程度与其他投资组合相同，但预期的收益较其他投资组合高。为了使自己所进行的投资组合满足这三个条件，投资者应当使投资多元化。

3. 保本或止损投资计划

保本或止损投资计划是投资者在股市前途莫测、股价动荡不定时，为了避免或减轻投资本金损失，遵循留置风险的原则所采取的一类投资计划。主要有两种具体形式：一是保本投资计划；二是摊平投资计划。

在行情变化难以捉摸时，投资人即可用保本投资法来避免自己的本金遭受损失，例如，当天投资者用一万元买入 1000 股某股票后遇其上涨，投资者要保之本是这一万元的八成，当该股升至 12 元时，投资者出脱 100 股获取既得利润；所余 900 股，其市价总值实质仍为 1 万元，与当初的投入资金总额相同（但投资者账户中已有 1200 元的现金利润）。此后该股盘则不管，再升 10%，即股价推到 13. 2 元时，又卖出 100 股，使持股账面值仍保持 1 万左右，余均类推。

而摊平投资指投资者在股价下跌时购买股票，趁低价增加购买，以降低自己股票的平均值。投资人在选定了出入市时刻后，可采取分阶段数批买入或卖出股票，但前提是市场不能处于长期空头即熊市。

第二节 交易资金管理策略

以较少的投资风险来获取较多投资收益，这是证券投资者制定投资仓位策略的基本考虑。投资多元化的理论依据是，在各种股票短期内的趋势难以捉摸时，买进多种股票则可减少风险，因为在一般情况下，一种或几种股票市价下跌，收益受损，但总会有另一些股票市价上升，收益增加，从而能够弥补投资者的部分或全部损失。

投资具体仓位策略较多，一般是当股票市价轮番上涨时，股票持有者相继以高价抛出手中的股票，以获取收益，但这样就往往会把手中的好股票在价格较低时就卖出了，而把一些劣势股票握在手中。为此，也可以采用“追涨卖跌法”，即哪种股票市价上涨就多买一些；哪种股票股价不上涨或者下跌时，就卖出哪种股票，这样就会获得较多的强势股票，使获利能力大大增强。因此，在具体运用投资仓位策略时，关键是要分析利弊、把握时机。当然，在投资安全性较高时，对投资多元化的要求也就较低；而当投资风险较高时，对投资的多元化要求也就相对较高。

一、固定金额投资法

固定金额投资计划法，又称定额法和常数投资计划法。这是指投资者把一定的资金分别投向不同行业板块的股票，将投资于一个板块的金额固定在一个水平上，当账面盈利达到固定金额的一定比例时，就用增值部分同比例投资于另一个板块，用于增加盈利机会；反之，当账面亏损低于其固定金额时，就平掉另一个板块的仓位来增加可用资金，使投资于证券的资金总额始终保持在一个固定的水平。

例如，某投资者将 10 万元资金投资于股市，其中，6 万元资金投资于医药板块，4 万元资金投资于电子板块，并且将投资于股票的资金总额按变动的市价予以固定。当所购医药类股票市价增至 7 万元时，而电子类减至 3.5 万元，这时可卖出 1 万元的医药股，再买进 0.5 万元的电子类。剩下的 0.5 万作为收益转为现金。若 10 万元总值减少，再投入股市。

固定金额投资计划法的优点是容易操作，不必过多顾及投资的时机问题，对于初涉股市的新手来说，不失为可供选择的投资技巧。而且，由于这种投资方法奉行了“低进高出”的投资原则，在一般情况下能够确保盈利。

二、固定比率投资法

指投资者采用固定比例的投资组合，以减少股票投资风险的一种投资策略。

这里的投资组合一般分为两个部分：一部分是保护性的，主要由价格不易波动、收益较为稳定的蓝筹股等构成；另一部分是风险性的，主要由价格变动频繁、收益变动较大的中小板构成。两部分的比例是事先确定的，并且一经确定，就不再变动，采用固定的比例。但在确定比例之前，可以根据投资者的目标，变动每一部分在投资总额中的比例。如果投资者的目标偏重于价值增长，那么投资组合中风险性部分的比例就可大些。如果投资者的目标偏重于价值保值，那么投资组合中保护性部分的比例可大些。

例如，某投资者有现款10000元，按照“固定比例法”进行投资。首先他要根据自己的投资目标，为投资组合确定一个比例。假如该比例为保护性部分和风险性部分各占50%。于是，他就得把其中的5000元投资中国银行，另外5000元投资于万达影院，各占50%。在其后，根据股票价值的变化，对投资组合进行修正，使两者之间始终保持既定的比例。假如万达影院价格上涨，使他购买的股票价值从5000元上升到6000，那么，在投资组合中风险性部分就要大于保护性部分，破坏了原先各占50%的比例规定。这时要进行修正，将升值的1000元按50%的比例进行分配，即卖出500元万达，再投资于中国银行，促使两部分的比例重新恢复到各占50%水平。

固定比例法是建立在投资者既定目标的基础上的。如果投资者的目标发生变化，那么投资组合的比例也要相应变化。

比如其价值增长的欲望加大，投资组合中的风险性部分的比例就要加大；反之，风险性部分的比例就要缩小。

一般说来，固定比例法适用于中长期的稳健投资为主，另外配合一部分的风险与收益都较高的短线操作。

三、变动比率投资法

投资者采用的投资组合的比例随股票价格涨跌而变化的一种投资策略。它的基础是一条股票的预期价格走势线。投资者可根据股票价格在预期价格走势上的变化，确定股票的买卖，从而使投资组合的比例发生变化。当创业板价格高于预期价格，就卖出创业板买进蓝筹股；反之，相反操作。

一般来讲，股票预期价格走势看涨时，投资组合中的风险性部分比例增大；股票预期价格走势看跌时，投资组合中的保护性部分比例增大。但无论哪一种情况，两部分的比例都是不断变化着的。采用这种方法，需确定：

（1）持有蓝筹股的最大与最小占比。

（2）变更蓝筹股与创业板比率所依据的是创业板的收益水平。

（3）在持有蓝筹股的最大与最小占比之间，不同的收益水平与不同的比率的对应关系。可变比例法又分为非标准型投资计划和标准型投资计划。非标准型投资计划是指随创业板的上升或下跌，都积极地相应增减投资组合中的股票部分。标准型投资计划是指在创业板股上升或超过既定标准但尚未再度上升之前，并不降低比率；反之，在创业板下跌超过既定标准但尚未再度下跌前并不增加比率。现通过下表予以说明。

创业板收益率	非标准计划	标准计划	
25%	25∶75		25∶75
20%	30∶70		30∶70
15%	35∶65		35∶65
10%	40∶60		40∶60
5%	45∶55		45∶55
0%	50∶50	50∶50	50∶50
-5%	55∶45	55∶45	
-10%	60∶40	60∶40	
-15%	65∶35	65∶35	
-20%	70∶30	70∶30	
-25%	75∶25	75∶25	

依表中假定数据，按非标准型投资计划，创业板收益率在-25%~25%之间，收益率每上升5%，就卖出，降低创业板比率；每下降5%，就买进股票，增加创业板比率。标准型投资计划则区分为收益率上升的买卖程序和下跌的买卖程序。在上升时，只有当收益率不小于5%以上才卖出，就只做卖出操作；反之，在下跌时，只有当收益率低于-5%才买入，且只做买入操作。而当收益率在-5%至5%之间时，可不操作。在本例中，非标准型计划的买卖范围在股价指数的-25%~25%；标准型计划的买入范围在-25%~0%，卖出范围在0%~25%之间。变动比例法可使投资者不必逐次决定投资时机，当然，这种方法要求恰当确定中数价格，并能对股价的变动作出较为准确的猜测。例如，某投资者有现款10000元，按照“非标准计划”进行投资。最初创业板与蓝筹股各占50%的比例，即5000元投资于创业板，购入某种每股10元的股票500股，5000元投资于蓝筹股。假如创业板预期价格走势线是看涨的，并且预期每股每月上涨2元，收益率为20%，假设此时蓝筹股价格不变为

5000，那目前的总金额为 11000 元，按照相应的比例调整两者占比，即蓝筹股占 70%、7700 元，创业板占 30%、3300 元。之后，创业板价格从 12 元跌至 10 元，即下跌 15%。那调整创业板占 60%，蓝筹股占 40%。就这样按照表格的指示严格操作就行。因此，在使用可变比例法时预期价格走势至关重要。它的走势方向和走势幅度直接决定了投资组合中两部分的比例，以及比例的变动幅度。

四、分段获利法

所谓分段获利法，就是当所购买的股票创下新的高价行情时，便将部分股票卖掉，及时赚取相应的价差，再将剩下的股票保留下来，一旦买价呈现疲软时，即使股价下跌，也可以安心持有，因为已有赚得的部分差价，不至于赔得很多。对于稳健保守的投资者来说，可以采用这一方法。

有时不少投资者发现所持股票的市场价格上涨时，便急不可待地倾囊抛售，这种做法可能会赚钱，但如果估计失误，价位继续上升，就会失去赚更多钱的机会。相比之下，分段分次抛售股票虽然会因价格下落而减少所得利润，但比一次买卖要稳妥，而且，如果股价居高不下时还有可能提高利润率。

五、平均成本法

平均成本法是一种长线偏保守的股票投资买入方法，投资者以定期及定额的策略去买入股票，投资者将手中资金，平均分成几部分，分批买入，每一次买入的股票金额相等，当股票价格低时买入的数量就多，当股票价格高时买入数量就少，这样平均可以获得一个相对低和安全的成本，同时分批定额购买可以有利于控制风险。

平均成本法的优缺点如下：

定期买入定额股票，当价格较低时，客户用同一金额可以购买更多股数，而当下次价格较高时，客户用同一定额卖出股票，平衡成本。在长线投资上，该投资者的投资偏向以单位平均成本是较一般投资方法为低。且多次分开买进，可以分散单次买入点过高的风险。

平均成本法尤其在先跌后涨的市场中能得到比直接投入更好的报酬。而如果在一个先涨后跌的走势中就会因投入成本较高而有比直接投入较差的报酬。

六、加码买进摊平法

加码买进摊平法是股票中避免亏损的一种操作技巧。投资者所购股票被高档套牢后随着跌势在下档加买进的证券投资方法，其目的是加码买进同种股票后，降低单位平均购股成本，使投资者在股价反弹中获利。采用加码买进摊平法的条件是，整个经济发展前景乐观，所投资股票的实质条件没有发生变化。加码买进摊平法主要有两种方式：

第一种方式是平均加码摊平法，它指的是当所购股票高档套牢后，待其股价跌到一定程度，再照原来所持股数加码买进，以达到均低成本的目的。采用此种加码摊平方式，如若股价一旦回升一半，则可保本，如若回升一半以上，即可获利。例如，投资者以每股 10 元的价格买进某种股票 1000 股以后，股价出现急速跌落，当跌至每股 6 元时，再加码买进 1000 股，这样当该股回升至每股 8 元时，即可够本，超过 8 元则可获利。

第二种方式是倍数加码摊平法，它是在股价跌落后，加倍或加数倍买进原先已持有的股票，以达到均低成本的目的。如原来投资者以每股 10 元的价格买进 1000 股，当其价格跌至 6 元时，再买进 2000 股（即为原来股票的 2 倍），则其平均成本就降为每股 7. 34 元，将来股价回升超过 7. 34 元以后，即可获利。由此可见，采用加码买进摊平法时，如果在下档摊平中加码买进越多，可使上档套牢成本降低得愈低。

运用这种方法进行操作时，至关重要的是确定好加码摊平的价格。一般来讲，其价位愈近谷底，对投资者愈为有利。这是因为，较低的摊平价位，一方面可使投资成本下降，另一方面则可减轻加码部分的投资风险。

此外，采用加码买进摊平法还需要特别注意分析大势走向，因为摊平采用的是愈低愈买，但如遇到空头市场跌幅过深，则资金有可能长期套牢，这将会给投资者带来沉重的心理负荷，因此，必须密切注意股市动向。

七、滤嘴投资法

又称滤嘴法则。是股票投资者在股市处于涨势末期或跌势末期时，以固定的比率，牺牲或放弃一小部分利润，以确保预期利润的投资方法。在股票市场上，人们一般都期望着能够以最低价进货和最高价出货，但何时最低价和最高价却难以推断。滤嘴投资法不追求最低价买进和最高价卖出，而是在涨势中不卖最高点，只卖次高点，在跌势中不买最低点而只买次低点。

滤嘴投资法的具体做法是，投资者先拟定一段行情中愿意少赚的比率，这一放弃或少赚的比率通常称之为滤嘴。采用滤嘴投资法作为技术操作的投资者，其“买点”的决定是在股价落下，回升到投资者的主观比率时作出。如某一投资者拟定的滤嘴比率为 8%，那么不论股价怎么变化，只要回升的比率不到 8%，均不作买进的考虑；一旦跌势遏止，反弹回升的比率达 8%时，则立即断然买进。同理，当把滤嘴比率定为 10%时，其“买点”的决定也可依此类推。至于“卖点”的决定，则是在股市涨势结束，股价回落到投资者确定的滤嘴比率时作出。如某一投资者所确定的滤嘴比率为 10%，那么只要股市涨势结束而跌到 10%的程度，就应当立即卖出。

以便在跌势中保住已赚取的利润和避免更大的损失。

实践证明，在长期的涨势或跌势中，采用滤嘴投资法是一种比较稳妥的投资策略。但若股市涨势或跌势很短，或涨跌幅度过小时，采用滤嘴投资法，就会造成买卖过于频繁，证券交易的税费比重过大而使滤嘴投资法失败。

八、哈奇计划

哈奇计划法，又称10%转换法。它是以发明人哈奇的名字命名的股票投资方法。

哈奇计划法的具体操作：投资者将购进的股票在每周末计算平均市值，并在月底再计算出月平均市值。若本月的平均数比上一次的高价下降10%，则股价有可能出现下跌趋势，投资者便卖出全部股票，而不再购进。等到他卖出股票的平均市值由最低点回升到10%，再行买进。这种方法，也就是当市场趋势发生了10%的反向变动时，便改变操作方向。

哈奇实施这种方法不做卖空交易，在实行此种计划的53年中，先后改变了44次方向，所持股票的期限，最短的为3个月，最长的为6年。哈奇在1882年至1936年的54年中，利用这个计划，将其资产由10万元提高到1440万美元。这个计划，直到哈奇逝世后，才被伦敦金融新闻公布。

哈奇计划法的优点是判断简单，且注意了股价的长期运动趋势，可供投资者进行长线投资选用。在采用这种方法时，投资者还可根据股类的不同，改变转换的幅度，使这种具有机械性的投资方法增加其灵活性。

第三节　盘口交易策略

一、看盘关注重点

（一）内盘与外盘

1. 内盘的定义

以“买一”价格成交的交易，买入成交数量统计为内盘。

2. 外盘的定义

以“卖一”价格成交的交易，卖出成交量统计为外盘。

内盘与外盘这两个数据大体可以用来判断买卖力量的强弱。若外盘数量大于内盘，则表现买方力量较强，若内盘数量大于外盘，则说明卖方力量较强。

3. **内外盘在软件中的位置**

★★ 金通灵 300091

委比		+22.55%	
	5	28.85	3
卖	4	28.84	15
	3	28.82	3
盘	2	28.81	10
	1	28.80	13
	1	28.70	29
买	2	28.66	10
	3	28.60	2
盘	4	28.59	19
	5	28.58	9

在卖盘28.90位置有　103手　卖单！　查看详细

最新	28.70	开盘	29.46
涨跌	-0.80	最高	29.46
涨幅	-2.71%	最低	28.58
振幅	2.98%	均价	28.94
总手	6969	量比	0.61
金额	2016万	换手	0.55%
市盈	2356	市盈(动)	499.6
涨停	32.45	跌停	26.55
外盘	3523	内盘	3446

图 7-1

股票软件一般都有显示外盘和内盘，打开个股实时走势图，在窗口的右边就会显示个股的外盘和内盘情况。通过对比外盘和内盘的数量大小及比例，投资者可能发现当前行情是主动性的买盘多还是主动性的卖盘多，是一个较有效的短线指标（图 7-1）。

4. **内外盘指标的意义**

在大量的实践中，我们发现如下情况：

（1）股价经过了较长时间的下跌，股价处于较低价位，成交量极度萎缩。此后，成交量温和放量，当日外盘数量增加，大于内盘数量，股价将可能上涨，此种情况较可靠。

（2）股价经过了较长时间的上涨，股价处于较高价位，成交量巨大，并不能再继续增加，当日内盘数量放大，大于外盘数量，股价将可能继续下跌。

（3）在股价阴跌过程中，时常会发现外盘大、内盘小，此种情况并不表明股价一定会上涨。因为有些时候庄家用几笔抛单将股价打至较低位置，然后在卖一、卖二挂卖单，并自己买自己的卖单，造成股价暂时横盘或小幅上升。此时的外盘将明显大于内盘，使投资者认为庄家在吃货，而纷纷买入，结果次日股价继续下跌。

（4）在股价上涨过程中，时常会发现内盘大、外盘小，此种情况并不表示股价一定会下跌。因为有些时候庄家用几笔买单将股价拉至一个相对的高位，然后在股价小跌后，在买一、买二挂买单，一些认为股价会下跌，纷纷以叫买价卖出股票，但庄家分步挂单，将抛单通通接走。这种先拉高后低位挂买单的手法，常会显示内盘大、外盘小，达到欺骗投资者的目的，待接足筹码后迅速继续推高股价。

（5）股价已上涨了较大的涨幅，如某日外盘大量增加，但股价却不涨，投资者要警惕庄家制造假象，准备出货。

（6）当股价已下跌了较大的幅度，如某日内盘大量增加，但股价却不跌，投资者要警惕庄家制造假象，假打压真吃货。

（二）换手率与资金流向

所谓换手率是指单位时间内，某一只股票累计成交量与可交易量之间的比率。其数值越大，不仅说明交投的活跃，还表明交易者之间换手的充分程度。换手率在市场中是很重要的买卖参考，应该说比技术指标和技术图形来得更加可靠，一般的规律看，日换手率在5%左右属于正常，超过8%就很危险了，这对于大盘和个股都有意义。

如果从造假成本的角度考虑，尽管交易印花税、交易佣金已大幅降低，但成交量越大所缴纳的费用就越高是不争的事实。因此用成交量来骗人的概率较低，研判成交量乃至换手率对于判断一只股票的未来发展有很大的帮助（图7-2）。

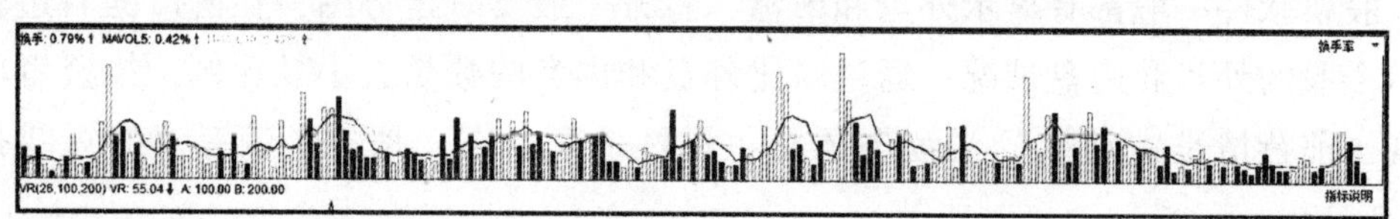

图7-2

一般来讲，换手率高的情况大致分为三种：

1. 相对高位成交量突然放大

主力派发的意愿是很明显的，然而，在高位放出量来也不是容易的事儿，一般伴随有一些利好出台时，才会放出成交量，主力才能顺利完成派发，这种例子是很多的。

2. 底部放量

底部放量出现高换手率的可信程度较高，表明新资金介入的迹象较为明显，未来的上涨空间相对较大，越是底部换手充分，上行中的抛压越轻。

3. 换手率高有望成为强势股

强势股代表了市场的热点，因而有必要对它们重点关注。但如果只是充分换手就是不涨，反而应该引起我们的警惕，或者调低对其的盈利预期。而对于一批面临退市风险的ST股，尽管它们的换手率也很高，但还是敬而远之为好，很可能是主力对倒自救吸引跟风的无奈选择。

（三）分时量与分时线

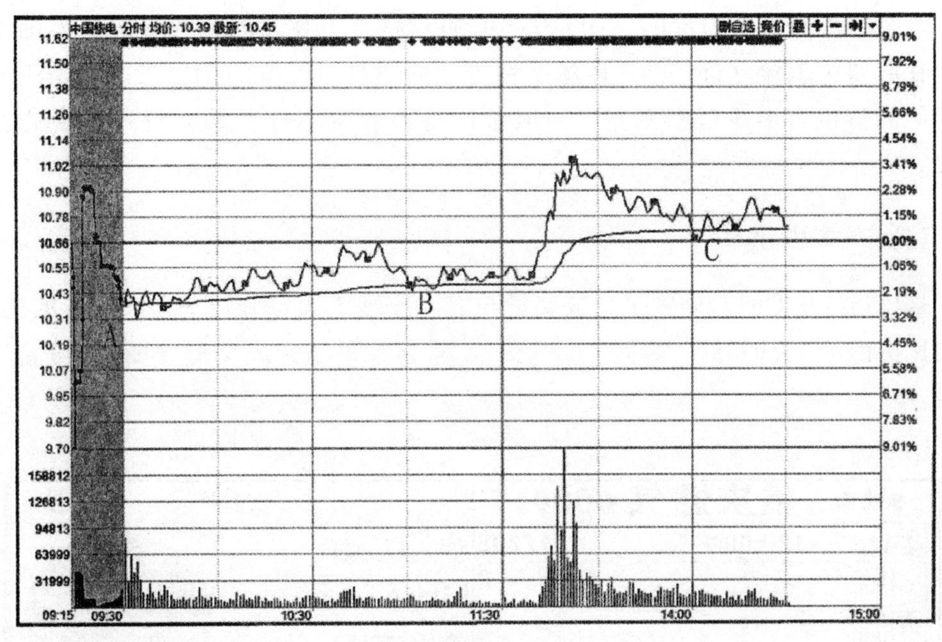

图 7-3

分时线即大盘、个股分时走势图中的白色曲线，它反映的是大盘、个股的实时走势。其次黄色是均价线，是指当天开盘至当时所有成交总金额除以成交总股数得到的平均价的连线；最下边部分是个股每分钟的成交量，即分时量。分时线与均价线、分时量的分析技术，与K线与均线、成交量的分析大致相似。

从图 7-3 中可以看到，A点即每天开盘前的集体竞价环节，其确定每日开盘价的价位。一般而言，日内均线和分时线就如同K线和日均线的关系一样。即日内均线具有支撑和压力的功能，其作用于同一日的分时线。例如B点，分时价和均价在此处相交，但由于支撑作用，股价瞬时反弹上行。到下午C点处，再次相交后又一次反弹。若尾盘没有大变动，这一日的收盘价，基本可以确定是在均线以上。

（四）筹码分布图

筹码分布的准确学术名称应该叫“流通股票持仓成本分布”，在证券分析软件中，它的英文名字叫“CYQ”。“筹码分布”反映的是在不同价位上投资者的持仓数量。

股票交易都是通过买卖双方在某个价位进行买卖成交而实现的。随着股票的上涨或下跌，在不同的价格区域产生着不同的成交量；这些成交量在不同价位的分布量，形成了股票不同价位的持仓成本。对持仓成本分布的分析和研究，是成本分析的首要任务。

股票的流通盘是固定的，100 万的流通盘就有 100 万的流通筹码；无论流通筹码在股票中怎样分布，其累计量必然等于流通盘。股票的持仓成本就是流通盘在不同的价位有多少股票数量。对股票进行持仓成本分析具有极其重要的实战意义。

（五）量比指标

量比指标是即时每分钟平均成交量与之前连续 5 天每分钟平均成交量的比较。即量比指标=当天即时（某分钟）成交量/前五天每分钟成交量（图 7-4）。一般来说：

★★★ 重庆燃气 600917

委比		+100.00%	77208
卖盘	5	–	0
	4	–	0
	3	–	0
	2	–	0
	1	–	0
买盘	1	12.51	76077
	2	12.50	1053
	3	12.49	32
	4	12.48	15
	5	12.47	31

在买盘12.21位置有 14781手 买单！查看详细

最新	12.51	开盘	11.28
涨跌	+1.14	最高	12.51
涨幅	+10.03%	最低	11.14
振幅	12.05%	均价	11.90
总手	13.63万	量比	1.71
金额	1.62亿	换手	8.74%
市盈	54.13	市盈(动)	46.46
股本	15.56亿	流通	1.56亿
外盘	76453	内盘	59858

资金分析 ? 排名

流入(万元) 6466.6

流出(万元) 5354.5

21% 21%

净流入(万元):1112.0

	流入(万元)	流出(万元)
大单	1783	946
中单	2200	1971
小单	2482	2436

净大单	836
净中单	229
净小单	45

时间	总排名	大单净比
今日	第 93名	7.08%
2日	第 600名	-1.58%
3日	第 571名	-1.02%
5日	第 619名	-1.52%

图 7-4

量比值为0.8~1.5倍，则说明成交量处于正常水平；在1.5~2.5倍之间则为温和放量，如果股价也处于温和缓升状态，则升势相对健康，可继续持股，若股价下跌，则可认定跌势难以在短期内结束，从量的方面判断可考虑止损退出；在2.5~5倍，则为明显放量，若股价相应地突破重要支撑或阻力位置，则突破有效的概率颇高，可以相应地采取行动。

量比达5~10倍，则为剧烈放量，如果是在个股处于长期低位出现剧烈放量突破，涨势的后续空间巨大，是“钱”途无量的象征。但是，如果在个股已有巨大涨幅的情况下出现如此剧烈的放量，则值得高度警惕。

量比达到10倍以上的股票，一般可以考虑反向操作。在涨势中出现这种情形，说明见顶的可能性压倒一切，即使不是彻底反转，至少涨势会休整相当长一段时间。在股票处于绵绵阴跌的后期，突然出现巨大量比，说明该股在目前位置彻底释放了下跌动能。后市反转可能性增强。

（六）板块分类与个股特性

所谓板块就是具有相同或类似背景的一类股票。

为什么要将股票分类归属呢？其一是为了统计分析上的需要。如我国沪深股市大盘分类指数将股市中的所有股票划分为工业类、商业类、地产类、综合类及公共事业类五大板块，大盘的涨跌只能提供股市的整体水平而不能提供更详细的概况。其二是为了分析不同行业公司的需要。某类股票的涨跌离不开公司基本面的变化，而公司基本面的变化又与所属行业的发展前景密切相关，按行业来划分板块，便于大家选股，进而进行跨行业的投资组合。其三是市场主力刻意营造的气氛。为了吸引跟风盘聚集人气，主力通常拉抬某一类个股，并在个别品种上重点出击。所以板块亦是市场主力精心培育的产物。对于广大散户而言，面对上千只股票，不可能都去研究，倘若将注意力缩小到某一板块上，然后就该板块的个股进行较为细致的分析再决定，那么成功的概率会得多。

通常可将股市中的所有股票按不同的标准分成不同的板块，有时，一只股票因同时具有两个或两个以上的特征而被划进多个板块，这时板块的划分就出现重叠，即同一只股票按不同的标准可归属成不同的板块。板块的划分标准虽然五花八门，但基本上可归纳为两大标准，即行业特征划分标准与市场特征划分标准。

（七）涨幅榜

涨幅榜即是指所有股票在一定时期内涨幅的排名次序。

在几千只股票中，涨幅榜可快速帮你筛选出哪只股票涨得高，哪只股票涨得快，分类股票的涨跌区间，这样可快速找到你想要关注的股票。

当然由于国内交易规定，每只证券的交易价格相对上一个交易日收市价的涨跌幅度不得超过10%，超过涨跌限价的委托为无效委托。而股票名称前冠以ST和*ST的股票，交易所对该公司股票交易进行特别处理。股票交易日涨跌幅限制5%。

所以按照涨幅榜排列时，靠前的基本都是以涨停的为主，而投资者再以量比等指标选择自己所需要的股票。通过此方法，投资者可得到短期热点板块或炒作概念，再从中寻找上行趋势初成的股票，技术面和基本面良好的股票。而后寻机介入持有长线，或者是通过短线操作快进快出获利。对于投资者而言，涨幅榜可节约不少选股时间。

（八）十大流通股进出情况

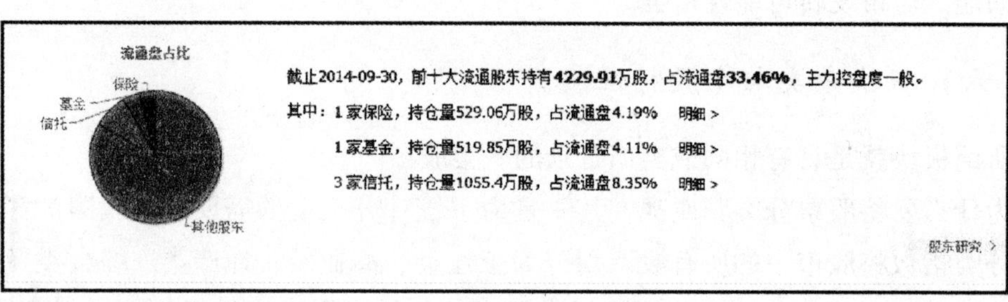

图 7-5

在你的股票软件里面按F10就可以看到股票的基本资料了，基本资料里面有一项是股东研究，里面有十大流通股股东。

十大流通股东的数据在一年的季报、中报和年报都有披露。披露的主要项目是股东的持股情况，还有比较于上一期的增减情况。增减情况是一个非常重要的指标。一般来说增加是对公司有信心，减少是对公司失去信心（高管持股方面）。

流通股股东中，会存在机构、个人之分。机构相对而言较容易分别，基本是金融类理财基金、私募基金等。而个人名义的股东就存在真假的问题。他可能是牛散类的大投资者，抑或是假托其个人名义的机构持有股。其目的是隐藏流通股集中性的事实，在市场尚未发现时，主力已控盘为后市拉升做铺垫。

除此之外，流通股股东的变化频率也能说明上市公司的股价预期走势。例如，若频率较低说明股东原做长期投资打算，未来股价能稳定上升。若频率高，说明股东对长期不看好，可能存在一定风险。

还有重要的一点，报表上的十大流通股东存在滞后性的特征，即股东在下一次报表发布已变动，但市场中对此知之甚少，因此会影响投资者的判断。所以，一定要综合考虑，切勿随意跟风。

二、开盘 30 分钟交易策略

从即时盘口来捕捉股价的动态，是短线或中线投资者必须掌握的技术。及时捕捉刚刚启动或正在上升通道中的目标品种，从而把握最好的买入时机，提前入场布局。

（一）持续上升

在开盘 30 分钟内，股价通常会以两个以上的小波段展开攻击，迅速拉高股价，造成强势上涨的形态。此时如果成交量也配合放大，并出现标准的攻击型量峰结构，当天股价以大阳线或中阳线报收的可能性大。这种开盘放量的主动性攻击特征，是短线交易的重要操作信号（图 7-6）。

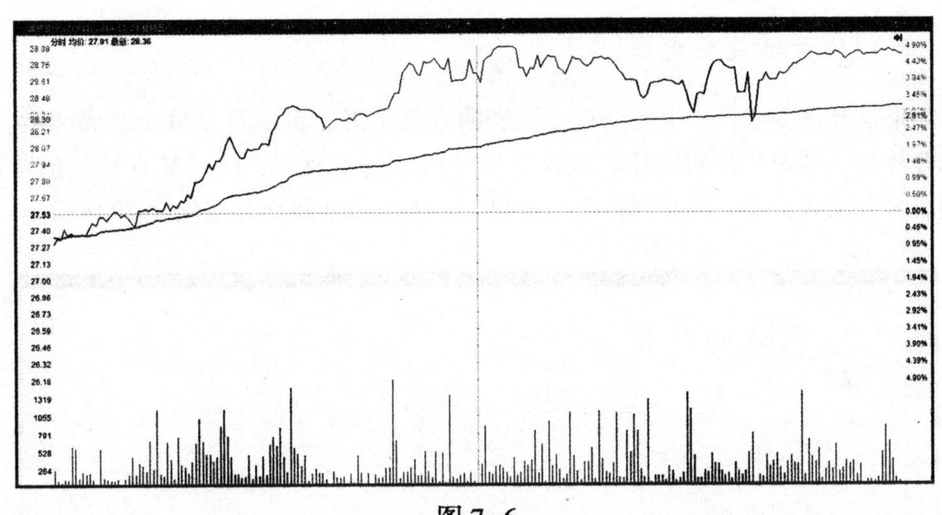

图 7-6

（二）持续下跌

开盘后 30 分钟内分时走势逐级盘下，一浪比一浪低，盘中反弹高度不能高出下降趋势线，反弹乏力，直至 10 点半后仍然没有一波有力的反弹，或有强力反弹但最终不能高出开盘后 30 分钟 K 线实体部分，可以判定当日股价走势为跌势，价格下调（图 7-7）。

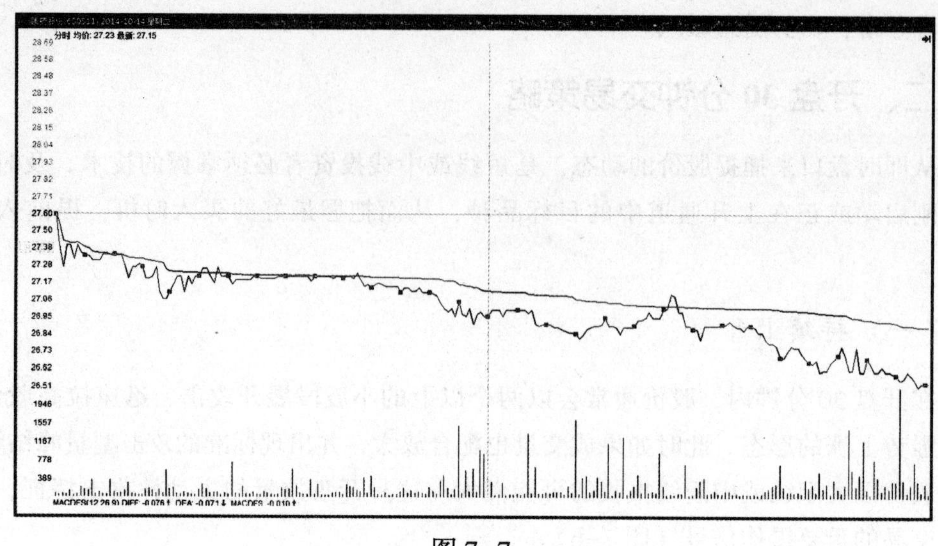

图 7-7

（三）低开低走后走强

如果低开不多或仅一个点左右，则表明人气平静，多空双方暂无恋战情绪。如果低开较多，则表明获利回吐心切或亏损割肉者迫不及待，故局势有转坏的可能。但随后多方剧增，股价拉起局势变化走强，一天的行情便会有变化（图 7-8）。

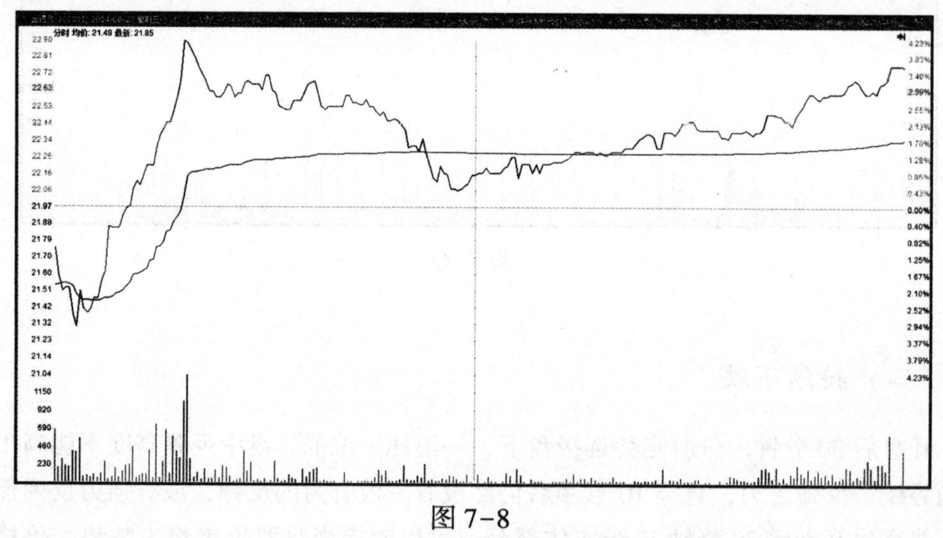

图 7-8

（四）高开低走后走强

高开后空头方进行打击，造成全天将低走的假象，但高开的意义在于今日的走势会有走高的趋势，所以投资者需要观察，后续是否会发力持续上涨，如果低走后，股价再度走强，上涨趋势走出，结合高开的意义，则今日的走势趋势便逐渐形成了稳定的形势，直至最后收盘在开盘价之上（图 7-9）。

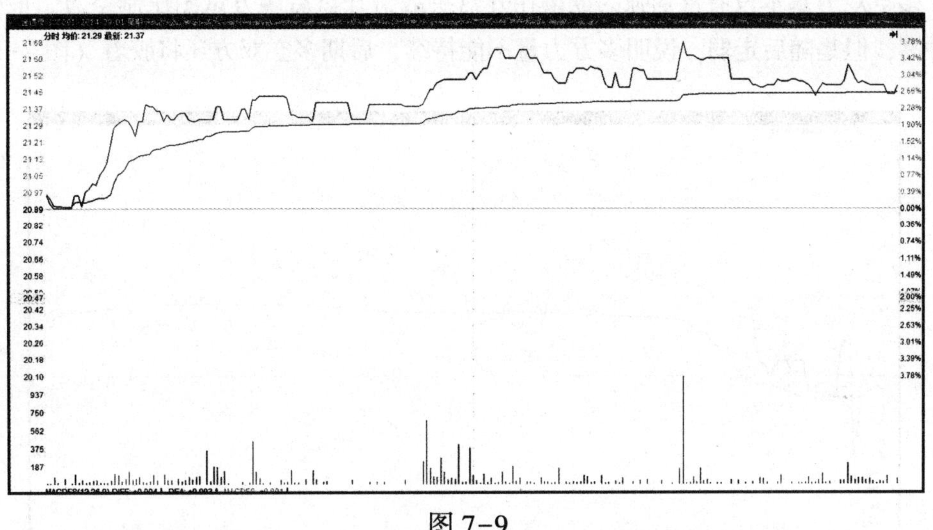

图 7-9

（五）高开冲高后走弱

高开后继续冲高，是多头继续进攻的表现，但 30 分钟内由强转弱，则说明多头进攻不利。如果股价回到开盘价之下，就说明多头完败。在上升末端或者下跌途中，早盘高开冲高的走势很多是诱多陷阱，需小心。另外，冲高后回落的幅度也是看盘技巧分析的重点，如果回落幅度较小，且有均价线支撑，则可以继续看涨。如果跌破开盘价，则基本证明走势彻底转空，需回避（图 7-10）。

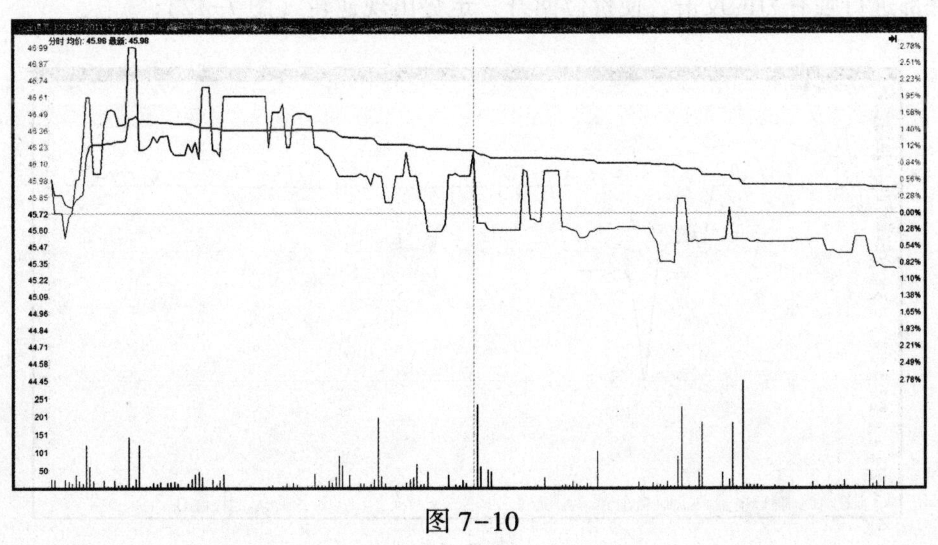

图 7-10

（六）平开或者低开冲高后走弱

多空双方基本没有特别强的欲望在开盘决战，开盘后多方试图压制空方，股价一度冲高，但是随后走弱，说明多方力量不能持续，后期多空双方还将胶着（图 7-11）。

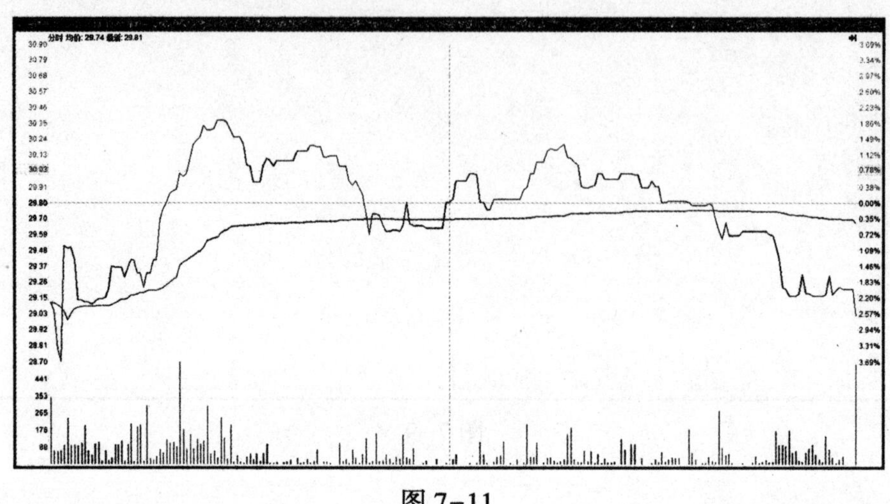

图 7-11

三、盘中交易策略

（一）逆转向上

中盘成交量和多空方都会增多，一天的行情在这个时候会比较真实，中盘的价位会给一天的行情定下基础。开盘前空方对多方进行打压，多方在适当的价位聚集，在底部进行强有力的反击，使价位回升，走势出现逆转（图 7-12）。

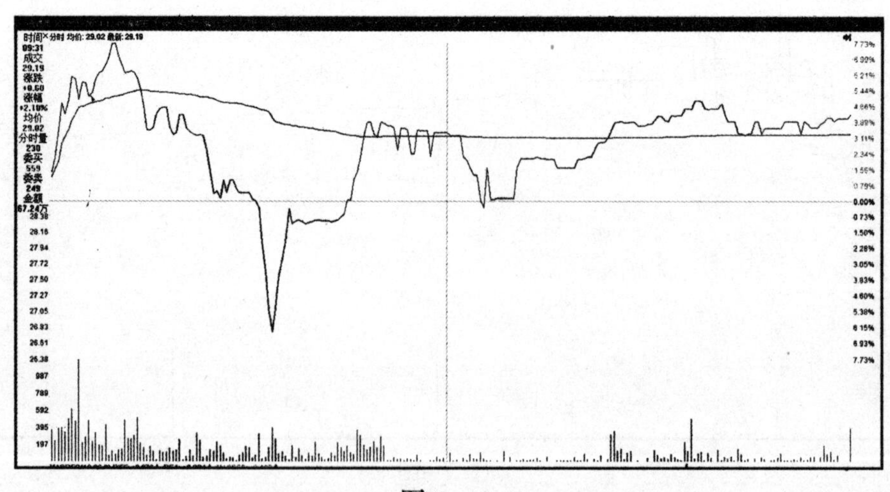

图 7-12

（二）逆转向下

同理，开盘前多方对空方进行打压，空方在适当的价位聚集，在顶部进行强有力的反击，使价位陡然下降，走势出现逆转。逆转的行情一般跟市场消息、大盘走势有关，所以出现逆转时需要对这些基本面的实质进行分析（图 7-13）。

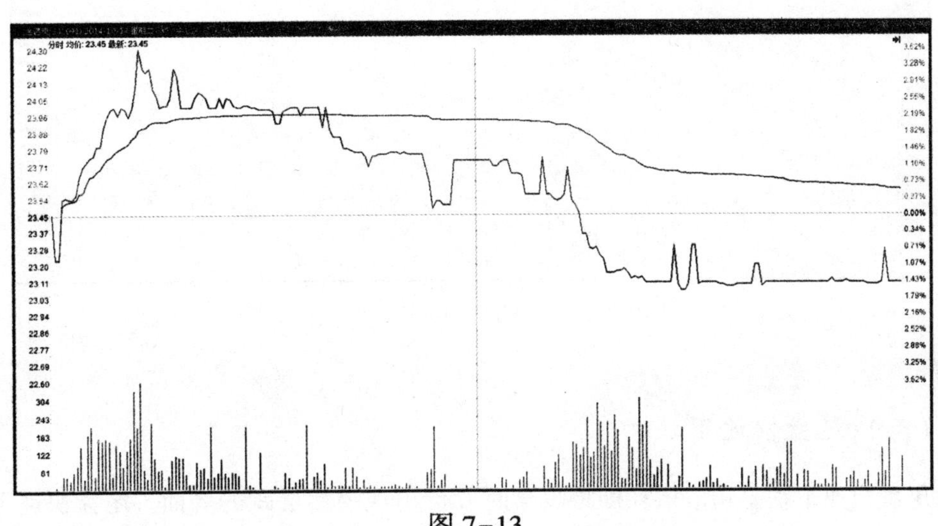

图 7-13

四、尾盘 30 分钟交易策略

在一天的交易过程中，收盘前 30 分钟（即 14:30~15:00）是最关键也是最微妙的时间段。这个敏感的时间段是当天行情博弈的最后一战。因此，收盘前 30 分钟内，股价可能会突然放量攻击，创出全天新高；或者掉头打压，创出当天新低。无论是向上还是向下，都无不显示出多空双方对当天股价最终收盘的态度，因而也会在很大程度上影响次日股价的走势。

（一）尾盘快速拉升

尾盘拉升是指股票在即将收盘时股价出现大单拉升，突然上涨的局面。尾盘快速拉升可能是由于消息面的变化，比如市场猜测将有重大利好发布，因而出现集中的抢筹，造成股价快速拉升。也有可能是多方利用收盘前的最后时段，对空方突然发动袭击。

如果尾盘快速拉升幅度较大，创出日内新高，且成交明显放大，则一般而言是后市看好的信号，但是如果涨幅过大，明日开盘回吐的压力也可能较大。另外需要提防的是，有可能尾盘的快速拉升只是为了粉饰K线图（图7-14）。

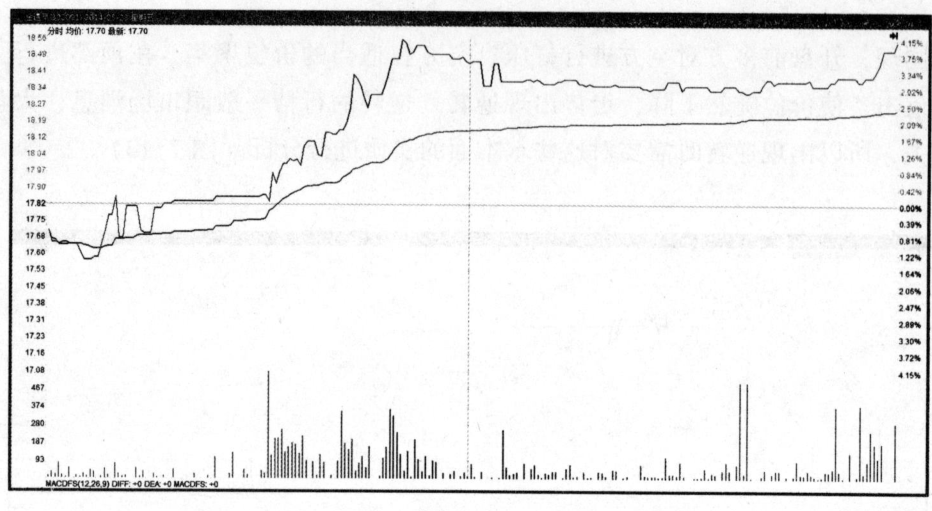

图7-14

（二）尾盘快速下跌

尾盘快速下跌是指股票在即将收盘时股价出现突然暴跌的局面。尾盘快速下跌的原因与操作，和尾盘快速拉升正好相反。一般而言，尾盘快速下跌是比较强烈的看空信号，后市走势多为继续下跌（图7-15）。

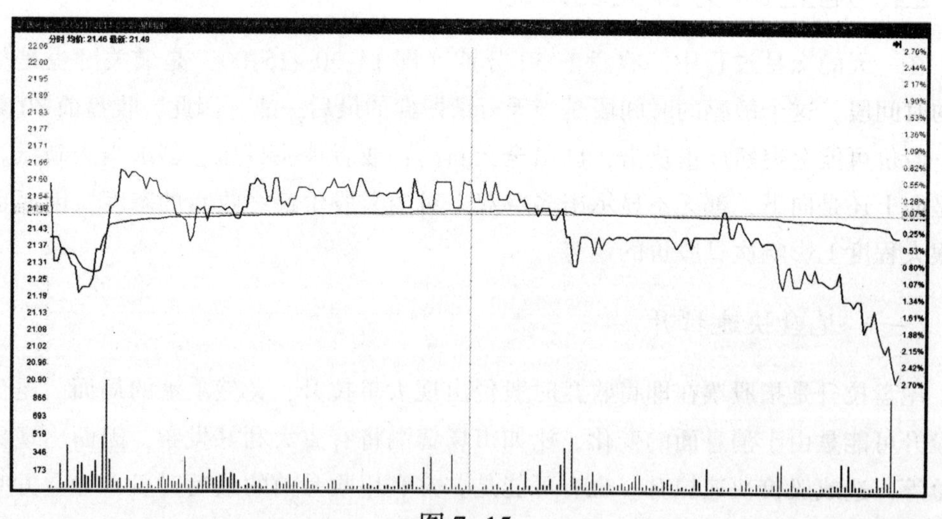

图7-15

（三）尾盘开板

尾盘开板是指个股当日长时间封住涨停板，但在尾盘不长的时间内却打开涨停板，任股价下跌。如果是因为大盘跳水，引发抛盘大量增加，则个股打开涨停板是自然的事。

如果大盘运行平稳，而个股突然打开涨停跳水，则需要特别注意。如果当天成交量已经很大，则个股由涨转跌的概率很大；如果当天成交并不明显，则可能是股价将做一段整理的信号，整理过后股价将继续向上。

五、收盘价

在日内众多交易价格中，最高价是大多数人认为好的卖出价格，最低价是大多数人认为好的买进价格，而收盘价是不再进行交易的价格，是市场参与者们所共同认可的价格，是一天中大家所接受的价格，是一天交易最重要的价格。因此研判收盘价有着重要意义，无论当天股价如何振荡，最终将定格在收盘价上。

日线收盘价有可能受到认为干扰和操纵（比如被主力操纵），而相对来说周收盘价、月收盘价被操作的难度较大，从这个角度看，月线以及周线的收盘价最具研判意义。

另外需要注意的是，除了关注收盘价的价位以外，我们也需要关注收盘价的盘面反馈。所谓收盘价的盘面反馈是指收盘以后停留在盘面上的挂盘状况，包括 10 个买卖价位及相应的挂盘数量。我们可以从中得到不少的信息。

第四节 短线操作要点

一、短线交易技术要点

短线通常是指在一个星期以内的时期，投资者只想赚取短期差价收益，而不去关注股票的基本情况，主要依据技术图表分析。一般的投资者做短线通常都是以两三天为限，一旦没有差价可赚或股价下跌，就平仓一走了之，再去选择其他交易品种。参与者的心愿来说是希望越短越好，最好是达到极限，就是一个交易日，如果允许进行 T+0 交易的话则目标就是当天筹码不过夜。

短炒的对象一般是有主力介入的股票品种，而主力有两种类型，一种是中期运作的主力。这类主力运作的背景是公司有成长性的期望而且估值有优势，不过这种类型的个股并不适合短炒。真正适合短炒的一般是由过江龙性质的游资作为主力介入的，这是另一类型的主力。短炒可以分为找题材、选股票、定策略三部曲，短线炒股过程是非常辛苦的，不过由于持有筹码的时间很短，所以很多时候会空仓，在此期间如果没有非常爆棚的消息投资者可以选择休息，这样就能做到劳逸结合。

短线操作是股场高手的游戏，要求股市知识功底深厚，熟谙庄家操盘手法，心理素质上佳，更重要的一点是，要有时间时刻关注庄家的一举一动。短线选股关键在热点，投资者对热点的形成一定要有敏锐的洞察力。同时应注意以下四个方面：

1. 看成交量

股谚曰“量为价先导”，股价的上涨，一定要有量的配合。成交量的放大，意味着换手率的提高，平均持仓成本的上升，上档抛压因此减轻，股价才会持续上涨。有时，在庄家筹码锁定良好的情况下，股价也可能缩量上攻，但缩量上攻的局面不会持续太久，否则平均持仓成本无法提高，抛压大增，股价就会缺乏持续上升的动能。因此，短线操作一定要选择带量的股票，对底部放量的股票尤应加以关注。

2. 看图形

短线操作，除了应高度重视成交量外，还应留意图形的变化。有几种图形值得高度关注：W 底、头肩底、圆弧底、平台、上升通道等。W 底、头肩底、圆弧底放量突破颈线位时，应是买入时机。这里有两点要注意，一是必须放量突破方为有效突破。没有成交量配合的突破是假突破，股价往往会迅速回归启动位。二是在低价位的突破可靠性更高，高位放量突破很可能是庄家营造的“多头陷阱”，引诱散户跟风，从而达到出货目的。许多时候，突破颈线位时，往往有个回抽确认，这时也可作为建仓良机；股价平台整理，波幅越来越小，特别是低位连收几根十字星或几根小阳线时，股价往往会选择向上突破；处于上升通道的股票，可在股价触及下轨时买入（特别是下轨是 10 日、30 日均线时），在股价触及上轨时卖出。

3. 看技术指标

股票市场的各种技术指标数不胜数，它们各有侧重，投资者不可能面面俱到，只需熟悉其中几种便可。常用的技术指标有 KDJ、MACD、RSI 等。关于 KDJ，一般而言，K 值在低位（20%左右）两次上穿 D 值时，是较佳的买入时机；在高位（80%以上）两次下穿 D 值时，形成死叉，是较佳的卖出时机。RSI 指标在 0～20 时，股票处于超卖状态，可建仓。在 80～100 时属超买，可平仓。值得指出的是，技术指标最大的不足是滞后性，用它作唯一的参照标准往往会带来较大误差。许多强势股，指标高位钝化，但股价仍继续飙升。许多弱势股，指标已处低位，但股价仍阴跌不止。而且庄家也会利用技术指标误导投资者，因此，在应用技术指标时，一定要综合各方面情况尤其是量价关系进行深入分析。

4. 看均线

短线操作一般要参照 5 日、10 日、30 日三条均线。5 日均线上穿了 10 日、30

日均线，10 日均线上穿 30 日均线，称作金叉，是买进时机；反之则称作死叉，是卖出时机。三条均线都向上排列称为多头排列，是强势股的表现；股价缩量回抽 5 日、10 日、30 日均线是买入时机（注意，一定要是缩量回抽）。究竟应在回抽哪一条均线时买入，应视个股和大盘走势而定；三条均线都向下排列称为空头排列，是弱势的表现，不宜介入。

短线炒股，特点就是快进快出，所以不仅要学会获利了结，还应学会“割肉”。当判断失误，买入了下跌的股票，应果断卖出，防止深套。

二、短线仓位管理

不少朋友一进股市就满仓了，这其实是一个习惯性错误，觉得有一点钱没买心里就痒痒，止不住，非得满仓了心里才舒服，殊不知，这样已经犯了错。

让我们先看几组数字：20%的亏损需要 25%的盈利来达到盈亏平衡，弥补亏损相对来说容易一些，如果 40%的亏损需要 66.7%的盈利，要挽回损失已经很困难了，而亏损 50%以上则需要 100%的盈利来挽回，这几乎是不可能的了。简言之，只需几个跌停就会让你无法翻身，而这也是 2007 年 5・30 真实发生过的，其实套牢 2008 年散户的并不一定是 6000 点高位，而有大部分是被套牢在 5・30 许多个股的腰斩之中。换个思维，如果起初设立了止损价格及时出局，也能规避手中股票被腰斩直至套牢的风险。

市场的风险在于没有谁能准确预测，这是客观存在的。如果能百发百中，就不用谈仓位了，不过没人能做到，即使是巴菲特也有投资失误的时候，各位何不静下心来想一想自己呢。个人认为，短线仓位应控制在 0~40%，毕竟短线是高风险，同时需要耗费大量精力，止损点可设立在 4%~10%，中长线仓位在 60%以上，中线止损点为 10%，长线则应在行情低迷时分批布局，本着摊低成本的思维，大幅下跌后进行补仓。

另外，在以上策略的基础上，追求稳健的朋友还可以从总资金里以 20%作为风险控制准备金，专门用于应对像 5・30 这样的意外事件以及其他的政策变动（央行加息）或国际事件（迪拜债务危机），其余 80%资金再按比例进行仓位分配。

三、短线交易的试仓、加仓技术

短线交易不同于长线交易，不适合长久地持有仓位，应该做到的是快进快出，无论是盈利还是亏损，都应当对价格有敏感的把握，对大盘有一定的分析。

刚开始进仓时，不能重仓进入，应该养成习惯从小股量试仓开始，小股量进仓的意义不在于盈利，而是去试探股票的走向。优秀的交易员把试仓当作一种习惯，只有真正进了仓才能体会出股票的走势，方向是怎样的。

在试仓后，对股票走势进行了分析后，之后对于有把握的股票进行加仓，加仓的原则是第一仓稍重，在以后的继续加仓中逐级仓位比例递减，这样的好处在于如果局势与自己之前的判断相反，便于出仓，不至于价位很差。但有的时候加仓也可以在后面上重仓，这样有利于对有反弹的趋势票进到更优价位，或者是两次价位平摊出更优的价位，加仓要看行情和走势而定。

在趋势形成之前，谁也不知道一次突破是真突破还是假突破。正因此，交易者往往要面临很多的假突破后才能遇上一次真突破，而假突破中的亏损无疑就是真突破盈利的成本。如果能降低这个成本，无疑对盈利大有帮助。而合理的加仓就能做到这一点。

比如某位投资者打算于某个股票突破 10 元后买入 1 万股，并认为会有一波大行情，股价有望上涨到 15 元，设定 9. 5 元为止损位，即每股承受 0. 5 元的损失，总损失为 5000 元。

现在他改为两阶段分仓法，第一次 10 元买入 5000 股，到 10. 5 元再买入 5000 股——与此同时将止损也上移到 10 元。显然，在最初 5000 股时，其看错趋势的最大损失为 2500 元，到第二次加仓时，由于第一次买入部分已经设定为止损和买入价打平，所以其看错趋势的最大损失依然是 2500 元。从损失方面来看，它可以将每次看错趋势的损失缩小 50%。那么盈利呢？若采用不加仓法，成本是 10 元，到 15 元时盈利 50000 元；而采用两次加仓的方法，成本会轻微上升至 10. 25 元，上涨到 15 元时的盈利是 47500 元，较不加仓时减少 5%。

更关键的是，短线交易往往要屡次试错后才有一次盈利机会，也许对错交易的比例是 1 : 2，那就意味着采用上述的加仓方法，有两次无趋势的行情中可以减少总计 5000 元的损失，而一次有趋势的行情中减少 2500 元的利润，两者合计依然有收益。显然，只要是遇上那种低概率但是报酬/风险比高的行情，加仓技术都可以帮助过滤假突破减少损失。

四、短线止损设置

止损是投资者保护自己的一种本能反应，市场的不确定性造就了止损存在的必要性和重要性。成功的投资者可能有各自不同的交易方式，但止损却是保障他们获取成功的共同特征。

波动性和不可预测性是市场最根本的特征，这是市场存在的基础，也是交易中风险产生的原因，这是一个不可改变的特征。交易中永远没有确定性，所有的分析预测仅仅是一种可能性，根据这种可能性而进行的交易自然是不确定的，不确定的行为必须得有措施来控制其风险的扩大，止损就这样产生了。

索罗斯说过，投资本身没有风险，失控的投资才有风险。学会止损，千万别和亏损谈恋爱。止损远比盈利重要，因为任何时候保本都是第一位的，盈利是第二位的，建立合理的止损原则相当有效，谨慎的止损原则的核心在于不让亏损持续扩大。

世界上最伟大的交易员有一个实用且简单的交易法则——“鳄鱼法则”。该法则源于鳄鱼的吞噬方式：猎物越试图挣扎，鳄鱼的收获越多。假定一只鳄鱼咬住你的脚，如果你用手臂试图挣脱脚，则它的嘴巴便会同时咬你的脚与手臂。你越挣扎，便陷得越深。所以，万一鳄鱼咬住你的脚，务必记住：你唯一的生存机会便是牺牲一只脚。

明白止损的意义固然重要，然而，这并非最终的结果。事实上，投资者设置了止损而没有执行的例子比比皆是，市场上，被扫地出门的悲剧几乎每天都在上演。止损为何如此艰难？原因有如下三点：

（1）侥幸的心理作祟。某些投资者尽管也知道趋势上已经破位，但由于过于犹豫，总是想再看一看、等一等，导致自己错过止损的大好时机。

（2）价格频繁的波动会让投资者犹豫不决，经常性错误的止损会给投资者留下挥之不去的记忆，从而动摇投资者下次止损的决心。

（3）执行止损是一件痛苦的事情，是一个血淋淋的过程，是对人性弱点的挑战和考验。

事实上，每次交易我们都无法确定是正确状态还是错误状态，即便盈利了，我们也难以决定是立即出场还是持有观望，更何况是处于被套状态下。人性追求贪婪的本能会使每一位投资者不愿意少赢几个点，更不愿意多亏几个点。

第五节　量价分析要点

在本书第五章技术分析基础知识的部分，我们已经对股票价格 K 线分析做了比较详细的初步介绍，包括单根 K 线、K 线组合以及 K 线形态的知识。在短线交易中，K 线分析是非常重要的一种技术工具，许多交易方法都是以其为基础。在这里，我们着重要介绍价量结合的分析方法。所谓价量结合，“价”指的是股价，“量”指的是成交量，价量结合就是将价格与成交量综合起来考虑，作为分析股票走势的方法。

成交量是价格变化的原动力，价格分析只有与成交量的分析相结合，才能真正读懂市场的语言，洞悉股价变化的奥妙。一般而言，量价同步、量增价涨是股票价格上升走势的正常特征，而量价不一致、量价背离则是趋势反转的信号。以下简单归纳总结股价运行波段中，价格与成交量的不同关系，以及这些不同关系的市场意义，新股民理解掌握，对短线操作很重要。

一般而言，当市场行情持续上涨很久，出现急剧增加的成交量，而股价却上涨乏力，在高位盘旋，无法再向上大幅上涨，显示股价在高位大幅震荡，卖压沉重，从而形成股价下跌的因素。股价连续下跌之后，在低位出现大成交量，股价却没有进一步下跌，价格仅小幅变动，是买进的信号。股价随着成交量的递增而上涨，为市场行情的正常特性，此种量增价涨关系，表示股价将继续上升。

在一波段的涨势中，股价随着递增的成交量而上涨，突破前一波的高峰，创下新高后继续上涨，然而此波段股价上涨的整个成交量水准却低于前一波段上涨的成交量水准，价位突破创新高，量却没突破创新水准量，则此波段股价涨势令人怀疑，同时也是股价趋势潜在的反转信号。

股价随着成交量的递减而上升，即股价上涨，成交量却逐渐萎缩。股市成交量是股价上涨的原动力，原动力不足是股价趋势潜在反转的信号。有时股价随着缓慢递增的成交量而逐渐上涨，突然，走势成为垂直上升的喷发行情，成交量急剧增加，股价暴涨。紧随着此波走势，继之而来的是成交量大幅度萎缩，同时股价急速下跌。这种现象表示涨势已到末期，上升乏力，走势力竭，显示出趋势反转的现象。反转所具有的意义将视前一波股价上涨幅度的大小及成交量扩增的程度而定。

经过一波段的长期下跌，形成谷底后股价回升，成交量并没有因股价上涨而递增，股价上涨欲振乏力，然后再度跌落至先前谷底附近，或高于谷底。当第二谷底的成交量低于第一谷底时，是股价上涨的信号。股价下跌，向下跌破股价形态趋势线或移动平均线，同时出现大成交量，是股价下跌的信号，表明趋势反转形成空头市场。股价跌一段相当长的时间，出现恐慌性卖出，随着日益扩大的成交量，股价大幅度下跌，继恐慌性卖出之后，预期股价可能上涨，同时恐慌性卖出所创的低价，将不可能在极短的时间内跌破。恐慌性大量卖出之后，往往是空头的结束。

股价可以骗人，而成交量却难以骗人，没有成交量支持的股价运动是空虚的价格运动，而成交量放大、股价却不大涨的个股，则只能是主力的压价吸货行为。

最后，我们总结一些量价分析的经典案例，供大家参考：

（1）在涨跌停板制度下，股票的第一个无量跌停，后市仍将继续跌停，直到有大量出现才能反弹或反转；同理，股票的第一个无量涨停，后市仍将继续涨停。直到有大量出现才能回档或反转。

（2）放量总是有原因的。在高价区，有些主力往往对敲放量，常在一些价位上放上大卖单，然后将其吃掉，以显示其魄力吸引市场跟风眼球；或是在某些关键点位放上大笔买盘，以显示其护盘决心大。凡此种种现象皆为假，重心真实的升降即可辨别。若是在低位出现的对敲放量，说明机构在换庄或是在准备拉高一波行情，可以择机跟进。

（3）在股价长期下跌后，成交量形成谷底，股价出现反弹。但随后成交量却没有随价格的上涨而递增，股价再度跌至前期谷底附近，有时高于前期谷底。但出现第二谷底成交量明显低于第一谷底时，说明也没有下跌的动力，新的一波上涨又要起来，可以考虑买进。

（4）下跌的时候无论有量无量，只要形态（移均线、趋势线、颈线、箱体）破位，均要及时止赢止损出局。

（5）高价区一根长阴线，若后两根大阳线也不能吞没，表示天价成立，应及时清仓。高价区无论有无利好利空大阴大阳，只要出现巨量，就要警惕头部的形成。

（6）成交量创历史新高，次日股价收盘却无法创新高时，说明股价必定回档；同样，量若创历史新低，而价格不再下跌时，说明股价将要止跌回升。

（7）在空头市场中，出现一波量价均能突破前一波高点的反弹时，往往表示空头市场的结束；在多头市场中，价位创新高后，若量再创新高时，常常表示多头市场的结束，空头市场即将开始。

（8）量价筑底的时间愈久，则反弹上升的力度高度愈大。即所谓横有多长、竖有多高。

（9）量价分析对小盘袖珍全控盘庄股短线分析不适宜，但中长线还是无法脱离量价分析系统。

（10）观察量的变化，一定要和 K 线趋势和形态相结合。

（11）成交量是股票市场的温度计。许多股票的狂涨并非是基本面出现实质变，而是短期市场筹码供求关系造成的。

（12）上升趋势中出现的相对地量，股价回落至重要均线（5 日、10 日、30 日）处，往往是极佳的短线买点。

（13）成交量的大小决定个股除权前是否抢权，除权后是否填权。除权后若成交量放大拉阳线，则有填权行情。无量或减量往往出现的是贴权。

（14）黑马股的成交量变化在底部时一般有两种特征：一种是成交量在低位底部从某天起突然放大，然后保持一定的幅度，几乎每天都维持在这个水平。在日线图上股价小幅上涨，下跌时常常出现十字星状；另一种是成交量从某一天起逐步放大，并维持这种放大趋势。股价常常表现为小幅持续上涨，说明主力已没有耐心或时间来慢慢进货，不得不将股价一路推高边拉边吸。

（15）在股价底部盘整的末端，股价波动幅度逐渐缩小。成交量萎缩到极点后出现量增，股价以中阳突破盘局，并站在 10 日均线之上。成交量持续放大，股价续收阳线，以离开底价 3 天为原则。突破之后叠合的均线转为多头排列。此为最佳的短中线买入点，也是量价均线配合的完美样本。

第六节　极限量能

在成交量变化中有两种较为极端的呈现方式，一是天量；一是地量。

一、天量

天量指一轮行情中出现的最大成交量，该成交量在今后较短时期内难以再度出现。天量只是一个相对概念，它是和前期和后期成交量相比较而言的，而并不以超过换手率的某个百分比作为评判标准。

从其定义我们可以看出，天量必须符合两个条件：

（1）行情中出现的最大成交量，即前期一段时间内的成交量均比它小。

（2）这个成交量在今后短期内很难再度出现。

例如，星期六（002291），2014 年 9 月 22 日的 K 线图（图 7-16）。

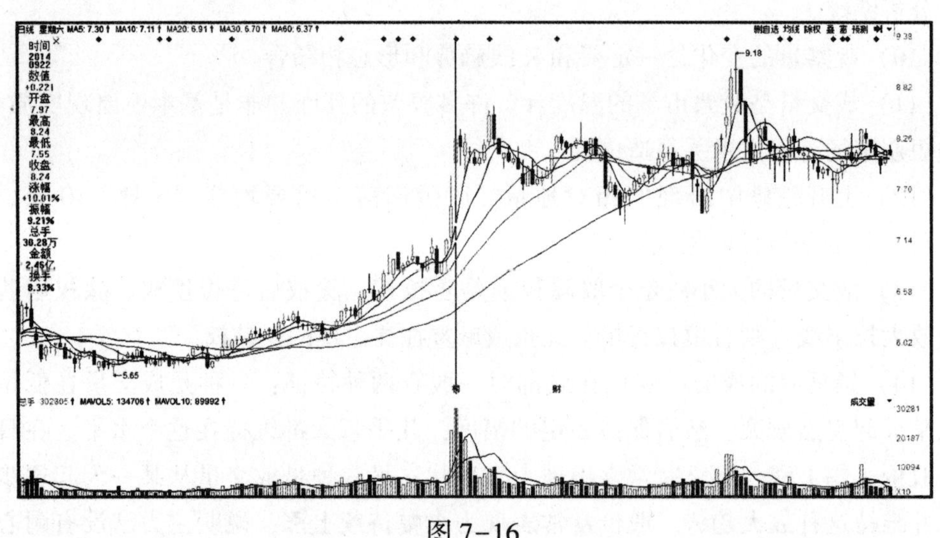

图 7-16

从 K 线上看，在 9 月 22 日前，其股价经历 18 个月的箱形震荡，而期间成交量是波浪式起伏，短期性的放量都是主力吸筹的动作。但从 2014 年 2 月起，成交量开始萎缩，而股价涨跌幅基本控制在 2%，说明主力控盘能力形成，只待时机成熟而拉升股价（这个时机就是季报盈利和非公开股票事宜）。

从 7 月起，股价进入上升渠道，成交量相比前期是温和放量，并维持在新高度，说明主力开始发力。而 8 月 27 出现反常缩量，表明市场看多后市，于是 28 日主力在尾盘拉抬股价。29 日开盘主力没显现，但市场认可 28 日的拉抬动作，股价维持在均线波动，主力此时认为时机成熟，继续在尾盘拉升。此后星期六因公司重大决策停牌，在 9 月 21 日晚，发布募集资金定向增发新股的消息，22 日主力机构和券商便借机制造成天量而涨停。

从后期看，此次天量是主力结合上市公司的重大消息造成的。其利用量增价涨的现象吸引市场资金进入，一起抬高股价，从而将股价拉离相对低位区域，利于后市运作。

投资者常说“天量天价”，只要股价处于高位时出现非常巨大的成交量，这个成交量比最近一段时期的平均成交量大很多，且估计在今后的短时期内无法再出现比它更大的成交量，我们就要把它当成天量处理。因为成交量无法在短期内放得更大，所以要警惕短期头部出现。在高位出现天量时，对于短线炒手来说，一般应予以卖出。

还比如精伦电子（600355），在 2014 年 4 月 16 日的 K 线图（图 7-17）。

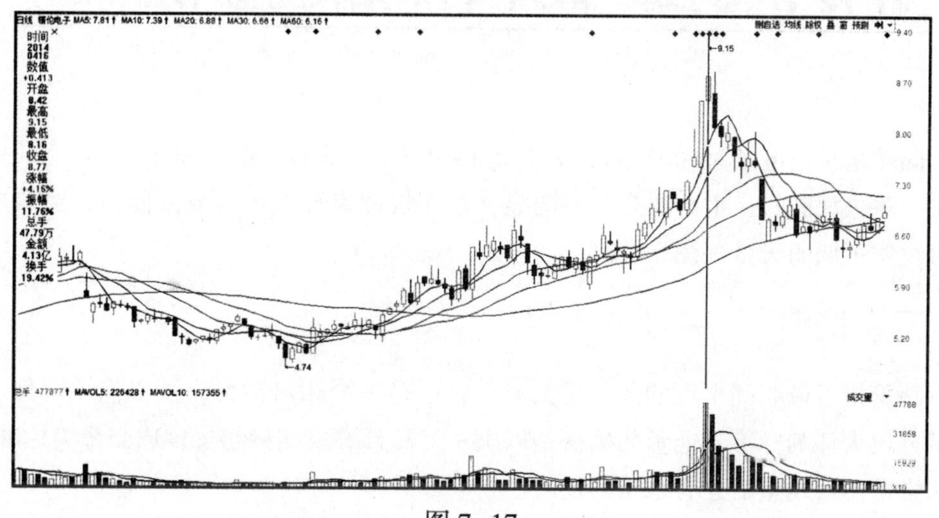

图 7-17

从成交量看，当天可称为近期天量，对比前一日交易量都是翻倍的。而股价一度拉升 8.9%，而后回落，且成为近期天价。形成短期头部。

可见，如果天量当日为红量柱，且 K 线带有长上影线，则当日就应卖出。天量当日若出现红量柱，且 K 线无长上影线，则次日仍有冲高动力，可等待次日股价冲高时，视走势情况逢高卖出。

而精伦电子（600355）4 月 17 日 K 线走势表明，高位天量出现当日，如果是绿量柱，当日就是卖出该股的最佳时机，因为次日常常会惯性低开。

天量若出现在股价底部，一般可以确定是有机构在底部收集筹码，我们应该对该股中长线看好。可以在出现天量后股价回调、成交量萎缩后再次温和放量时分批介入，同时设好止损位，耐心持有，必有所获。

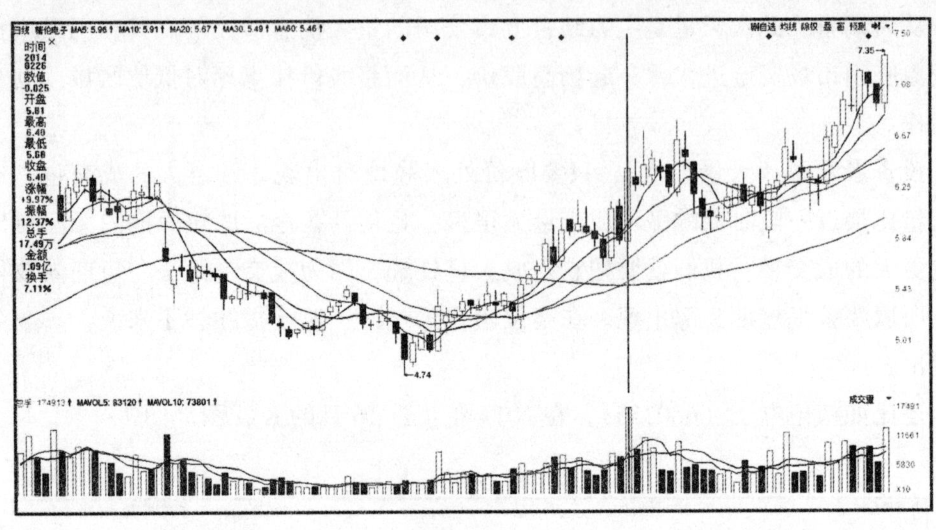

图 7-18

同样是精伦电子（600355），其在 2014 年 2 月 26 日，股价从上午 10 点开始拉升，一路势如破竹，主力拉升意图明显，意在快速离开成本区域。同时，当日成交量可视作短期的天量（图 7-18）。

二、地量

地量指近段时间出现的最小成交量，它也是一个相对指标，不以换手率低于某一百分比为评判标准。地量的确认是以次一交易日的成交量超过该成交量为标准的，因为常常出现地量后还有地量的情况。

地量容易出现的时期：

（1）构筑底部时容易出现地量。因为地量之后的放量可能是主力在建仓，建仓之后会有一个打压洗筹的过程，可能会形成第二次地量。我们在二次地量后开始温和放量时才考虑介入。

（2）洗盘末期容易出现地量。地量出现时浮筹基本清洗干净，出现适度中阳线以上 K 线时，便可介入。

例如，南方航空（600029）2014 年下半年的走势图。经过上半年的缓慢下跌，期间成交量是萎缩到极限，只有主力和长线投资者会接棒入场。每日的成交额在 3000 万左右，可视作历史低点。从 7 月开始，逐步放量，偶尔会突破近期最高。主力在8月7日、25日，9月26日都尝试拉升，但市场看空占主导。从9月起，成交量进一步放大，但偶尔出现地量，证明此时主力已控盘完成。是投资者进入的好时机。如果错过，可在10月下旬再次介入（图7-19）。

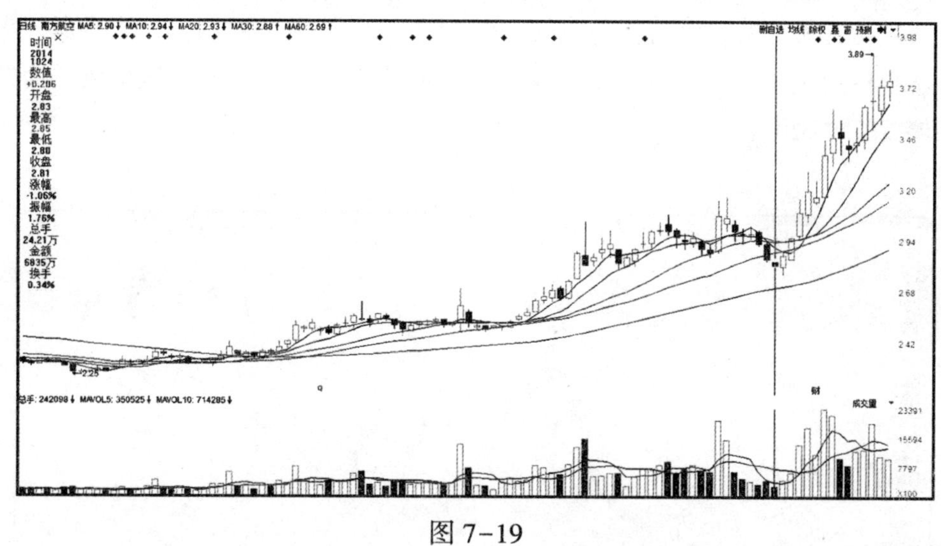

图7-19

一般来说，前期缩过量后又放量，在地量出现前，缩量的时间越长，上涨的幅度越大。

第七节　涨停板技术

涨停是指股价日内上涨幅度达到交易所规定的上限，一般为10%，是市场多空双方失衡的表现，也是个股最强烈的一种运动形式。股价涨停，给当日交易的双方产生不同的影响：卖方预期看涨，改为更高的价格卖出；买方无法介入，只能提高买入价位。如此循环，直至涨停。而涨停给追高者极大的风险，其心理压力增大，也会给卖方后期造成过早抛售的后悔心理。

根据涨停的不同类型，可简单分为：

一、按涨停当日量能分类

（一）无量涨停

说明多空双方分歧较小，后市预期看涨，形成无量空涨。如果大盘环境较好，股价位于近期低位，后市继续看涨。

例如广博股份（002103）在 2015 年 1 月中旬的 K 线走势。经过前期的快速拉升，主力能发现是市场的浮码偏多。因此，在 2014 年 12 月下旬开始进行近半个月的调整。在 1 月 13 号、14 号出现两个地量十字星，说明主力已能控盘，准备为下次拉升做准备。之后在 19 日，该股无量涨停。从分时图看，当日低开盘是主力诱空继续吸筹。之后便快速拉升，直至涨停封板。之后 20 日该股跳空高开再度涨停（图 7-20）。

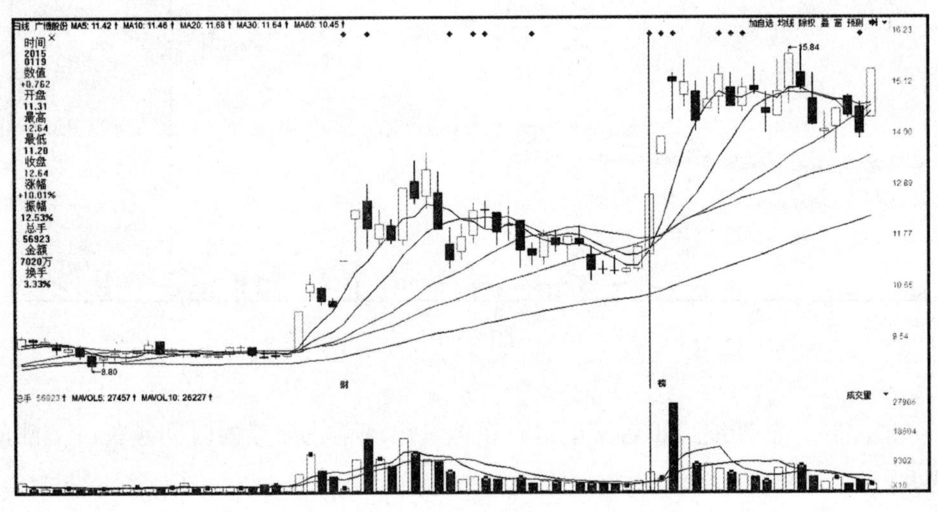

图 7-20

（二）放量涨停

一般而言，放量涨停按量能大小可分为放倍量、放巨量和放天量。若按照产生的位置分为低位放量和高位放量。当然不同量能不同位置都决定其蕴含的意义不同。

大抵而言，低位放量属于利好，而高位放量属于利空。在此以低位放量的形态为例和投资者作讨论。

2015 年 7 月 16 日，宜安科技（300328）股价在一个月的时间内，从高位 58.8 元下跌至 18.87 元。在下跌末期时，出现价跌量减的现象。而后股价开始反转，第一天缩量涨停，第二天放量涨停（图 7-21）。

从量能角度看，其量基本一倍于下跌时的成交量，但又略低于高位的成交量。和下跌末期时可看作是放倍量涨停。此后股价上行连续涨停，成交量再次放大。可见低位放量涨停确实具有利好的性质。

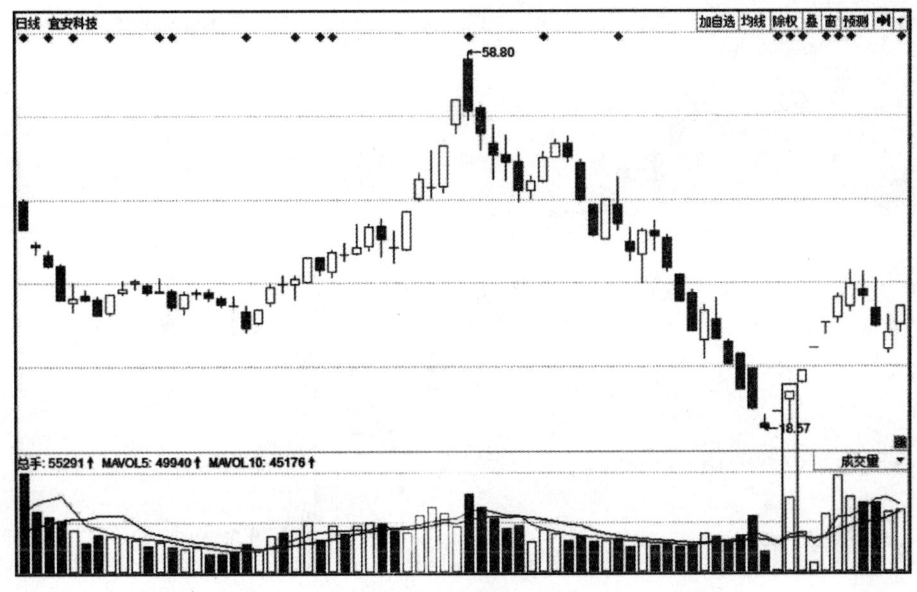

图 7-21

二、按日间何时涨停分类

（一）开盘涨停

开盘涨停是指在证券市场中，每个交易日开市后，某只股票在集合竞价中确定的开盘价，已较前一交易日收盘价上涨 10%，即开盘涨停。

开盘即涨停是主力故意为之，但其蕴含的意义需要结合价位和整天的走势才能明白。不过通常的作用为摆脱短线、快速拉升股价、洗盘以及出货。那如何区分呢？

（1）如果个股已经历一段下跌，在某一低位时开盘即涨停不开板，则说明主力已吸足筹码，用快速拉升的方式离开低价位，后市基本看涨。

（2）若个股处于上升中期，某日开盘涨停，但期间开板的次数较多，股价回落幅度偏大，而尾盘时再次大幅上拉，这说明主力是在清理短期获利盘，摆脱短线，后市看涨。

（3）若此时个股处于相对高位，而某日开盘涨停，盘中股价放量回落，则主力出货的概率较大，后市看跌的概率占多。

以永利带业（300320）为例，其股价在 2015 年 7 月中旬时，出现连续涨停。我们以 7 月 14 日的走势作分析。从 K 线图看，开盘就涨停板的 K 线是一字，与前一日呈跳空的形态。期间开板则是呈丁字形或金针形态。7 月 14 的形态属于后者。而且两者的成交量也有区别，前者是逐步缩量，后者是放量（图 7-22）。

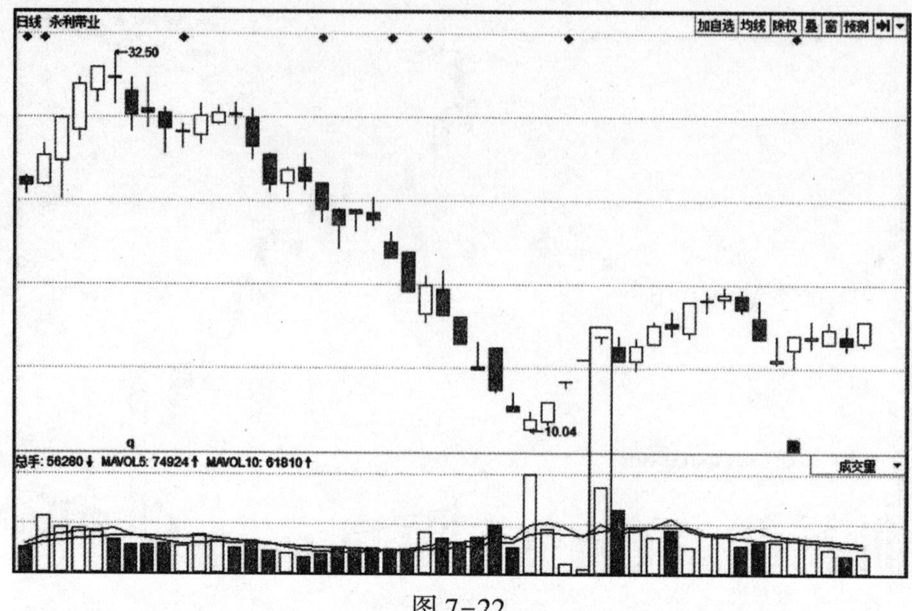

图 7-22

从日走势图看，其股价在开盘时第一单就是涨停，持续约 5 分钟。之后由于成交量明显增加，至此涨停开板。到 9 时 50 分附近时，股价再次封板，此后一直持续到下午 13 时 30 分，再次瞬间开板又封停，成交量明显增加，显然是追涨停的投资者介入。而 14 时到 14 时 30 分，股价又一次开板，持续时间较长，成交逐渐缩量，股价再次封板，直到闭市（见图 7-23）。

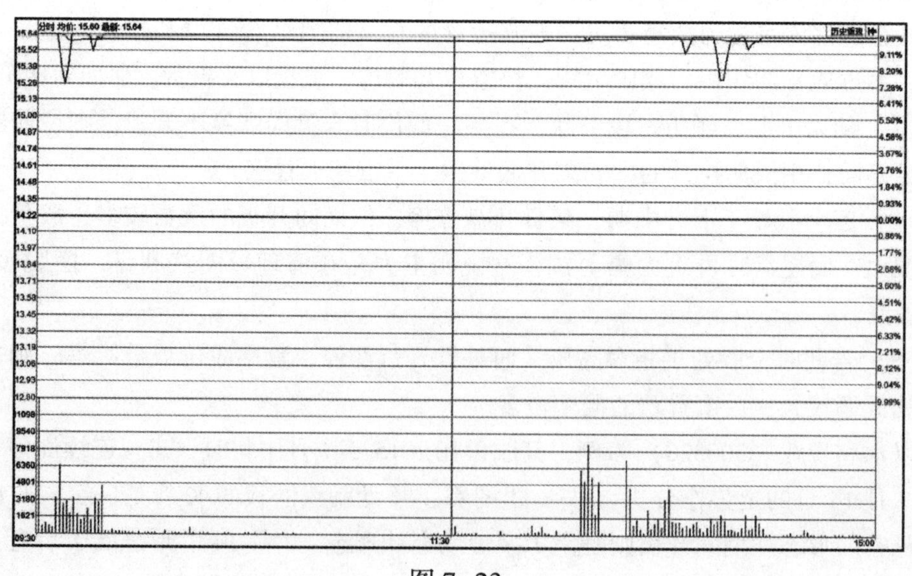

图 7-23

从整个 K 线走势看，股价在连续涨停后放量，一是短期获利者减仓出局造成的，二是主力提高介入成本，形成支撑。而后期走势中，股价一直在此价位缩量徘徊，证明支撑位成立。此时是股价的相对低位，连续的涨停确定吸引市场投资者介入，为主力后市走势提供支撑。

（二）早盘涨停

开盘涨停是最强的形式，其次就是早盘涨停。早盘涨停表明买主力量强大，场内看高意愿强烈，在买盘推动下，股价早盘即封板，也表明主力有备而来，开盘短暂的观察之后即开始行动。出现在底部或整理末段的早盘涨停往往预示股价进一步上涨。一般而言，早盘涨停中，越早封板越好，越坚决越好。

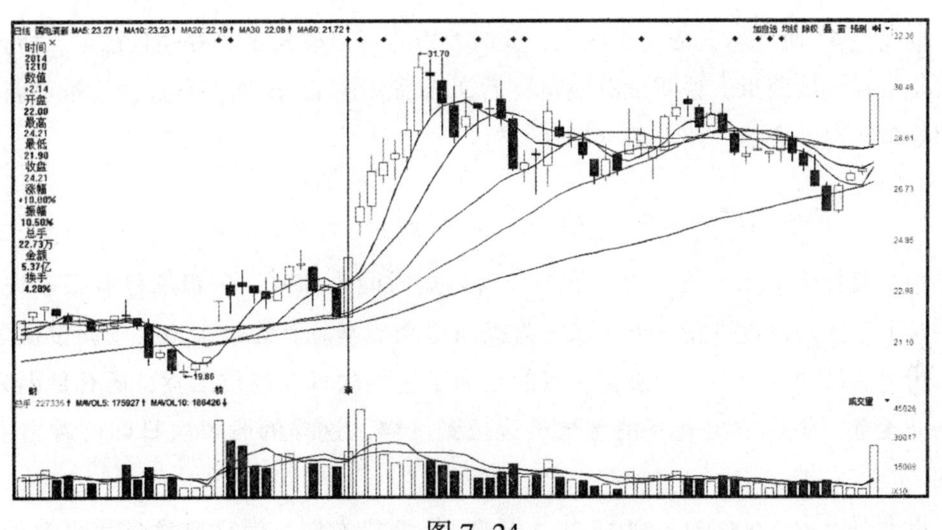

图 7-24

例如国电清新（002573）2014 年 12 月 10 日走势。从前期走势看，主力是采用边拉升边吸筹的方式，在 11 月时，有洗盘试盘。在 12 月 9 日时，是最后洗盘，股价直接被打压到 30 日线。

10 日当天集合竞价时主力没有现身，从而利用 9 日的下跌压力促使部分短线客早盘出局，而主力吃进。其在 10 时后逐步拉升，之后股价封住涨停。

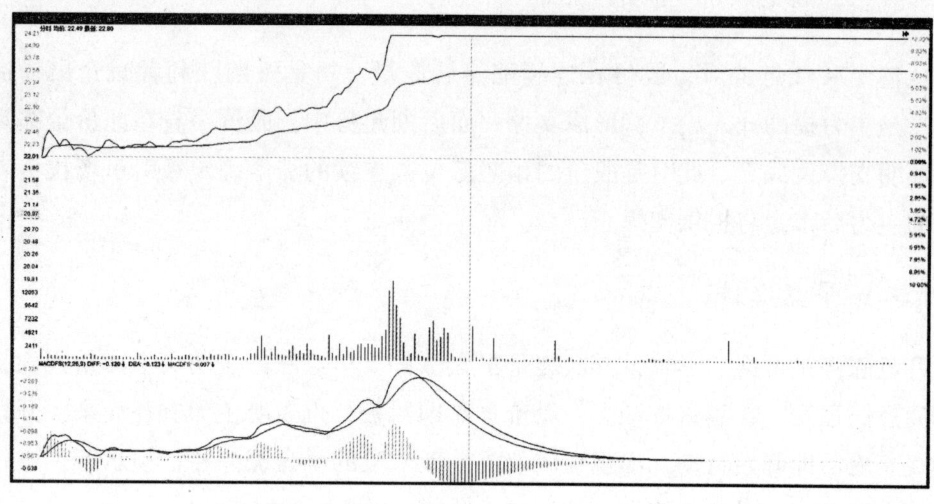

图 7-25

期间在 11 时左右，成交量放大，此时投资者可以确信走势变强且稳定。而且当天成交量在均线附近，说明没有放量，后期必涨。在 11 日跳空高开，放量创新高，强势突破明显，之后一路上涨（图 7-25）。

（三）午盘涨停

指个股在中午休市前，或在下午开盘后短时间内涨停。午盘涨停有很多说法，有的是上午主力砸盘洗盘，下午涨停为提高追涨成本。有的是主力上午高位横盘出货，为迷惑散户，午后再拉涨停，目的是为了达到次日在高位出货，还有是因为上午平淡无奇，午后传出利好消息被迅速拉到涨停，这样的股票次日即可看出主力意图。

以上海电力（600021）2015 年 4 月 27 日走势为例。当日放量高开较为正常，但之后股价迅速下行，随之稳定在昨日收盘价之上。其后早盘持续低迷，一直沿日均线上下徘徊。不过在 11 时后，股价瞬间放量上行突破，主力开始拉升，在涨停前有两次回落，皆是主力出货让市场跟风者接盘，抬高介入成本（图 7-26）。

在午盘休市前，主力以瞬时巨量将股价拉至涨停后，再次让跟风者少量接盘。以略低于涨停的价格结束早盘。下午开盘后再次拉停股价，下午再未开板。主力选择在午盘前冲击涨停回落，有利用前期高点清理短线浮筹的意味，下午封板则是快速结束此前的调整走势。

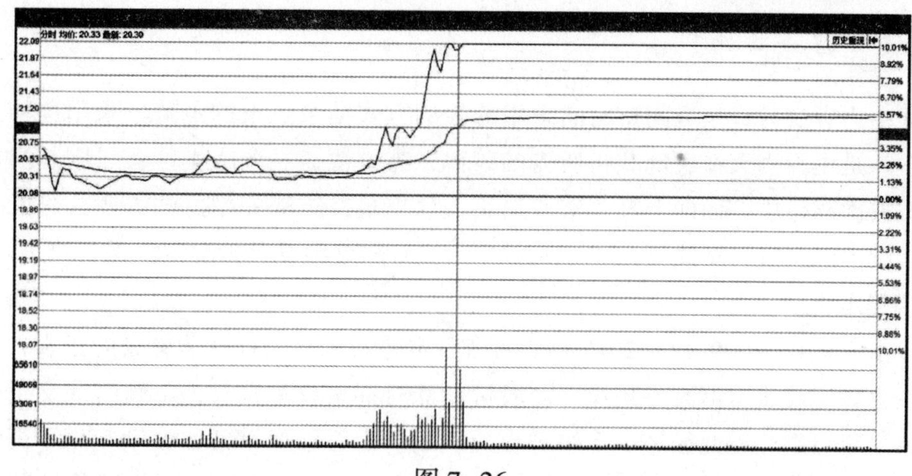

图 7-26

从 K 线图的角度看，27 日那天股价处于箱体的突破边界，主力为上行所以在午盘中拉升股价突破箱体。而市场看多者认为今日是突破的好机会，而且主力也在盘中做出拉升动作，那投资者必会买多跟进，促进股价突破箱体。从第二天的走势看，开盘放量跳高，尽管盘中回落，但收盘价依旧高于开盘价。说明主力的确是利用涨停在拉升股价突破的同时，也提高追进者的持仓成本，为后市打好基础（图 7-27）。

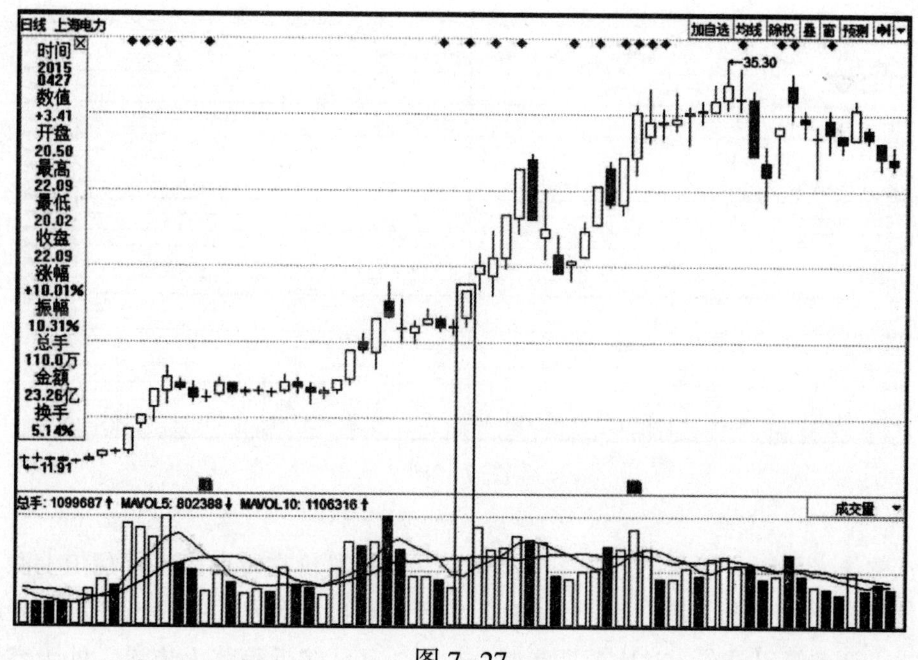

图 7-27

（四）尾盘涨停

即主力在交易日接近闭市时间采用涨停的方式结束一天的走势。采用这种方式涨停，一是主力当天在底部获得所需的筹码，需要快速脱离成本区；二则是当日在高价位或次高位徘徊而向上翘，造成追买人气充足，至涨停则意味着明天可能会高开或继续上涨，吸引短线涌入；三则是主力当日陆续抛盘且没出完，需要快速拉高，明天接着出货。

以南天信息（000948）2015年6月3日走势为例。当日开盘量较为正常，早盘走势较为跌宕起伏，但有一规律即：股价上涨时都是放量拉升，下跌时成交量也徐徐回落。早盘走势以此循环。下午开盘后，股价走势转为正常，波动频率不高。近14时，股价又一次快速放量拉升，然后再次缓缓回落，直到主力将股价拉至涨停（图7-28）。从全天的走势看，如果主力是已收集完筹码，在14时即可拉至涨停。如果是利用次高位徘徊，吸引人气涌入短线，此说法较为可行。如果是主力陆续抛盘拉高出货，这也具有可信性。如何判断取决于其在整体走势的综合分析。

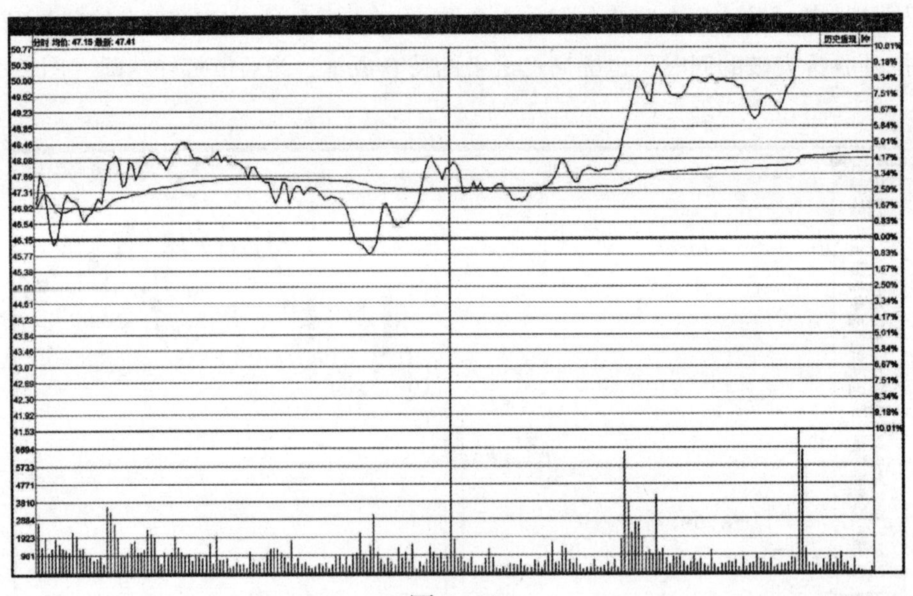

图 7-28

从整体K线看，股价已处于相对高位。尤其是股价在短期内已近翻倍上涨，如果股价需要继续上行，那主力需要长时间整盘以震出获利盘，提高市场看多者的持仓成本，调整筹码分布。对比前期走势，6月3日已接近箱体上边界，处于突破的边缘，但没有放量突破，加之第二日的K线形态说明6月3日是主力诱多出货。从后期走势看，主力在突破无效后，多次拉高出货。同时个股受到大盘影响，缩量极具下跌。而在连续三跌停后，股价再次放量拉升未果，留下长上影线，说明主力仍在，但无法控盘，只能随大环境一起下跌被套。

三、按涨停是否打开分类

股价封上涨停板后有两种情况，一是全天封板不再打开，二是封住涨停后股价又落下，涨停板被打开。若股价是涨停封死不开板，则涨停意愿最坚决，比涨停后开板要好；打开次数越少越好。当然，若是低位涨停打开，而量也随之增加，说明主力是为吸货，后市看涨。而高位多次打开，量价皆涨，则多为主力出货，需要小心。

（一）涨停不开板

涨停不开板根据成交量又可以分为无量和有量。无量说明多空双方观点一致，开盘即涨停，全天封板，K 线呈现一字线，成交稀疏，这种情况下呈现无量空涨，往往出现在连续涨停中，或是因为突发性的大利好。在连续一字线涨停后，涨停打开则表明一波快速拉升的结束，后市是调整再继续拉升还是就此筑顶，则需要再做具体分析。一般而言，低位筹码在经过连续涨停后，一旦涨停不再，就可斩仓保全利润。另外一种情况，在股价长期缩量横盘后，主力突然启动，封死涨停，成交也可能表现为无量，说明主力吸筹震荡充分，浮筹已经很少，预示一波大行情的到来。

有量封死涨停说明多空存在分歧，放量越大分歧越大，若是股价处于下跌末期或者底部调整末期，出现巨量封死涨停，则说明主力吸货或者洗盘结束，一举吃掉压力盘，希望股价快速脱离成本区，是股价反转拉升的信号。当股价上涨一定幅度后，涨停板上放大量要不要卖出，则需要结合基本面等加以分析，研究判定正常的价格定位应该是多少，从而帮助研判目前价位的高低。

以雪浪环境（300385）2015 年 7 月中旬走势为例。股价在 6 月随大盘暴跌之后，7 月 9 日随大盘反弹而涨停，7 月 13 日、14 日连续一字线无量涨停（见图 7-29）。从 7 月 8 日计算，股价 5 个交易日涨幅接近 50%，7 月 15 日没能继续涨停，投资者即可就此出局。这波快速的剧烈反弹，首先是因为经过 6 月份的大幅暴跌之后，股价本身有反弹的需要，而大盘 7 月 9 日开始的反弹也为个股的短线修复性暴涨提供了机会。后期由于大盘的不稳定以及个股涨幅已经较大，因此一旦不再继续涨停，就可出局。

再以万年青（000789）为例。经过 2015 年 6 月的暴跌之后，7 月 8 日该股跌停开盘，午后跌停板被买单反复打开，虽然收盘仍未跌停，但是全天呈现了明显的放量。7 月 9 日该股低开了快速拉起，午后再度放量封上涨停，至收盘没有打开（图 7-30）。8 日跌停板上的放量与 9 日的放量强势封涨停，说明股价将有一波快速的大幅反弹。这也是对前期大幅暴跌的修正。反弹到底能走多远，则要根据后期的拉升力度与大盘环境而定。

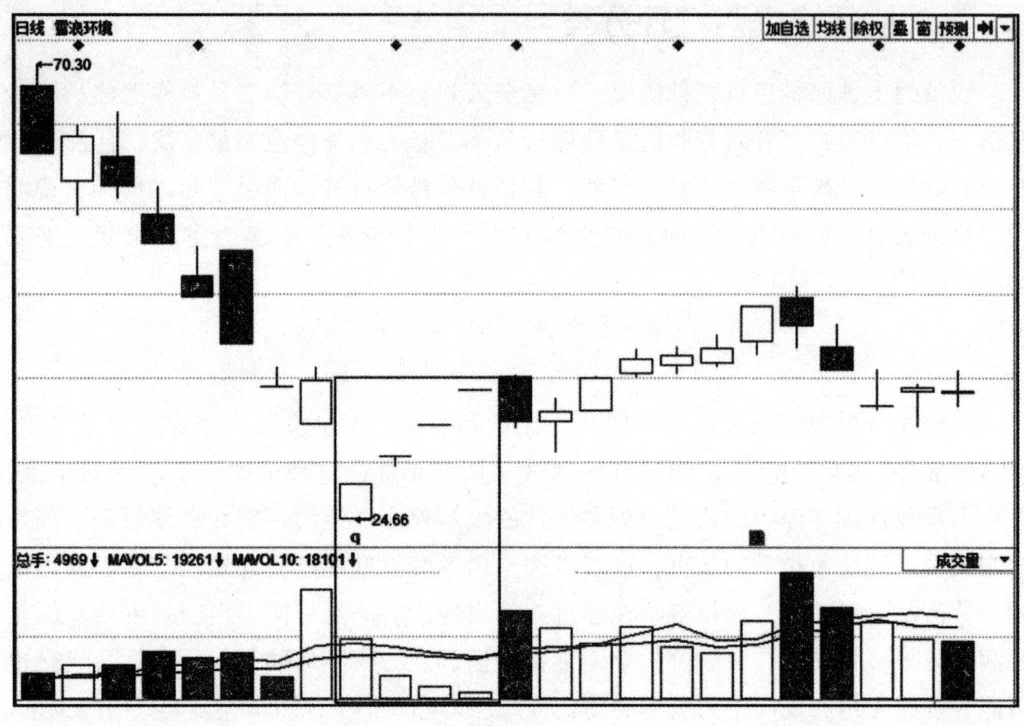

图 7-29

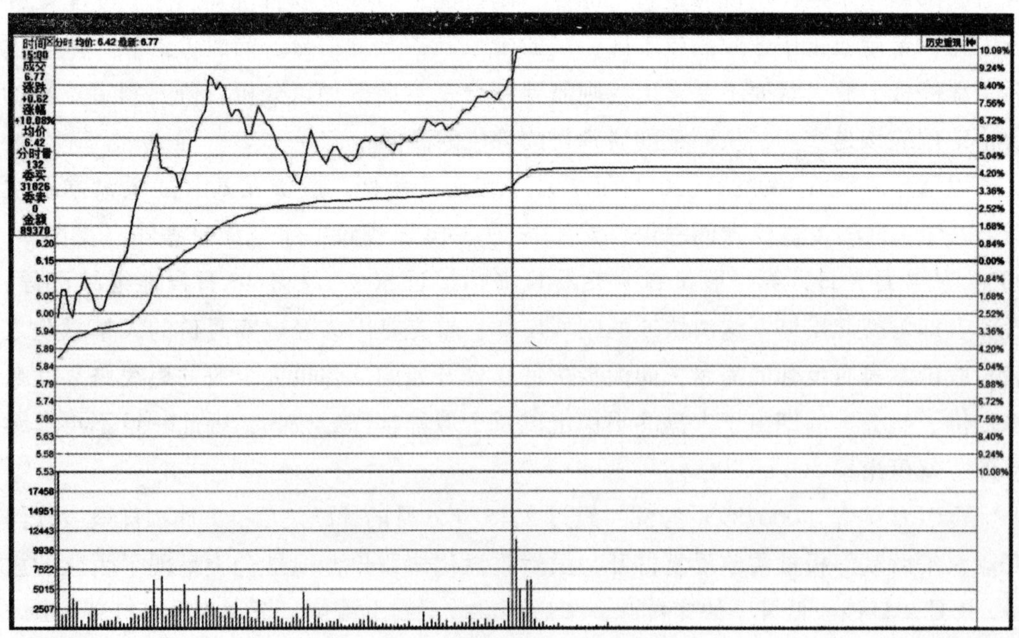

图 7-30

(二) 涨停开板

股价封上涨停之后又开板，从力度与意愿上讲，比不上涨停不开板。但是也要具体而论。

若股价经过前期下跌，处于调整末期，此时股价拉升封上涨停，然后又打开振荡，最后封住涨停，这时的开板则是主力拉升前最后清洗浮筹。若股价处于高位，封上涨停后，又不断打开放量，则可能是主力利用涨停板出货，股价见顶的信号强烈。

还有一种情况是，股价在上升中继，面临压力线或者是箱体、形态的上轨，此时股价封上涨停，又打开放量，可能是主力希望突破之前再度清洗浮筹，也有主力试图突破压力，测试压力盘的意味。后期是否会突破创新高，则要根据具体情况分析。如果次日不能快速脱离压力线，则需要做好出局或者止损的准备。

以华闻传媒（000793）走势为例。股价经过一波上涨，4 月 17 日创出新高后进入调整。5 月 6 日下穿 60 日均线，随后在三个交易日内收回，5 月 13 日，该股封上涨停，接近前期 4 月 17 日高点。当天股价在午后快速冲上涨停，随后被卖单砸开，震荡下跌，最低下探至早盘高点处，随后两拨拉升，再度大单封上涨停。全天的成交量相比 4 月 17 日略高。综合来看，是股价经过较充分调整后，再度冲击前期高点，午后的第一波涨停有最后清洗浮筹与前期套牢盘的意味，全天放量但是并不特别巨大，可以视作主力试图突破。次日股价呈现跳空缺口，创出新高。但是放量的长上影线需要注意，如果第二天回补缺口或者不能再创新高，则需要注意出局。

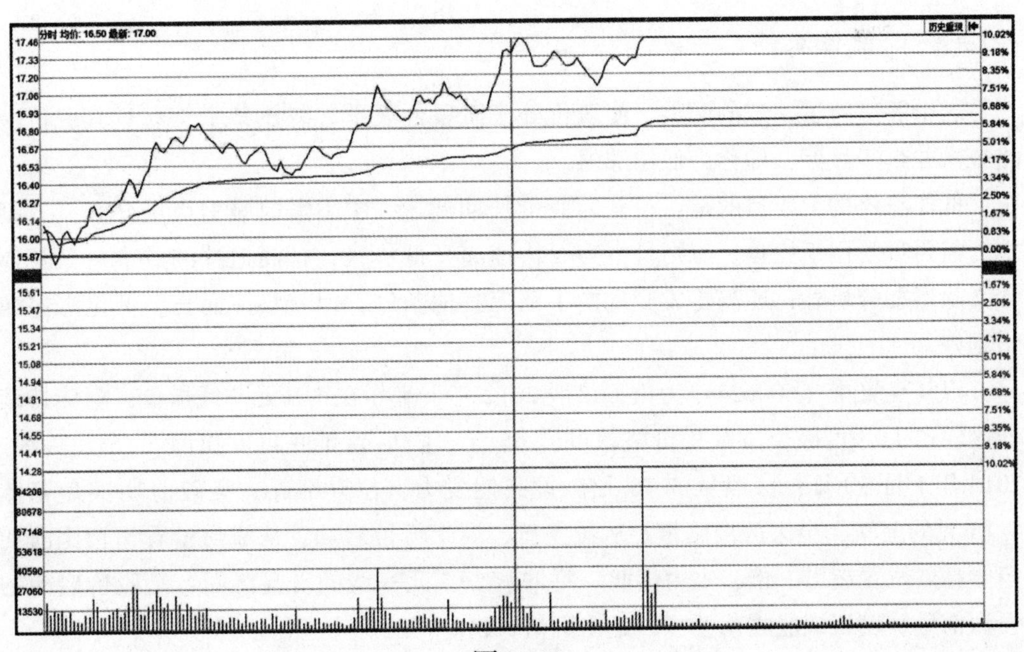

图 7-31

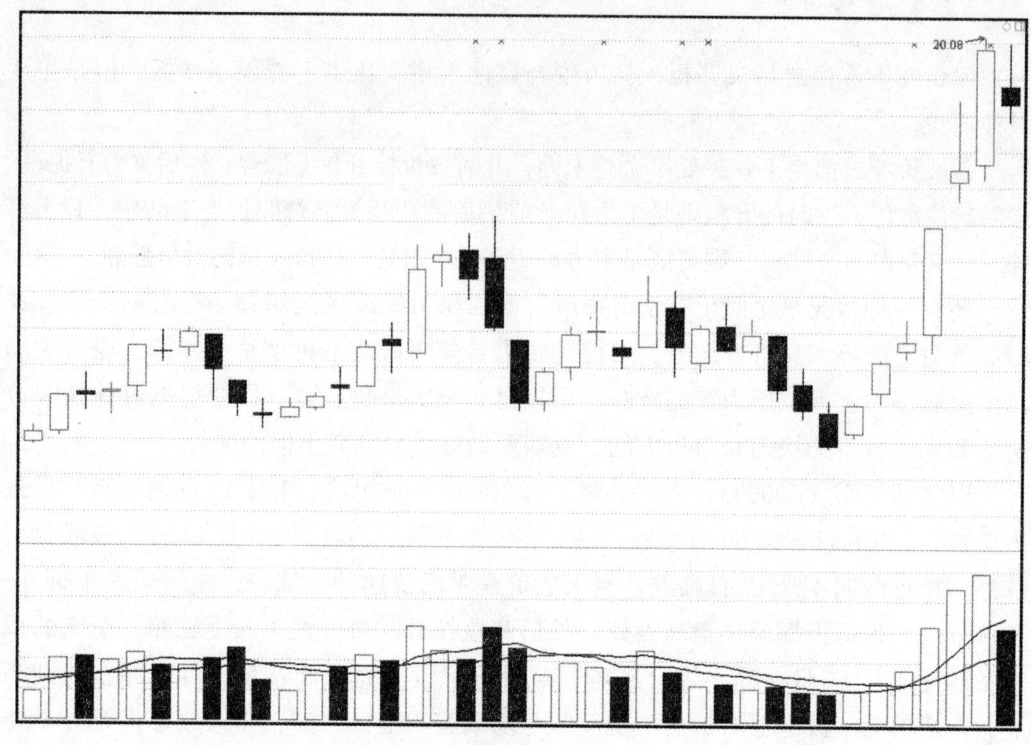

图 7-32

四、按涨停 K 线位置分类

（一）低位涨停

若个股进行了一定的调整，使股价处于阶段性底部，忽然某个交易日其股价一路狂飙并封于涨停，即称为低位涨停。

低位涨停的主要目的是：一是因股价长期低迷，主力需要吸引市场介入。二则主力需要吸筹用于控盘。三则是主力要快速离开低价区，拉高追涨的成本。其具体含义除形态分析外，还需要成交量换手率等其他条件，但就整体而言，低位涨停属于利好。

以复旦复华（600624）为例，该股 2012 年下半年在 5. 5 元一线横盘，量能持续低迷，12 月一度破位下跌，价格谈到 4. 65 元，随后到年底再度拉回 5. 5 元一线。2013 年 1 月 30 日，该股从 5. 70 元位置突然发力，拉升涨停，突破前期横盘箱体 6. 15 元的上轨，全天放出巨量。从位置看，属于低位启动，从成交量看，相比前期箱体高点位置超出一倍，主力借此一举脱离 5. 5 元一线的洗盘区间，是股价启动的强烈信号。随后该股震荡上行，走出翻倍行情。

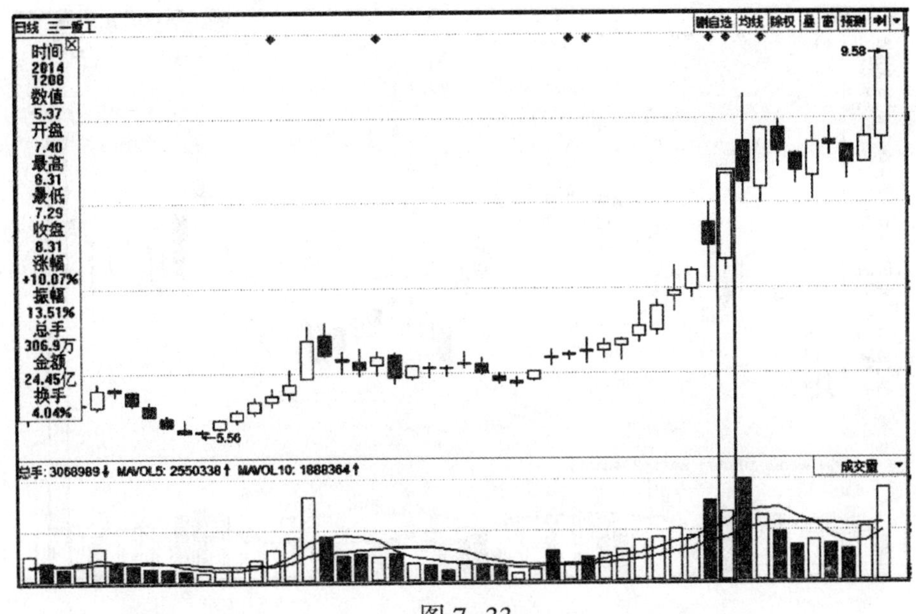

图 7-33

（二）中继位涨停

中继位涨停是指对原上涨趋势的继续或加速运行，这种涨停不改变股价原来的运行态势，只改变股价原有运行态势的角度和方式。这种涨停一般是在大盘出现震荡走势个股走出 1 红、2 红后，所出现的涨停板。

若涨停起点距离百日低点的空间大于 30%小于 50%且在上升趋势当中，稍作洗盘或整理后的涨停。这种涨停出现在前期已经拉出涨停板之后，它是主力稍微清洗浮筹，随即拉出的涨停。若是强势整理后的涨停，出现在前期强势整理或涨停之后又进行了几个交易日的整理，尔后又拉出的涨停。中继位涨停常常伴随主力资金的拉升，是股价升浪的产物。对投资者而言它具有中线和短线的价值。

以南方航空（600029）2015 年 6 月 8 日 K 线为例。其股价在一轮上涨后，主力开始强势调整，股价从 10 元大关跌回 8 元区间，且出现连续四天下跌，当然是缩量。此后股价尝试拉升，结果是形成长上影线，并接连跌停再次整盘。到 8 号时，当日是小幅高开后，迅速放量上拉，在早盘前就涨停封板至闭市，说明这次主力是快速脱离此区间，且拒绝追涨者介入。而后一交易日，放量高开且盘中震荡不止，直接将追涨者锁在高位，为此做支撑铺垫。虽然后市依旧看涨，但追涨者的成本此时较高，后期获利较小，得不偿失（图 7-34）。

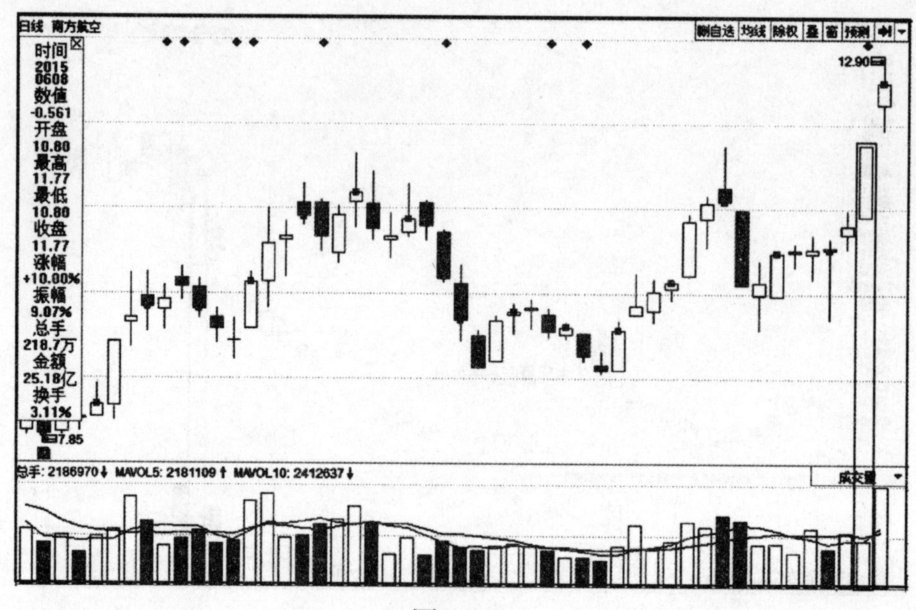

图 7-34

（三）高位涨停

股价经过大幅拉升之后再度出现涨停板，成交量明显放大，这类涨停板坚决不碰，这就是典型的高位涨停板。它的目的只有一个，激起市场的热情，主力趁机大量派发筹码，如果你不小心介入，有可能就是被套，虽然这类涨停出现之后，股价还有可能继续上涨 2~3 天，但为了安全起见，我们不操作这类涨停。

以美锦能源（000723）2015 年 6 月 9 号的 K 线走势为例。其股价在短期的连续涨停后，从 11. 11 元涨至 24 元附近。在上涨过程中是连续 4 个涨停板，其中一天是放量调整筹码。对于短线者而言，这是短期利好的表现，说明股价还有上涨空间。但 8 号交易走势是放量的高开低走，从上涨 9%一直跌回前一日的开盘价，当日换手率高达 21%，说明主力有出货的嫌疑（图 7-35）。

而 9 号股价早盘低开持续低迷，但下午开盘后再次放量拉升，且当天的换手率再次超过 20%，这是典型的拉高出货。而后三交易日的走势更充分的说明这一点。两个带上影线，一者盘中震荡不断。此后，股价一路暴跌至 10 元下，足以说明高位涨停板的风险。

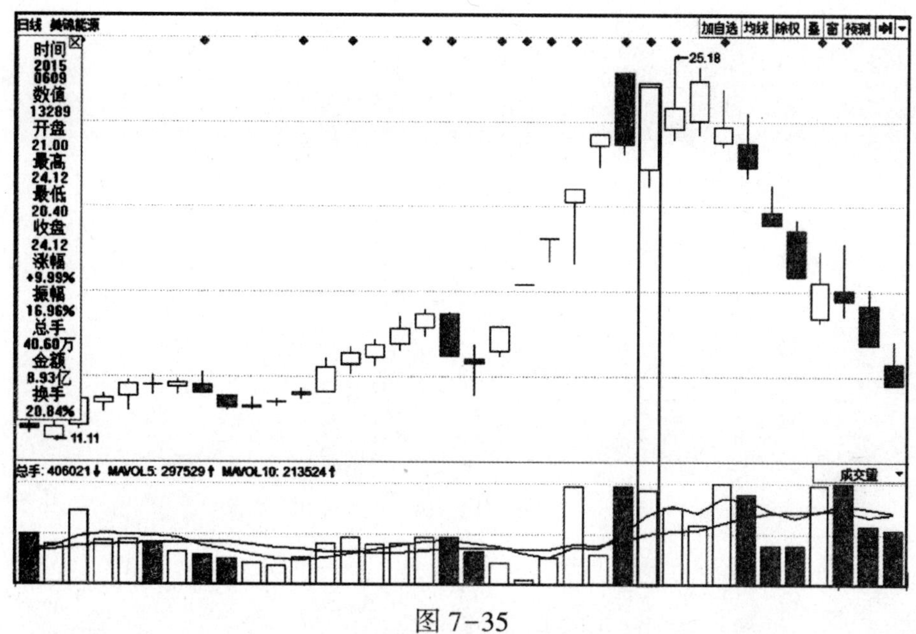

图 7-35

抓住涨停板是每个投资者都梦寐以求的事情，然多数个股都是受消息或题材影响而突然涨停，作为散户不太可能次次都能掌握准确的信息。从理论上看，没有哪一种方式能 100%判定个股会次日涨停，但丰富实践可以在其前的走势中发现蛛丝马迹。因此，一定要结合大盘环境，近期的热点，主力的介入情况，以及成交量等多重因素综合分析，即使不能提前发现，但如果后市必好，那短期追入也是可以的。

第八章　A 股主力操作技术

第一节　A 股主力概述

主力资金是指在股票市场中能够影响股市、甚至控制股市中短期走势的资金。主力资金对个股和板块影响都十分重大，主力资金的流入流出直接影响着个股的涨跌、板块的轮动。如果要想在股市中赚到钱，就要搞清楚主力资金的动向，是净流入还是净流出。一般净流入量的多少对股价有正相关作用。

资金特点决定了他们炒作特点完全不同，公募、社保、保险资金炒作基本类似，基本是看准后适当时机介入，持股时间相对较长。而券商和私募则不一样，它们频繁出入一些股票，而且选择这只股票的最底部区域介入，或在刚启动时介入，介入后会大幅拉升行情，行情热烈时开始退出。QFII 是境外资金，以上两种方法都有采用。

公募基金与私募基金活跃期一般不同。当热点集中在公募重仓的蓝筹时，私募重仓的中小盘就没有什么机会；反之中小盘活跃时，蓝筹就会相对走软。反映到大盘股指上，蓝筹启动时股指上升较快。

当前主力的主要构成如下：

一、券商

这部分资金属于企业性质，经过十几年的整合发展，个体规模较大，影响力深远，与市场各方面建立广泛的关系。券商操作手法老到，调研充分，运作业绩与自身息息相关。券商属半国家队性质，券商的资金实力在火热的增资扩股中得到迅速发展。

二、保险资金

中国保监会 2014 年发布实施《关于加强和改进保险资金运用比例监管的通

知》，系统整合了现行监管比例政策，其中金融资产占保险公司上季末总资产的监管比例分别不高于30%。

截至2014年年底，保险业资金运用余额达到93314.43亿元，较年初增长21.39%，而股票和证券投资基金为10325.58亿元，占比11.06%。因此2015将会有更多保险业的银行存款转投到A股市场。

保险资金在上一轮牛市中侧重于银行、地产、有色、钢铁、煤炭等强周期性股票，投资偏向和公募基金较为相似。从中我们也许可以发现在未来其投资的倾向。

三、社保基金

2014年初，社保基金出现十大流通股股东的数量已经大大多于2013年同期，其中参股570个组合远多于去年的451个组合，参股公司数量450家也远远多于去年的300余家，而持股总量517992万股也略多于2013年的491350万股。

2014年中，上市公司中报前十大流通股股东数据显示，传媒（16.67%）、食品饮料（10.61%）、国防军工（10.34%）、通信（10.17%）、采掘（10.00%）等五大申万一级行业今年中期获得社保基金新进、增持个股数量占行业成分股总数居前。

2015年，受资本市场不确定因素和潜在风险影响，未来社保基金投资运营面临的风险会更多。但根据社保基金提出的投资“可操作、可持续、有增长”的原则，全国社保基金规模有望超过1.5万亿元。

四、公募基金

公募基金是受政府主管部门监管的，向不特定投资者发行受益凭证的证券投资基金，这些基金在法律的严格监管下，有着信息披露、利润分配、运行限制等行业规范。

截至2014年底，我国共有1894只公募基金，净值规模合计约4.47万亿，其中股票型基金有691只，资产净值超过1万亿，当之无愧地是市场上的超级主力之一。

五、私募基金

与面向社会大众公开募集资金的公募基金相对应，私募基金是私下或直接向特定群体募集的资金。它是资本市场的重要参与者，我国私募基金通常专指从事与证券市场投资的、非公募形成的机构投资者。据估计，我国A股市场的私募基金规模超过5000亿元人民币。因此，私募基金的实力及影响都不容轻视。

六、大小非

小，即小部分。非，即限售。小非，即小部分禁止上市流通的股票，占总股本

5%以内。反之叫大非，即大规模的限售流通股，占总股本 5%以上。解禁，即解除禁止，是非流通股票已获得上市流通的权利。小非解禁，就是部分限售股票解除禁止，允许上市流通。当初股权分置改革时，限制了一些上市公司的部分股票上市流通的日期。也就是说，有许多公司的部分股票暂时是不能上市流通的。这就是非流通股，也叫限售股。或叫限售 A 股。其中的小部分就叫小非。

七、QFII

截至 2014 年 12 月 30 日，国家外汇管理局称目前已经批准 QFII 机构 261 家，外汇局累计审批 QFII 额度增至 669.23 亿美元。累计审批 RQFII 额度为 2997 亿元人民币，总数达到了 95 家。

中国结算 1 月 13 日公布了 2014 年 12 月份的统计月报。统计月报显示，2014 年 12 月份，QFII 新开 26 个 A 股账户。至此，QFII 账户数达到 826 个。根据每月的统计月报进行统计，发现 2014 年 QFII 共开立 225 个 A 股账户。这一数据仅次于 2013 年的 261 户。其中，6 月份新开账户是 2014 年最多的月份，达到 29 个；12 月份次之，为 26 个。

随着越来越多境外增量资金进入 A 股市场，QFII 重仓股票将会有更好表现。

第二节　主力建仓技术

一、建仓概述

普通投资者的盈利模式是买入股票后，等待股价上涨，然后卖出获利。而主力的盈利模式则是买入股票后，通过一系列操作，促使股票价格大幅上涨，然后卖出获利。普通投资者由于资金、技术、信息等方面的条件所限，只能买入后被动地等待股价上涨；而主力不同，他们由于资金量巨大、信息灵通、技术能力强，所以可以主动地推高股价，从而获利。如果普通投资者能够发现并跟踪主力操作的股票，则可以在主力拉高股价的过程中获利。

主力操作股票的过程一般分为四个部分：建仓、洗盘、拉升、出货。其中建仓是指主力计划操作某只股票后，在相对低价区域，先大量买进廉价筹码（即股票）。拉升则是通过巧妙的买卖操作，拉动股价上涨的过程。出货则是待股价拉高后，卖出获利。主力为了能顺利地建仓、拉升、出货，还会在整个操作过程中进行试盘和洗盘。

建仓是主力获利的第一步。主力建仓过程需要买进足够的筹码，以达到相对或者绝对多数，从而使得其后续操作能够左右该股的走势。而具体需要买进的筹码数量则取决于主力的实力、后期抬升高度（盈利目标）、流动盘大小、股票价格等因素。

主力可以通过长时间的平台整理、杀跌股票、小幅度拉升股价等手段让现有的筹码持有人出现急躁、恐慌、获利不安等负面情绪，从而失去正确判断后期走势的能力和信心，进而以相对低廉的成本收集筹码，达到控盘的目的。

二、建仓基本手法

（一）上行式建仓

个股由于利好原因，股价已脱离底部，未来上涨概率较大，主力没能在低位建仓，就会采取拉升建仓的方法，边拉升边洗盘边吸筹。在这种模式下，主力会先在上涨初期大量吸筹，但因为股民惜售，主力的仓位没有吃够，只能上涨后利用洗盘再吸纳少量相对高价位的筹码。主力通过拉升途中的洗盘，让部分高位筹码套牢和亏损者割肉出局，同时让部分中位筹码解套出局，还会让部分低位短线筹码获利出局，既减轻了后市拉升的压力，又完成吸筹建仓。

上行式建仓的特点是上涨放量（吸筹和跟风所致），下跌缩量（惜售所致），形态底部依次抬高，主力成本相对较高。上行式建仓可分为缓慢拉升建仓和快速拉升建仓。

例如双箭股份（002381）2014 年 4~9 月 K 线走势图所示（图 8-1）。

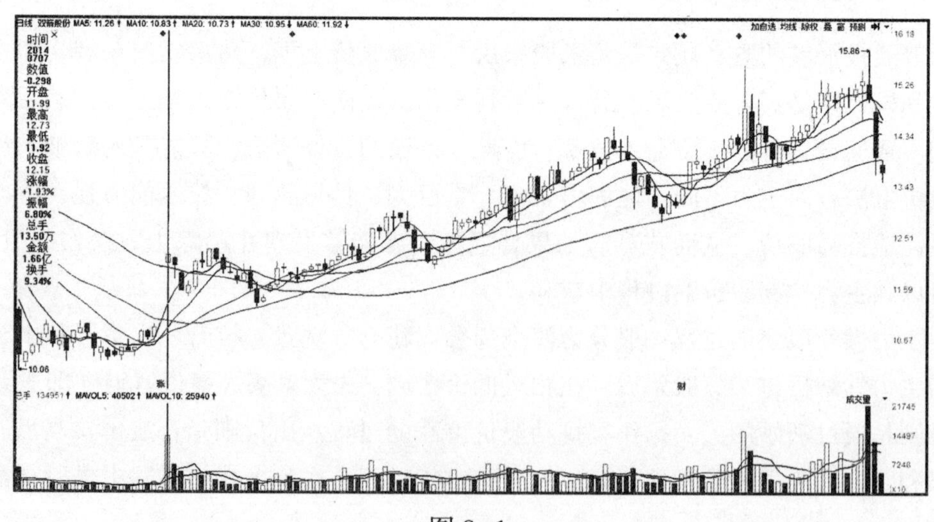

图 8-1

（二）打压式建仓

打压式建仓是指股价在下跌时，主力就介入个股操作，整个下跌过程就是主力建仓过程。在建仓中，主力用早期吃进的部分筹码，大幅度向下砸盘，尽可能将股价打低。伴随股价持续下跌，主力逐步放手吃进，到下跌的最后阶段，主力更是疯狂扫货，直到达到目标仓位。

由于在打压式建仓过程中，主力不断砸盘不断打压，因此整个建仓过程中，股价呈现出下跌的态势。而且，主力采用这种方式建仓，对时机的选择是有讲究的，在建仓时，主力基本都是选择大盘处于弱势下跌的时机，且选择具有利空消息发布的个股，然后在建仓过程中，利用大盘弱势和利空消息不断打压，同时吸筹建仓。

例如金发科技（600143）2014 年 2–6 月 K 线走势图所示（图 8–2）。

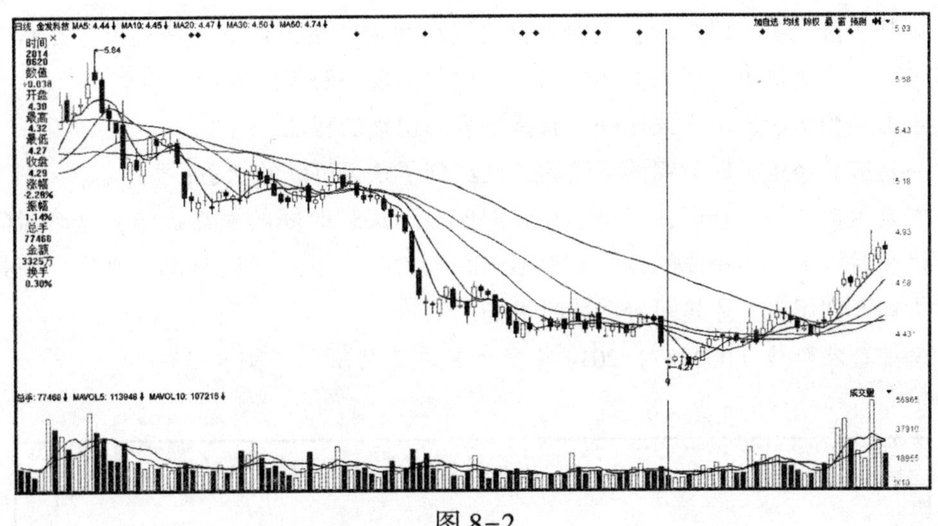

图 8–2

（三）横盘式建仓

当股价从高位下行至相对低位时，股票具有一定的投资价值，这时主力会进场吸筹。主力建仓是有目的、有计划的，其介入个股后，会在某个价格高点挂上大量卖单，给股价上行增加压力。同时，主力也会在某个价格低点挂上大量买单，使股价做小幅震荡整理，K 线图上的走势会在两条平行线内运行。

部分投资者对于股价长时间横盘震荡整理是没有耐心的，从而抛出手中的筹码，主力就趁机吸入，逐步完成建仓。主力基本在股价下跌后，在底部潜伏下来，慢慢地吃进筹码，不让股价有过度上涨，同时也不会让股价过度下跌。因此，主力在建仓阶段，股价会在一个比较小的区间内来回震荡。

主力采用横盘震荡建仓时，一般而言，时间越长则后期上涨的空间越大。如果主力处于建仓阶段，投资者需密切关注，因为这是较好的买入机会。运用横盘震荡方式建仓，从K线走势看，可发现个股在横盘震荡前，股价是在下跌通道中运行。下跌中，盘面上出现的主要是阴线。当主力建仓后，K线图上这时会呈现小幅震荡的形态。在整个建仓中，K线图上出现阴阳交替的形态，以小阴阳线为主。当主力收集到一定数量的筹码后，有时会突然在某天把股价迅速拉高，此时，K线图上就出现大阳线走势。但主力这种拉高，不超过三天。股价被拉高后，很快回落到大平台上继续进行横盘整理。

横盘震荡式建仓的成交量要分两个阶段分析：

第一阶段是主力建仓前，当股价刚从顶部下跌时，成交量呈放量，但随着股价不断下跌，成交量反而会呈现出缩量，并且当股价经过大幅下跌后，成交量会呈现出一段地量。

第二阶段是主力建仓后，主力为收集筹码在成交量上留下一些迹象。在整个底部横盘中，成交量也呈现出低迷的状态，偶尔出现一两天的放量。

主力采用横盘震荡方式建仓，有两个容易识别的特征：

一是股价经历长期大幅的下跌后，已经到了跌无可跌的状态；

二是主力开始建仓后，股价会在底部区域形成长时间的横盘走势，这个时间通常在两个月以上。中短线的投资者都不该在股价处于下跌通道时参与操作，而是等到主力建仓到尾声，才趁股价回落时进场。

例如赛象科技（002337）2014年全年K线走势所示（图8-3）。

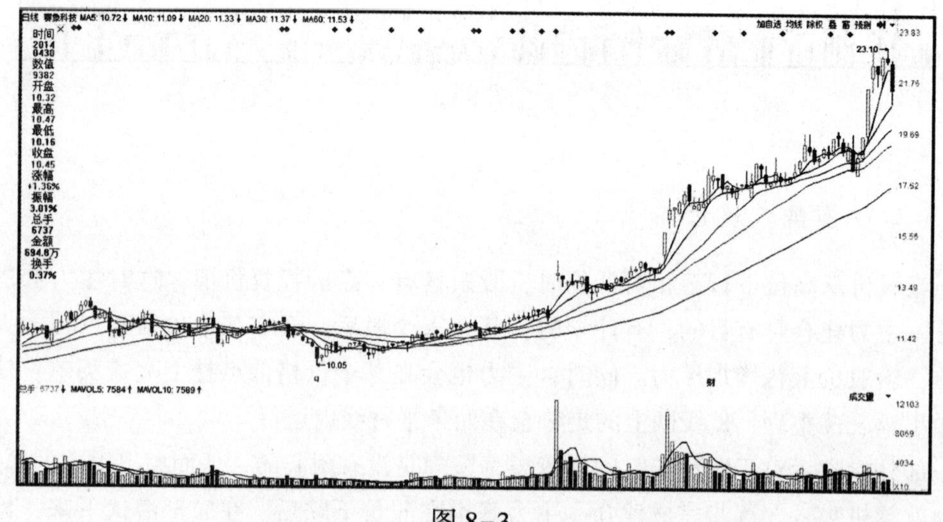

图8-3

（四）先上后下式建仓

在这种建仓模式下，主力会利用反弹时吸纳部分筹码，之后通过回调再吸纳部分筹码，完成建仓。主力吸筹分布是在反弹底部和回调底部吸筹多，反弹顶部吸筹少。主力想通过反弹让部分解套投资者或微利投资者出局，然后通过回调让部分还没有出局的投资者误认为主力出货，或因缺乏持股信心而抛盘出局，从而到达建仓目的。这种建模式的特点是反弹放量，回调缩量，回调的幅度通常都在前期低点附近，而形态为双底的居多。

例如风华高科（000636）2013 年 11 月至 2014 年 5 月 K 线走势图所示（图 8-4）。

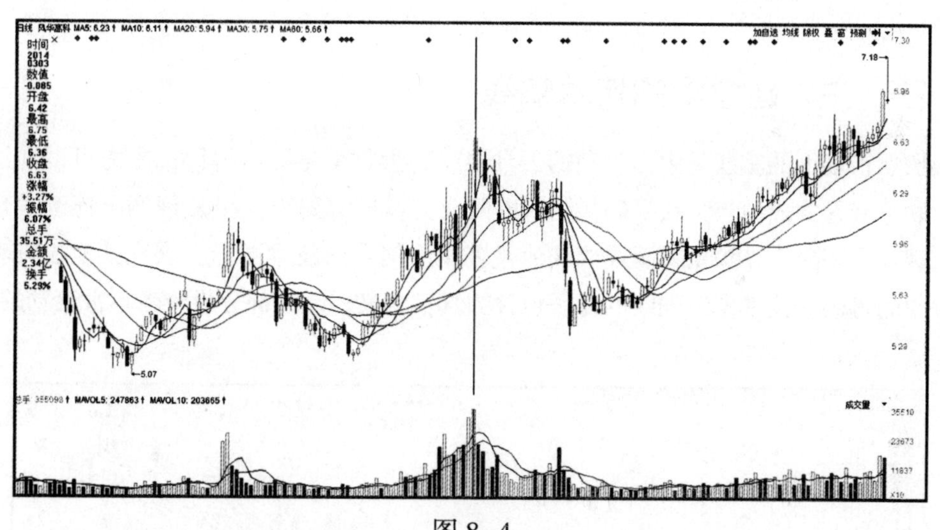

图 8-4

（五）先下后上式建仓

运用这种建仓模式，主力在股价下跌时先吸取部分筹码，而后在股价回升时再吸取部分筹码，直到完成目标仓位。这种模式是下跌途中和反弹途中吸筹少，底部区域吸筹多。主力先通过下跌（有时是因为利空或故意诱空）将投资者套牢，迫使部分投资者割肉吸筹，然后通过反弹让部分投资者解套或微利出局吸筹。先下后上式建仓形态可分为圆弧底形态和头肩底形态。

例如海普瑞（002399）2014 年 3-8 月 K 线走势图所示（图 8-5）。

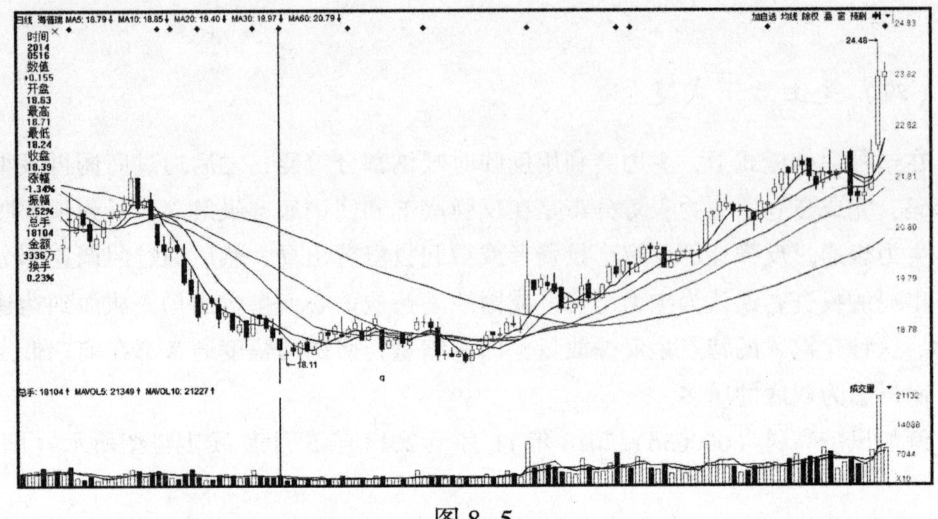

图 8-5

三、主力建仓中的技术骗线

股票市场上的骗线是主力盈利的工具之一。为收集足够的筹码，主力可以通过对倒、联手交易方式抛售少数筹码，制造虚假成交量形成骗线，在 K 线图上连续表现出几个黄昏十字星、光头光脚阴线或其他代表卖出信号的技术图形，误导其他投资者抛售手中的筹码。技术图形骗线的背后包含的真实含义，是大部分投资者不常察觉的。

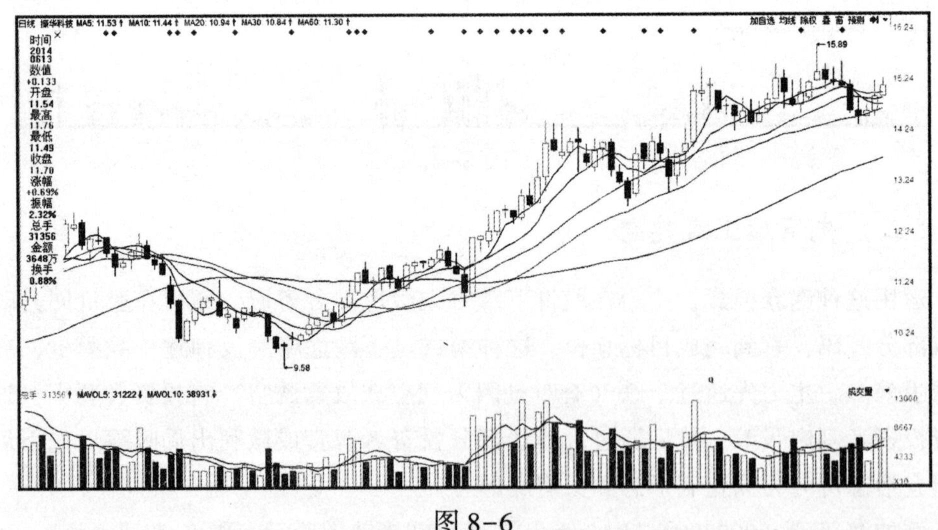

图 8-6

例如振华科技（000733）。该股从 2014 年 1 月中开始，一路小阳线上涨，2 月 7 日放量涨停，次日更是跳空高开高走。随后形成震荡式上涨，3~4 月份，形成一个头肩顶形态，随后股价下跌，跌破 60 日均线。前期追入的投资者择路而逃。

这是主力在 1 月中下旬拉升式建仓之后，利用头肩顶形态洗盘。需要注意头肩顶可以是顶部反转形态，也可以是中继整理形态，这要看它所处的位置及具体情况。在这里，头肩顶处于较长期横盘后的拉升初期，头部量能也并不大，而且细看 K 线图，4 月 28 日破位下跌后，仍然没有回补 2 月 10 号的跳空缺口。由此可以看穿主力的技术骗线企图。接下来，5 月 19 日，股价再度下跌，跌穿 2 月 10 日缺口，但是随后快速拉回，收出长下影线的十字线。这可以看作主力的再度技术骗线。

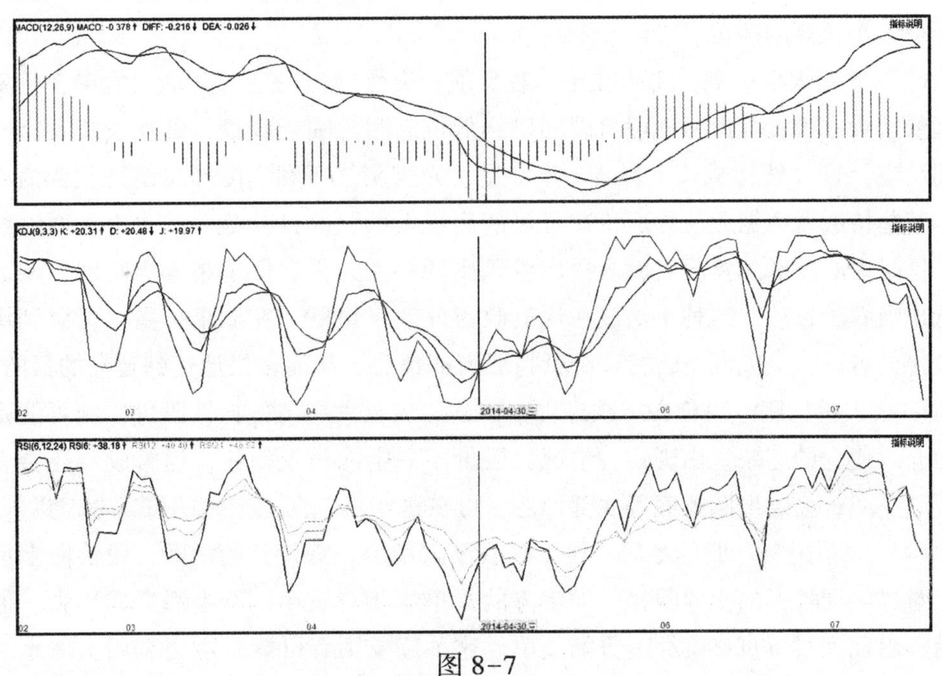

图 8-7

四、建仓时的市场特征

（一）盘口挂单

所谓盘口挂单，就是炒股软件界面右侧上方，显示的买卖委托信息："卖一"、"卖二"、"卖三"、"卖四"、"卖五"以及"买一"、"买二"、"买三"、"买四"、"买五"。我们可以通过盘口挂单的情况，特别是挂单出现的异常情况，来判断一只股票是否有主力，其中主力是大还是小。盘中的每笔成交，会向投资者表达主力部分的意图。新股民要尽快学会读懂盘口的信息，以保证在股市中生存。

下面对几种有代表性的主力盘口挂单手法做简要说明：

（1）大卖单压顶，股价不跌。主力通过在"卖一"挂出大单，或者在"卖二”、“卖三”、“卖四”、“卖五”都同时挂出大卖单，对散户进行恫吓，而一旦有散户以更低的价格挂单卖出，则会立即被主力吃进，这就造成了一种大卖单压顶的，但是股价却不见下跌的怪象，这就是主力通过挂单手法造成盘中抛压盘量大的假象，以此诱导散户抛出筹码，达到主力吸筹建仓的目的。

比如某只股票在“卖一”6.23元处挂上6600手的卖单，而在“买一”6.18元处挂上500手的买单。一旦盘中出现6.19的卖单，就会被主力吃掉。主力以这种手法不断地向上撤单，例如突然撤掉“卖一”6.23处的卖单，而挂在6.25元处。盘面上如果出现这种情况，便是主力建仓的明显特征。当然，判断的前提是股价并非处于被炒作拉高的高位。

（2）尾盘大单砸盘。主力在尾市收盘前，突然抛出一笔或几笔大卖单，且卖单价远低于买一价，如此可使股价瞬间砸到低位。因为临近收盘，其他投资者已经没时间反应，日K线形成长上影线、十字星、光脚阴线等利空图形，使持股者信心动摇。某些持股者会据此认为股价次日可能出现大跌。次日开盘后，主力再做继续打压，这时信心动摇的持股者就会抛出筹码离场，主力再在低位将筹码吃回，从而达到低位吸筹的目的。这种手法放在周五收盘前效果更好。在周末，主力可以利用媒体宣传，进一步渲染利空，打击降低持股者的信心，从而轻松地达到建仓的目的。

（3）大单托底。股价在下跌过程中，逐层出现大买单，托住股价，则可能是有主力介入建仓的迹象。出现这种情况，股价不一定能马上稳住，通常股价还会有一段下跌空间，会走出圆弧底等底部形态，可在这些形态向上突破的位置考虑买入。

（4）大单阻挡。股价经历一段下跌后逐渐稳定，盘口开始活跃，股价向上反弹中，盘口出现较大的卖单阻挡，而下方的买单却相对较小，给上涨造成压力。但不久后，出现大买单直接吃掉上方的卖单。这种迹象则有可能是主力利用上涨压力在收集筹码。

上述分析的这些盘口挂单特征，是主力建仓时常使用的手法，是判断主力建仓的重要信息，股民观察分析的一个要点在于：抓住大单分析。投资者要想在跟盘的过程中获得不错收益，必长期关注，紧盯盘口，才可能及时掌握主力的动向。盯盘是为看穿主力盘口语言和主力的动作，进而分析出主力的下步行动。

（二）成交量信号

一般认为，股价容易遭到主力的操纵，相对而言，成交量指标更加真实，主力一旦吸筹，一旦要买卖，就必然形成成交，从而在成交量上露出尾巴。主力低吸建仓需每日成交量低，近似于地量，但盘口的外盘是大于内盘的。而拉高建仓能引发放量上涨。若某只股票在两周内忽然放量上行，累计换手率超过100%，则可认定是主力拉高建仓。

当股价下跌成交量萎缩之后，可根据以下三种基本情况追踪主力建仓：

（1）成交量间歇性放大。对应的K线走势是主力在底部先拉高，后打压，然后再拉高，在底部反复消磨投资者的耐性，迫使投资者抛出筹码。经过一段时间后，成交量才会明显地稳步放大。

（2）成交量突然温和地递增。对应的K线走势是在股价从底部小幅上升。这表明在吸筹后期浮筹减少，主力只能加价才能拿到筹码，这种态势反映出主力急于吸筹的心态。此时若出现底部上升通道或圆底、W底等形态，较为可信。投资者发现后不要放掉这个机会，因为这时离股价大幅攀升已经不远了。

（3）成交量从萎缩转为放大，并保持不温不火的状态。这表明主力在有计划地吸筹。此时，若日K线组合出现连续小阳，可靠性更强。把这些成交量累加，可以大概估计出主力筹码是否吸够。这样的吸筹建仓过程要持续两个星期以上，否则无法吸够低价筹码。这一批筹码往往是主力最宝贵的仓底货，不会轻易抛出。

（三）均线信号

均线由纠缠凌乱逐渐转为起伏有序。因为初期筹码分散，成本分布广泛，而主力刻意控盘，股价波动规律性较差，反映到均线上，就是短、中、长均线不断地交叉起伏，随着主力手中筹码的增加，市场浮码减少，当主力持筹接近目标数量，便把股价的波动幅度减小以拉平市场平均成本，减少其他投资者投机。当均线间的距离逐渐缩小甚至重合时，由此开始试盘拉升或者是打压，由于主力对于股价有掌控力，即使每日盘中震荡不断，但趋势已成，而反映趋势的均线系统自然错落有致。

五、如何判断主力完成建仓

（一）盘口信号

1. 下跌时的大承接盘

若主力已控制较多的筹码，当出现股价下跌时，主力洗盘测试市场支撑力，其不会主动接盘，因此下跌具有真实性。其目的是减少仓位，为下次拉升做准备。

若股价下跌时，盘面出现较大的买单，以致稳定股价，可能是主力筹码不足，需要在低位放出承接盘，以减少筹码的损失，甚至是进一步吸筹建仓，提高控盘度。

2. 拉升时的大卖盘

一只股票从底部拉起，出现上涨行情，但是盘口出现大笔卖单。此时需要观察此大笔卖单的成交情况，如果卖盘是逐渐被消化的，说明主力已吸筹完毕，需要投资者帮忙分担卖盘。若卖盘不能被消化，则可能是主力吸筹不足，或不愿拉抬股价。

（二）K 线信号

1. 日 K 线走势相对独立

股市中，个股基本与大盘呈正相关走势。即大盘涨，个股涨；大盘跌，个股跌；大盘震荡，个股震荡。但某些个股不受大盘走势影响，常常是反其道而行之，说明这类股票已被主力充分控制，主力建仓完成。

2. 大阳线而放量较小

经过长时间的吸筹后，当股票收出大阳线时，如果成交量并未放大，说明可能此股筹码被主力充分掌握，所以只需要少量资金就能拉抬股价。

3. K 线区间震荡而量缩

主力在完成建仓后，通常需要测试市场的稳定性。主力用少量筹码控制股价在区间内频繁震荡，以此洗掉获利盘。K 线便成波浪式移动，而成交量则相对较小，成不规则排列。

4. 低位放量长线后缩量

当 K 线处于相对低位时，若前一日走出放量长线，而当天成交量萎缩，股价振幅小，表明主力已通过打压或拉高的方式吸足筹码，正在观察市场的表现来决定是否展开拉升。

第三节　主力试盘技术

一、试盘概述

主力无论对进驻的股票事先做多么详细周到的分析、调查和研究，其对该股票的认识还只是停留在表面的、抽象的状态上，要想真正了解该股的股性，必须进行试盘。所谓试盘就是试探性地吸纳或打压，以确定抛盘或承接盘的踊跃程度，一般人认为，主力只有在吸筹前试盘，其实不然，主力在坐庄过程中的每个阶段（吸筹、洗盘、拉升、出货）都要进行试盘，但各个阶段主力试盘的方法不一样。主力建仓吸筹之前的试盘，其目的是测试该股是否有其他主力或者大户存在，其控盘程度如何。如果该股已经有了强力的主力或者大户在内，那么主力或者另选他股，或者与当前主力大户合作，或者与之博弈。当主力吸筹完毕后，在洗盘阶段以及拉升之前，其试盘的主要目的则是测试盘内筹码锁定的程度，以及测试浮筹情况，测定市场追涨杀跌意愿。当主力进入拉升和出货阶段时，仍需要通过试盘来测试市场承接意愿。

我们在这里着重讲解的是主力建仓完毕后，在拉升之前的试盘。

二、主力试盘的技术方法

（一）单根 K 线法

1. 上影阳线法

主力在长期的历史低位横盘吸筹后，筹码达到预定目标时，主力便开始试盘。用小部分资金向上买进股票，可由于股价长期处于历史低位，投资者已形成了习惯性的思维定式。股价稍一上涨，浮码立即涌动。由于主力还没有培养出跟风盘，所以在日 K 线上便落下长长的上影线，表明主力动向，随后股价稍做整理，清洗浮筹后，行情就会呼之欲出。该方法预示着拉升之前，仍然存在着一定的浮动筹码。作为主力，应该在随后的日子里彻底清洗浮动筹码，以免拉升过程中成为绊脚石，增加运作成本。

比如振华科技（000733）（图 8-8）。

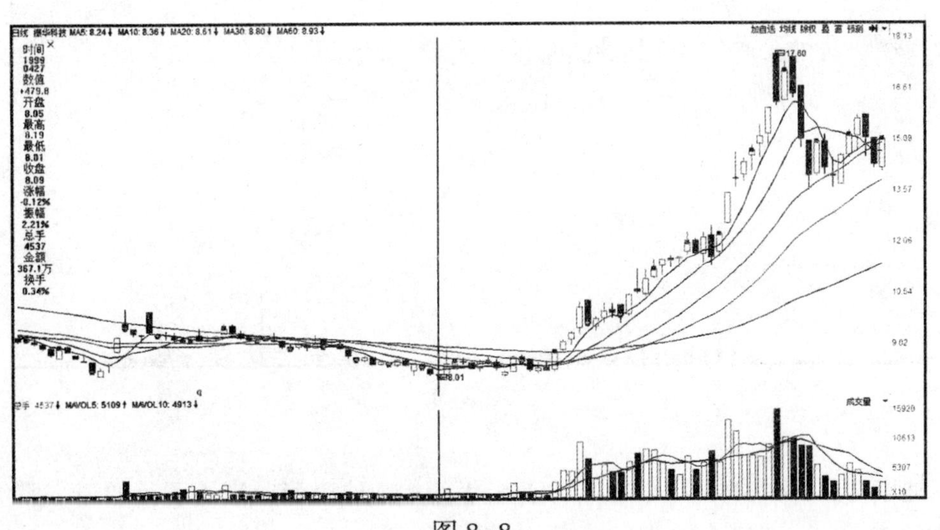

图 8-8

1999 年 3 月，振华科技（000733）经过近 8 个月的下跌吸筹，3 月初股价从 8 元位置拉起，成交开始放大，到达 60 日均线后，利用 60 日均线压力位继续洗盘，而后再度回落到前低位置，构成双底，此时主力基本完成在底部的最后吸筹洗盘，即将拉升。4 月 28 日在双底位置的一根带长上影线的阳线即为试盘。随后股价快速拉升，走出一波翻倍行情。

2. 长下影线法

此试盘方法和上影线法完全相反。上影线法是向上拉升，测试上方压力和抛盘，而长下影线法则相反，是利用手中的筹码向下打压股价，测试下档的承接力和投资者持有筹码的稳定性。

由于采用上影线法试盘容易引起投资者的注意和跟风，日后展开拉升行情的时候，容易造成低位跟风盘过多，投资者竞相获利出逃的局面，造成主力拉升被动。而长下影线法则回避上述风险，采取向下打压的措施，反而在上升之前捡拾到一批廉价筹码。这样既测试了筹码的稳定性，又吸筹。

例如南风股份（300004）。经过前期 6 个月的打压式吸筹，南风股份的股价跌到历史较低的水平，调整洗盘基本结束。而在 12 月初，主力开始试盘，经过两个星期的尝试，主力在 12 月 4 日时，找到压力支撑点，形成低位上吊阳线，反转信号出现，促使股价一个月上涨到 24.54 元，而在 2013 年 1 月 21 日，主力出货，形成高位上吊阳线（图 8-9）。

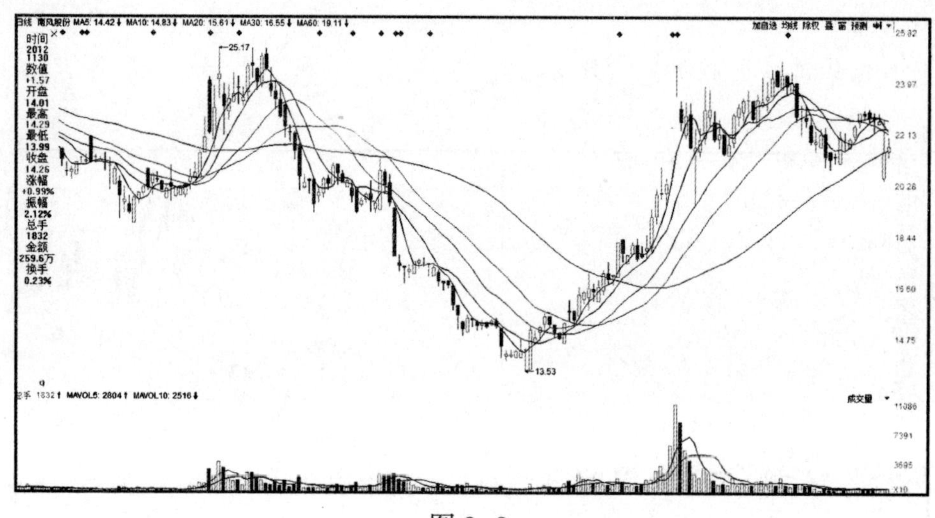

图 8-9

迪康药业（600466）从 2011 年上半年开始，迪康药业进入下行通道，股价从最高的 22.4 元一直下行，期间出现过 3 次较长的下影线，有一定的支撑力，但都被看空的力量冲破。而在 2012 年 8 月时，主力开始慢慢吸筹，促使股价形成 3 个月的整盘，为去掉多数的浮动筹码，主力在 11 月后打压洗盘，测试市场的支撑力，从而在 12 月 4 日形成一根长下影阳线，此后主力慢慢抬升股价，直到 2013 年 4 月 8 日的 6.52 元的小高位，但是从分时线可以看出，主力在盘口抛盘，同时也抬升当日的成交价，造成可能上涨的假象，让投资人跟进（图 8-10）。

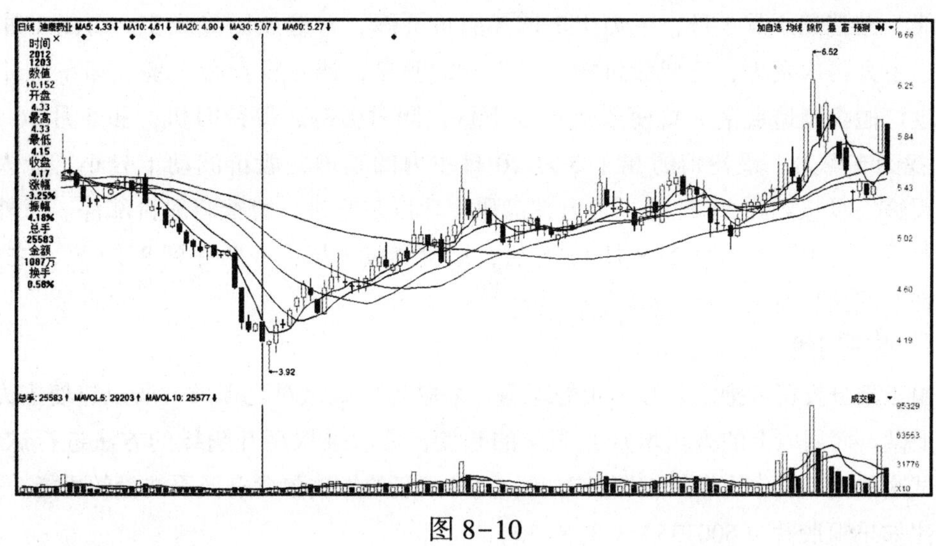

图 8-10

3. 探底阳线

上影线法的试盘方法容易吸引短线跟风，造成短线获利者众多，制约主力拉升，造成主力运作成本提高。而采取长下影线法和双下影线法，又极易遭遇突然袭击，造成打压过程中主力筹码流失。因此便出现探底阳线。

探底阳线既回避了之前各种试盘的短处，又吸收了它们的优点，即：顺手牵羊捡廉价浮动筹码，又不至于流失筹码和吸引跟风盘，又能测试筹码的稳定性和承接力。

比如民丰特纸（600235）（图 8-11）。

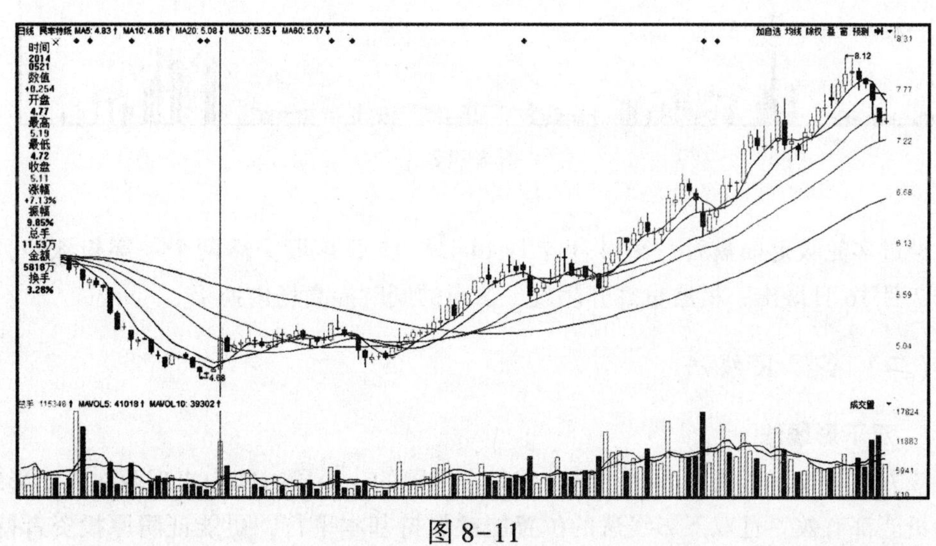

图 8-11

2013 年末到 2014 年初，民丰特纸处于横盘调整中，然则多次出现长阴线和下影阴线，尤其是 4 月 3 日，主力出击诱导股价下降，并造成巨量成交。而在 4 月 18 日时，主力再次发力，造成股价能后续上涨的假象，诱导投资者入场，却在 4 月 21 日，盘口抛盘制造混乱，致使股价连续下跌，同时吸筹，等待时机。在 5 月 16 日、19 日找到支撑力。最特别的在于 5 月 20 日主力的动静，股价波动十分小，让人摸不着头脑。没想到在 21 日时，主力在盘尾突然巨量吃进，直接将股价涨停。意外连连。此后，主力又洗盘，到 8 月 11 日后，股价继续上扬，一路冲到 8. 12 元，之后，主力开始震荡出货。

4. **高开阴线**

由于部分投资者抱定死亏不卖的理念，采取各种试盘对之无效，所以迫使主力必须往上做。而用以上的方法增加其观望的态度，之后采取高开阴线的方法进行试盘，以测试这种处于犹豫边缘的投资者态度。这种试盘的方法包含有换手洗盘的可能。

比如乐凯胶片（600135）（图 8-12）。

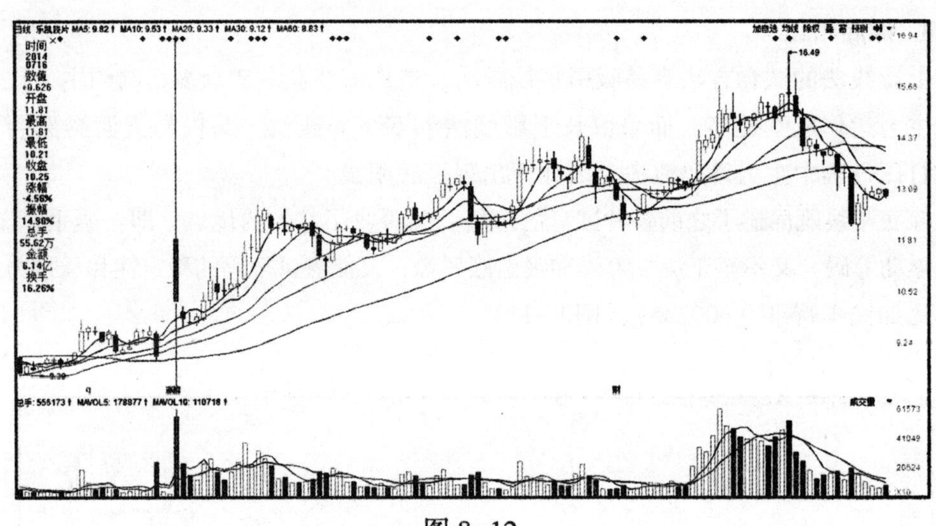

图 8-12

经过多轮吸筹横盘后，2014 年 7 月 14 日、15 日该股突然两个一字板涨停，然后于 7 月 16 日做出一根放量高开阴线，试盘的同时提高场内换手。

（二）多根 K 线法

1. **双下影线法**

该方法与长下影线法大同小异。就是在间隔的一小段时间内出现两次长下影线，并且量能都有效，且双下影线法的位置能够保持基本平行，更能证明原投资者持有筹码的稳定性和下档的踊跃的承接力。双下影线法比起长下影线法显得更为牢固、稳健和踏实。

例如2012年12月3日、4日的湘邮科技K线（600476）走势。其股价在一轮下跌后，于12月初止稳。在3日前，主力曾利用上影线法试探市场的上涨压力。

在3日、4日是连续收出带下影线的小阳线，影线长度和股价震荡区间基本相同，这一信号显示市场看多者的占比增加。同时，两天的成交量基本一致，且分时走势的特征相同，即市场一旦有卖单，就被多方迅速吃掉，说明股价已跌至最低，和双下影线所蕴含的意义相同，即市场承接力较强，后市普遍看涨（图8-13）。

图 8-13

2. 多下影线法

主力吸足筹码后，在股价历史低位或相对低位，为测试筹码稳定性和下档的承接力而采取多次打压，在阶段时间内的日K线上形成了多次长下影线的形态。此方法比起双下影线法更显稳固可靠。

六国化工（600470）其股价经历2009年一波增长后，于2010年开始一轮横盘震荡，4月底5月初股价连续下跌，主力看准时机，边试盘边吸筹，致使5月出现3根下影阳线，给投资者见底的信号。其后出现两星期的小幅上涨，吸引投资者入场。但是主力为收集足够的筹码又一次打压，股价二次探底，股价跌至9.97元。在7月形成2根长下影线。主力看时机成熟，先慢慢抬升，吸引投资者，之后在7月20日，促使股价涨停，成W形态赢得大量投资者入场。之后便是边升边出，直到16.94元，形成一轮涨势（图8-14）。

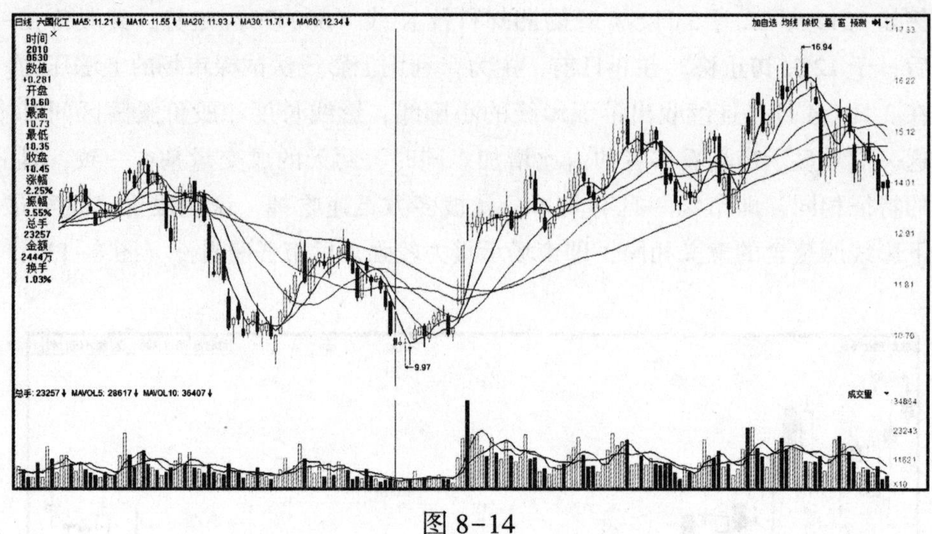

图 8-14

从 2013 年 3 月起，老凤祥股价持续下跌，在 4 月 15 更出现几乎跌停的大长阴线，并伴随较大量能，而 16 日盘口出现 7%的跳空低开，引发这一天投资者的抛盘。此后股价小幅震荡继续下行，于 6 月 25 日，跌至 13 年最低点 15. 7 元。在下行同时，主力选时接盘，也让多方的信心逐渐恢复。于是在 21 日、25 日出现下长影线，试探市场的支撑力。此后形势反转，股价逐步上升，然而其实仍存有较多的空方，致使股价又一次下挫，而主力继续吸筹。在 7 月 22 日、29 日，都出现下影线，而 29 日却没有突破 16 元，让主力证实空方力量已尽。此后多空反转，股价持续爬升，在 8 月 23 日涨停。之后调整 5 日，股价迅速上行，多次出现大长阳线，最终达到 33. 28 元。超过 100%的盈利（图 8-15）。

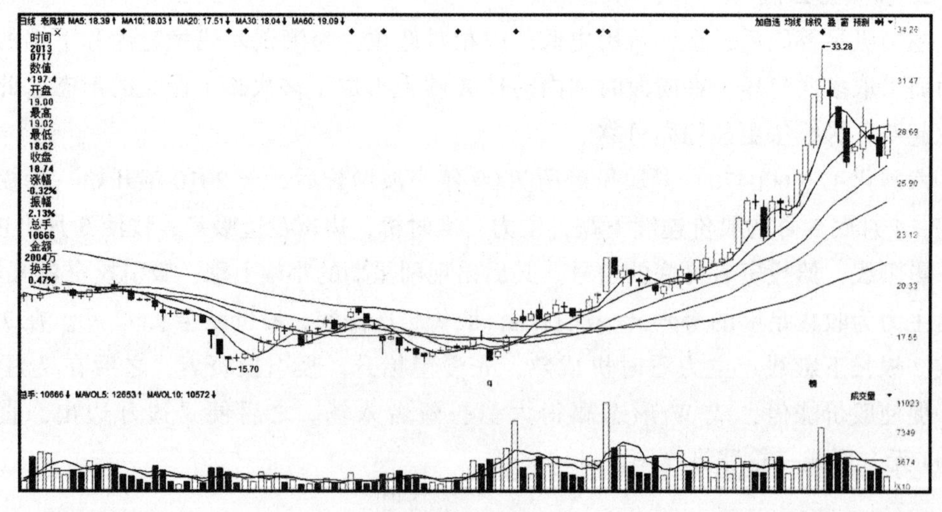

图 8-15

凡经过试盘成功后的股票，近期内极有可能要拉升，所以，投资者应抓住机会，不管它是盈利股还是亏损股，不管它是热点还是垃圾股，不管它的市盈率大小，也不管大盘是涨还是跌（因为它很可能逆势拉升），因为我们炒股就是要炒拉升这一段，所以我就专心致志地守株待兔，一旦有拉升迹象，就果断介入，但是也要设定好止损保护。一旦发现不对劲，就赶快出来，去瞄准下一个目标。

第四节　主力洗盘技术及散户应对

一、洗盘概述

洗盘的目的是为了清理市场多余的浮动筹码，抬高投资者整体持仓成本。主力为达此目的，必须于途中让低价买进、意志不坚的投资者抛出股票，以减轻上档压力，同时让持股者的平均价位升高，以利于接下来的拉升出货，达到牟取暴利的目的。

二、主力洗盘的识别方法

（一）从盘口识别主力洗盘

主力的洗盘动作，技术手段是通过打压股价，从而清洗前期获利盘，然后在抛筹打压的过程中，主力绝不愿意丧失辛苦收集而来的筹码，这种矛盾是考验主力洗盘技术的关键，从这点出发也是识别主力洗盘的关键。

1. 区间洗盘

主力通过将股价固定在某个价格区间之内，迫使部分持股人失去耐心，从而抛出筹码。比如某只股票现价 6.11 元，主力试图在 6.05 元-6.2 元的区间内进行洗盘。当股价上行至 6.2 元时，就会始终有大量抛盘涌出，迫使股价向下；而当股价跌向 6.05 元时，则始终有大量承接盘出现，使得股价无法再向下跌。区间洗盘的好处是，以时间换空间，不需要将股价打压过低，就可以完成足够的洗盘，从而不给场外投资者低位进场的机会。

2. 反复拉升砸盘

区间洗盘比较温柔，此法则属于凶猛型的。主力采用此法是希望在最短的时间内洗掉浮筹，同时尽量增加换手。具体而言，主力通过高开低走、低开低走、低开高走再低走等方法组合运用，对持股者的心理进行惨烈的蹂躏，迫使其承受不住股价波动的折磨而选择出场。从直观上，此法相比区间法，股价波动的幅度大。

3. 极限诱空

开盘就全数以跌停挂出，投资者在看到跌停，深恐明天再跌停，于是也以跌停杀出，待跌停杀出的股票到达一定程度而不再增加时，主力迅速将自己的跌停挂出单取消，一下将投资者的跌停抛单吃光，往上拉抬。

再有在关键支撑位、心理点位附近，通过快速向下击破，诱使技术派离场。这种洗盘非常凶狠，往往发生在股价上涨中继。对此，需要分辨属于诱空还是股价真实破位，关键在于时间和幅度。

一般而言，出现跌停板诱空或者破位诱空的情况，则基本接近洗盘的末期。

（二）以K线特征识别主力洗盘

识别主力洗盘，可以通过以下几种典型的洗盘K线形态：

1. 长上影线

主力吸筹建仓完毕，股价逐步上攻。某日股价开盘一路走高，到达前期高点位置，主力利用散户对前期高点的恐惧心理，顺势打压，因此盘中股价回落，在K线图上收出一个长上影线的小阳线或者小阴线。前期高点的心理压力以及长上影线K线形态的看空信号，会给持股者造成极大的心理动摇，从而交出筹码。随后股价很快拉起，继续上攻。

2. 黄昏之星

个股从底部走强逐步震荡上攻时，在前期高点或者成交密集区，经常出现黄昏之星的形态。此是主力利用传统经典的K线形态进行洗盘。因为一般认为黄昏之星是阶段见顶的K线信号，所以主力就故意在前期高点或成交密集区制造黄昏之星，以此迷惑投资者，让部分不坚定者认为股价反弹已经见顶而交出筹码，这是主力进攻前经常出现的一次回档打压操作。

例如图8-16的走势，其股价在一段时间上拉后，出现一次放量跳空的小阴线，形成黄昏之星。只要是懂得K线形态的投资者，基本会认定后市看跌，加之成交放量，这足以促使投资者深信自己的判断。继而选择减仓出局，之后短期股价回调再次上拉，说明这是主力利用黄昏之星洗盘，迫使部分获利者出局，减轻再次上行的压力。

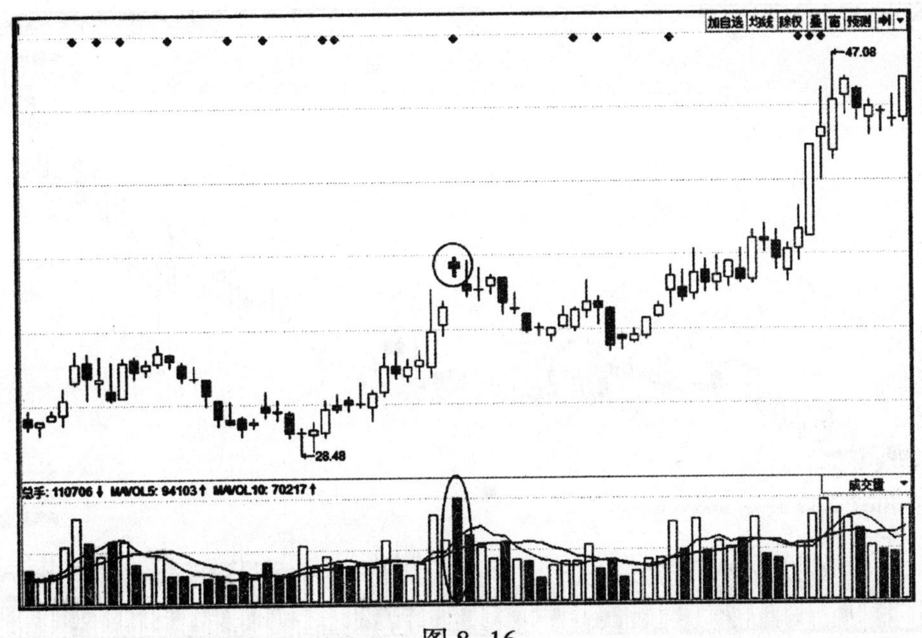

图 8-16

3. 高位双阴线洗盘

这种洗盘形态是股价在一波上涨之后，主力在前期头部反向利用传统K线分析方法“双飞乌鸦”制造的洗盘陷阱。其形态上，前面没有出现天量大阳线或跟风的走势，盘口显示较轻，但突然高位收阴，并在第二天低开低走，且收出近似光脚的阴线。这是一种快速的洗盘方法，随后则以大阳线连续拉抬，甚至连续地涨停。

从K线图上判断是“双飞乌鸦”见顶还是“高位双阴洗盘”的要点在于，一是成交有没有放出过天量，这点很重要，如果前期或者两根阴线放出了天量，说明主力在出货，就不能当做洗盘对待。二是关注10日均线，高位双阴洗盘这种快速洗盘，其实际幅度是有限的，一般不会破掉10日均线。

例如图8-17的走势，此股在平台短期整理后，在主力下次上拉之前利用跳空双阴洗盘。第一天放量上跳空下行，由于下跌幅度不大，短线跟进者买进也会等第二天走势明了后再操作。但第二天再次跳空，且盘口持续放量，那短线者必然出局，从而达到洗盘目的。

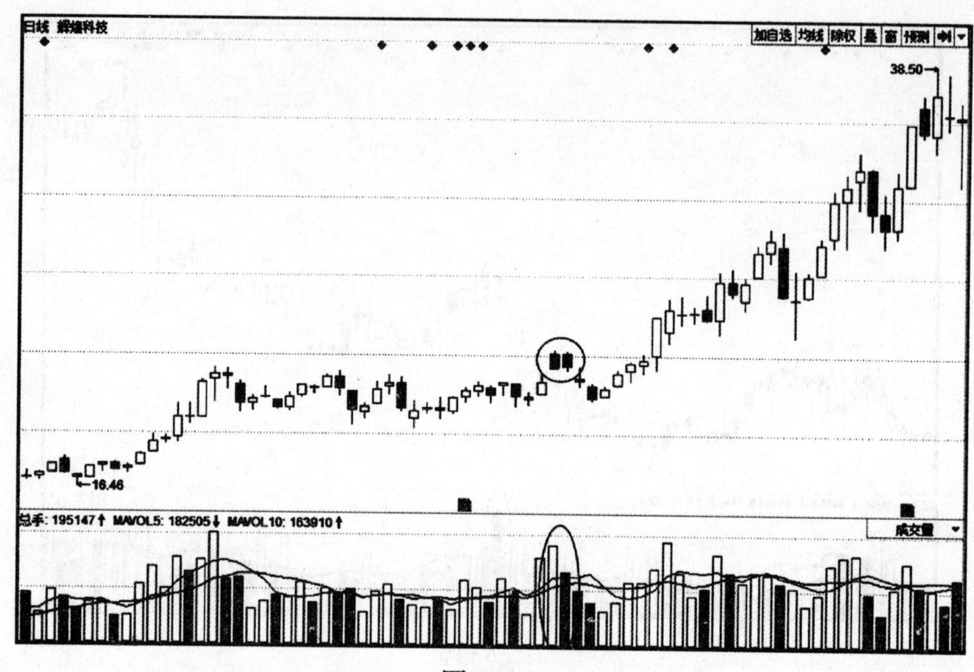

图 8-17

4. **平台破位洗盘**

个股经过下跌或充分调整后，抛盘逐渐枯竭，在低位形成窄幅横盘的小平台走势，之后突然出现大阴线破位，或连续的几根大阴线打破小平台下沿，这种形态多是主力诱空陷阱，随后股价拉起。从图形上看，破位的阴线就像是股价起跳前的下蹲。一般出现平台破位，短线投资者会选择止损出局。主力的平台破位洗盘就是专门针对这些人而设计，故意造成技术形态走坏，迫使短线投资者缴枪离场。要注意的是，如果在股价运行高位，出现平台向下破位被击穿，那是很危险的事；但是在股价长期或者充分调整后的低位，如果出现平台破位，则可以再观察一下后市的走向。

例如图 8-18，中文传媒股份在上涨中位做平台调整。在调整末期，主力利用连续的三连阴制造平台破位，促使部分短线筹码出局，之后便快速上抬股价脱离平台。从成交缩量走势看，这就是一次提升前的破位洗盘（图 8-18）。

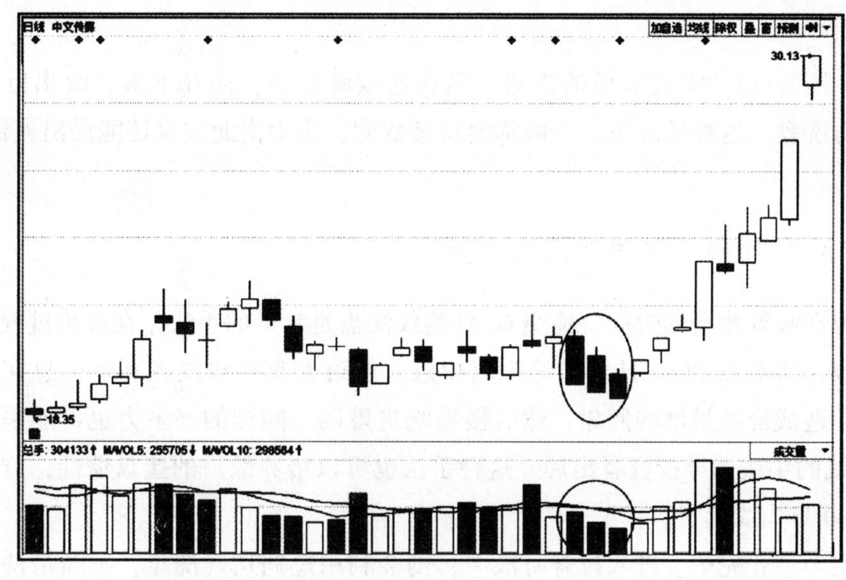

图 8-18

5. **大阴线洗盘**

在股价缓慢推升至或震荡走高至 60 日均线上方时，因大盘原因或主力刻意洗盘而出现几乎没有下影线的大阴线，形态极为恶劣。但股价第二天会高开或快速拉起，并不给投资者抄底的机会。这种形态显示了主力持筹不多，有急切拉高心理，不会进行长时间或深幅的洗盘，一般选择市场合适机会快速拉高股价。这个洗盘的特点是前几天有小阳线配合。如果是在行情中继，出现大阴线洗盘，一般调整时间会长。

图 8-19

例如图 8-19，宝光股份的走势，其在连续涨停后，高开下砸，收出巨量大阴线，强力洗盘，这种情况下，一般都会持续数周，主力借此洗盘还能做出差价。

（三）以均线系统识别主力洗盘

主力在吸筹建仓的时期，围绕 60 日均线洗盘是常见的手法，在拉抬过程中，利用长阴线，将 K 线和 60 日均线的距离拉近。通过大盘形势或者利空信息在某日盘口抛售，造成价跌量增的假象，然后慢慢吃进筹码。同样的，主力也可能采用跌破 30 日均线的手法诱导投资者出局。这种手法也可以培养散户的接盘惯性，方便其以后利用 30 日均线出货。

当主力建仓完毕，进入拉升阶段中，则会利用短期均线洗盘，不断清洗浮筹和获利盘。10 日均线是许多短线交易者的重要操作依据，利用跌破 10 日均线洗盘，可以很好地清理短线获利盘，以不断抬高散户平均成本。比如当 5 日、10 日均线形成或即将形成金叉时，主力会沿 10 日均线洗盘，在启动拉升后，其通过连续小阴线，将 5 日、10 日、30 日均线组的距离拉近。然后突然跳空低开，让开盘价跌破 10 日均线，若跟风盘有力则迅速回拉，在尾盘时大量低价吃进。

例如光明乳业（600597）（图 8-20）。

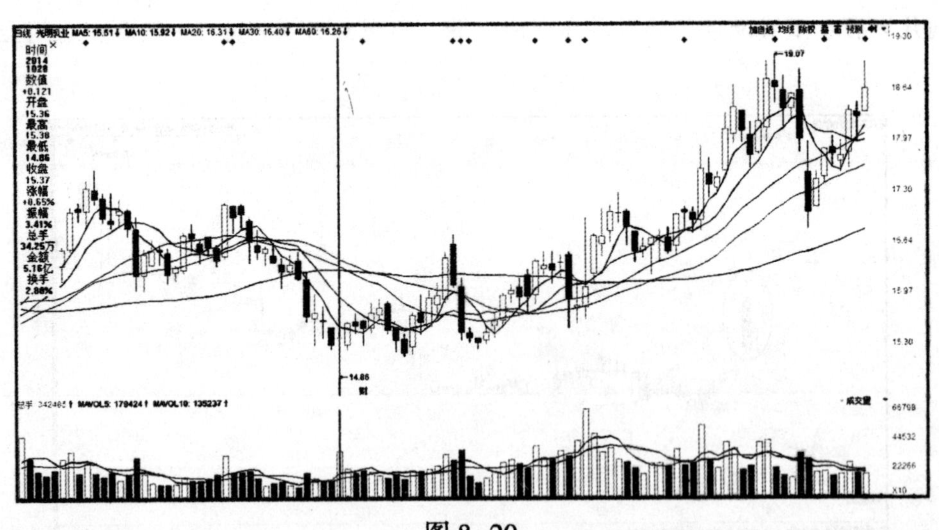

图 8-20

从 2013 年 12 月始，光明乳业的股价进入下行渠道。其走势一直持续到 2014 年 8 月，而主力从 6 月开始吸收筹码，股价在 7 月跌至最低。7 月 23 日，5 日、10 日线首次形成金叉，而其后股价小幅反弹。在 5 日、10 日线即将穿过 60 日线时，且接近上个整理平台，主力开始打压，其后 K 线连续出现抛售的形态，诱导部分投资者出局，主力吸筹。此后在 11 月 8 日、12 月 5 日 K 线穿过所有均线，且为长阴线，进而造成第二天进入调整阶段。这两天的分时线都有异常实时交易。证明主力洗盘吸筹。而在 2015 年 1 月 19 日，主力利用利空信息再度洗盘吸筹，之后股价再次抬升。

（四）结合成交量识别主力洗盘

一般而言，当主力尚未进入拉抬阶段时，股价表现往往沉闷，成交量的变化也很小，此时研究成交量没有多少意义，也不好有效断定主力的意图。一旦主力放量拉升股价，主力的行踪就会暴露，此时研究成交量的变化就具有实际意义。如能够捕捉到主力的洗盘迹象，并果断介入，便能在短时间内获取理想的收益。实践证明，根据成交量变化的以下特征，可以对主力是否洗盘作出一个较为准确的判断：

首先，由于主力的积极介入，在成交量上明显放大推动下，出现价升量增的态势。主力为大幅拉升扫平障碍，必将短线获利盘强行洗去，这洗盘行为在 K 线图上表现为阴阳相间的横盘震荡，同时，由于主力的目的是要一般投资者出局，因此，股价的 K 线形态往往成明显的“头部形态”。

其次，在主力洗盘时，K 线组合是大阴不断，收阴的次数多，且每次收阴都伴有巨大成交量，好像主力正大肆出货。但是仔细观察却能发现，当出现巨量大阴时，股价真实的下跌却有限，很少跌破 10 日均线，短期均线对股价构成强大支撑，主力低位回补的迹象明显，这就是股谚所谓的“巨量长阴价不跌，主力洗盘必有涨”。

再次，在主力洗盘时，作为判断成交量变化的主要指标 OBV、均量线也会出现一些明显的特征。当出现大阴巨量时，股价的 5 日、10 日均量线始终保持向上运行，说明主力一直在增仓，股票交易活跃，后市看好。另外，成交量的量化指标 OBV 在股价高位震荡期间，始终保持向上，即使瞬间回落，也会迅速拉起，并能创出短期新高，单从量能的角度看，股价已具上涨的条件。如果一只股票在经过一轮上涨之后，它的成交量变化呈现以上特征，那就说明该股主力洗盘的可能极大，后市看好。

例如西藏天路（600326）。从 2014 年初主力便开始吸筹，一路低位横盘，其中有三次试盘。6 月时，主力的筹码达到目标，通过小阴小阳调整，之后迅速拉升，从5. 78元拉抬至 8. 34 元。在此间，有两个连续 3 天的小额成交量，明显是诱导洗盘。而上影阳线数量众多，说明主力迫不及待（图 8-21）。

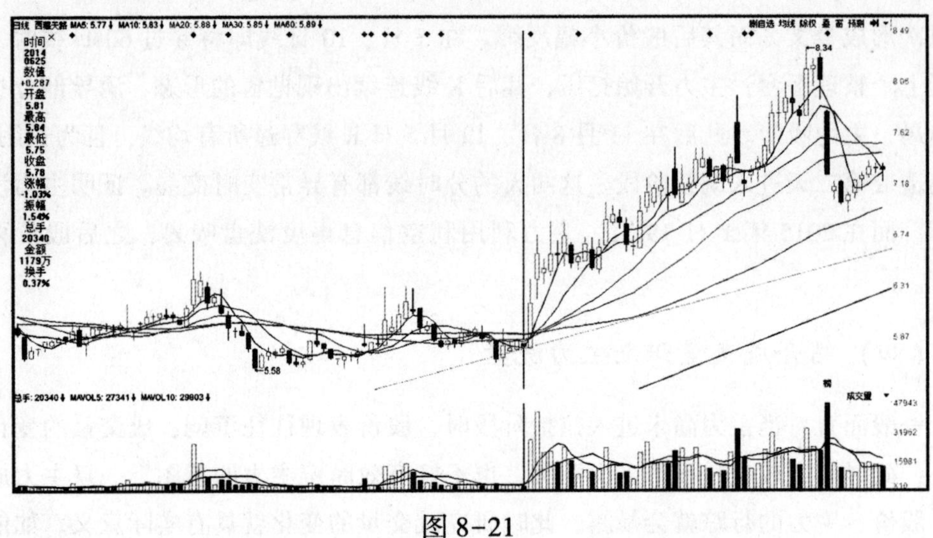

图 8-21

再如光线传媒（300251）经过 2012 年一整年的横盘整理，于 12 月初再度拉升，成交量开始放量，但不明显。之后在 18 到 21 日，接近前期高点，于是在盘口低抛制造上涨力量不足，后 3 天又逐渐拉高，吸引跟风。到 2013 年 1 月时，利用形态技术诱导投资者出货，乘机接盘。之后一路震荡，再次拉升股价到 42. 53 元高位（图 8-22）。

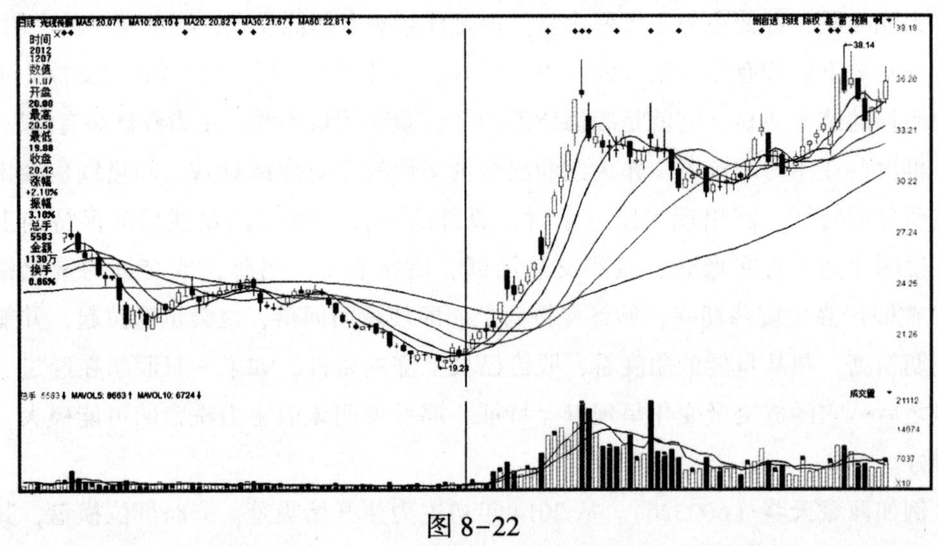

图 8-22

又如掌趣科技（300315）。2012 年年底，利用公司停板，连续涨停 4 天，而在第 4 日，突然放量，开仓抛售，吸引大量投资者跟风。之后开启两个月的洗盘，考

验跟风者的耐性，之后再度拉抬股价，直至 77.11 元高位。（图 8-23）

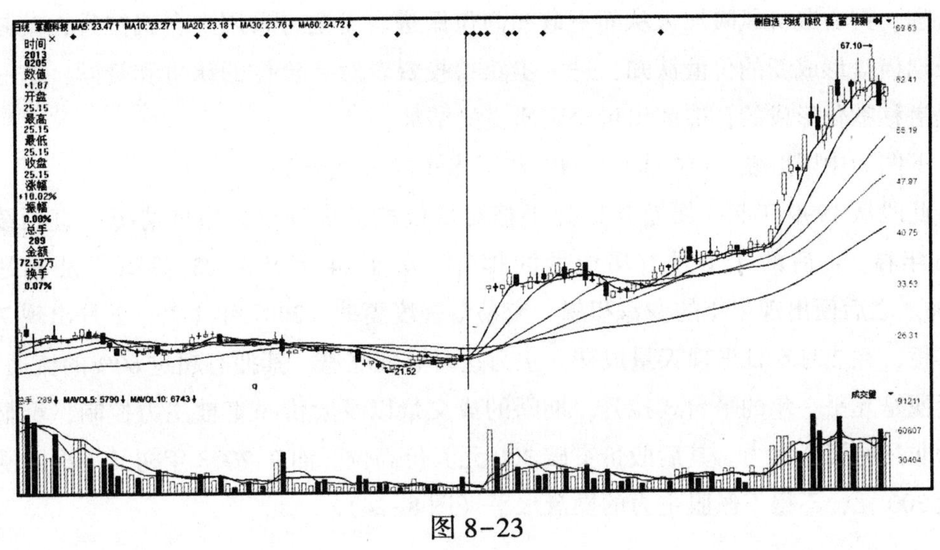

图 8-23

第五节　主力拉升技术

一、拉升手法

当主力完成建仓和洗盘后，主力将拉升股价使其迅速脱离成本区。主力会根据具体情况采取不同的拉升方法。比如根据流通盘的大小、资金多少以及同期的市场环境（如政策面对股市的调控等），选择最佳的拉升方法。

（一）平台式拉升

平台式拉升是指主力将股价拉起一段后，会在一定幅度内做强势整理，形成一个上升中的整理平台，待清洗掉盈利盘后再进行拉升，循环操作，即形成拉升—平台整理—拉升—平台整理—拉升的走势。在 K 线图上看起来像是台阶式上涨。这种拉升方式的股票通常是基本面质地优良，主力实力强劲，有信心长期运作。但项目流通盘较大，主力性格沉稳老练，在股价拉到一定涨幅时便会采取横盘，经过充分换手清洗场内的获利筹码。在大势人气较差时，主力又适当地买入部分筹码进行护盘。在大盘人气旺盛时，主力适时抛出部分筹码压制股价；长时间股价处于横盘状态，把前期获利的短线投资者和不坚定持股者熬出局，也提高了散户平均持股成本，从而为下一波拉升行情打下坚实基础。

一般而言，当股价从低位启动上升到一个新价位区间时，投资者会开始出现恐高心理，担心股价风险加大从而不敢在高位跟进。而主力采用平台式拉升，就是经过长期横盘形成新的价值认知，进一步获得投资者对新价位的认可和赞同。这一切都是潜移默化形成的，造就出量变到质变的结果。

下图为中国船舶（600150）2007年下半年的K线走势。

此股从1999年起，便超长期处于相对低位的横盘调整，这种情况一直延续到2006年春。而后的4个月有历史性的爬升，从8.24元升至23.18元。涨幅超过100%。之后便出现半年的横盘积累，交易量极度萎缩。2007年1月、2月出现7个涨停板，在2月6日出现天量成交，主力这时疯狂吃进。其拥有超过60%的流通盘，之后便是几乎一年的平台式拉升，期间的成交量以及股价一直被主力控制，彰显出主力非凡的资金实力。其后股价突破300元天价高位。而在2008年初又一次上涨到接近300元，不得不佩服主力的操盘水平（图8-24）。

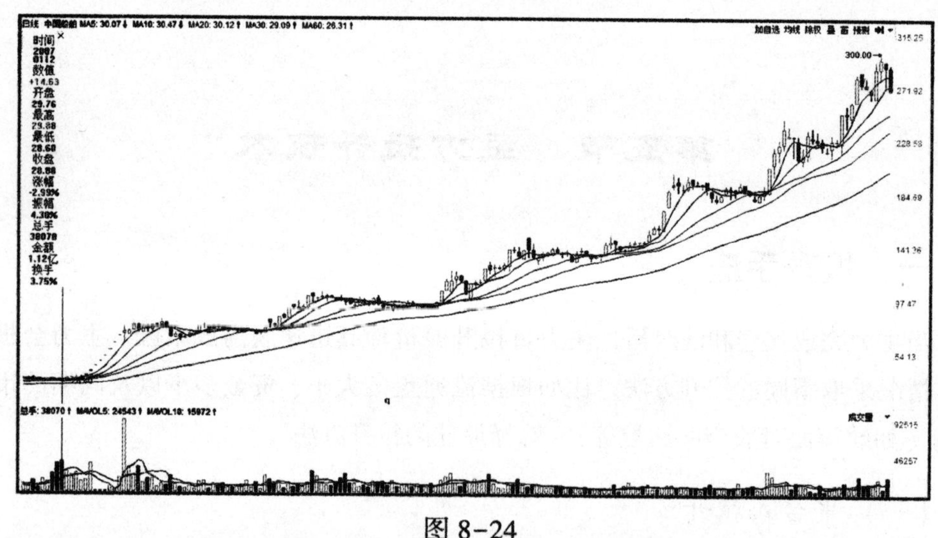

图8-24

（二）震荡式拉升

震荡式拉升方式是指主力采取低吸高抛的操作，以波段运作博取股票价差为目的，波浪式一路爬升。在K线图上表现为低点和高点逐步上移，形成比较规律的宽幅上升通道。主力主要是在上升通道的下轨积极吸筹，在上升通道上轨附近抛售，股价呈现较规律的震荡上扬走势。主力就是通过这种反复低吸高抛的方法从而在市场上获得丰厚利润。

主力采用这种方式拉升的风险较低。可以回避来自管理层的监管压力，又节约成本，还能回避个股基本面过于一般，没有重大题材等不利因素，好处多多。

比如世联行（002285）（图8-25）。

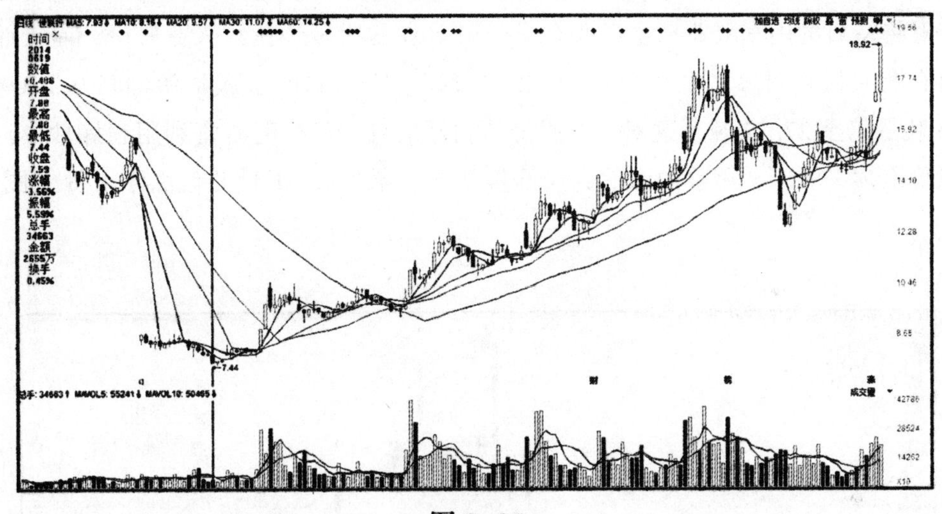

图8-25

经过前一轮拉升以及之后的除权除息，世联行再次回到相对低位。之后从2014年6月中旬开始，股价持续抬升，不过却是磕磕碰碰，股价涨三四天，然后跌两三天。涨时放量，跌时缩量。从7.44元涨到10.48元，之后又跌到9.02元。然后又上涨到12.44元，之后跌回10.66元。如此反复，形成上升通道。不过从K线看，其股价基本没有突破30日均线，说明主力控盘操作手段高明，其走势基本倾向平台式拉升。

（三）直冲式拉升

采用直冲式拉升的个股，在行情飙升之前，必须要经过充分的吸筹过程。而行情一旦启动，则在整个拉升中气势如虹，犹如火箭直冲天际，锐不可当，其拉升的气势魄力可谓惊天地泣鬼神，引万千股民膜拜追捧。

主力在炒作题材股时更容易使用这种方法，直冲式拉升有两个原因，一个原因是主力吸筹充分，掌握流通盘50%～60%的筹码，且后续资金雄厚，所以能一路强力拉升，纵横无敌手。

第二个原因是因为在良好的利好氛围下，主力通过直冲式拉升股价来充分调动投资者的追涨心理。当股价刚出现上涨时，投资者因其快速启动而措手不及，会希望等待回调时再中途介入，然而此股完全不给投资者回调上车的机会，股价短期内的大幅上涨使其成为了市场的焦点。当投资者忍不住诱惑而大力杀入分羹时，此股主力反手做空，大量出货。所以，主力通常都喜欢借助某些利好消息来拉高，甚至编造出某些消息来诱惑市场，从而使拉升后的出货变得更加容易。

例如天业股份（600807）。2012 年 9 月，从当时的信息可知，其大股东天业集团有意将持有的山东天业黄金矿业有限公司 10%的股份转让给天业股份。而天业黄金持有澳大利亚明加尔金源公司 100%的股权，明加尔的金属资源储量从 2009 年 12.5 吨翻倍至 27.22 吨，这对天业股份是利好信息。而当时游资利用利好炒作，导致股价连续 3 涨停，调整两天后，又涨停 2 天，最后在 21 日开盘涨停出货（图 8-26）。

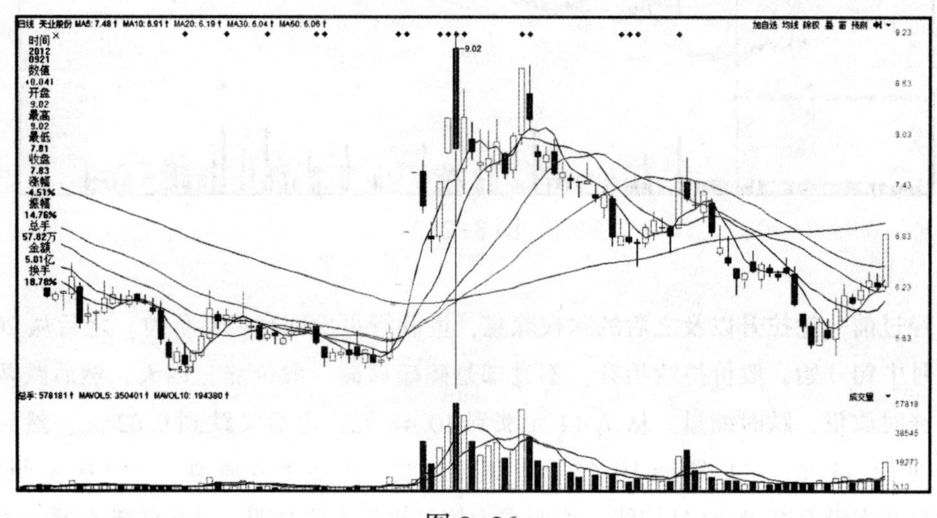

图 8-26

（四）慢牛式拉升

慢牛式拉升在行情初期，股价呈现小幅度的阴阳交错，慢牛爬坡的形势，此时为主力建仓或增仓。拉升阶段时上升加速，主力依托均线系统边拉升边洗盘，拉升前期和中期，其在盘口将股价推高后，就让市场自由换手，不太注重关照股价，使股价出现自由震荡，在回落至目标位或者塑造图形时，主力再度护盘，重新吸引多头进场。极为规律的走势，让新进者起助庄的作用。

这种方法常以中线操作为主，多数主力控盘要占到流通盘的 30%~40%，涨幅多以 50%~100%不等。

比如英特集团（000411）。2014 年年中，通过前期的波浪震荡，主力收集到一部分筹码。从 6 月开始，K 线连续出现短小的阴阳线交错分布，而成交量呈地量，此状况持续到 8 月初，之后主力以在尾盘涨停的方式拉抬股价，将股价提升至第二阶段。其后成交量放开，股价徐徐上升，主力利用均线吸引多头入场为其助攻。

10 月 10 日起，主力急速拉升股价，再次抬高股价区间。从筹码图看，前期的低位筹码仍没换手，说明主力留有余力，应该会继续拉抬。等到此股宣布重大利好消息时，主力会再次出手，获得高收益（图 8-27）。

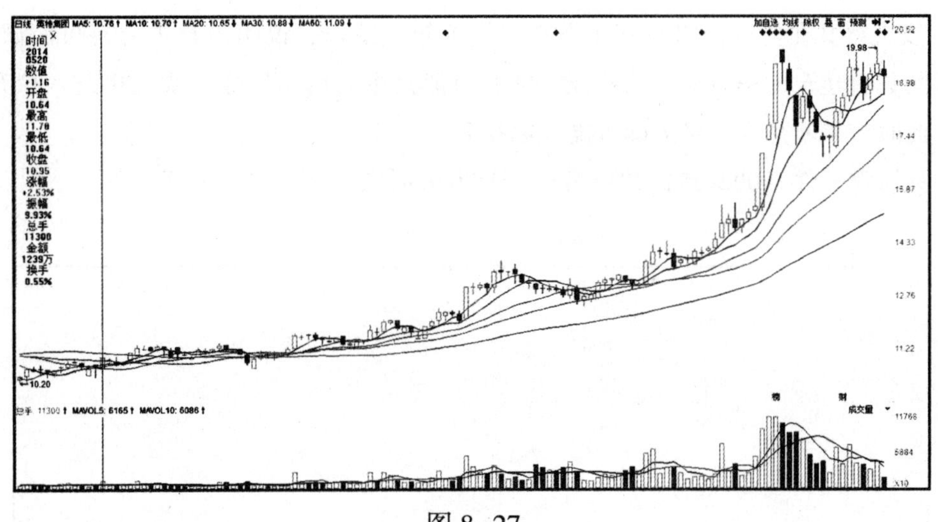

图 8-27

雷同的走势还有农发种业（600313）和金鹰股份（600232）等等。

二、主力拉升启动的盘口捕捉

由于主力的拉升是一种股价上涨的趋势，所以，均线系统呈现典型的多头排列。5 日、10 日均线上升角度陡峭，一般都大于 45 度以上。收盘价在 3 日均线上运行的具有短期黑马的性质；收盘价站在 5 日均线之上的，具有牛股的特性；5 日、10 日、30 日、60 日均线呈有序多头排列，股价向上运行，在这一段时期中，股价往往表现为主升浪，短、中期升幅可观。

主力拉升过程中成交量持续稳步放大，呈现价升量增、价跌量缩的特点，价量配合良好，在这段时期内，成交量整体上保持活跃状态，市场投资者积极参与，人气旺盛。

在拉升阶段中，主力经常在中高价区连拉中、长阳线，阳线的数量多于阴线的数量；阳线的涨幅实体大于阴线的跌幅实体；日 K 线经常连续收阳，股价时常跳空高开，并且不轻易补缺口，日 K 线形态中常出现红三兵、上升三部曲、大阳 K

线等。

发现判断主力拉升一定要注意盘口，从开盘、盘中、收盘的走势变化去分析主力意图，可以在主力拉升启动的第一时间跟进买入。

开盘形态的强弱决定了主力当天的决心。强力股的起跳，开盘后 20 分钟的走势尤为关键。密切注意开盘异动。当日主力要做盘的个股，常在开盘即有异常的表现，此时是短线出击的最佳时机。在 9:25 分集合竞价出来后，马上调出涨幅榜，记下跳空高开的个股。在 9:30 分至 9:35 分观察量比排行榜，记下前 10 名的个股。再进入日 K 线观察其在何位，如果其在下跌末期或筑底阶段，说明当日主力有可能试盘，如果其具有建仓完毕启动前的特征，则有可能是主力启动信号，或直接进入拉升阶段。此时应果断介入，当天即可能大幅拉升。

如海隆软件（002195）2014 年 11 月 26 分时图（图 8-28）。

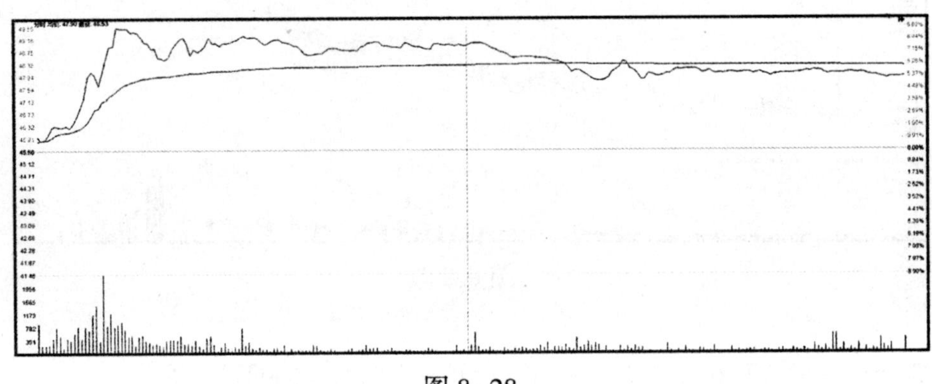

图 8-28

在盘面运行过程中，随时注意观察，综合排名中“涨幅排名”和“量比排名”。发现异动股后，在分时图中看其与大盘的运行关系，如大盘单边下跌而此股还略有上涨，说明该股尾市前将放量走高。一旦主力决定开始拉升，那么当天强势开盘后，一般不会将股价打压到均线下方。如果发现盘中跌回均价线且无力返回，须小心此次开盘是主力的诱多行为。如果开盘一小时后向下跌破均价，显示主力当天无心护盘有意做震荡。如果错过开盘强势的个股，可及时发现摆脱指数震荡并且能以温和放量的形态将股价运行在均价线之上的个股，尽量在均价线附近吸筹较为安全（图 8-29）。

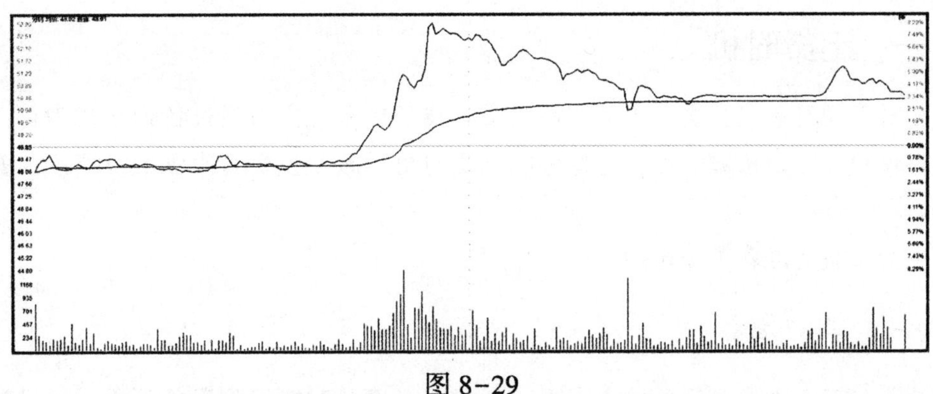

图 8-29

如果当日盘口强劲，会在尾盘半个小时左右引发跟风盘的涌入，使股价脱离大势单边上行，此时主力会借机大肆提拉，以封死下一交易日的下跌空间。由于此时跟进的买单大都有强烈的兑现心理，所以尾盘若在抢盘时出现5%以上的升幅，要小心次日回吐盘的打压。因此，不要在尾盘过分追高，以免陷入主力次日震荡带来的被动局面。

如武汉凡谷（002194）2014年5月7日分时图（图8-30）。

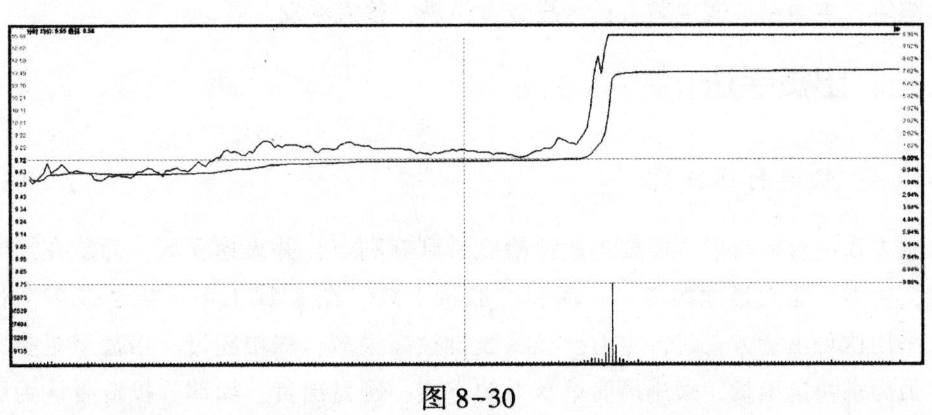

图 8-30

第六节　主力出货技术与散户逃顶

主力建仓、洗盘、拉升这一系列动作的目的，是为手中的筹码创造足够的价差从而获得盈利，要实现这个目的，就要依靠最后一步出货，因此出货是主力阶段操作的最关键一步。对于散户来讲，如果不能及时发现主力出货迹象，清仓了结，则随时可能被套。

一、出货时机

相对于拉升阶段，主力出货套利需要的技巧更多。主力通过各种方式为自己出货做好铺垫，在后市看好时，选择好的出货时机，减小投资者察觉的可能性，安全离场。

主力出货的准备工作包括：

（一）舆论准备

建仓初期主力会利用各种方式唱空某股，在建仓时能得到廉价筹码。通过拉升和洗盘为投资者注入看多的心态。当市场形成强烈上升意愿时，主力便悄悄派发，而由市场多头承接，主力顺利获利。

主力需要出货时，利用各个渠道散播个股的利好信息，从而增强投资者看多的信心，促使看多者迅速建仓加仓，主力趁机出场。

（二）技术准备

例如利用支撑线与压力线在突破后的相互转换，为分析技术指标的投资者设计多头陷阱，主力制造假突破，诱导投资者买进，趁机派发。

二、出货手法

（一）快速打压出货

主力在绝对控盘后，需要迅速拉抬股价到获利点，并火速立场。为能在短时间出局，主力只能大量地抛盘，从而引发股价下跌。在 K 线上留下单个或多个长阴线。采用这种出货方式时，主力已经将股价拉高很多，涨幅超过一倍甚至更多，这时主力为求快速出货，采用最简单暴力的方式，砸盘出货，而部分投资者认为股价大幅下降了很多，希冀股价反弹而买进，最后为主力接盘。

此类方式是需要放大投资者的投机贪婪的心理，在市场气氛火热时，反转直下。因为主力基本是选择小盘股，才能到达绝对控场。同时，主力在吸筹时的痕迹明显，如果出货时被察觉，投资者抢先出局，那主力就成自作自受。因此主力比投资者更理性，为保证安全获利，主力能舍弃部分盈利。而投资者正与之相反，犹豫之间瞬间被套。

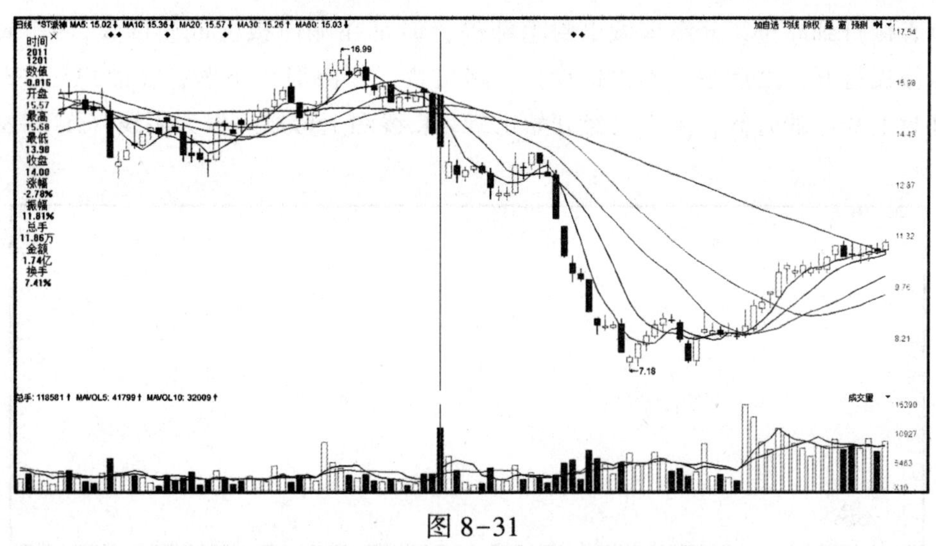

图 8-31

从 K 线图看，*ST 派神（000779）12 月前（图 8-31），主力保持震荡横盘。其在 12 月 1 日时，趁当天公布降准利好，巨量出货。从分时线看，股价从开盘便一路下跌，当日收出跌破所有均线的无脚大阴线（图 8-32）。之后又横盘稳定市场，从 19 起，继续打压出货，连收 8 天阴线，形成断崖式暴跌。

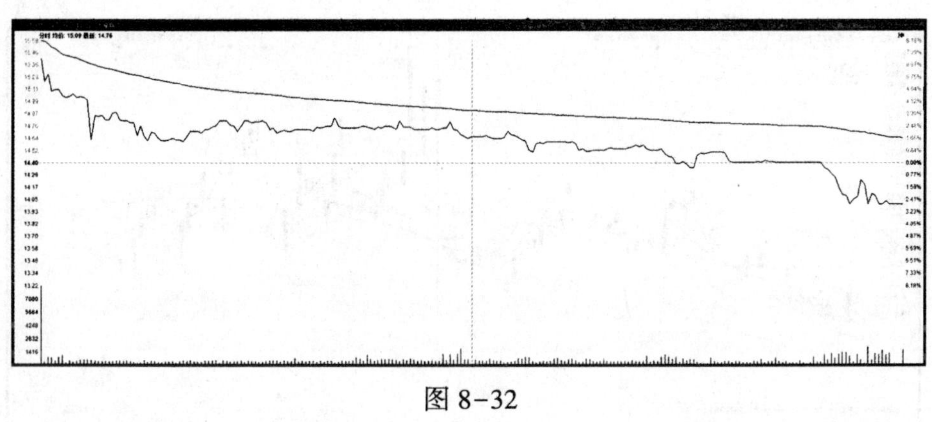

图 8-32

（二）拉高出货

在上涨的中后期，主力可能会根据市场热度而采取不同的出货方式。若跟风盘众多，主力会连续几日大幅拉抬股价，分时交易中不会出现异常的大量卖单，但整个交易日的平均量大幅增加，且持续数日。主力借此多卖少买逐渐减仓，而投资者可能认为此时价增量涨，市场普遍看多，于是入场。

从中电远达（600292）2014 年 11 月 7 日分时图看，主力在集体竞价时，将股价直接打到高位，开盘即做出封上涨停，但是在涨停板上成交巨大，9：50 之后涨停板打开，之后主力不再护盘，一路出货，任由股价下跌，在散户还在幻想再度封上涨停的时候，主力已经开始出货。K 线图上形成一根大阴线（图 8-33）。

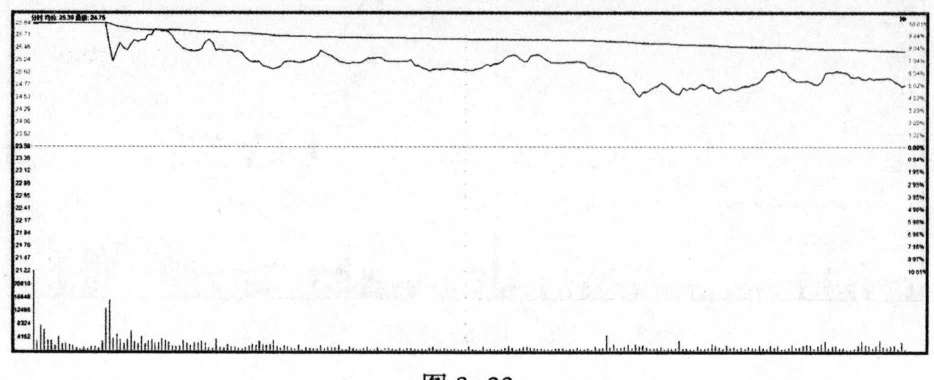

图 8-33

第二天，利用 K 线形态，提升投资者持股信心，接着重复这样出货，而后股价高位震荡，从成交量看，主力在 12 月中旬时，大量出货，均线形成三顶形态，形势可能即将反转（图 8-34）。

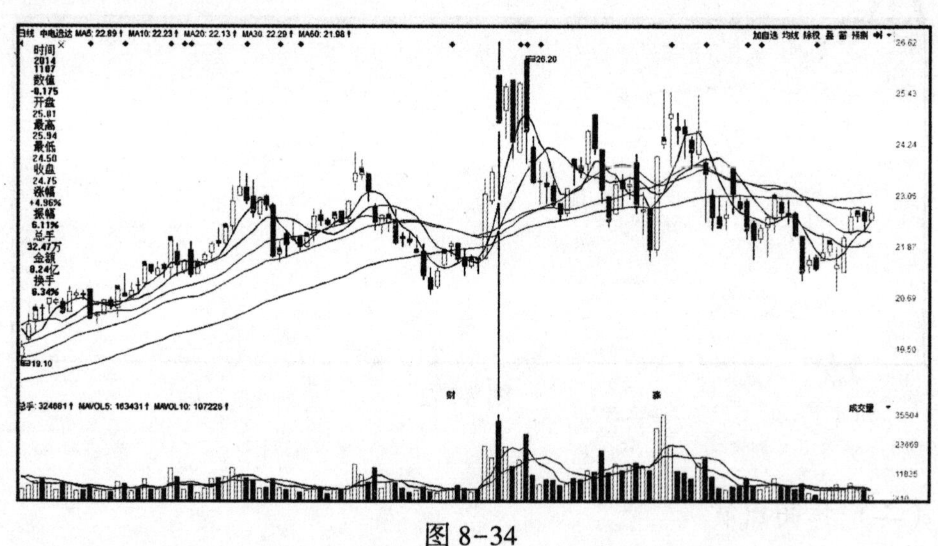

图 8-34

（三）横盘出货

横盘出货有一定的隐蔽性，因为股价横盘可能会是主力洗盘整理，也可能是主力出货，投资者容易判断错误。若投资者在经历上次洗盘时坚定不出局，由此获得丰厚的利润，当股价拉升到新高度进行平台整理时，获利的投资者会认为这是新一轮的整理洗盘，主力在为下次拉升做准备。另一方面，那些上次洗盘中被洗出局的投资者，这次则有可能“吸取了上次的教训”而认为等到了再度进场的机会。如果再配合以技术指标和市场消息，则投资者将更加坚定地入场。

主力只要控制好派发数量与节奏，出货前期的走势几乎与横盘洗盘无疑。但随着主力不断派发，盘面浮码日趋增多，股价走势上蹿下跳，这些都表明筹码分散到投资者后，稳定性变差。投资者对此需要格外注意。

例如，海通证券（600837）。此股在 2009 年后期走出一个短期上涨，而后主力在 2010 年初，利用巨量大阴线拉高出货。但是股价没因此迅速下跌，反而形成一个季度的横盘走势，让投资者以为是横盘调整，股价可能继续拉升的假象。其实这是主力在大阴线没出完货，利用横盘继续出货。之后股价便开始下跌（图 8-35）。

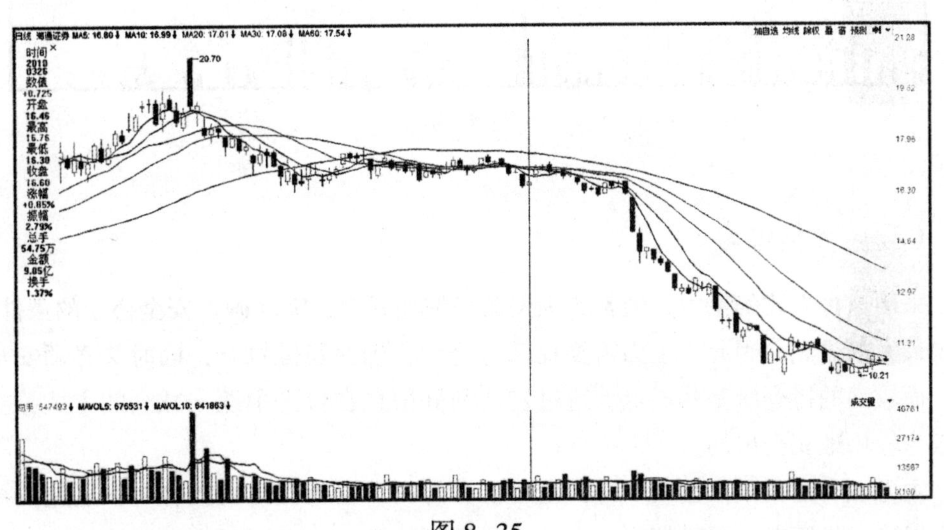

图 8-35

（四）震荡出货

此类出货方式是利用和震荡洗盘的相同走势来掩盖主力派发的痕迹。主力在股价向下震荡时连续抛出卖单，且卖单数量较小较均衡。在向上震荡时，主力会根据买卖的数量调整派发的数量，同时为稳定市场的高人气，多数主力会诱多对敲。当上档抛售压力增大时，主力会控制股价掉头下行，以此循环操作。

投资者可以从成交量分别震荡出货和震荡洗盘的区别：震荡出货时，主力在高位震荡派发，导致整个形态中浮码日渐增多，成交量维持在一个较高水平，最终向下突破而使这种走势演变为头部形态。震荡洗盘在整个形态中成交量迅速萎缩，经换手后盘面浮码迅速减少，而成交量会逐渐下滑，最终向上突破而使形态成为涨升过程中的中继形态。

例如银星能源（000862）2014年10月至2015年1月（图8-36）。

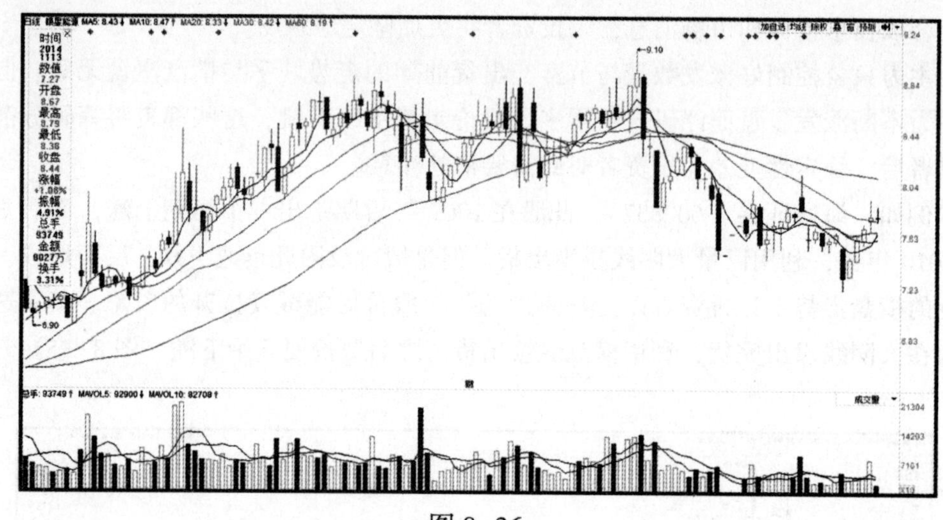

图8-36

（五）边拉边出

采用这种方式的主力，通常为大型的稳健型基金，需要确保安全稳定的条件下，获得最大的盈利。因此，主力需要提升持仓量，确保稳健拉升，同时又必须安全获利。而较高的持仓量是其弱点，通过宣传利好信息在拉升中逐步减仓的方式，主力能较为轻松地安全出局。

主力主要是在跟风盘较多时，抛售部分筹码，在上档压力较轻时，迅速拉抬股价，以稳定投资者的持股信心。在逐步的循环拉升中，吸引更多的追涨者。当筹码派发完毕后，上涨的势头减小，股价可能会横盘震荡或者逐级下跌。

从走势看，股价在上升阶段，买盘多于卖盘，买单呈现集中连续。调整时，卖单呈现集中连续，而成交量逐步放大。短期调整后，股价因出现大买单迅速上涨，成交量会再次放大，如此循环。当高位出现缩量上涨放缓时，主力已基本离场，若没有其他主力介入且看空者占主导，则股价下跌，投资者被套确定无疑。

例如大东方（600327）从2014年6月到2014年12月（图8-37）。

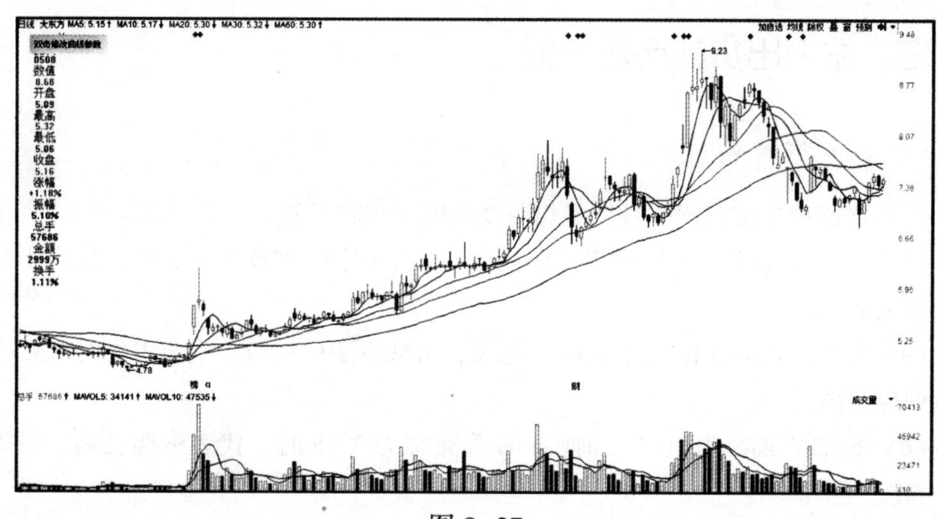

图 8-37

（六）边打边撤

这是一种常用于下行走势的出货方式。主力需要通过各种形式诱导，让投资者认为股价虽然是在震荡下跌，但后市能出现反弹，此时就是逢跌买进的最好时刻。

主力前期的持仓量较高，不能在高位全部派发，因此利用短期设计诱多陷阱，将跟风盘套牢在高位。当接近上档时，主力转为做空。如此多空转换，逐步清仓。投资者若被套，必须勇于止损，不能抱有幻想。

例如飞马国际（002210）从 2010 年 12 月到 2011 年 12 月（图 8-38）。

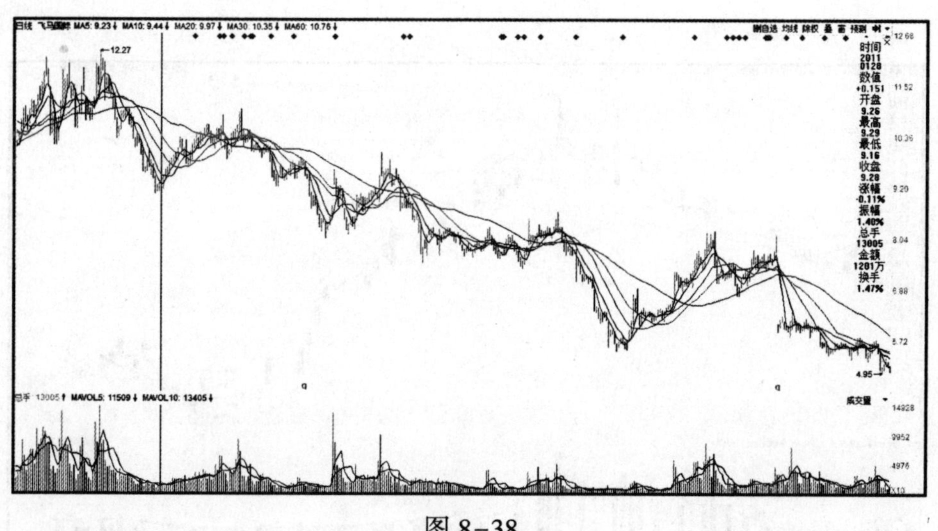

图 8-38

三、主力出货的市场特征

（一）股价特征

（1）在高位连续出现3日巨量长阴线表明大盘将反转，可先减持。

（2）在高位连续出现5日以上的小黑小红、十字线和较长上影线，代表上涨乏力，盘久必跌。

（3）多头占优时，RSI达到90为超买，可减少手中持股。空头占优时RSI达50左右即应卖出。

（4）30日乖离率为10~15时，6日乖离率为3~5时，代表涨幅已高，可卖出手中持股。

（5）股价跌破支撑线后，若股价连续数日跌破上升趋势线，表明股价即将下跌。

（6）股价高位出现M头及三顶，且股价不涨，成交量放量，可先减持。

（7）在高位出现倒N字形走势或倒W字形（M头）的股价走势，股价将反转下跌。

（二）K线特征

1. 多条大阴线

例如精艺股份（002295）2011年末的K线走势图，10月底到11月初，成交量连续放大，11月，在高位收出多条高开低走的大阴线，自此走势反转，股价开始下跌（图8-39）。

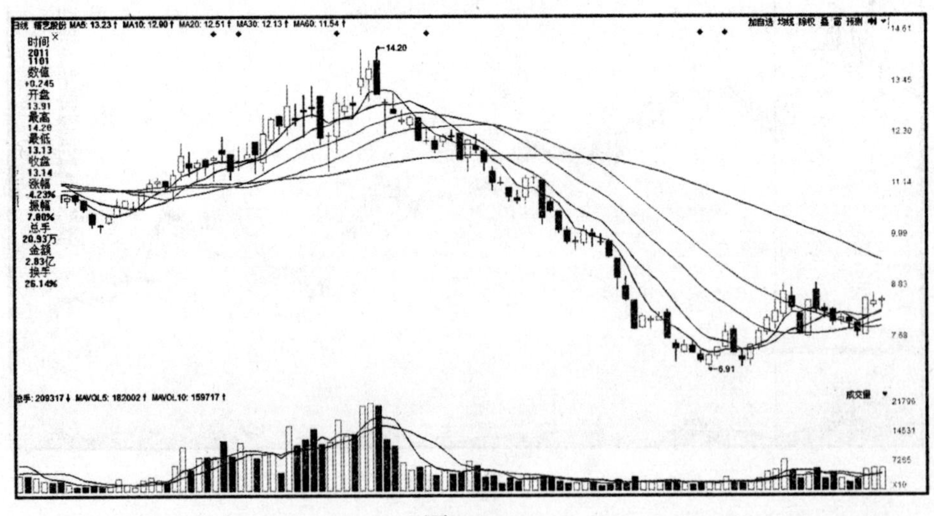

图8-39

2. **倒墓碑**

当股价上涨到一定阶段，出现放量冲高或放量横盘，并且换手率超过 5%时，就可能是主力在出货，当日收盘出现长上影线，表明上档抛压较重，上涨动能不足冲高回落。如果后期没有收复上影线，且成交缩量，表明后期震荡，可先减持关注。

主力出货时为稳定市场，会在高位采用对倒出货，利用成交量放大的信号，诱导投资者认为是量增价涨、市场交易活跃，继而跟盘。主力趁机减持。主力也常采用直接抛售的方式，直接消化市场所有买单，造成股价直线下跌，形成阴线。

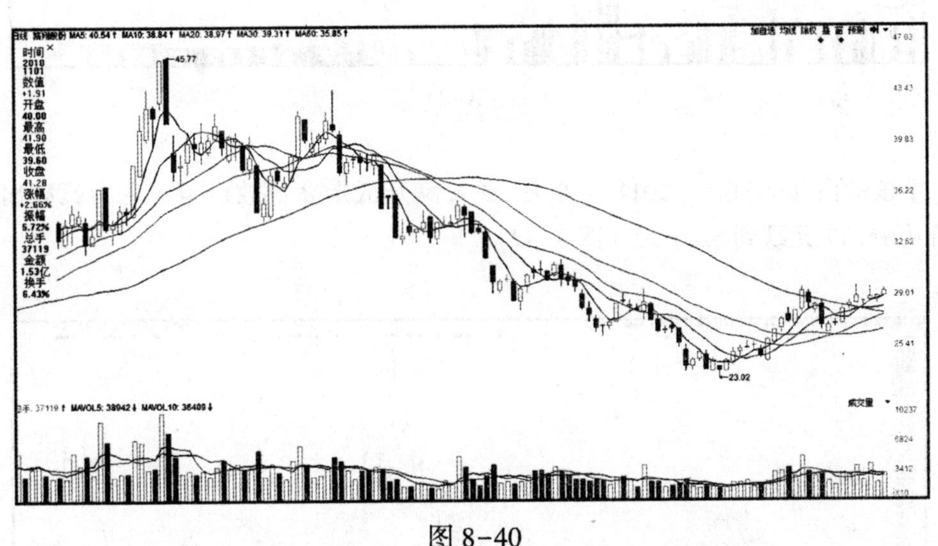

图 8-40

例如路翔股份（002192）2010 年 11 月 2 日 K 线形态。在前期 9 月 17 日大阴线下跌之后，股价在 60 日线处回升。11 月 2 日股价一度拉升冲击前期高点，但是很快回落，形成长上影线，形成明显的双顶。9 月 17 日未能出局的投资者，这就是最后的出仓机会。之后股价破位下跌，跌幅近半。（图 8-40）

3. **高位跳水**

这类情况是个股出现重大利空，主力需要斩仓获利，以减少损失。因此，主力便大量对敲出货，当日就出现高位大阴线。若主力仓位较高，那之后的交易日，K 线走势就可能出现连续下跌的形态，直到清仓。若是停牌复牌后，市场信心不足，则有连续跌停的可能，甚至连主力都被深套其中，更别说其他投资者。

2011 年 9 月西藏发展（000752）重组失败，连续跌停，主力打开跌停对倒出货。累计下跌近 6 个跌停（图 8-41）。

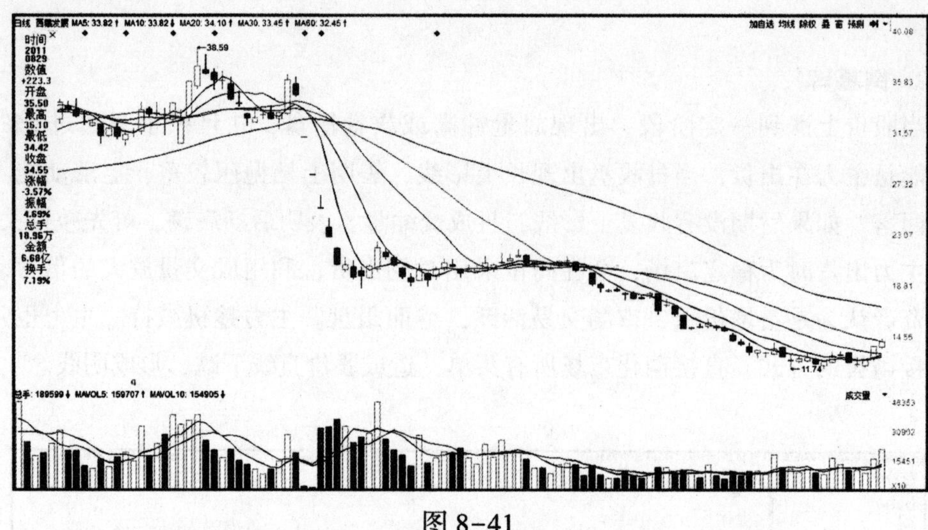

图 8-41

中核钛白（002145）2011 年 9 月 23 日高开低走高位放巨量，主力疯狂出货，股价从 15.17 元跌到 6.43 元（图 8-42）。

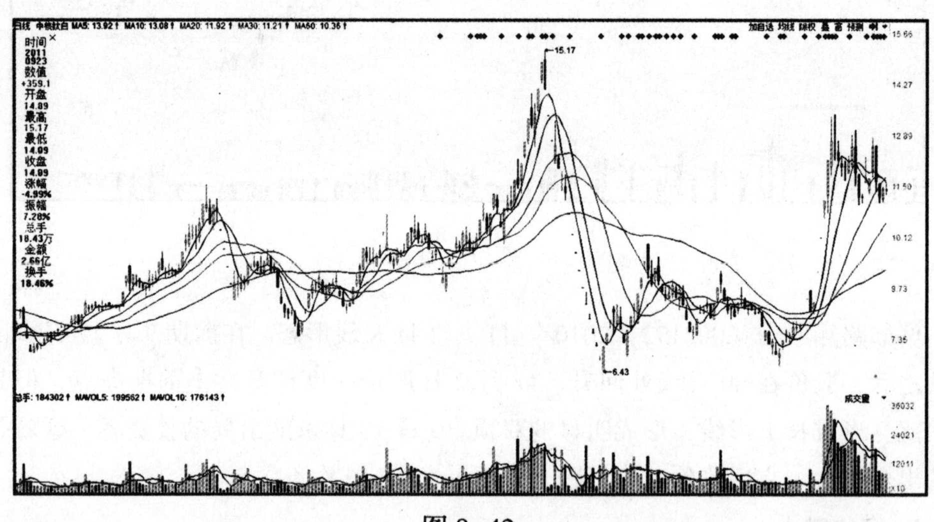

图 8-42

重庆啤酒（600132）遇重大利空，连续 13 个跌停，从 83.12 元跌到 20.16 元，被重套其中的机构和散户欲哭无泪。特殊性说明，重庆啤酒在连续 9 个跌停之后，2011 年 12 月 21 日主力采取了打开跌停，打压出货的方式，让股价当日上涨 0.7，好像见底要开始上涨了，但次日继续低开低走，把前日追进的人套牢（图 8-43）。

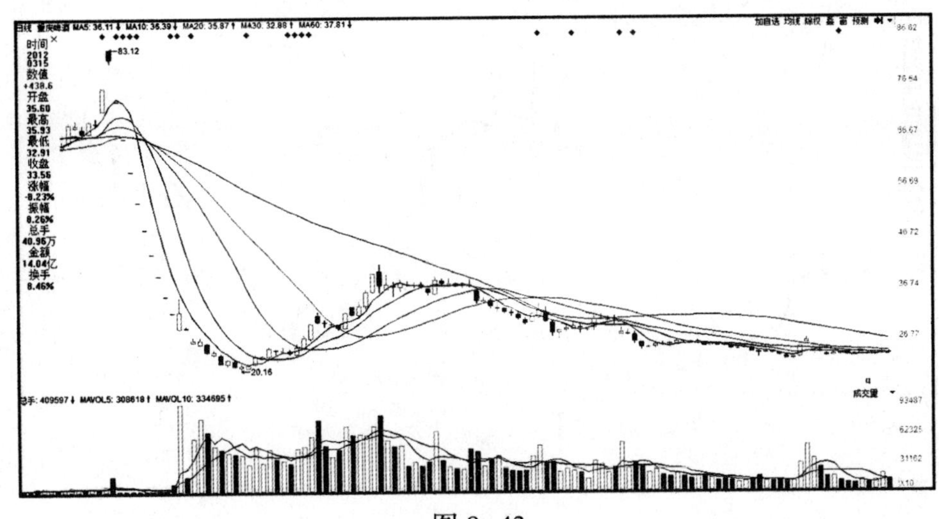

图 8-43

科力远（600478）是 2011 年遇重大利空后暴跌的股票之一，以跌停价开盘并连续 4 个跌停。这种股票投资者最好不要碰（图 8-44）。

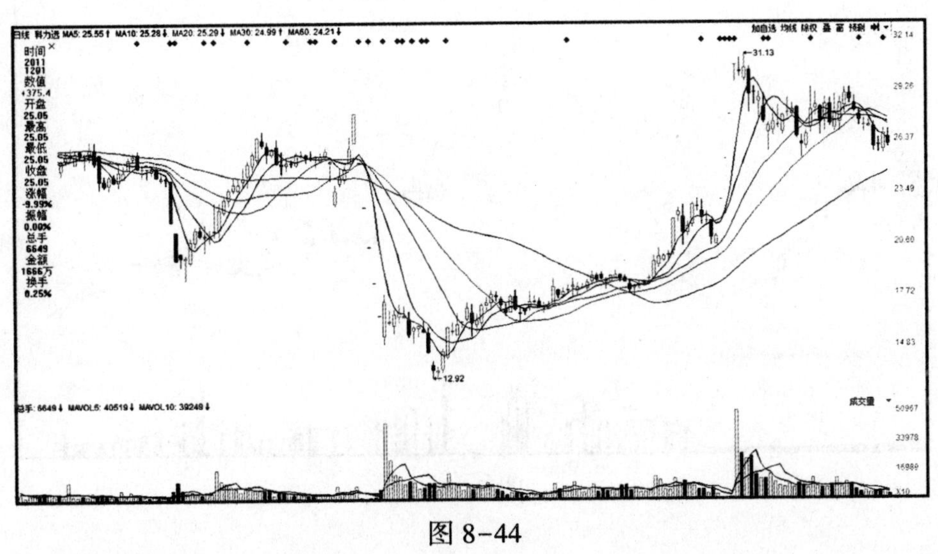

图 8-44

宏发股份（600885）主力连续大阳拉升，吸引投资者跟风买入，2011 年 10 月 31 日采用高开手法，当日拉高出货，高开低走，股价之后暴跌近一半（图 8-45）。

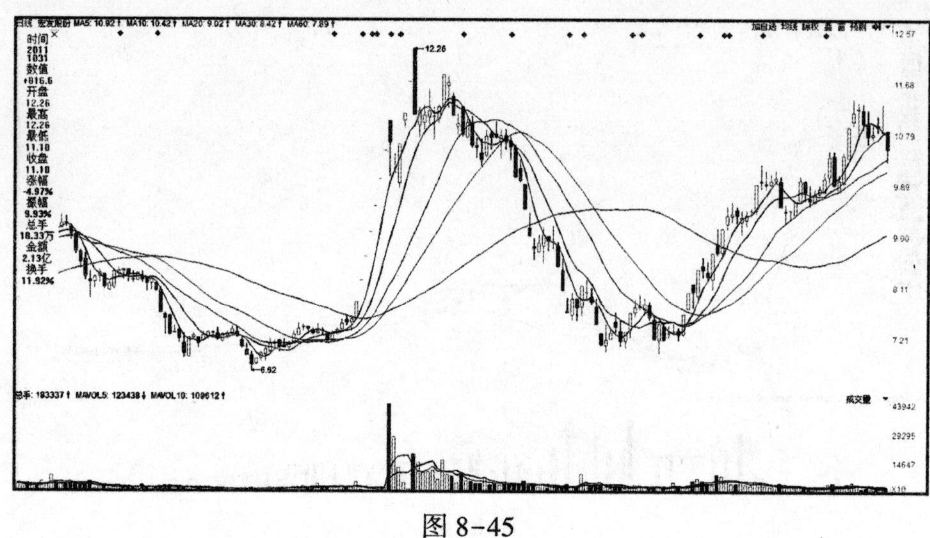

图 8-45

罗平锌电（002114）是 2012 年 1 季度大牛股，被 ST 后连续跌停板（图 8-46）。

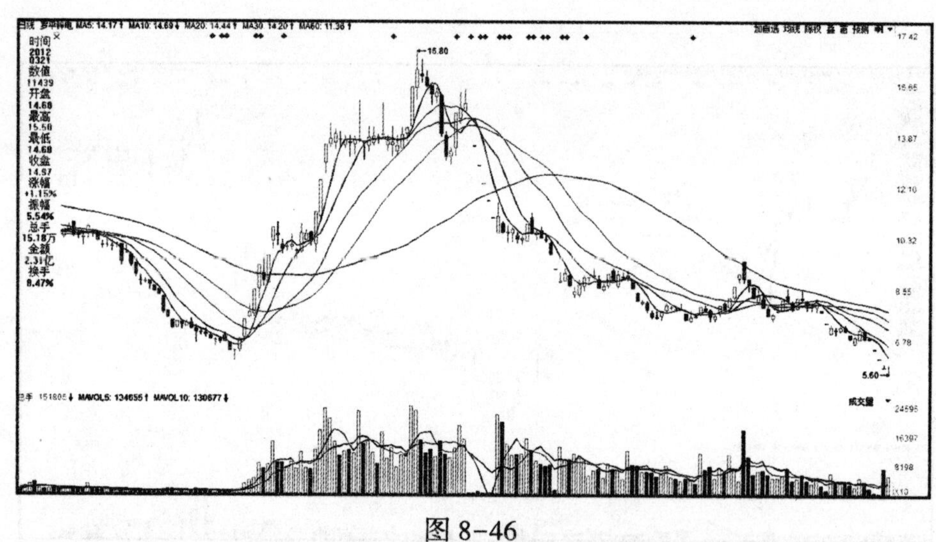

图 8-46

5. 瞬间跳水出货法

前一个交易日尾盘股价快速拉高至接近涨停，次日早盘再次上升，短期快速拉高后，以低于现价约 3%的价格砸出，价格瞬间掉下，很容易吸引众多买盘，当散户进入后，却发现抛压绵绵不绝，每当“卖一”消耗完毕时，就会有新的卖单挂出，直到主力手中再无筹码（图 8-47）。

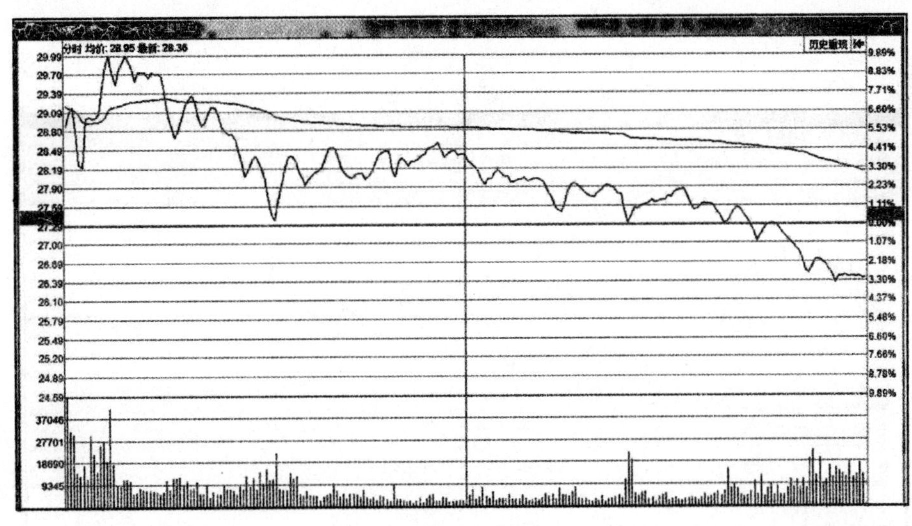

图 8-47

例如 2015 年 5 月 22 日的健康元（600380）的走势。当时跳高开盘，短时下行后，股价直接拉至接近涨停。此后股价开始回落，且每次下跌时成交放量，接着再快速拉升，但股价是层层跌落，典型的跳水出货（图 8-47）。

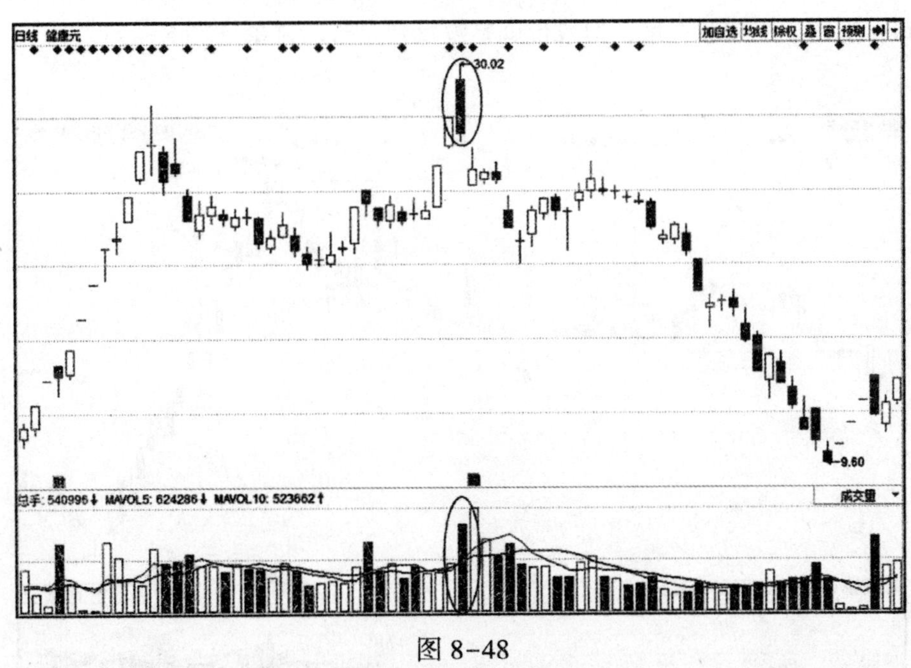

图 8-48

再对比 K 线走势，当日曾突破到最高价至 30 元，最后收出高空大阴线。第二天，跳空低开收出放巨量的小阳，此后股价开始进入下行通道，一度跌至 10 元以下

（图 8-48）。

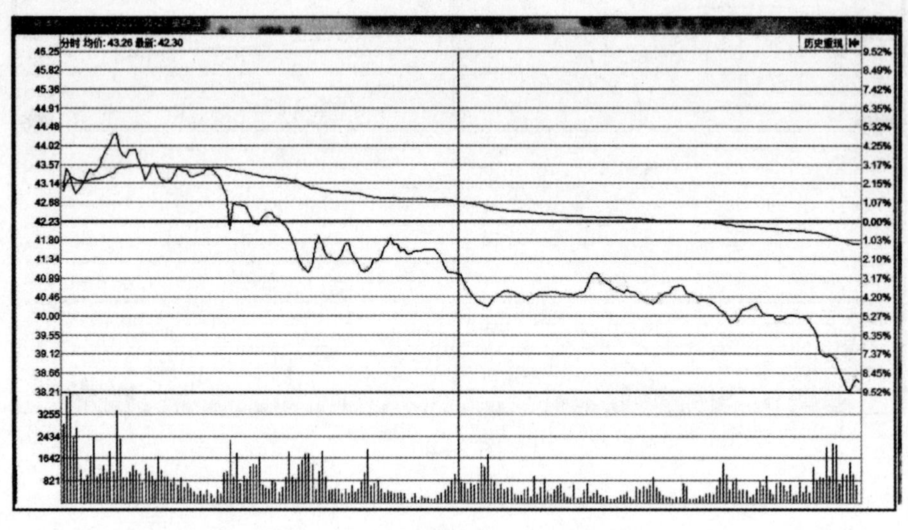

图 8-49

再以青海春天（600381）的走势为例。2015 年 5 月 28 日，其股价小幅跳空高开后，盘口成交持续放量。之后股价短时上行，到 45 元附近时反转下行，一直持续到闭市，期间成交持续有量，但股价就是没反弹上行的迹象（图 8-49）。

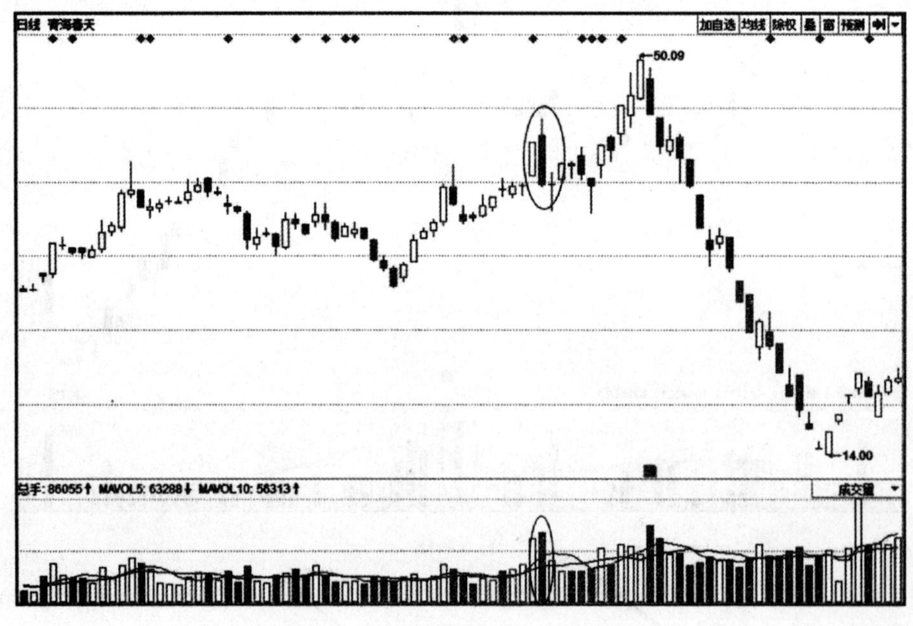

图 8-50

再以日 K 线分析，此时的股价已上涨到一高位，当日也突破前期高点，但是放量没有想象中的巨大，所以部分投资者认为这可能是洗盘，所以踊跃接盘。股价的确如投资者所想，再次上涨，但幅度不大。到达顶点后，急速下跌，且没有调整期，说明主力没有护盘，追进者损失可想而知（图 8-50）。

（四）成交量特征

1. 高位巨量滞涨

高位放量基本是后市看空的信号，投资者应立即减仓。即使后期 K 线走势上扬，也需要对反弹中的股价重新评估。如果形成双顶或三顶形态，都应立即出局。

高位放巨量，只有一种可能，那就是通过对敲拉高吸引投资者追高买入，而主力悄悄出货。成交量是较可供参考的，连涨后只要放巨量就快速抛掉，连续涨停时突然出现了放量，就是投资者离场的绝佳时机。

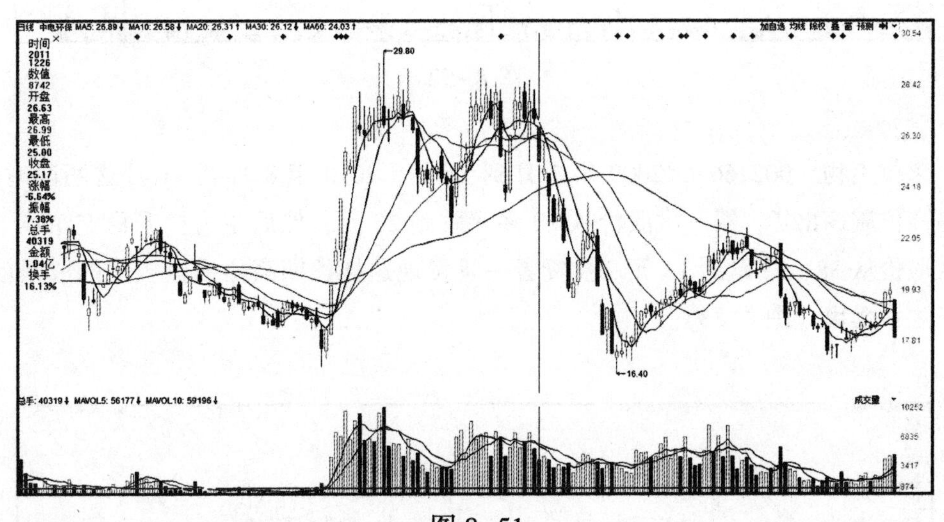

图 8-51

例如中电环保（300172），三峰，平顶后高位滞涨，最后见顶回落。从前面三次不突破下跌来看，中电环保是曲形的高位震荡出货，然后一路下跌。即便后期有短线回升，也是主力的诱多陷阱。高位 M 形整理过程中 2012 年 9 月 7 日、10 月 9 日、11 月 1 日三次五天滞涨，不能创新高，之后第 5 天长阴破位（图 8-51）。

2. 巨量锤线

股价走出连续拉升后，尤其在巨量长阳后，只要出现锤线，或十字线，或者带上下影线的短小实体 K 线，且伴随巨量，基本是主力出货。若股价随后震荡，即使出现涨停阳线，也要先出局观望。

2012 年 3 月 14 日，方直科技逆市上涨近 9 个点，之后高位放巨量，日成交达

1.69 亿元，为日均成交量的近 5 倍，是最典型的主力拉高诱多出货，次日股价开始下行暴跌（图 8-52）。

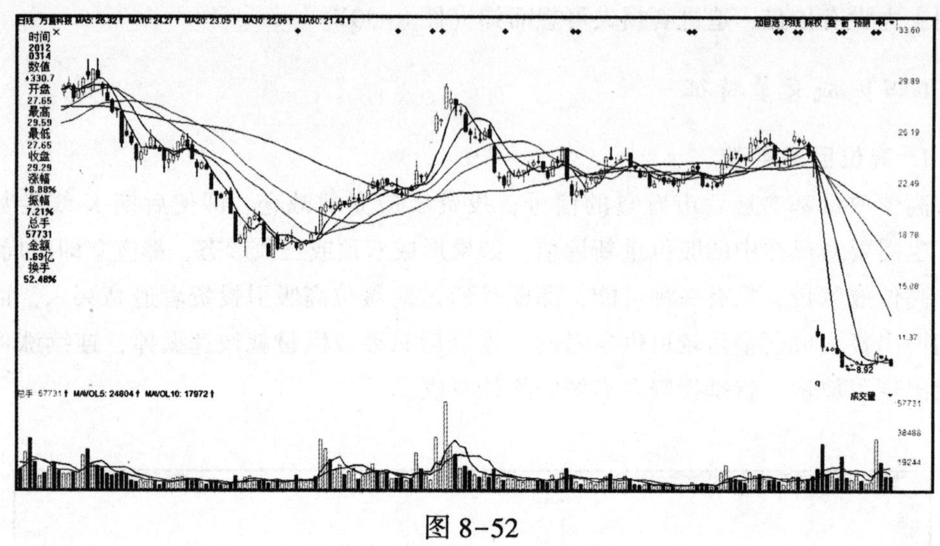

图 8-52

莱茵生物（002166），2009 年 7 月到 11 月，2010 年 8 月到 11 月这两段时间，都是高位震荡出货，第一次股价从 50 多元跌到 28 元，然后主力拉升稳定市场。第二次股价从 38 元多跌到 13 元。投资者一旦发现这样长期高位横盘震荡的股票就须先于主力卖出（图 8-53）。

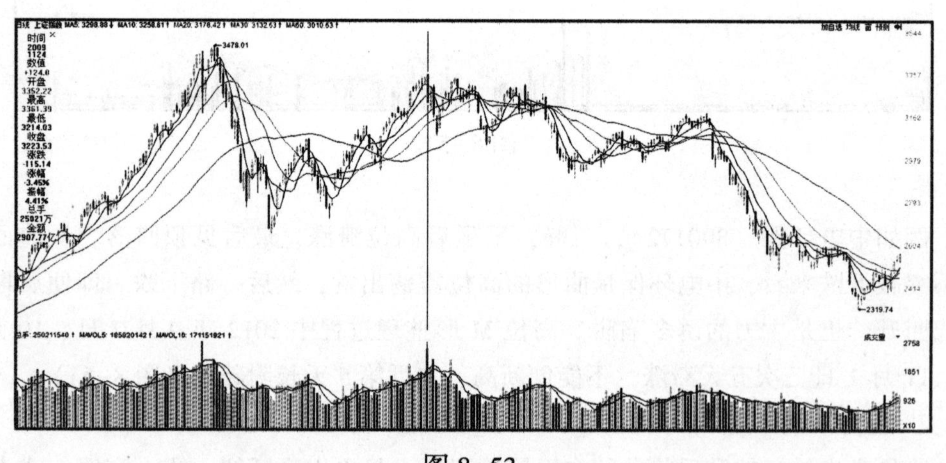

图 8-53

量价关系是“量是因，价是果；量在先，价在后”，成交量是股价变动的内在动力。而实际操作中，主力能利用对倒制造成交量，误导投资者，掩藏主力的真实意图。主力出货时，即使股价滞涨转下跌，成交量也不会缩为地量，在连续的交易日内其会时大时小，但总体是较活跃的。毕竟，主力需要高成交量稳定市场，期间震荡频繁。主力的筹码越多，持续的时间越长。

区分洗盘和出货需要长时间地看盘，以确定某个正常值区间。这需要投资者的经验积累。但当出现成交量相对异常时，应谨慎关注。而经历一个周期后，正常成交量的区间就要重新计算。要敢于怀疑成交量的真实性，才能避开主力的陷阱，安全获利。

第九章　新股民实战案例分析

第一节　案例分析一

南京银行（601009）作为2014年首家在上证所召开半年度业绩说明会的城市商业银行，在较复杂的经营环境下交出了一份较好的经营答卷。2014年上半年，南京银行营业收入同比增长45.05%，净利润同比增长19.34%。下面我们来分析南京银行的走势情况。

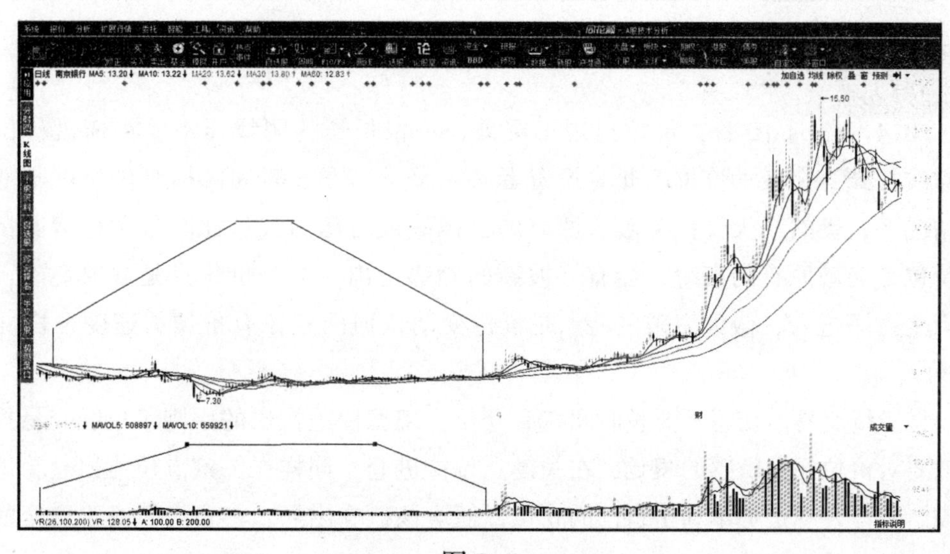

图9-1

在2013年底到2014年7月这半年的时间，股票的价位处于横盘期间，没有太大的波动，价位持平。相对应的是成交量的低迷，从图中可以看出，这段时间的成交量相对是很少的（图9-1）。

这种情况下，从K线图的分析来看，股票就是在等待时机突破，越是横盘的股票在突破后越是能走出一波价位的走势。所以此刻投资者可以结合大盘的走势来观察股票的突破方向，如果突破口打开，便可以开仓持有仓位，顺势操作（图 9-2）。

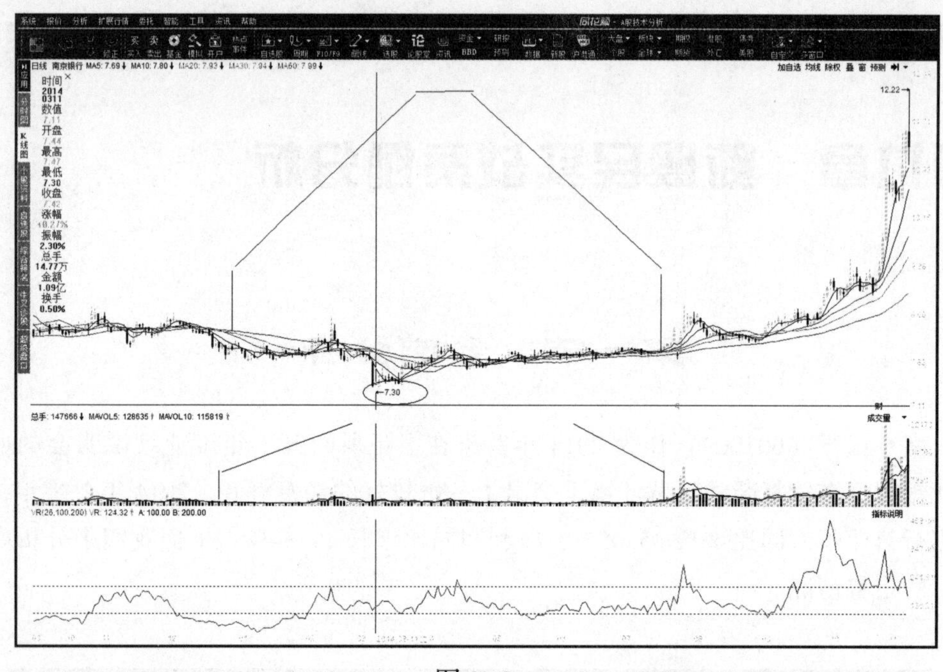

图 9-2

2014 年 3 月 10 日，价位出现了突破，一根长长的阴线压下，将横盘价位的支撑线打破，突破了价位，此时投资者必须警觉，在长时间的横盘价位都不变动的情况下，突然一天价位突破了原有的支撑线或者压力线，此时分两种情况：一是价位是突破原有的束缚，会有一波新的趋势走出。二是价位只是假象突破，并未有主力军进入，假象突破的特点是价位变动快但回到原有价位的速度也快（图 9-3）。

做短线交易，切忌不要长时间持有仓位，遵循快进快出的原则，短线交易投资者需要对价位保持敏感的嗅觉，在关键点位能进仓，同样在关键点位能出仓，落袋为安。一旦发现走势不利于自己的仓位，便应该砍仓出局，将自己置身于安全的处境（图 9-3）。

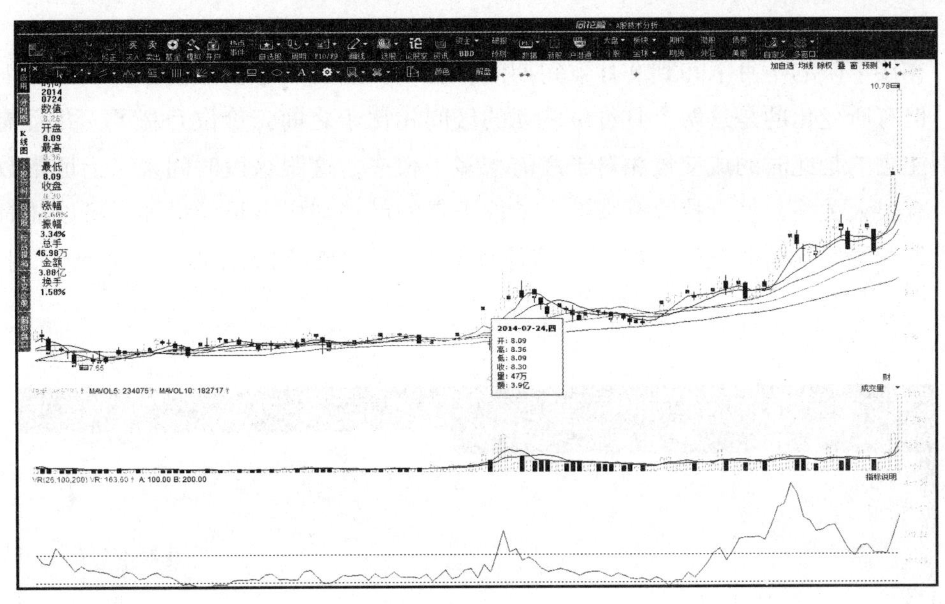

图 9-3

从 4 月到 7 月中旬，价位再次回到横盘阶段，成交量低迷，这段时间建议持少量仓位，做中线持仓。2014 年 7 月 24 日这天的走势是这只股的转折点，当日收出大阳线，突破横盘压力线价位，且成交量大幅增加，相比于 4 月的突破，这次的变化在于成交量增大和 VR 指标突破 200 点，但是我们还不能掉以轻心，原则上应耐心观察盘面变化，判断突破是否真实（图 9-4）。

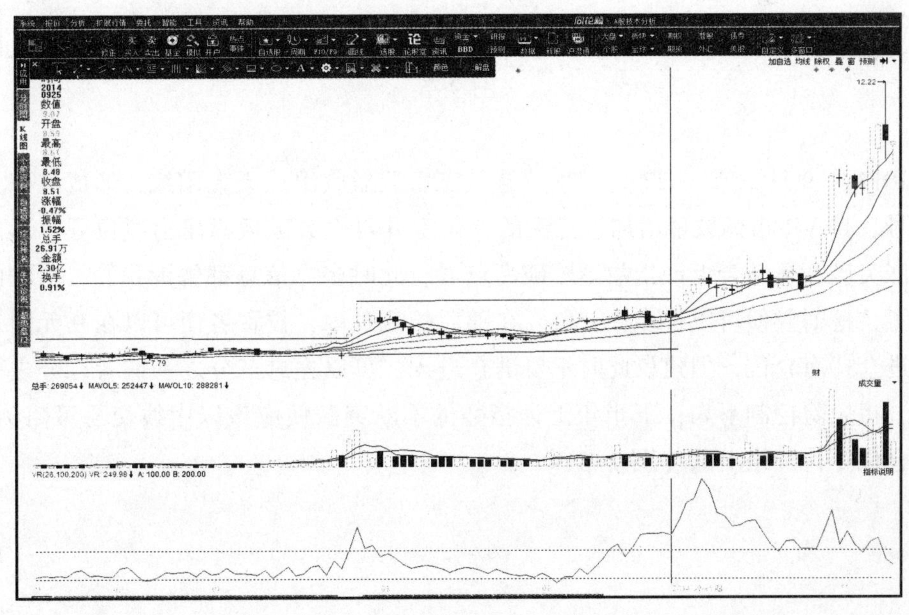

图 9-4

在接下来的 7 月下旬到 9 月下旬期间，价位仍然是处于横盘阶段，在区间内波动，但有所变化的是这两个月价位波动的区间相比于之前，价位升高了，并且需要特别注意的是此时的成交量相对于之前增多了很多。这跟这段时间来，上证指数的上升有很大关系，大盘持续升高带来了投资者的增加与资金量的增加，所以此时的个股处于暴风雨前的酝酿阶段，这段时间需要投资者特别关注股价的走势（图 9-5）。

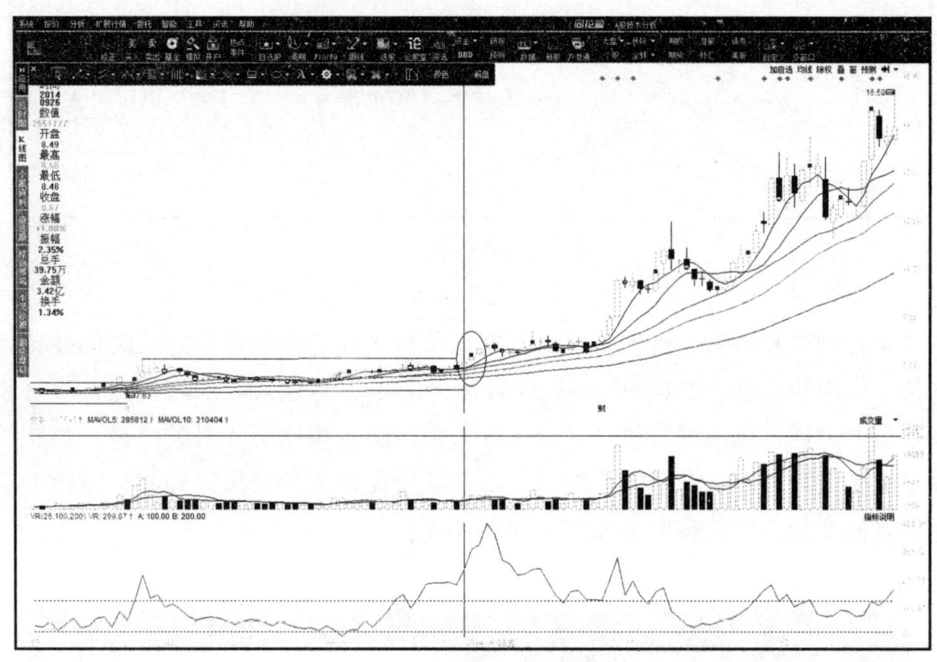

图 9-5

2014 年 9 月 26 日、27 日、28 日连续三日股票收出三天大阳线，形成红三兵看涨信号，且 VR 指标放量增加。三天的价位上升再次突破横盘压力线位置，形成二次上涨突破，再结合上证指数屡屡破高点看，此时多方信息都告诉我们，上涨的时刻到了，这时候便可以进多头仓位。在随后的几日内，投资者便可以在 9 元附近的仓位进仓持有仓位，但建议此时不要满仓进入，可以先进三分之一或者二分之一的仓位，将风险控制下来，下半年上证指数的不断突破便应该以中线交易策略为主，持有仓位等待价格上涨（图 9-6）。

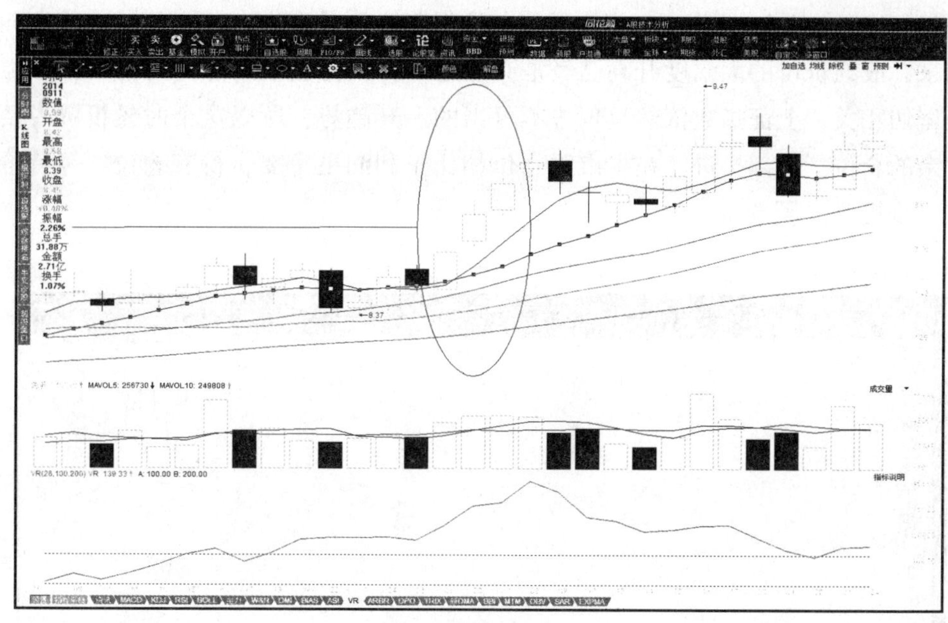

图 9-6

2014 年 10 月 28 日，股票再次连续三日阳线形成红三兵，且这次的成交量急剧上升，股价第三次突破压力位置，观察上证指数可推测，此时的大盘持续突破高点，牛市的行情带动银行板块拉升，主力军与股民都大量投入资金，成交量上升，此时便可以继续追涨进仓，将仓位在突破前拿在手里（图 9-7）。

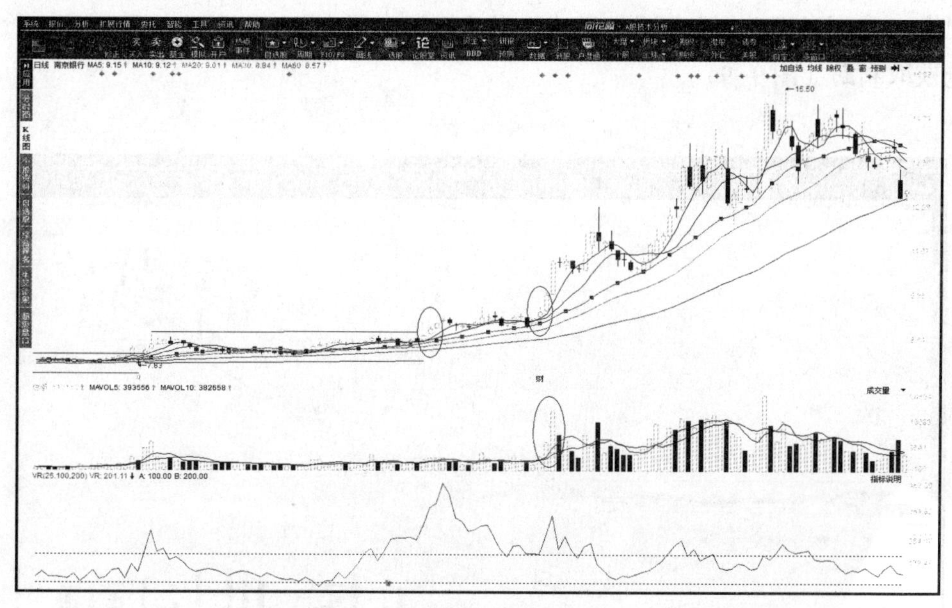

图 9-7

2014 年 10 月 31 日收出一根大阳线，这根阳线便是定心丸，表明趋势的方向已经出来，股票价位的大幅度升高已经是必然趋势，银行板块的涨势与上证指数涨势也是密切相关，上证指数依然呈现势不可当的上升趋势，所以这个时候投资者便可将剩余的仓位，全部买进，在牛市里仓位相比于利润更重要，持有仓位，等待价格的进一步提升（图 9-8）。

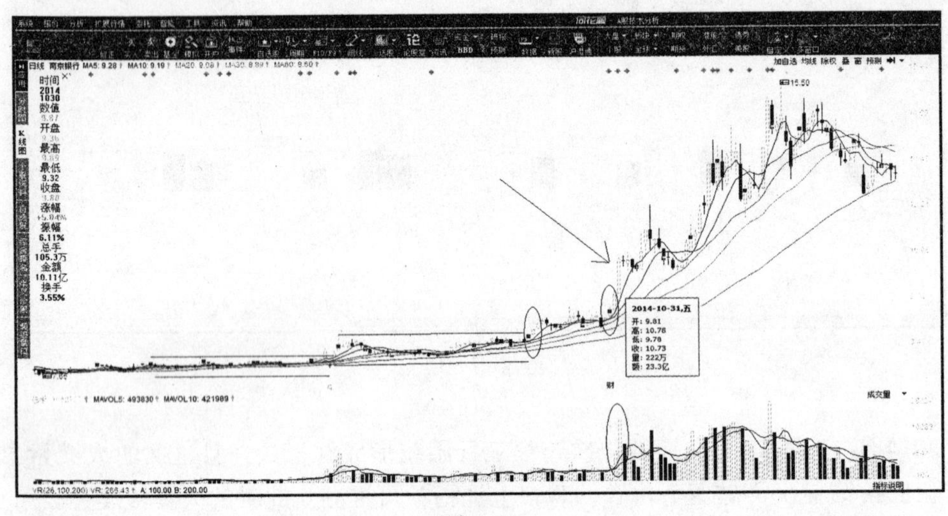

图 9-8

接下来的 11、12 月两个月的时间内，不出所料股价屡创新高，这时候上涨的行情可在 K 线图盘面上作出上升轨道线，最后投资者可在 13.0 元至 15.0 元这个价位出仓获取利润（图 9-9）。

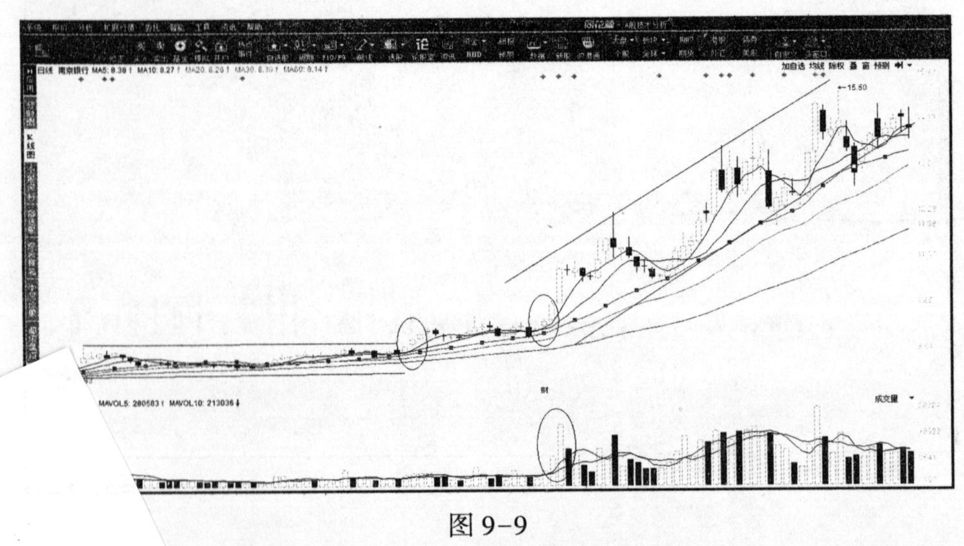

图 9-9

从南京银行这只股票中的走势我们能分析总结出，在做类似于横盘的股票时，最重要的是观察这只股票的走势，耐心等待时机，分析出股票的突破是否为真突破，若为真突破，在关键位置大胆进仓，持仓，往往横盘越久的股票一旦突破出来，都会走出非常大的价格差，当然，在进仓的同时，我们也需要关注股票的基本面与大盘的走势，结合多方信息推测。

第二节　案例分析二

2014 年高铁板块的股票涨势也独领风骚，结合国家对高铁的投入整顿，不难看出其中上涨的原因。

一方面，根据“十二五”规划的目标，2014 年、2015 年铁路投资的增速依然高于 20%；另一方面，今年铁路建设目标一提再提，且审批也在加速，但前三季度仅完成目标的 50%左右，决定四季度和明年的投资进程依然高涨，高铁出海提速，南北车整合。

所以 2014 年总体看好高铁全行业的投资机会，对于整个高铁产业链，相对于基础设施建设类的公司，更好看机车设备、高铁信息管理控制系统类的上市公司，这类公司属于较高成长型企业，业绩能够消化估值压力。我们选择其中铁龙物流（600125）相关概念来进行解析。

铁龙物流是主营铁路特种集装箱业务，所以在国家投入高铁建设的同时，各种物流集装箱业务也会伴随着业务量的增长。

铁龙物流（600125）公司业绩与估值双见底，政策与业务瓶颈齐突破。在结束了自 2011 年三季度开始持续近 3 年的下滑后，运量于 2014 年二季度企稳回升。特种箱新业务业绩逐步兑现，近 3 年特种箱账面投资 CAGR 达 54%，负责高端箱运营的铁龙多联 2013 年 ROE 高达 19%，净利润占比升至 9.2%。政策企稳回暖，铁总债务与融资压力变相拓展铁龙公司发展前景（图 9-10）。

在 2011 年 3 月股票到达价位 18.80 元最高点后，出现骤然下跌的行情，再加之大盘低迷，从图形上看，股票的价位一直处于向下趋势段的区间内，这段时间投资者便应谨慎小心地看好自己的资金，在大趋势行情不好的时候，不要一味猜测价位的最低点，并期待会趋势反转。所谓牛市行情持仓重要，熊市行情持有利润最重要。在总体行情低迷的时候，我们应该保持谨慎小心的态度，当局外人，将自己的风险降至最低，等待行情好的时候（图 9-11）。

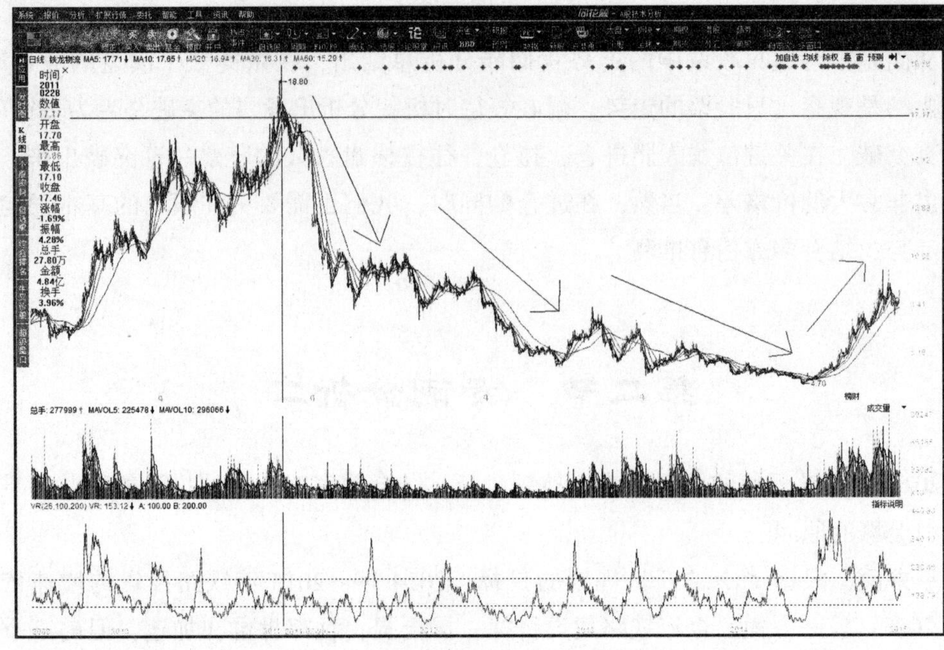

图 9-10

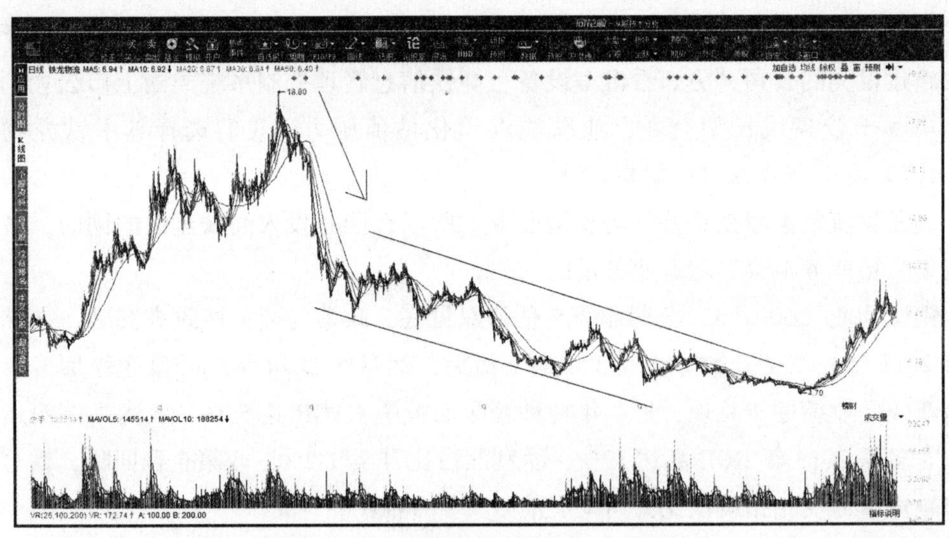

图 9-11

2014 年初辽宁将实施新一轮对外开放，主动融入国家“一带一路”开放战略，加快推进以大连、营口、锦州和丹东港为重要节点，以跨境物流为引领的中蒙俄经济走廊建设。同时，积极融入“辽蒙欧”、发展“辽蒙欧”综合交通运输大通道和北极东北航道建设。根据计划，将以沈阳、大连、丹东、锦州、营口为重要节点，积极参与中蒙俄经济走廊建设（图 9-12）。

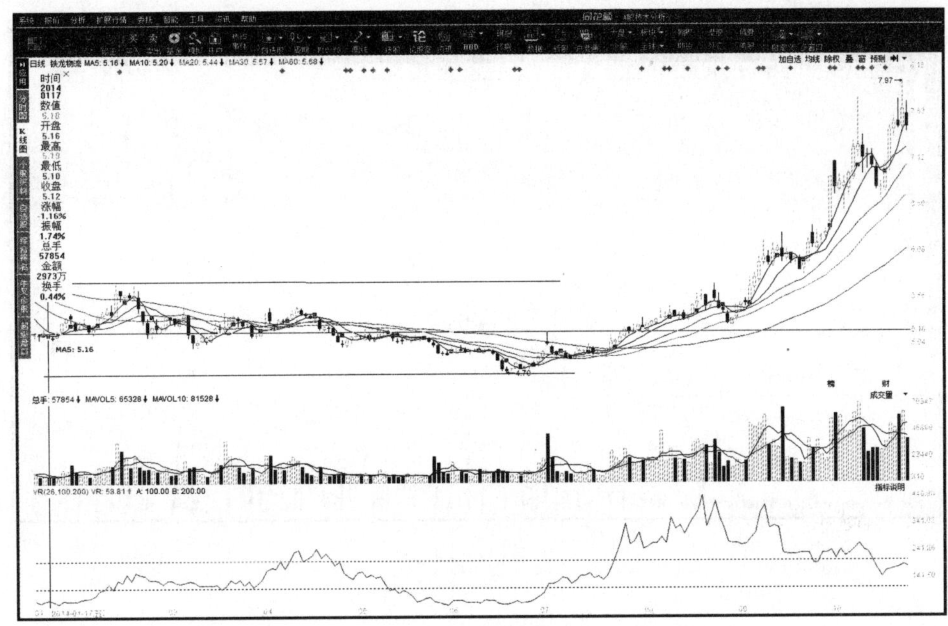

图 9-12

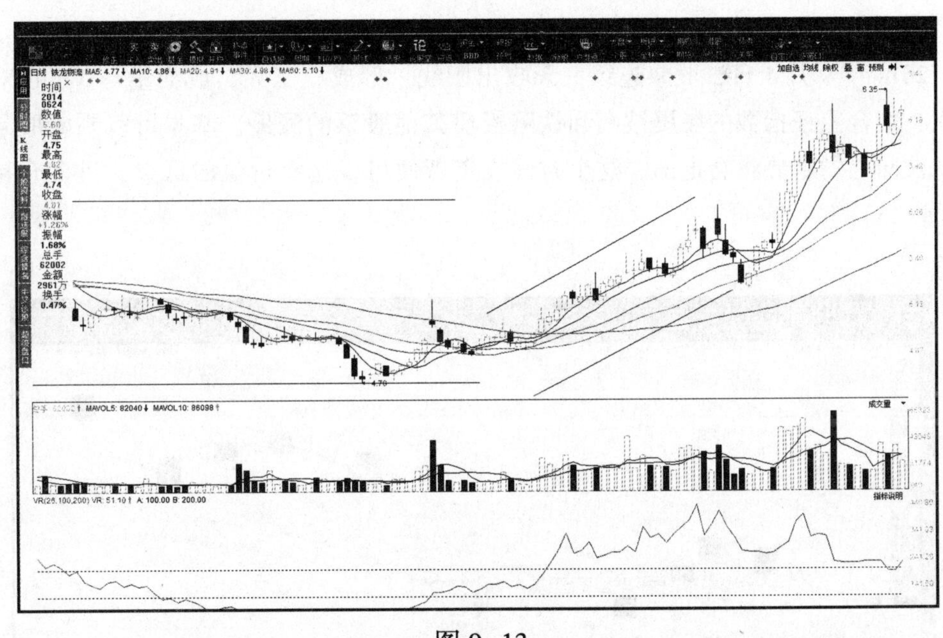

图 9-13

在 2014 年初新政策的实施下，结合盘面 K 线图的走势，2014 年上半年，股票的下跌走势被抑制，股票的价位开始调整，结合上证指数的回暖与突破，这个时候投资者便可以关注这只票的走势（图 9-13）。

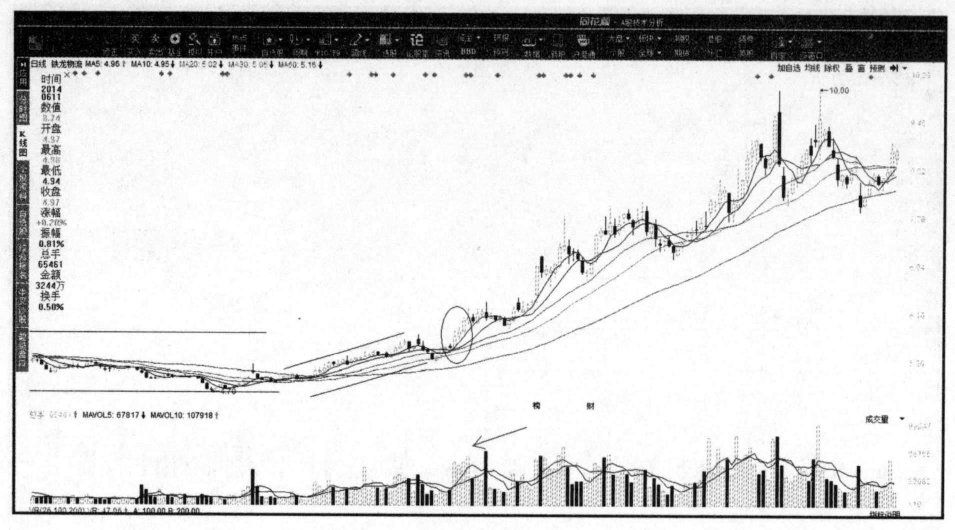

图 9-14

2014 年 7 月至 8 月，股票有一小段上升趋势的势头，VR 也随之突破 200，上证指数在这个时候不断地向上突破，带动着铁路板块中国铁建、中国中铁、中国南车这一部分主要铁路股票价位的不断创新高。那么铁路运输业务受此影响，将会有一波行情的出现（图 9-14）。

2014 年 9 月 4 日，股票连续三天收出阳线，形成红三兵，成交量与 VR 也对应增大，结合上证指数的屡屡被高和铁路板块其他股票的涨停，基本可以判断股票会有一波向上的趋势将会走出，这个时候投资者便可以选择价位的低点，进多仓持仓（图 9-15）。

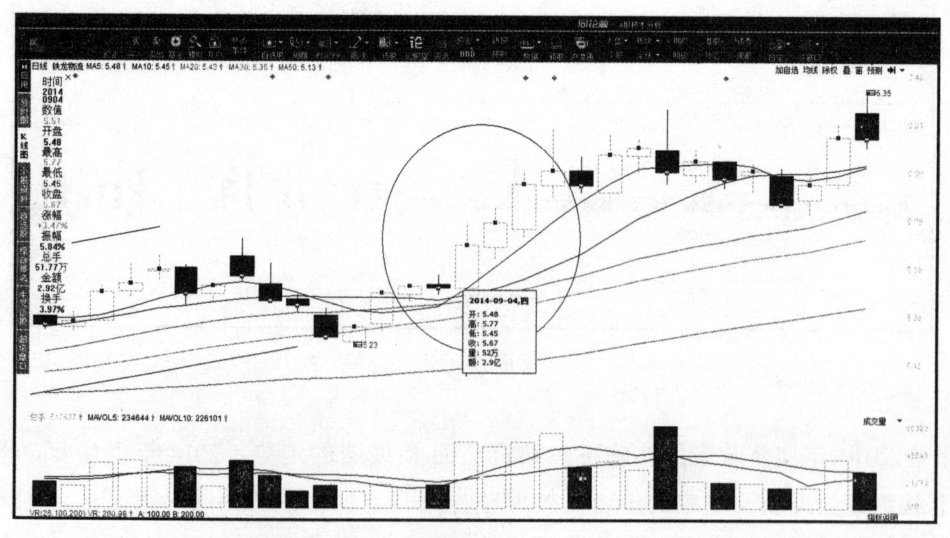

图 9-15

在这种前期下跌行情的股票中，进仓有需要有一些注意的地方。在还未有一段特别大的趋势走出之前，投资者进仓需要对价格有一定的考虑，尽量不要追在高点进仓，在一波小的回调中可选择适当比较低的价位进仓，这样对于投资者后期的加仓与减仓都有一定的好处，因为价位决定了心态（图 9-16）。

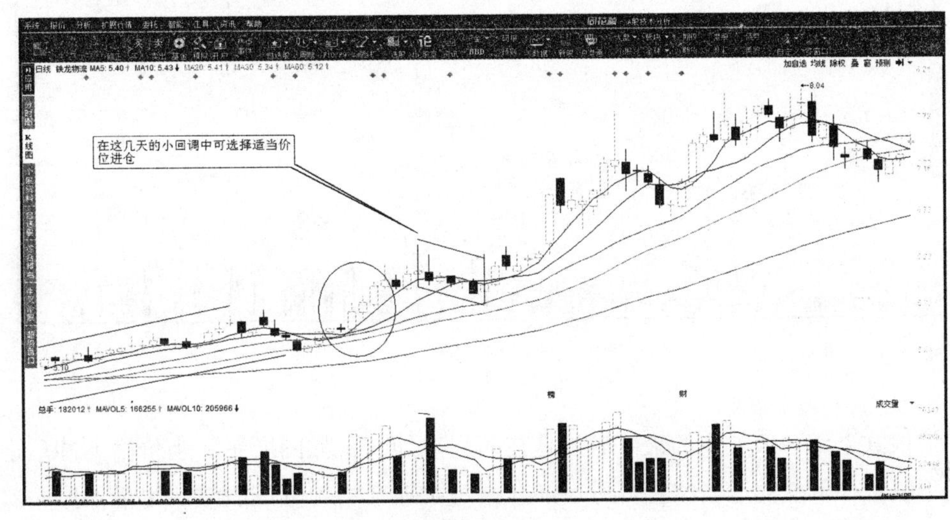

图 9-16

2014 年 9 月、10 月、11 月随着大盘的不断突破创新，带动着各大板块股的上涨，铁龙物流也走出了波段式拉升，一波上涨成了必然的趋势，但需要投资者注意的是，一般按照股票的规律，一只下跌的股票总的趋势是下跌的，所以一般上涨不会有太大的趋势走出，所以在做这只股票的策略上，我们应该在中线持仓，在有所不错的盈利下，能出仓平仓，落袋为安（图 9-17）。

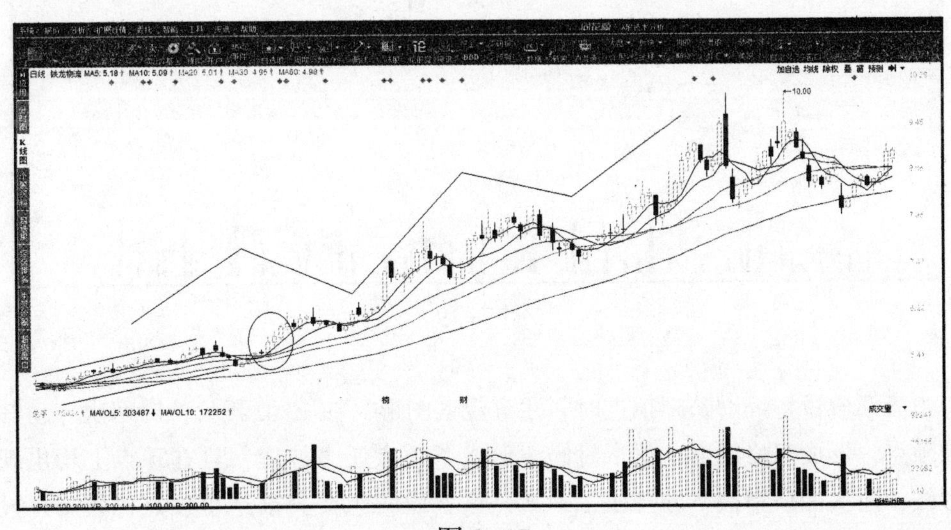

图 9-17

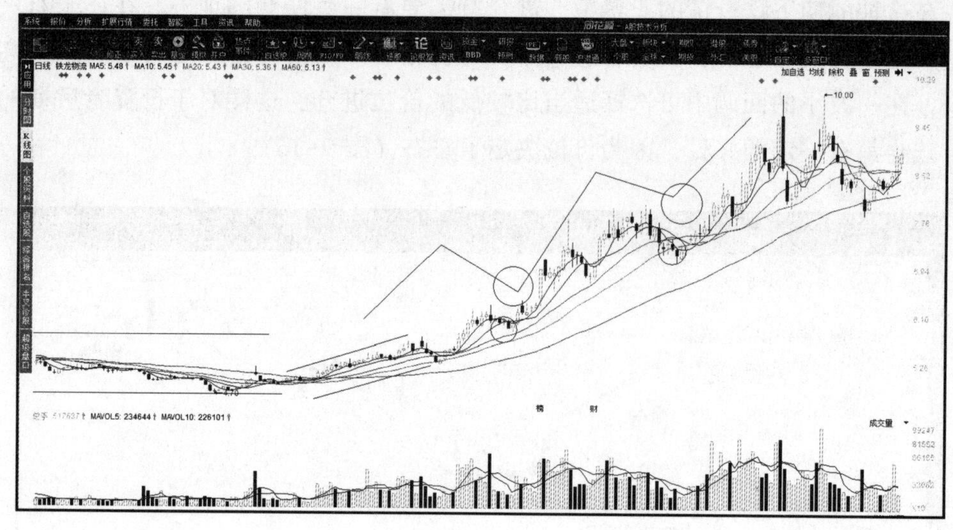

图 9-18

波段式上涨一般加仓的最好时机是在两底点加仓，如图所示，当价格上冲后迎来一波下跌，在下跌的适当位置可适当加仓，每次加仓均匀分配股量，尽量不要一次性满仓加仓，保持适当的股量，当价格持续增长时，可慢慢增加到满仓（图 9-18）。

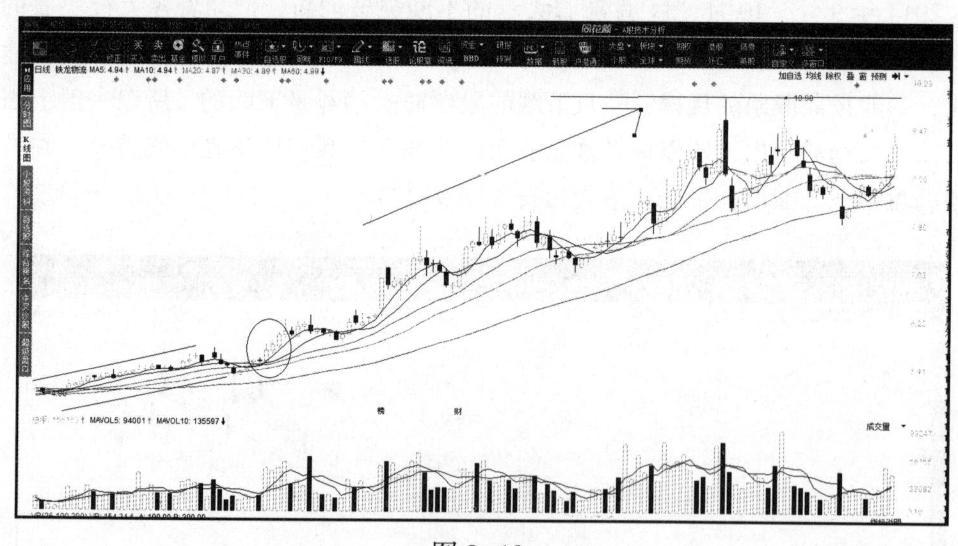

图 9-19

当股票价位持续增长到顶点时，注意观察图形，在 10.0 元价位时两次冲顶都未突破顶点，形成双峰图形，这个时候便形成了顶点压力位置，且在顶点上均出现了上影线，两次冲顶都被空方打压了下来，这就说明想要突破这个顶点比较难，投资者可在顶点位附近出仓获利，落袋为安（图 9-19）。

第三节　案例分析三

2012 年，以互联网和移动网游戏市场计算，我国网络游戏市场收入规模达 601.2 亿元，同比增长 28.3%。其中，互联网游戏 536.1 亿元，同比增长 24.7%；移动游戏 65.1 亿元，同比增长 68.2%。

2012 年互联网游戏用户总数突破 1.9 亿人，同比增长 18.7%。其中，网页游戏用户持续增长，规模达 1.63 亿人，增长率达 12.4%。移动网下载单机游戏用户达 8200 万人，增长率达 60.7%；移动网在线游戏用户数量达 2670 万人，增长率达 136%。客户端游戏和网页游戏的用户规模增速有所放缓，意味着互联网游戏市场要逐渐从依靠用户增量增长向挖掘现有用户潜力增长转型。移动网游戏用户规模继续保持高速增长的态势，尤其是移动网在线游戏，用户规模增速超过 100%（图 9-20）。

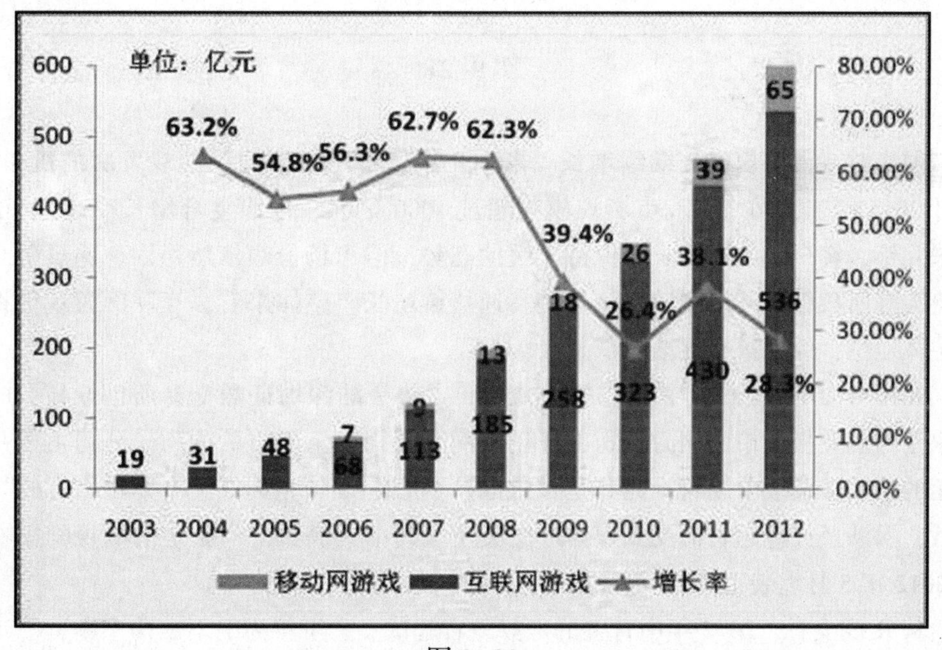

图 9-20

2012 年新增出口游戏 66 款，累计出口国产网络游戏产品数量已经突破 260 款（自 2010 年起），参与出口的网络游戏企业接近 100 家。2012 年自主研发网络游戏海外收入达 5.87 亿元，国产网络游戏海外出口态势稳步发展。在新增的 66 款出口网络游戏中，网页游戏 31 款，客户端游戏 17 款，移动网游戏 18 款。移动网游戏数量较 2011 年有明显提升（图 9-21）。

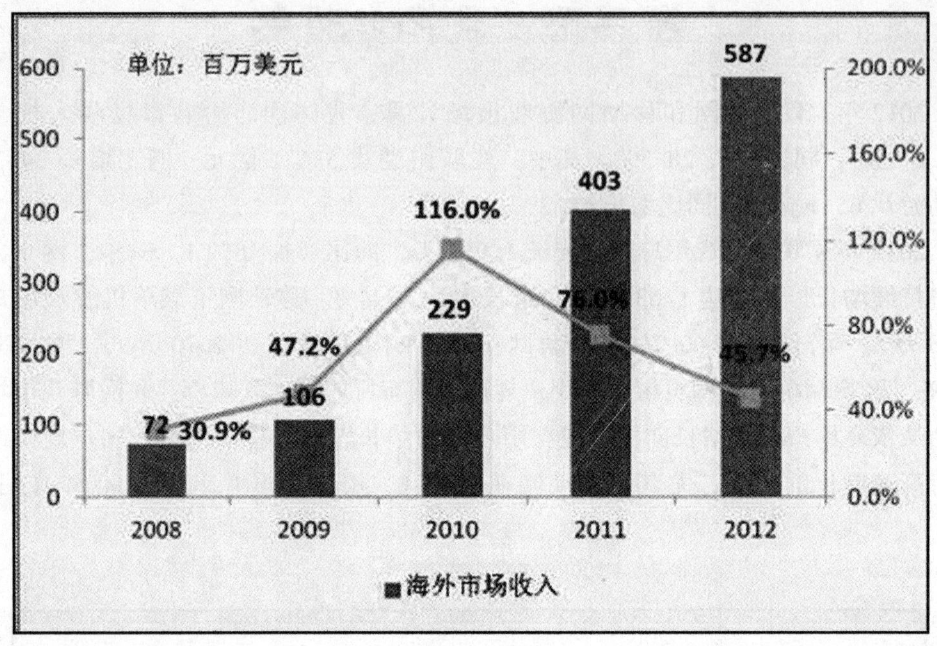

图 9-21

网络游戏市场规模将继续增长。未来几年仍将是中国网络游戏发展的机遇期。预计 2015 年末，网络游戏市场规模将超过 1000 亿元，年均复合增长率超过 20%。未来几年，客户端游戏增长将保持平缓的态势，但市场份额依然稳固。网页游戏增速将会有所放缓，移动网游戏将保持高速持续增长。整体来看，互联网游戏仍将占据主体地位，但比重会逐渐降低。

2010 年 2 月 11 日，中青宝（300052）强势登陆深圳证券交易所创业板，成为首家国内创业板上市的网游公司，开创了网游公司本土上市的先河。公司主要开发营运的游戏涉及战争题材，尤其是《抗战》《抗战 2》《亮剑 2》一类的“二战”类游戏，因涉及红色题材而受到媒体广泛关注。其中《亮剑 2》更是借电视剧影响力在 2012 年 5 月重装上阵。

从 K 线上看，2012 年中青宝的走势跌宕起伏。上半年为上下震荡不断，下半年后期一路下跌，在 12 月初，跌到历史最低点。当然，同时为主力进场以及后期拉升提供良好的条件。此后，股价反转，缓慢上升。换手率较为正常，成交量进入新的台阶，常常超过成交均线，是主力刻意为之，也证明市场对其后期看好。通过股价调整均线走势，到 2013 年 1 月末，各均线走势趋同。

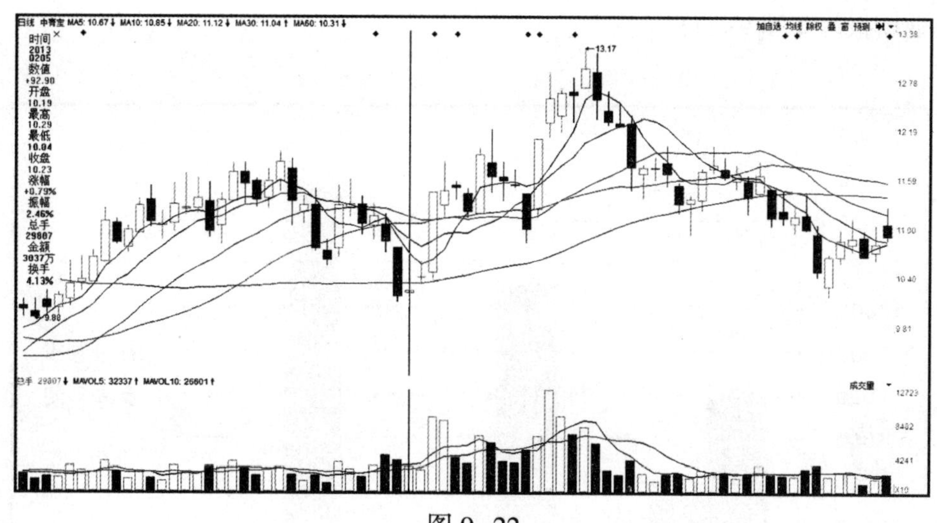

图 9-22

在 2013 年 2 月 7 出现盘中涨停的现象，之后股价虽有下跌，但都被迅速拉高，至下午涨停板。从当时的新闻分析，公司负责人对利空报道作出回应。并解释公司利润下降是由于投资基础储备造成的。从当日成交量看，总手为 91984，而换手率为 12.73%，表明主力便利用这次炒作作为题材拉抬股价（图 9-22）。

此后中青宝发布重大消息停牌。其于 2 月 18 日解禁约 1600 万股，占公司股本的 12.5%，当日股价虽上下翻腾，振幅为 2.01%，可见主力有心护盘。同时公告表明，解禁股为其控股公司所有，尽管股价出现小幅震荡，但市场却对后市看好。

中青宝于 2 月 27 日发布 2012 年年报，2012 年其实现营业总收入 1.849 亿元，同比增长 40.13%；净利润 1669 万元，同比增长 15.08%。主营业收入为 1.837 亿元，同比增长 50.7%，其中 MMO 游戏营业收入为 1.26 亿元，页游收入为 4225 万元，手游收入为 1373 万元，其他收入为 728 万元。

报告期内收入的同比提升则主要得益于其新游产品 MMO 端游《兵王》和 3D 页游《惊天战神》，两款新游在报告期内均有较好表现，因此，其公司收入同比有较大的提升，成为影响报告期经营情况的主要原因之一。

报告期内，中青宝公司制定了“四横一纵”的发展战略，即“客户端游戏业务线”、“网页游戏业务线”、“手机游戏业务线”、“社交平台业务线”，归结为四条平衡的业务体系，成为“四横”。同时，“海外业务线”则为一条纵向业务线，贯穿于上述“四横”业务线。“四横一纵”的战略布局，对其公司的内部资源整合、产品积累、人才储备等方面，以及提升其在全球数字化互动娱乐的核心竞争力方面都有着深远的影响，并已经取得初步成效。

对于一家登陆创业板上市刚满 3 年的首家游戏公司，中青宝无疑交出了一份漂亮的业绩报告（图 9-23）。

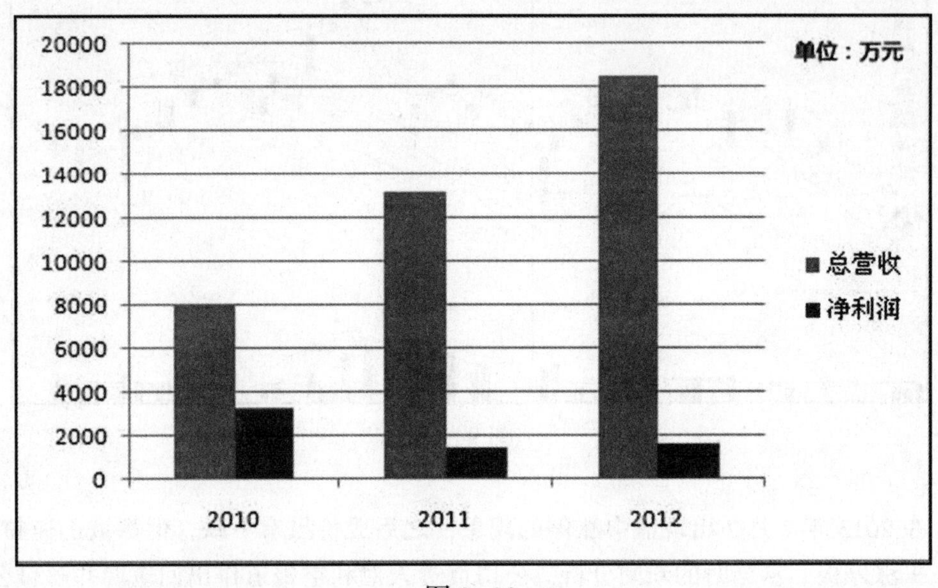

图 9-23

2 月 28 日，中青宝估价再度大幅回升，每股收盘价报 12.06 元，上涨 1.1 元，当日涨幅高达 10.04%。由于上涨迅速，引发投资者追捧，股价连续上涨到 13.17 元。主力为控制盘面，出手打压，将股价维持在 11 元左右。不过，成交量萎缩，换手率趋于正常，说明主力与投资者在等待上涨时机。作为超长线投资即可在此间少量建仓。

在 3 月 13 日，中青宝发布的 2013 年第一季财报，表明同期净利润至少增长 106.46%，盈利超过 376 万元。按规律而言，中青宝发布利好消息，其股价应该上涨，可在当日以及后几天，其股价呈现小阴小阳，而成交量下降一个平台，远低于平均线，表现十分异常。股价在 4 月 8 日跌到最低，不过，成交量从未放大。连分时图都找不到主力的踪迹。这样的情况一直持续到 4 月 19 日。公司利好，但股价不涨，说明主力在蓄力等待时机爆发，短线投资者可以在 4 月时，重点关注此股。

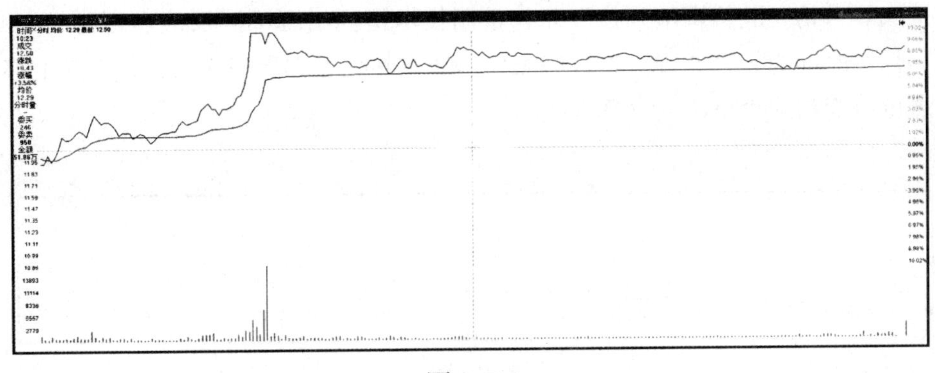

图 9-24

而 4 月 22 日，市场出现迅速变化。在这天上午，在 10. 30 左右出现近 4 万手的巨量买单，成交 16076 手，股价急速拉升。之后股价一直在维持在日均线上方，说明多方强劲。此后 4 天股价调整，但成交量换手率都维持在较高水平（图 9-24）。中青宝（300052）2013 年 4 月末到 7 月中的走势图（图 9-25）。

此时，投资者可在 22 日买入少量的股票，买入价可选择当日股价第二次靠近均线且即将反弹的时候。当股价运行到 26 日时，当日收出红十字，且成交量萎缩，说明市场在调整。只要在后一交易日股价突破 5 日均线即可加仓。

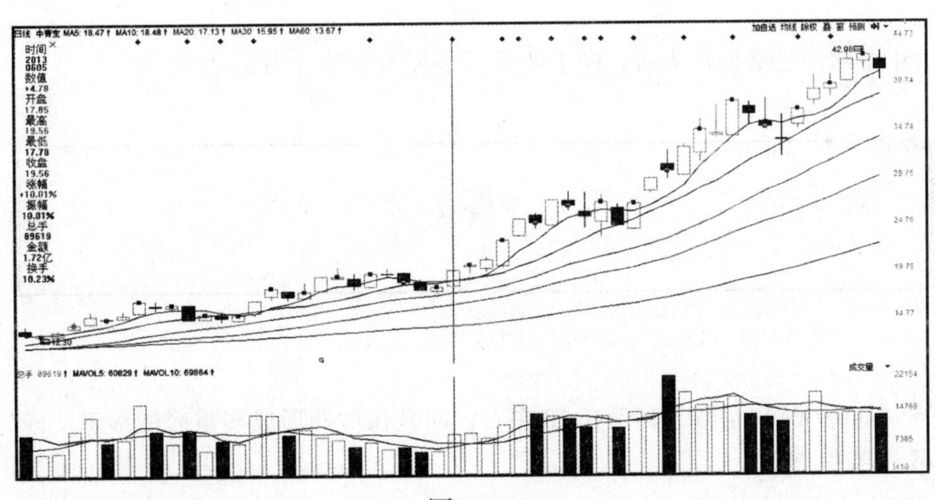

图 9-25

在 5 月 9 日、20 日时，从分时图看，股价曾多次出现涨停，尽管常常回落，尾盘再次拉停，可以确定是主力所为。而在 5 月 24 日，由于上半年其运营能力提升，盈利提高，该股除权每股分红 0. 6 元，而股价又进入短期调整期。所以作为短线者在第二天就可逢高卖出。而中线者可在 24 日后第一个跌破 10 均线时的当天再次加仓，然后在之后每次涨停板减仓，直至持股到当年的除权日后第一日卖出。

进入 6 月初，股价调整到位。而各常用技术指标出现不同反应。当时的 MACD 指标，标注时间为 6 月 5 日。当日的 M1、M2 在 0 线上方出现交叉，且都向上移动，投资者可以观望或少量买入（图 9-26）。

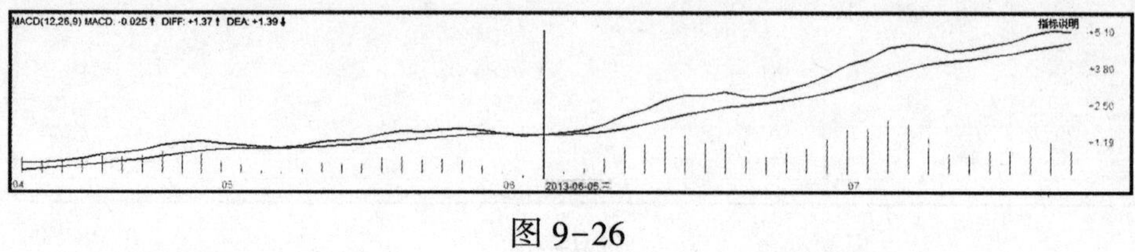

图 9-26

同时期的 KDJ 指标，K、D、J 三线交叉于 64.6，都大于 50，且形成的是金叉，后市看涨（图 9-27）。

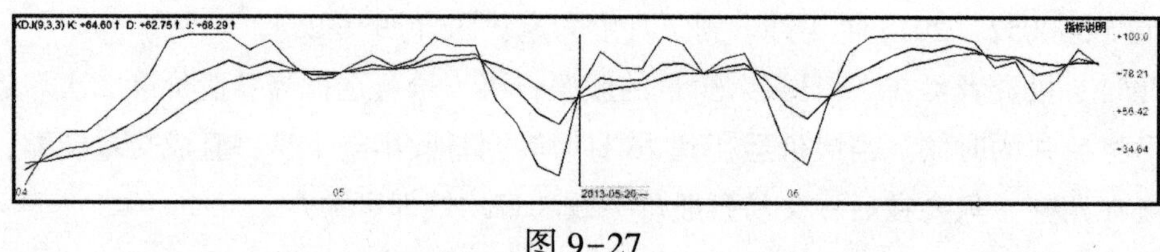

图 9-27

RSI 指标经过低位拐头后，向上金叉，是买入信号（图 9-27）。

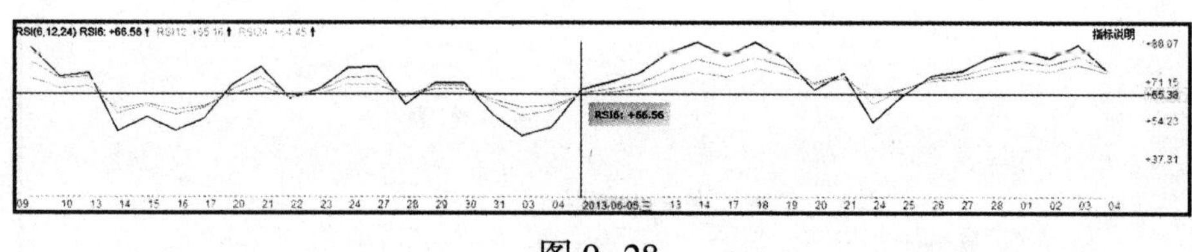

图 9-28

同时期的 W&R 指数，其值在 10 左右，而且在后期形成多重底的形态，皆为卖出信号（图 9-29）。

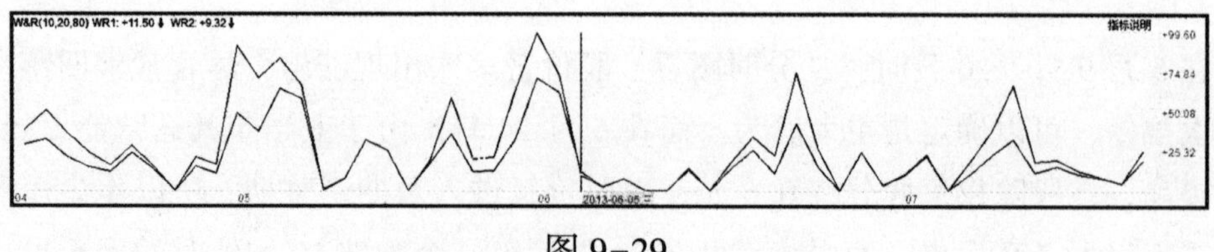

图 9-29

同时期的CCI指标，当天的值即将突破100，可视为后市看好，可以买进（图9-30）。

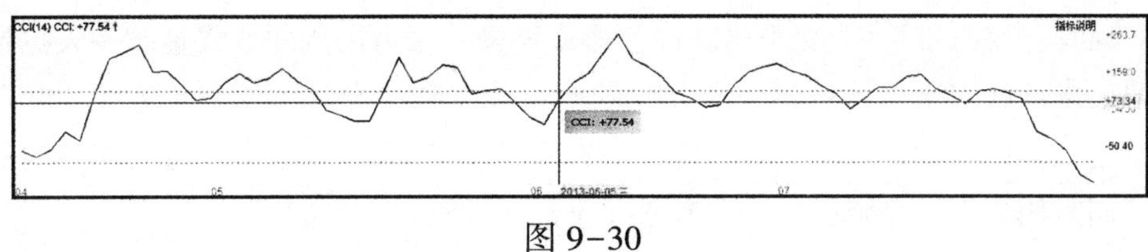

图9-30

前面简单讲述5个常用指标的实际运用。投资者可以发现当股价上涨到一定高位时，不同的技术指标，会出现不同形态的提示。有时甚至是完全相反的。投资者如果只关注一种技术指标，也许持股的信心更足。当参考不同指标时，其可能会茫然无措。其实，不同的技术指标，其运用的原理不同，部分适合短线，部分适合中长线。

技术指标是运用数值和公式，再加以图像呈现在投资者的面前。所以，公式有其局限性，而运算中的数字是可以人为运作，比如，开盘价和收盘价，最高价和最低价都能人为运作。当然，这取决于主力的实力如何。

因此，投资者可多参考不同技术指标，着重于其中的部分，且需要认真学习。同时要防备过于依赖技术指标。尤其是典型的形态特征，投资者需要仔细分析其背后的寓意再作出操作决定。

从2013年6月至7月，中青宝的股价是一路飙升。K线上多次出现反转信号，但在其后的交易日都证明是主力洗盘所为。而从分时图看，主力时常出没，不是拉抬股价至涨停，就是护盘托底，日走势图上的实时股价基本都高于日均价。而投资者却应该小心谨慎，反常必有妖。

截至8月7日，中青宝（300052）股价已经从4月初的11元左右，飙升至41.49元，涨幅接近300%。345倍的市盈率更是大幅领先当时的掌趣、北纬通信（002148）、博瑞传播（600880）等其他手游概念股。但在暴涨背后，中青宝却缺乏机构支持。不但两年多来无大券商为其撰写研报，2013上半年就只有一家基金进入前十大流通股东榜单。

而从其2013年半年报中，投资者可以发现中青宝营业收入为1.14亿元，同比增长45.08%；净利润为1751.3万元，同比增长66.49%，增幅较高的主要原因是去年同期基数低；其重要的手机游戏营业收入仅为995.63万元，同比增长146.7%，占公司整体收入仍不到10%，但毛利率下滑34.58%。加上另一主要业务线网页游戏毛利率大幅下滑38.45%，拖累公司整体毛利率下滑11.59%。

显然，中青宝当前股价与其盈利能力不符，未来前景存疑，目前估值严重偏高，超过 300 倍的动态市盈率泡沫严重，投资者应该谨慎对待。

尽管中青宝（300052）2013 的半年报表明，其股价虚高，但在 8 月 14 日复牌后，股价上涨势头更甚，因为主力借除权分红的概念大势炒作，最终将股价推升至 90.48。而在除权日后，成交量突破以往形成天量。主力出货的方式是前一天拉抬股价，当天连续挂出卖单，只要“卖五”的单量减少到一定量，就有单笔在 300 左右的卖单出现。就这样，主力分批出货，其在 9 月 9 日至 10 月末内，将大部分的筹码抛出，同时用剩下的稳定股价，使其不要下跌过快（图 9-31）。

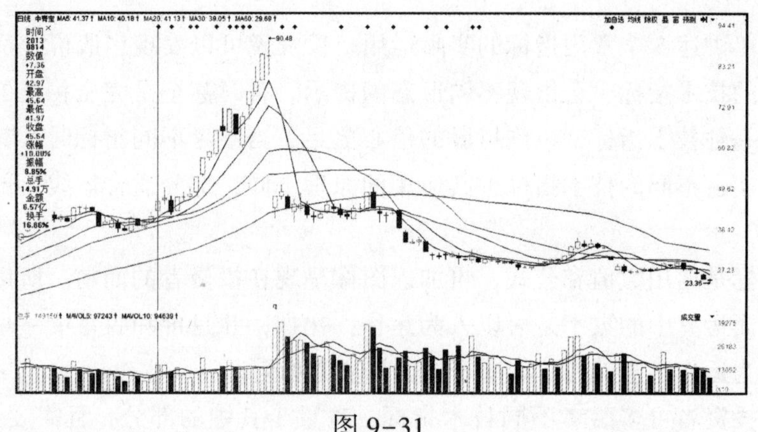

图 9-31

中青宝是 2013 年中一匹黑马（妖股），其基础背景不足以满足股价的攀升，但在主力和投资者的追逐下，股价一路飙升。证明股市中的非理性行为对股价的影响。每年中国股市都会出现这样的黑马，投资者能在早期发现进场，而获得一定盈利时，需根据自身实际情况减仓或出局。当然，短线操作要注意止损止盈。“贪”是人生而为人的本性，但不能失去理性。在股市赚得多是好事，同时能活得久更是好事。

舵｜手｜君｜心｜语

有人觉得股市像一个巨大的财富海洋，也是一个巨大的金钱漩涡，她就像一个会转动的镜子，你好像永远不知道镜子什么时候翻转，美女变野兽。

有人觉得股市如潮，潮起潮落，不会终日只现潮头，或只是落潮，亦不会只有牛市，而不见熊市，一定是轮流交错，互有升跌，永远难以预测明天是升是跌。

而我们觉得股市更像一场所有参与者的发现之旅，同时也是一场追梦的历程，一路走来有困惑有迷茫有焦虑，但是随后却发现精彩，发现奇迹。

“衣带渐宽终不悔，为伊消得人憔悴，众里寻他千百度，蓦然回首，那人却在灯火阑珊处”，其实，凡世间难得之宝藏，皆藏于险远之处，我们需要的是不断探索前行。

16年前，我们忐忑地出版第一本“舵手证券图书”，时光荏苒，伴随中国股市的起落，成长，我们也一样历经风雨，满怀感恩。

16年来，我们初心不改，希望我们书中的这一点点知识，可以成为你的雨伞、踏板或者奔驰的战车，为你遮风挡雨，伴你一路披荆斩棘，收获成功。

股市人生，是一场让人着迷的旅程，当你一路走来，
我们希望与你同行，一起去看看远方的美丽世界。